명품배우 만들기 스페셜 컨설팅

전문 배우와 연극영화과 전공생·입시생을 위한
100문 **100**답 상담록

이 도서의 국립중앙도서관 출판예정도서목록(CIP)은 서지정보유통지원시스템 홈페이지(http://seoji.nl.go.kr)
와 국가자료공동목록시스템(http://www.nl.go.kr/kolisnet)에서 이용하실 수 있습니다.
CIP제어번호: CIP2016003915(양장), CIP2016003916(학생판)

명품배우 만들기

스페셜 컨설팅

전문 배우와 연극영화과 전공생·입시생을 위한
100문 100답 상담록

· 김정섭 지음 ·

한울
아카데미

차 례

제2장 연극과 뮤지컬에 대한 상담

제3장 영화에 대한 상담

제4장 방송에 대한 상담

글상자 차례

이 책은 왜 세상에 나왔는가?

　이 책은 이른바 '좋은 배우', '명품배우', '스마트한 배우', '믿고 보는 배우', '진정성과 열정이 있는 배우'가 되려는 사람들을 위한 상세하고도 친절한 상담록입니다. 아울러 배우의 예술가적 정체성과 관련된 심리적·예술적·지적·통섭적 욕구를 충족시켜줄 종합적인 배우 소양의 보고입니다. 이렇듯 이 책은 최정상급 배우를 비롯한 기성 전문 배우, 연기학과 전공생, 연극영화학과 입시 준비생, 그리고 배우를 꿈꾸는 청소년과 그들의 부모님을 비롯한 가족들이 각각 궁금해하는 가장 본질적이고 현실적인 문제들에 대해서 속 시원하게 답해주고자 기획되었습니다. 굳이 한류 열풍을 언급하지 않더라도 배우는 오늘날 '문화의 시대'를 맞아 이미 세상을 부드럽게 바꾸는 위대한 존재로 부상했습니다. 따라서 이들의 위상과 품격品格에 부합하거나 성장에 필요한 근원적인 궁금증을 해결해줄 문답자가 절실하게 필요한 상황이 되었습니다.

　세계 무대에서 우리의 국격과 국가 브랜드의 가치를 드높이고 배우의 위상을 한껏 끌어올린 한류 열풍 이후, 무대나 TV, 그리고 스크린을 꿈꾸며 배우가 되기를 갈망하는 젊은 영혼들이 갈수록 늘어나고 있습니다. 아니 너무 많습니다. 그 숫자를 보면 정말로 무서울 정도입니다. 배우가 되는 데 필요한 개성과 자질, 그리고 조건은 모두 다르지만 한결같은 것이 있습니다. 예술 세계를 통해 저마다 숨은 재능과 끼를 발산함으로써 자기실현을 하고, 남들이 선망하는 스타가 되어 명예와 부를 누리며, 사회적 지위도 격상시킬 수 있다는 기대와 믿음이 활화산처럼 들끓고 있다는 점입니다. 이런 열망이 강한 용기와 도전 정신을 발동하게 만들고 있는 것입니다.

배우 지망생들은 매년 입시 때마다 각 대학교의 연기 관련 학과에 보통 열 명 모집에 1000명 이상의 꼴로 지원하는 과열 양상을 보이고 있습니다. 각 대학의 연기학과가 매년 입시 업무로 홍역을 치르고 있을 정도입니다. 경쟁률은 보통 100 대 1을 넘고, 평판이 좋아 입시생이 더 몰리는 대학은 이를 훨씬 웃돕니다. 한 해에 배우가 되려고 연기학과 입시를 준비하는 학생들만 전국에서 수만 명에 이릅니다. 그러나 이들이 배우라는 꿈을 갖고 일찌감치 진지하게 고민하며 그 꿈을 구체화하는 데 친절한 안내자 역할을 하는 책은 국내에서 찾아보기 어려운 게 현실입니다. 전문 배우나 연기 전공생도 매우 똑똑해진 관객의 수준에 부응하기 위해 배우적 소양과 식견을 넓히고 싶지만 마땅한 책이 없어 주먹구구로 구전된 이야기만 듣기 일쑤입니다. 배우라는 정체성을 강화시켜줄 지식 콘텐츠가 절실하게 필요한 것입니다.

따라서 이 책은 전문 배우, 연기 전공생, 연기학과 진학을 꿈꾸는 중고생이 궁금해하는 내용을 상세하게 담았습니다. 상담 형식을 취해 독자들에게 실제 친절한 안내자가 되도록 구성했습니다. 아울러 배우의 활동 무대인 드라마·영화·공연 산업 현장의 경험, 배우를 길러내는 교육 현장의 경험이 동시에 담겨 있습니다. 필자는 언론인 시절에 손예진, 전지현, 이효리, 이보영, 한지민, 임수정, 고현정, 한지혜, 한고은, 한채영, 김선아, 현빈, 배용준,

지진희, 엄태웅, 최수종, 한석규, 황정민, 송승헌 등 톱스타들을 인터뷰하거나 만나면서 최정상급 배우들에 대해 예술적·산업적으로 정밀 분석하고 그들이 출연하는 작품에 대한 평론 활동을 전개했습니다. 이를 통해 특유의 시각과 접근법으로 명품배우의 DNA와 숨은 노력을 간파해 체계적으로 집적했습니다. 대학에 와서는 이러한 경험과 노하우를 토대로 연구를 거듭해『케이컬처 시대의 배우 경영학』(2014)의 출간과 동시에 국내 최초로 '배우 경영학'을 창설했으며, 이런 도전과 탐구의 연속선상에서 '배우분석과 매니지먼트' 등의 전공 수업과 작품 제작, 연구, 상담을 통해 좋은 배우를 길러내고자 애쓰고 있습니다.

이런 다양한 경험과 실전 교육을 토대로 배우에 대한 상담과 라이프 설계, 마케팅, 진로지도를 하는 가운데 현장에서 제기되는 질문 중 중요도와 빈도가 가장 높은 질문 100가지를 추려 그에 대한 상세한 답변 내용을 수록했습니다. 배우라는 예술가 본연에 대한 내용부터 연극·뮤지컬·영화·방송 등 배우의 활동 장르에 대한 세부적인 내용까지 담았습니다. 기성 전문 배우이거나 배우가 되려는 사람은 예술적으로 한 단계 도약하기 위해 적어도 이러한 의문에 애써 답을 구할 줄 알아야 합니다. 그래야 명실상부하게 배우라는 예술가로서의 정체성을 뚜렷하게 세워 자신감을 얻고, 체득한 지식과 소양, 직관과 혜안을 바탕으로 연기적 성장을 거듭하면서 평소 꿈꾸던 자신의 예술 세계를 활짝 펼쳐나갈 수 있습니다. 이것이 바로『명품배우 만들기 스페셜 컨설팅』이 세상에 나온 이유입니다.

2016년 3월 4일
김정섭

제 *1* 장

배우라는 예술가에 대한 상담

배우가 예술 활동을 통해
얻는 행복과 기쁨은
무엇인가요?

놀이하고 싶은 욕망과 자아실현의 카타르시스를 동시 충족

이는 배우를 하려는 사람들이 가장 먼저 던지는 본질적인 물음입니다. 또한 배우로 활동 중인 사람도 종종 자신에게 묻는, 존재에 관한 성찰적인 질문입니다. 배우는 '연기'라는 예술 활동을 통해 자아실현을 하고 관객들이나 시청자들에게 감동을 선사함으로써 행복과 기쁨, 그리고 만족을 얻는 예술가입니다. 아울러 인간으로서 '놀이하고 싶은 욕망', 즉 '유희적 본능'을 발산합니다. 연기를 통해서 놀고 싶은 욕망도 발산하고, 카타르시스cathasis를 선사하는 자아실현도 하는 것입니다. 예술은 미학의 관점에서 '미적 가치美的 價値를 창조하는 일체의 활동'을 지칭합니다. 아름다움을 새롭게 만들어내는 활동이 바로 예술인 것입니다. 여기에서 미美, 즉 **아름다움**이란 인간이 신체의 모든 감각기관을 통해 기쁨과 쾌락이라는 근원적 체험을 갖게 해주는 것을 말합니다.

예술의 창조 과정에 빗대 배우의 가치와 활동을 설명하면, 배우는 작품

■ ■ ■ **아름다움과 예술의 창조**

예술 철학의 측면에서 아름다움이란 개인적인 이해관계 없이 내적 쾌감을 주는 감성적인 대상을 총칭하는데, 아름다운 존재나 아름다움의 대상은 '균형', '비례', '절도', '조화'의 원리를 갖추고 있습니다. 플라톤(Platon)과 아리스토텔레스(Aristoteles)는 각각 『국가(Politeia)』와 『시학(Poetica)』에서 미적 가치를 창조하는 예술에 대해 "모방(模倣)의 산물"이라는 견해를 밝혔습니다. 특히 아리스토텔레스는 "모방은 창조의 어머니"라고 언급했습니다. 이들이 강조했듯이 예술이란 현실을 모방하거나 재현(再現)하는 활동을 의미합니다. 여기에서 모방이란 있는 그대로를 본뜬 복사(複寫)나 모사(模寫)가 아니라 개인의 주관과 개성을 반영해 재구성하는 창조적 표현을 뜻합니다. 좀 더 구체적으로 설명하면, 예술은 자연의 모방에 그치지 않고 인간의 상상력과 감수성, 그리고 인상의 결합으로 창조되거나 내면의 감동과 열정이 분출되어 만들어집니다.

내에서 자신에게 부여된 배역을 맡아 자신의 상상력과 감수성을 투영한 깊이 있는 연기를 통해 시청자·관객 등의 수용자와 만납니다. 그리하여 수용자가 자신의 연기에 감정이입empathy하거나 공감sympathy하도록 부지불식간에 이끕니다. 이런 과정에서 특히 배우는 에너지와 열정을 쏟아 자신의 극중 배역 모습과 심리 상태를 수용자가 동일시identification하고 투사해 대리만족과 감동을 느끼도록 합니다. 바로 감정의 정화 상태인 '카타르시스'를 경험하게 하는 것입니다.

배우는 이렇듯 관객을 제대로 만족·감동시킬 때 진정으로 예술을 했다고 느낍니다. 즉, 예술가로서 역할과 사명을 다했다고 자각하며 존재감을 확인하는 것입니다. 그들은 이런 경험을 해야 행복감과 기쁨을 느낍니다. 그 과정에서 무대나 스크린을 통해 암묵적으로 설정되는 배우의 존재감은 대단합니다. 시청자나 관객을 통해 자신의 존재감이 확인되면 그때부터 배우는 크게 달라집니다. 자기도 모르게 엔도르핀이 솟아나면서 심리가 육체를 완전히 지배하는 '전환의 순간'이 다가옵니다. 예술가로서 자신을 더 발전시키며 더욱 멋진 위상을 갖고 싶은 욕망이 발산되어 연습, 자기표현, 외적 단장, 매너 등에서 이전과 다른 품격을 갖게 됩니다. 이렇게 되면 자부심과 긍지가 최고로 높아지는 단계에 이르고, 이런 단계에서 완전하게 자아가 실현됩니다. 자아실현은 인간이 지닌 기본적인 욕구로, 개인이 소질과 역량을 스스로 찾아내어 그것을 충분히 발휘·계발함으로써 자기가 궁극적으로 갈망했던 이상을 실현하는 것을 말합니다.

관객·시청자와 교감하는 순간 더 큰 행복과 기쁨 느껴

이제 배우가 느끼는 행복과 기쁨에 대해 본격적으로 이야기해보겠습니다. 배우는 자아에 대한 인식이 매우 뚜렷하기 때문에 관객이나 시청자와 교감하는 순간 그 자체로 행복과 기쁨을 느낍니다. 무대 위에 서는 순간에는 '사람 위에 존재하는 또 다른 사람'입니다. 사실 배우가 되겠다고 꿈꾸는 순간부터 전율을 느꼈을 것입니다. 그들의 유전자는 일반인과 무언가 다르며 그들의 자기애自己愛는 타의 추종을 불허합니다. 오죽했으면 미국 배우 메릴린 먼로Marilyn Monroe (1926~1962)가 "여배우가 되길 꿈꾸는 것은 여배우가 된 것보다 더 박진감이 있다Dreaming about being an actress, is more exciting then being one"라고 말했을까요.

사람들은 행복하기 위해 태어났고 행복하기 위해 일하고 행복하기 위해 살아간다고 합니다. 배우도 마찬가지입니다. 인간이자 예술가인 배우는 '배역'이라는 또 다른 자아, '연기'라는 매개체, '관객'이라는 소통의 대상과 끊임

없이 교감하면서 만족을 느끼려고 합니다. 네덜란드의 행복 연구 전문가 뤼트 베인호번Ruut Veenhoven에 따르면 개인이 삶에서 지속적으로 만족을 느낄 때 '행복하다'고 규정할 수 있습니다. 심리학적 관점에서 행복은 전체적인 삶에 대한 주관적 평가로서, 편안한 상태인 '안녕'과 삶에 대한 '만족'을 포함하고 있습니다. 행복은 심리적으로 만족스러운 상태나 인생에 대한 전반적인 만족도를 나타냅니다.

따라서 배우가 행복하다는 말은 한 인간과 예술가로서의 배우가 배역·연기·관객의 측면에서 성취감을 느끼는 만족할 만한 활동이나 수준에 이른 것을 말합니다. 심리적으로도 예술 활동에 대한 만족감으로 평안한 상태에 있는 것을 말합니다. 이것이 배우의 매력이자 목표입니다. 이렇게 욕구가 충족되면 '기쁨'이라는 상태를 체험하게 됩니다. 기쁨은 행복과 관련된 감정으로서 특정 사건이나 상황에 대해 겪는 강렬하고 유쾌한 정서적 경험입니다. 인간의 욕구를 의식의 단계에 따라 구분하면 세포의식, 개체의식, 사회의식, 역사의식, 절대의식 등 다섯 가지가 있다고 합니다. 기쁨은 바로 절대의식의 단계에서 느끼는 감정입니다. 이 단계를 넘어서면 기쁨의 극치 상태라 할 수 있는 '희열ecstasy'을 경험할 수 있습니다.

배우가 행복과 기쁨을 줄 수 있다면 관객에게 치료약이나 보약보다 좋은 존재가 될 수 있습니다. 약리작용을 하는 약품이나 음식이 아닌데도 **플라세보 효과**placebo effect를 충분히 발휘하게 될 것입니다. 어둡고 침침한 상태에 있는 사람의 닫힌 마음을 열고 굳은 얼굴을 펴줄 긍정적 존재입니다. 관객에게 행복과 기쁨을 주는 배우는 정말 위대한 존재입니다. 자연스러운 미소와 표정이 어우러져 행복감을 잘 표현하는 배우는 시청자나 관객에게 기쁨과 안정감을 가져다줍니다. 떨림과 설렘까지 유발해 보는 이들의 심금心琴을 울리기 때문에 이런 반응에 힘입어 금방 인기 스타로 부상할 가능성이 높습니다. 사실 배우가 행복한 얼굴과 표정을 지니기만 했어도 중요한 역할을 하는 경우가 많습니다. 연기 활동 여부를 떠나 존재만으로도 관객을 행복하고 기쁘게 해주기 때문입니다.

배우는 이렇듯 중요한 위상을 지닌 존재이기에 관객과의 교감으로 행복감을 얻는 연기 활동 외에도 스스로 행복해지는 법을 잘 알아야 합니다. 심리적으로 자기 관리와 경영을 잘해야 한다는 뜻입니다. 행복한 사람은 감정적으로 안정되어 있으며 양심적인 행동을 하는 경향이 있습니다. 믿음직스러우며 상황을 잘 통제하거나 조정하는 능력도 있습니다. 또한 긍정적 성품과 마인드를 갖고 타인과 유연한 관계를 유지하며 인생의 목표가 뚜렷합니다. 아울러 자기 객관화와 성찰을 잘하고 자신에 대한 진단 결과를 잘 받아들이는 높은 자기 수용성을 보입니다. 또, 다른 사람에게 더욱 친밀하고 대담하게 접근하며 행복하지 않았던 때보다 위험에 대해 덜 민감하게 반응합니다.

평소에 자기 수양, 주변 관리와 소통, 활기찬 생활 위해 노력해야

따라서 배우가 스스로 행복해지려면 첫째, 행복을 좌우하는 강력한 결정 요소가 유전적 성향이나 성격의 특질이라는 것을 알며 그런 특질을 극복하고 행복을 성취하기 위해 자기 수양에 몰두해야 합니다. 자신의 유전적·성격적 특질은 평생 일관되게 표출되기 때문에 좋은 점은 살리고 나쁜 점은 과감하게 버려야 합니다. 둘째, 거창한 일보다는 소박한 일상사나 가족 관계부터 매끄럽고 유연하도록 주변 관리와 소통을 잘해야 합니다. 많은 연구에 따르면 행복감을 주는 요소가 미지의 것이나 이상적인 것보다는 친구, 가족, 자연 등 현재 자신의 주변과 관계된 것으로 나타났습니다.

셋째, 평소에 활기차게 생활하고 즐거운 기분과 표정을 유지하도록 노력해야 합니다. 심리학자들은 용서, 자기반성, 감사 등의 인지적 개입을 많이 하거나 자기 지향성, 협동성, 자기 초월성을 높이면 행복감이 크게 증진된다는 연구 결과를 발표했습니다. 자기 고집, 독단, 이기심, 선입견, 피해 의식, 예민한 성격, 좁은 안목에서 과감하게 탈피해 늘 자신을 되돌아보면서 초월하고, 대승적으로 행동하면 행복을 더 많이 느낄 수 있다는 얘기입니다.

행복감이 충만하면 얼굴 표정만으로도 행복의 상태와 그에 연계된 정서인 기쁨을 엿볼 수 있습니다. 소리 없이 빙긋 웃는 웃음인 미소微笑가 살포시 배어나오고 입가에는 주름이 자연스럽게 펼쳐집니다. 행복이 가득한 나머지 진실성과 진정성이 어린 감정을 표출하면서 **뒤셴 스마일** Duchenne smile처럼 가장 자연스러운 참된 웃음이 발산됩니다. 미소는 행복감의 상징입니다. 배우는 사람들에게 행복감을 줘야 하는 존재이기에 미소가 생명입니다. 미소는 심리학에서 사람의 기분을 전환시켜주고 생리적인 면역력을 높여주며 스트레스를 낮춰주는 핵심 요소로 평가받고 있습니다. 아울러 미소가 배어나오는 사람을 더욱 친밀감이 있고 능력 있는 사람으로 인식하게 하는 효과가 있다고 합니다. 특히 배우에게 미소는 화장보다 더 좋은 효과를 발휘하는 '자연 화장'으로 인식되고 있습니다.

배우가 느끼는 행복감과 기쁨은 배우 주변을 둘러싼 환경의 제약에도 불
구하고 개인의 의지와 노력에 따라 얼마든지 강화될 수 있습니다. 이는 항상
고정된 것이 아니기에 자신이 마음만 먹으면 얼마든지 변화시킬 수 있다는
뜻입니다. 예술 활동에 대한 의지와 열정이 중요하고, 자신의 행복감과 기쁨
을 제약하는 주변 환경을 바꾸려는 자발적·실천적 행동이 앞서야 합니다.
배우에 따라 그 규모는 각각 다르겠지만, 항상 여러분을 바라보고 있는 관객
과 시청자, 그리고 팬이 있기에 그들의 응원과 기대가 충분한 동기부여가 될
것입니다. 모두 알차게 성장해 예술인으로서 성취감과 존재감을 느끼는 행
복한 배우가 되었으면 합니다. 그래서 기쁨이 넘치는 일상을 향유했으면 합
니다.

배우가 되려고 하는데,
배우의 매력과 가치는 무엇일까요?

여전한 부모의 반대, 그러나 무대의 매력에 끌려 배우가 되었다

왜 배우가 되려고 합니까? 배우나 배우 지망생, 연기 전공생이 배우의 꿈을 품었을 때부터 많이 생각해보았을 물음입니다. 그러나 이런 물음에는 추상적 측면이 많아서 막상 인터뷰나 오디션audition, 입시 면접 등에서 구체적으로 대답해야 하면 답하기가 쉽지 않습니다. 그저 어릴 때부터 스타가 되고 싶었다거나 유명해져서 돈을 많이 벌고 싶다는 세속적 대답도 더러 있지만, "어떤 배우가 정말 좋아서, 어린 시절부터 그를 흠모하다 보니 배우의 꿈을 갖게 되었다"거나 "학창 시절 연극반에서 활동하다가 무대에 서 보니 묘한 매력을 느껴 내가 있어야 할 곳은 바로 무대구나라고 생각해 배우가 되려는 간절한 꿈을 품게 되었다"라는 대답이 의외로 많습니다.

그리고 보면 배우라는 꿈을 갖게 되는 동기는 충성도 높은 열성적 관객이나 팬, 아마추어 배우로서의 경험 등이 가장 보편적이라고 할 수 있습니다. 한류 열풍 이후 성공하는 배우가 부쩍 늘어나면서 배우가 되겠다는 자녀를 이런저런 걱정이나 망설임 없이 적극적으로 밀어주는 부모님이 많아졌습니다. 그러나 여전히 완고한 자세로 아들딸의 눈물을 빼놓는 보수적인 부모도 있습니다. 자신은 이미 초등학교 때부터 여배우가 되겠다고 결심했는데, 여자라는 이유로 부친이 "그 길로 가면 다리를 부러뜨려놓겠다"거나 "배우를 하려면 호적을 파고 나가라"고 엄포를 놓아 꿈을 접거나, 부모의 울타리를 벗어나서 서른이 다 된 늦은 나이에 비로소 배우에 입문한 경우가 적지 않습니다. 시대 변화에도 불구하고 우리 사회에는 여전히 배우에 대한 편견과 극단의 상반된 평가가 존재하기 때문입니다.

다양한 인생을 경험하는 '자유로운 영혼', 신분도 수직 상승할 수 있다

그렇다면 배우가 되려는 이유, 즉 배우의 매력은 무엇일까요? 가장 먼저 말씀드리고 싶은 배우의 매력은 미디어가 극도로 발달하고 대중문화가 꽃피운 시대에 마음껏 자기실현을 하며 대중의 마음을 사로잡는 '가장 매력적인 예술가'라는 점입니다. 예술가는 자신의 생각, 가치관, 감정과 정서 등을 원하는 대로 표현하고, 이를 통해 다른 사람들과 소통·교감을 한다는 점에서 매우 행복한 직업입니다. 특히 미디어의 발달과 한류 드라마의 융성으로 배우의 사회적 위상이 높아지면서 많은 청춘들이 배우라는 직업을 거리낌 없이 선택하고 있습니다.

둘째, 배우는 남들이 못하는 다양한 인생 경험을 한다는 점이 매력입니다. 특정 직업이나 라이프스타일에 구속되지 않고 극을 통해 다양한 직업과 인생을 자유롭게 간접경험할 수 있습니다. 그만큼 자유와 다양성을 만끽할 수 있습니다. 정치인, 기업인, 교수, 기자, 의사, 간호사, 간병인, 변호사, 검사, 판사, 상인, 배달원, 술집 주인 등 다양한 직업은 물론 분장을 통해 청소년, 청년, 중·장년, 노인 등 연령대별 배역과 장애인, 그리고 정신 질환자를 비롯한 환자 등 다양한 상황에 처한 배역을 맡아 연기적 변신을 시도할 수 있습니다. 이런 특성을 감안한 것인지 윌리엄 셰익스피어 William Shakespeare 는 배우를 **시대의 축도이자 간략한 연대기**라고 표현했습니다.

셋째, 배우는 연기를 함으로써 희열을 느끼고 감정의 정화, 즉 카타르시스를 통해 자신에 대한 심리적 충만감을 느낄 수 있다는 점이 매력입니다. 어떤 직업을 성취하는 것도 자기실현이지만 이렇게 심리적 만족감을 얻는 것은 더욱 중요한 자기실현이라 할 수 있습니다. 배우는 연기할 때 극의 전개과정을 거치며 관객에게 카타르시스를 선사하지만, 배우 본인도 표현 욕구를 발산해 갈증을 해소하듯 카타르시스를 경험하면서 만족감을 얻습니다.

넷째, 배우는 자신의 연기를 통해 인기를 얻음으로써 팬덤 fandom 을 확보하고 스타덤stardom을 누리게 되어 남들이 그토록 부러워하는 '선망의 대상' 이 된다는 점이 매력입니다. 예술가라는 직업과 신분을 확보하면서 명사ce-lebrity의 지위에 오른다는 뜻입니다. 명사가 되면 어디를 가든지 특별 대우를 받고 팬덤을 갖게 되어 알아보는 사람이 많아집니다. 자연스럽게 더 많은 기회가 찾아오고 부자가 될 가능성이 높아집니다. 반면 사생활을 보호받지 못하고 늘 평가·감시·비판의 대상이 되므로 평범한 사람이 하는 일을 못하게 됩니다. 유명해지다 보니 많은 사람이 친근해하거나 붙임성 있게 다가오지만 반대로 신뢰성과 진정성을 결여한 '가짜 친구들'이 많이 생겨날 수 있습니다. 심한 경우, 명사인 자신을 괴롭히는 스토커나 과도하게 집착하고 개입하는 '사생팬'처럼 일탈적인 팬들이 나타날 수 있습니다.

다섯째, 열심히 노력하고 행운이 뒤따르면 많은 부富를 축적해 경제적 신분 상승을 기대할 수 있다는 매력이 있습니다. 미국 할리우드에서 스타 배우들은 부자가 되어 자신의 이름을 내세운 극장을 짓고, 언덕배기의 높은 대저택에 사는 경우가 많습니다. 한국에서도 스타가 된 배우들이 자신의 회사를 만들고 대저택은 물론 빌딩을 사들이는 모습을 빈번하게 볼 수 있습니다. 극장을 운영하기도 합니다. 물론 경제적 여유를 바탕으로 기부 등 사회 공헌도 많이 하고 있습니다. 배우는 이러한 매력을 모두 향유할 수 있지만 그 가운데 무엇에 더 중점을 두느냐에 따라 예술가로서의 지향과 팬들의 평가가 달라질 수 있다고 하겠습니다.

그렇다면 배우는
어떤 존재일까요?

다양한 연기로 관객과 소통하는 천의 얼굴을 지닌 존재

우리는 배우를 영어로 'actor(여자 배우는 actress)'라고 합니다. 필자가 쓴 『케이컬처 시대의 배우 경영학』에도 상세히 언급되어 있지만, 이 말에는 '행동actus 하는 인간actor'이라는 뜻이 담겨 있다고 합니다. 극 중 배역의 중요도에 따라 배우는 주연배우star, leading or main actor, 조연배우supporting actor, 단역배우bit actor, 엑스트라extra로 구분됩니다. 하지만 배우의 입장에서 보면 이런 분류는 고정된 역할이나 계급이 아닙니다. 극마다 매번 달라질 수 있습니다. 자신의 노력과 팬들의 반응 등에 따라 단기간에 엑스트라가 단역이 되고 단역이 조연을 거쳐 주연이 되기 쉬운 게 배우라는 직업입니다. 그만큼 역동성이 큰 직업이라는 뜻입니다.

배우는 고대 그리스에서 신과 소통하는 역할을 맡으며 제례를 주관하던 제사장의 역할에서 출발했던 것에서 볼 수 있듯이 사람들과 폭넓고 깊게 소통하는 직업입니다. 따라서 배우는 기본적으로 소통을 잘하는 능력을 갖고 있어야 합니다. 관객은 물론 동료 배우, 연출가 등 제작진과도 긴밀한 소통을 잘해야 합니다. **배우**는 배역을 통해 다양한 인생을 연기한다는 점에서 '천千의 얼굴을 지닌 존재'로 규정됩니다.

■ ■ ■ **배우**

동아출판사가 발간한 『우리말 돋움사전』(1996)에는 "영화나 연극 등에서 극중(劇中)의 인물로 분(扮)해 연기를 하는 사람"으로 풀이되어 있습니다. 아울러 '광대'를 참고하라고 나옵니다. 광대는 한자어가 아닌 순우리말인데, 지난날 줄타기나 판소리, 가면극 따위를 하던 사람을 통틀어 이르는 단어로 배우와 같은 말이라고 설명되어 있습니다. 국립국어원 표준국어대사전에는 "연극이나 영화 따위의 예술 장르에서 등장하는 인물로 분장해 연기를 하는 사람" 또는 "가면극, 인형극, 줄타기, 땅재주, 판소리 따위를 직업적으로 하는 민속적 의미의 광대(한자를 빌려 '廣大'로 적기도 합니다)"라고 정의하고 있습니다.

배우俳優는 고전극에서 '우스갯짓과 소리를 하는 사람'이라는 뜻이었습니다. '우인優人'이나 '창우倡優'라고도 불렸습니다. 우인은 '연회宴會에 참여한 연행자', 창우는 '노래와 춤을 선보일 때 판소리를 하는 광대'라는 뜻입니다. 배우라는 한자의 구성 원리를 설명할 때 희극comedy으로 관객을 웃기는 사람을 뜻하는 '배'와 비극으로 관객의 눈물을 자아내는 사람을 뜻하는 '우'가 결합된 말이라고 그럴듯하게 해석하는 사람들도 있습니다. 그러나 한자 사전을 빌려 의미를 살려보면 '배俳' 자는 '배우 배' 또는 '어정거릴 배' 자이며, '우優' 자는 '넉넉할 우' 또는 '뛰어날 우'이니 그런 해석은 사리에 맞지 않고 주관적인 견해에 불과합니다.

'딴따라' 폄훼는 옛말, 북한에선 인민배우, 공훈배우까지 등장

종종 배우 등 연예인을 '딴따라'라고 낮춰 부르는 경우가 있습니다. 연예인 스스로 자신의 지위나 신세를 한탄하거나 폄훼하려 할 때도 자주 씁니다. '딴따라'는 사실상 배우, 가수, 코미디언을 비롯한 연예인을 비하하는 말입니다. 연예인에 대한 사회적 신분과 위상이 낮았던 시대를 반영하는 어휘입니다. 일제 강점기에 곡마단이 전국을 누비며 공연할 때 관객을 불러 모으기 위해 단원들이 나팔을 불며 거리를 행진하곤 했는데, 이때 나팔소리가 영어로 'tantara'였고 이것이 연예인을 지칭하는 말로 자리 잡았다고 합니다. 이런 어원과 그간의 용례를 비춰볼 때 이 말은 이제 사용하지 않는 것이 좋겠습니다. 이제는 보수적인 미국의 하버드 대학교까지 지난 100년간의 갑론을박을 끝내고 2015년 9월에 처음으로 연기학과를 개설할 만큼 사정이 달라졌습니다. 그만큼 배우의 지위가 격상되고 영향력이 커졌다는 방증입니다.

북한에서는 배우라는 일반적 명칭 외에도 '인민배우人民俳優'와 '공훈배우功勳俳優'라는 호칭을 많이 씁니다. 인민배우란 영화·음악·무용·연극·곡예 등의 분야에서 특별한 공훈을 세우고 조선노동당과 정부가 주도하는 문화예술 사업에서 가장 애국적·헌신적 활동을 한, 당성이 투철한 배우에게 수여하는 최고의 칭호이자 그 칭호를 받은 배우를 뜻합니다. 공훈배우는 같은 분야에서 특별한 공훈과 업적을 쌓았지만 인민배우에는 다소 못 미치는 뛰어난 배우에게 붙이는 칭호이자 그 칭호를 받은 배우를 지칭합니다. 그러니까 공훈배우는 인민배우보다 한 단계 아래의 영예인 것입니다. 관련 위원회의 추천을 받아 심의해 김일성 생일, 북한 정권 수립일, 조선노동당 창건일 등에 수여한다고 합니다.

태초에 '연기의 신'은
누구였을까요?

희극의 여신은 탈리아, 비극의 여신은 멜포메네

배우로서 정체성과 정통성을 확립하려면 이런 질문에 정확하고 자신 있게 답할 수 있어야 합니다. 희극의 여신은 탈리아Thalia, 비극의 여신은 멜포메네Merpomenē 입니다. 탈리아는 탈레이아Thaleia 라고도 부릅니다. 둘 다 그리스신화에 나오는 **뮤즈**Muse 의 일원입니다. 탈리아는 학예學藝의 영역 중에 희극과 목가牧歌 등을 주관했습니다. 탈리아는 담쟁이덩굴로 만든 화관을 쓰고 희극적 가면과 목동의 지팡이를 지

I 탈리아(희극의 여신)

닌 채 다녔다고 합니다. 멜포메네는 반장화를 신은 채 머리에는 사이프러스 나무로 만든 관을 눌러쓰고 있습니다. 손에는 슬픈 표정의 가면과 단검, 그리고 운명의 몽둥이를 들고 있습니다. 로마와 그리스에서 서사시를 쓸 때는 아름다운 서정 어구를 잘 지어낼 수 있도록 멜포메네 여신에게 간절히 기원

했다고 합니다.

이 두 뮤즈가 '연극의 여신', 즉 '연기의 여신'
이라 할 수 있습니다. 탄생의 내력을 말씀드리자
면 부친은 능력자인 주신主神 제우스Zeus, 모친
은 기억의 여신 므네모시네Mnemosyne입니다. 가
문이 매우 탄탄하지요? 이들이 피에리아 땅에서
9일간 함께 밤을 보낸 뒤 아홉 명의 뮤즈를 낳았
다고 합니다. 제우스는 사랑이라는 감정을 철저

▎멜포메네(비극의 여신)

히 배제하고 오직 목적의식적 행위만으로 아홉 딸들을 낳았기에 예술의 신
아폴론Apollon에게 아홉 뮤즈의 훈련을 맡겼습니다. 아폴론은 이들에게 예
술혼을 주입시키고 어머니의 기억력을 물려받아 모든 것을 암송하도록 했으
며 히포크레네의 샘에서 신들을 위한 올림포스 뮤직 콘서트를 준비시켰다고
합니다.

그중 두 명이 바로 탈리아와 멜포메네입니다. 배우라면 누구나 즐거운 연
기를 통해 기쁨과 행복을 선사하는 탈리아가 되고 싶을 것이며, 좀 더 장엄

■ ■ ■ 뮤즈

학예, 즉 학문과 예술을 담당한 아홉 명의 여신으로, 복수형은 무사이(Mousai)
입니다. 아홉 명의 뮤즈는 탈리아 외에도 서사시를 맡은 칼리오페(Kalliopē), 역사
를 주관한 클레이오(kleiō), 서정시를 담당한 에우테르페(Euterpē), 비극을 맡은
멜포메네, 합창 가무를 관장한 테르프시코레(Terpsichorē), 독창을 주관한 에라
토(Eratō), 찬가를 맡은 폴리히므니아(Polyhymnia), 천문을 주관한 우라니아
(Urania)가 있습니다. 뮤즈는 이런 속성 때문에 'amuse(즐겁게 하다)', 'amusing
(즐거운, 즐겁게 하는)'이라는 단어를 파생시켜 '즐겁다'라는 의미로 널리 쓰이
고 있으며 'music(음악)', 'museum(박물관, 미술관)'의 어원이 되었습니다.

하고 장중한 배우를 꿈꾼다면 멜포메네를 흠모할 것입니다. 그래서 외국에서도 이들의 이름을 쓰는 극단이나 클럽, 작품, 노래, 콘텐츠 등이 있습니다. 탈리아라는 이름의 멕시코 출신 라틴 팝가수가 존재하고, 헝가리 부다페스트에는 뮤지컬 극장인 '탈리아 극장'이 있습니다. 멜포메네는 월트디즈니사의 영화 〈헤라클레스Hercules〉와 브로드웨이 뮤지컬 〈제너두Xanadu〉에도 등장합니다.

배우는 처음에
어떤 일을 했나요?

신을 모시는 제례의 '제사장' 역할이 배우의 기원

처음에 배우는 오늘날처럼 연기 예술을 하는 직업적 예술가가 아니었습니다. 앞에서 살짝 언급했듯이 최초의 배우는 신을 모시는 제례에서 제사장의 역할을 했습니다. 한 해의 사냥과 곡식의 풍년을 기리고 수확에 대해 신들에게 감사하는 제사 의식과 주술을 관장했습니다. 고대 그리스의 디오니소스Dionysos 제전 의식을 연상하면 될 것입니다. 디오니소스는 대지의 풍요를 주재하는 신이자 술酒의 신입니다. 로마신화에서는 '바쿠스Bacchus', '박카스'라고 부릅니다.

한국에도 고구려의 동맹東盟, 부여의 영고迎鼓, 동예의 무천舞天 등과 같은 제천의식이 있었습니다. 배우는 처음에 이처럼 각종 제천의식과 제례에서 신과 소통하거나 교감하는 일을 했는데, 이를 위해 기도 행위, 운문韻文 낭송, 변신술, 호신呼神 및 접신接神 행위, 춤동작 등을 선보였습니다. 운문으로 주문이나 기도문을 읊조리다 보니 연극 발생 초기의 대사체는 오늘날 공연에서 흔히 보이는 대화체가 아닌 운문체였습니다. 장중하게 시를 읊거나 주술을 읊듯이 노래하는 모양새입니다. 초기 연극배우 가운데 시인이 많았고, 배우가 시인을 겸한 사례가 많은 것 또한 이런 배경 때문입니다. 희극보다 비극이 먼저 융성한 것도 제사 의식 때문입니다.

고대 그리스에서는 떼춤을 이끌던 히포크리테스가 배우

고대 그리스에서 배우는 '히포크리테스hypokrites'라 불렸습니다. 이는 배우라는 직업을 지칭하는 최초의 어휘입니다. 정확히는 기원전 6~5세기에 이렇게 부르기 시작했다고 합니다. 원래 히포크리테스라는 말은 군무群舞, 즉 여럿이 집단으로 추는 떼춤인 코레이아, 즉 코러스chorus를 이끄는 주연배우를 뜻했습니다. 그러다가 연극에 출연하는 배우를 일컫는 보통명사가 되었습니다. 구체적으로 히포크리테스란 디오니소스를 기리는 제전과 같은 전통적 의식에서 원무 합창을 지휘하는 사람인데, 무대 주변을 둘러싼 합창단이 물음을 던지면 중앙에 있는 지휘자가 그에 대해 답하는 형식으로 세리머니를 하면서 공연한 것입니다.

이렇듯 사람들에게 신화와 전설을 전달하기에 '해설자'나 '문답자'라는 뜻을 지녔다고 풀이되며, 허구나 풍자성이 짙은 이야기를 풀어나간다고 해서 '사이비 군자'나 '위선자'로도 불렸다고 합니다. 디오니소스 제전 의식에서 히포크리테스가 선보인 퍼포먼스가 흉내imitatio와 이야기narratio로 진전된 것이 극drama입니다. 이러한 극을 이끌어가는 주체가 배우입니다. 배우를 나타내는 말이 로마 시대에는 '히스토리오historio'로 바뀌었다고 합니다.

예술사에 기록된
'최초의 실존 배우'는
누구인가요?

마라톤 인근 지역에서 태어난 테스피스

| 최초의 실존 배우 테스피스

　　예술사에 기록된 최초의 실존 배우는 고대 그리스의 테스피스Thespis(기원전 585~미상)입니다. 온라인 사전에서 테스피스를 검색하면 '배우이자 시인으로 고대 그리스극을 창시한 그리스 비극의 아버지'라고 평가되어 있을 것입니다. 테스피스는 전쟁이 매우 빈번했고 발발하면 늘 치열하게 전개되었던 아테네 동북 지방의 마라톤 인근 지역에서 태어났습니다.

　　그러나 사료가 충분히 발굴되지 않아 아직까지 그의 일생이나 연극 분야에서의 활약상 및 활동 시기는 정확하게 밝혀지지 않았습니다. 다만 19세기 말에 우연치 않게 그의 묘가 발견되면서 학술적으로 그의 연극사적 존재와 가치가 본격 조명된 것입니다. 이후 많은 예술가와 학자의 연구가 이어지면서 그는 그리스 비극의 아버지로 평가받고 있습니다.

테스피스는 처음으로 가면을 극에 활용한 배우

테스피스는 배우로 활동하며 비극 시인, 연출가, 무대장치가의 역할도 병행했습니다. 테스피스는 기원전 534년에 처음으로 아고라Agora의 노천 무대에서 극을 상연했습니다. 아고라는 민주주의의 실현 과정에서 매우 중요한 기능을 하는 공간으로, 시민들이 서로 소통하고 교류하는 광장이자 시장의 기능을 했던 장소입니다. 테스피스는 현재 '연주단'으로 통용되지만 당시에는 '춤추는 공간'을 의미했던 오케스트라orchestra에 올라 처음으로 독백과 대화를 시도했습니다. 아울러 포도 껍질 등을 발라 얼굴에 분장하던 단계를 벗어나 하얀 가면을 쓰고 무대에 등장했습니다. 그래서 그는 극 중 가면을 처음 사용한 인물, 즉 처음으로 가면을 쓰고 연극을 한 배우로 기록되어 있습니다.

요즘은 어떻게 수련해야
배우로 성공할 수 있을까요?

내적 수련과 외적 수련이 동시에 이뤄져야

배우가 성공하려면 내적 수련과 외적 수련이 동시에 조화를 이루게 함으로써 자신을 완성하는 것이 필요합니다. 내적 수련을 해야 한다는 말은 신체·연기·매력·인성이 조화를 이루도록 부단히 수양하고 연습해야 한다는 뜻입니다. 배우에 적합한 자아를 확립하며 모든 인간이 소망하는 지덕체智德體를 전부 갖추도록 노력해야 한다고 이해하는 것이 빠를 것 같습니다. 외적 수련을 해야 한다는 말은 배우와 관련된 주변 사람들과 매끄러운 인간관계를 맺고 소통·교류하도록 노력해야 한다는 것입니다. 다시 말해 스타덤과 팬덤의 본질을 이해하고 관리하는 것, 동료 예술인과 친교하면서 교감을 갖고 여러 교류 활동을 하는 것, 작가 및 제작진과 소통하며 그들과 네트워크를 돈독하게 하는 것을 의미합니다. 이렇듯 내적 수련과 외적 수련이 조화를 이룬 경우, 좋은 기획사와 결합하거나 능력 있는 매니저를 만나면 배우의 앞길이 탄탄대로가 될 것입니다.

내적 수련의 측면에서 배우는 먼저 신체가 건강하고 아름답도록 매일 단련해야 합니다. 어떤 장르에도 적용이 잘되도록 심신을 다각도로 가꿔야 합니다. 실제로 배우 중에는 평소 이런 훈련을 잘해두어 뮤지컬, 드라마, 영화, 연극 등 각 연기 장르를 거의 편차 없이 잘 소화하는 경우가 적지 않습니다. 무용이나 아크로바틱 댄스, 무협 연기까지 잘하는 배우도 있습니다. 연기력 훈련은 초심자 시절부터 제대로 배워야 뒤탈이 없습니다. 이는 배우라는 직업으로 살 경우 평생 밑천입니다. 처음부터 탄탄하게 기본기를 익혀 점차 심화해야 하는 이유입니다.

연기는 호흡, 발성, 움직임 등 기초적인 훈련 단계를 거쳐 점차 연극, 영화, 드라마 등의 장르 훈련으로 심화해야 합니다. 그 뒤 가급적 많이 작품에 출연해 경험을 쌓아야 합니다. 가요나 광고로 먼저 유명세를 얻은 후 스타덤의 영향으로 연기에 뛰어든 아이돌 스타나 모델 출신 연기자는 연기 능력이 부족하다는 평가를 듣고 위축되거나 연예 활동에서 슬럼프를 겪는 경우가 흔합니다. 이럴 경우 배우 생활이 짧아질 수밖에 없습니다. 배우의 능력과 품격을 지탱하는 기초 에너지는 지식과 감성의 충전입니다. 평소 소설, 만화, 에세이, 시집 등을 읽는 것을 습관화해 문학적 감수성과 예술적 정서를 키워야 합니다. 아울러 원작을 깊이 이해하고, 대본을 받았을 때 이를 제대로 분석해서 연기로 소화할 수 있는 감각과 직관을 길러야 하겠습니다.

배우의 매력은 타고난 신체, 외양으로 나타난 아름다움, 정신적·정서적 충만감, 세련된 표현력이 결합되어 형성됩니다. 따라서 자신의 신체, 성정과 개성, 연기 능력의 장단점을 정확히 파악해 장점은 살리고 단점은 부단한 노력으로 보완해야 합니다. 물론 쉽게 해결이 안 되는 부분도 있습니다. 그럴 경우 과도한 스트레스에 시달리며 도무지 노력해도 안 되는 것을 너무 억지로 바꾸려 하지 말고 자신의 장점을 부각시키는 데 집중하는 것이 낫습니다.

배우에게 필요한 좋은 인성은 진정성, 이해심, 배려심, 화합과 조화 능력 등을 말합니다. 좋은 인성은 팬과 제작진, 스탭, 동료 배우, 평단評壇, critics 등과 좋은 관계를 유지하는 데 꼭 필요하며, 외적 수련의 바탕이 되는 필수 요소라고 말할 수 있습니다. 좋은 인성을 갖추려면 평소 독서·성찰·여행· 명상·종교·운동·대화를 활발히 하며 자신감을 확보하고, 해탈과 초월의 경지에 이르는 경험을 자주 해야 합니다. 연관 예술 활동이나 감상 활동을 확대하면서 심미안과 창의성을 배양하고 심리적으로 힐링healing하는 것도 효과적인 방법입니다.

외적 수련을 위해서는 첫째, 스타가 되면 향유하는 인기와 혜택의 무게만 큼 조심해야 할 부담이 늘어남을 분명히 인식해야 합니다. 그 후 공과 사에 서 법과 도덕, 윤리는 물론 사회의 보편적 가치나 상식에 어긋나는 행동을 하지 않는 등 자기 관리를 철저히 해야 합니다. 둘째, 팬이 형성되면 그들에 대해 매우 고맙게 여기고 진심을 다해 그들을 존중해야 합니다. 사람이 사람 을 좋아하는 것은 정말 신기하고도 행복한 일입니다. 팬덤은 스타덤을 구축 해주며 사회적 호평과 경제적 이익을 가져다주는 지지대 역할을 합니다. 팬 은 열광의 이면에 변덕스러운 속성을 지니고 있으므로 상황이 달라지면 안 티 팬으로 돌변할 수 있습니다. 따라서 처신·소통·기대에 대한 부응 면에 서 특별히 신경을 써야 합니다.

소통과 유대가 더욱 중요해진 극예술 환경

셋째, 배우는 동료 예술인들과 유대·친목을 강화해야 작품을 제대로 해 낼 수 있기 때문에 그들과의 소통·친교에 충실해야 합니다. 배우는 작품마다 전혀 새로운 조합으로 캐스팅됩니다. 톱스타는 가끔 캐스팅 과정에서 자신이 싫어하는 배우를 거부하기도 하지만 대부분의 배우는 좋으나 싫으나 제작진이 캐스팅한 배우들과 함께 작업해야 합니다. 본질적으로는 새로운 작품의 제작이 추진될 때마다 매번 낯선 사람들과 작업한다고 보시면 됩니다. 신인의 경우는 더욱 그렇습니다. 유명한 톱스타에서 무명 단역배우까지 어우러져 작품을 만듭니다. 따라서 작품을 할 때는 예절을 잘 지키고 맡은 역할에 최선을 다해야 합니다. 작품이 끝나면 배우들로 구성된 소모임이나 단체의 활동도 하길 권합니다.

넷째, 프로듀서나 영화감독 등의 연출자, 작가, 투자자 등과의 깊은 소통을 통해 신뢰감을 형성하고 이를 바탕으로 좋은 관계를 유지하는 것이 필요합니다. 이미지나 평판은 배우의 생명을 좌우하는 결정적 요소이기 때문에 이를 관리하는 데도 신경을 써야 합니다. 프로듀서는 개인은 물론 자신이 속한 방송사나 전국 단위의 조직인 프로듀서협회를 통해 배우에 대한 정보를 교류합니다. 영화감독도 개인은 물론 영화감독조합이나 영화감독협회 등의 단체를 통해 각 배우에 대한 평판부터 소소한 뒷이야기까지 공유합니다. 이런 원리를 이해했다면 이제는 제작진이 선호해 우선적으로 캐스팅하고 싶은 배우가 되도록 '진심'과 '믿음'을 근간으로 하는 네트워킹에 신경을 써야 하겠습니다.

배우가 되려면
어떤 자질과 조건을
갖춰야 하나요?

일단 인간 본연의 때 묻지 않은 기본기와 풍부한 감성이 중요

배우 지망생들이나 연기를 전공하는 학생들이 가장 많이 하는 질문입니다. 유명한 배우가 되어서도 종종 스스로에게 던지는 질문입니다. 사실 배우가 갖춰야 할 조건이 따로 있는 것은 아닙니다. 가장 인간답고 때 묻지 않은 본연의 기본기와 풍부한 감성을 갖추고 있으면 됩니다. 연기라는 예술은 누구나 할 수 있고, 배우도 누구나 할 수 있습니다. 그러나 연기 예술 분야가 전문화·상업화되면서 배우에게 요구하는 수준이 높아지고 정형화되는 측면이 있습니다. 매체 간 경쟁, 제작자 간 경쟁, 배우 간 경쟁이 치열해지면서 나타난 현상입니다. 수요와 공급의 법칙에 따라 이용자인 시청자, 관객, 나아가 팬의 선택을 받아야 하기 때문에 그들이 좋아하는 특성을 갖춘 배우가 가장 우선적인 선택을 받게 됩니다.

배우가 출연하는 드라마, 예능 프로그램 등을 편성하는 매체는 시청자가 좋아하는 배우를 캐스팅해야 시청률이 높아져 많은 광고 수익을 올릴 수 있습니다. 영화, 연극, 뮤지컬 제작자도 관객이 가장 좋아하는 배우를 출연시켜야 작품에 대한 흥행을 기대할 수 있고 장기 상영이나 장기 공연으로 이어져 많은 수익을 누릴 수 있습니다. 특히 자신의 아까운 돈을 투자하는 투자자의 입장에서는 더욱 신중할 수밖에 없습니다. 투자자는 수익이 기대되지 않거나 적을 것으로 예측되는 작품에는 절대 돈을 대지 않기 때문에 배우를 선택하는 데도 많은 영향력을 행사합니다. 우선적으로 유망한 배우, 인기가 높은 배우, 관객으로부터 많이 호응받을 배우를 선호한다는 뜻입니다. 팬의 입장에서도 좋아하는 배우가 많이 나올수록 방송 프로그램을 더 시청하고 공연도 더 많이 보러 갈 것입니다.

프로라면 멋진 신체, 감성과 연기력, 매력과 열정, 조화로운 인성을 갖춰야

이런 문화 산업 환경을 고려한다면 흥행에 성공하기 위한 배우의 조건, 연기 예술의 전문성을 극대화하는 데 필요한 배우의 조건이 분명하게 존재합니다. 제작 현장에서 통용되거나 학술적으로 명증된 배우가 갖춰야 할 공통 조건은 첫째, 미학적으로 아름다운 신체, 둘째, 뛰어난 감성과 연기 능력, 셋째, 연기자로서의 매력charm과 열정, 넷째, 조화로운 인성人性을 꼽을 수 있습니다. 낯선 관객을 앞에 두고 연기를 매개로 자신의 또 다른 자아를 보여주는 연기 예술의 세계에서 아름다운 신체는 배우가 되는 데 기본 요건으로 자리 잡은 지 오래입니다. 오늘날 다매체 다채널 시대, 한류 열풍으로 인한 두터운 팬덤의 시대를 맞아 이는 특히 더 중요해졌습니다. 아름다운 신체는 '비례와 균형의 원리'에 충실한 신체 구조와 호감을 주는 인상, 유연하고 의학적으로 건강한 몸을 갖춘 상태를 지칭합니다.

뛰어난 감성과 연기 능력이란 극 중 주어진 역할에 감정적·연기적으로 몰입하고 그 역할을 제대로 소화한 뒤 자신의 아이디어와 감각을 덧붙여 캐릭터를 재창조할 수 있는 역량을 말합니다. 연기자로서의 매력과 열정이란 각각 다른 작품의 배역을 맡아 팔색조처럼 그 캐릭터에 맞는 변신을 하고, 일단 큐 사인이 나면 평소의 모습과 다른 연기적 열정과 끼를 발산하는 소질과 에너지를 말합니다. 조화로운 인성은 상대역을 비롯한 동료 배우, 감독과 프로듀서 등 제작진, 작가, 스탭 등과 잘 소통하고 관계를 유연하게 이끌어 나갈 수 있는 능력을 말합니다.

유명 연출가·극작가마다 조건은 각기 다르지만 대동소이

연기 예술 분야에서 일가를 이룬 연출가들이나 극작가들이 강조하는 배우의 조건도 이런 조건에서 크게 어긋나지 않습니다. 한번 알아볼까요? 이상적인 배우의 조건에 대해 우리나라의 원로 연출가인 박진은 역할 수행과 매력 발산을 위한 '용모와 건강', 작품의 복잡성을 이해할 수 있는 수준의 '학력과 지성', 작품과 캐릭터를 소화할 수 있는 '이해력과 표현력', 그리고 '신체 동작 능력'을 꼽았습니다. 러시아의 배우이자 연출가인 콘스탄틴 세르게예비치 스타니슬랍스키Konstantin Sergeevich Stanislavskii (1863~1938)는 자연스럽고 설득력 있는 행동과 전달력 있는 음성(음성의 진동 폭, 발성 속도, 강세와 강조점, 표준 발음 여부, 억양과 음조, 음률 등이 배역 소화와 전달력 측면에서 종합적으로 우수해야 함을 뜻합니다), 등장인물이 지닌 내적 진실의 표현 능력, 캐릭터의 삶이 현실적이도록 지속적·역동적으로 표현하는 능력, 다른 연기자와의 교감 능력을 배우의 조건으로 제시했습니다.

유수열이 쓴『PD를 위한 텔레비전 연출강의』(2007)에 따르면 러시아 극작가 블라디미르 이바노비치 네미로비치단첸코Vladimir Ivanovich Nemirovich-Danchenko는 인위적이지 않은 인격 도야와 경험을 통해 수양된 인간적 매력인 인격, 무리와 억지 및 과장이 없는 자연스러움, 연습과 경험을 통해 얻은 연기 기술을 꼽았습니다. 미국 극작가 시어도어 W. 해틀린Theodore W. Hatlen은『연극입문Orientation to the Theater』(1991)에서 어떠한 역할이라도 능숙하게 소화할 수 있는 신체적 조건, 진폭이 넓고 정확한 음성, 풍부한 상상력과 예리한 감수성 등 4가지를 제시했습니다. 미국의 연출가 로버트 코언Robert Cohen 등은『전문적으로 연기하기: 연기경력 쌓기에 관한 생생한 지식Acting Professionally: Raw Facts about Careers in Acting』(2009)에서 재능, 개성, 신체적 특징, 트레이닝 정도, 인생 및 출연 경험, 인간관계, 의지, 건전한 자세와 현장 적응력, 자유로운 사상과 의식, 연기에 대한 올바른 정보와 자신에 대한 정당한 평가, 운이 중요하다고 강조했습니다. 프랑스 극작가 앙드레 빌리에André Villiers는『예술과 배우L'art du Comédien』(1962)에서 균형 잡힌 신체 구조, 개성과 매력, 관객의 인상을 사로잡는 존재감, 사상·감정·감각·의지·공상·지성 등에 대한 훈련 정도가 높은 수준에 이른 상태를 제시했습니다.

모든 조건을 갖춘 배우는 없어, 자신의 강점에 주력해야

그러나 앞서 제시한 모든 조건을 갖춘 배우는 동서고금을 막론하고 사실상 찾아보기 어렵습니다. 그런 조건을 모두 갖추고 태어난 배우도 없습니다. 누구나 몇 가지 장점을 지녔으며, 누구나 치명적인 약점을 보유하고 있습니다. 그렇기 때문에 자신의 장점을 최대한 어필하고 단점을 보완하려는 노력이 필요합니다. 영화계나 드라마계에서 보통 제작진이 주연급 배우를 캐스팅할 때는 배우를 크게 세 가지 부류로 구분합니다. 첫째, 비주얼이 좋고 신체적 매력이 뛰어난 스타 배우(가령 정우성, 원빈, 현빈, 강동원, 배용준, 이민호, 김수현, 김혜수, 전지현, 손예진, 하지원 등), 둘째, 무엇보다도 연기를 잘하는 스타 배우(가령 송강호, 최민식, 하정우, 황정민, 한석규, 류승룡, 류승범, 조진웅, 조승우, 전도연 등), 셋째, 신체를 활용해 화술·동작 등의 표현을 잘하는 스타 배우(가령 유해진, 오달수, 김인권, 이문식, 김수로, 조정석, 오정세, 박철민, 성동일, 장영남, 라미란 등)입니다. 이 가운데 영화의 표현이나 마케팅 포인트에 따라 주연배우의 선정 기준이 달라집니다.

보통 어떤 하나의 요소가 두드러진 배우를 주연으로 캐스팅하면, 상보적으로 나머지 요소가 두드러진 배우를 상대역이나 조연으로 고려합니다. 모든 조건을 갖춘 배우는 존재하지 않기 때문입니다. 배우의 입장에서도 자신의 조건이 완벽하지 않음을 알기에 자신의 강점을 상쇄하기보다 약점을 보충해줄 배우를 상대역으로 찾는 경우가 많습니다. 특히 주연배우로 먼저 캐스팅된 배우는 일반적으로 자신과 같은 유형이나 동급의 배우를 상대역으로 원하지 않습니다. 그래서 때로는 출연의 전제 조건으로 특정 배우에 대해 거부권을 행사하기도 합니다. 그래서 첫 번째 캐스팅한 주연배우의 의사에 따라 제작진이 원래 계획했던 배우의 출연이 좌절되고 다른 배우로 대체되는 경우가 적지 않습니다.

배우는 어떤 예술 철학을
가져야 합니까?

철학 없는 예술인은 무의미, 분명한 예술 철학을 가져야

배우도 다른 직업과 마찬가지로 분명한 철학을 가져야 합니다. 철학은 거창하거나 특별한 무엇이라기보다 예술인으로서 가져야 할 당연한 삶의 원칙이자 작품·팬·세상을 대하는 자세 등 지극히 일상적인 것일 수 있습니다. 배우가 예술 철학을 갖는 것은 예술인으로서 존재 이유이기도 합니다. 필자가 연구와 교육을 하면서 체계화한 원리를 담은 『케이컬처 시대의 배우 경영학』의 내용을 토대로 좀 더 구체적으로 설명하겠습니다.

예술가로서 배우는 첫째, 작품을 통해 자신의 예술 세계를 구현함으로써 미적 가치를 고양해야 합니다. 그리하여 예술성을 실현하고 사람들에게 생기와 기쁨을 불어넣어야 합니다. 김요한의 『예술의 정의』(2007)에 따르면 폴란드 태생의 철학자이자 미학자인 브와디스와프 타타르키비츠Władysław Tatarkiewicz는 "예술 작품은 기쁨과 흥분, 나아가 충격을 불러일으킬 정도로 사물을 재현하거나 형식을 구성하거나 경험들을 표현한 것이어야 한다"고 강조했습니다. 아리스토텔레스는 예술가가 미적 세계를 일궈가는 토대로서의 삶이 매우 중요하며 그러한 삶이 인간의 능력을 향상시킨다고 강조했습니다.

미적 가치를 고양하고 매력적인 작품을 창작해야

  둘째, 배우는 지극히 자유로운 입장에서 자신의 개성과 정서를 바탕으로 표현함으로써 생명력 있는 작품과 매력적인 이미지를 창조해야 합니다. 심신이 어느 누구에게도 구속되지 않은 상태로 창작 행위를 해야 합니다. 많은 나라의 헌법이 '표현의 자유'와 '예술 창작의 자유'를 최상의 가치로 여기고 학문, 사상, 그리고 창작의 자유를 보장하는 것도 이런 원리를 반영한 것이라 평가할 수 있습니다. 예술가의 특징을 논할 때 '자유로운 영혼'이라는 수식어가 항상 따라다니는 것도 이 때문입니다. 독일의 평론가이자 소설가인 토마스 만Tomas Mann은 『예술가와 사회The Artist and Society』(1953)에서 예술가의 임무가 사람들에게 활력活力과 생기生氣를 주는 것이라고 강조했습니다. 예술가가 사람들에게 이러한 에너지를 제공하려면 영혼이 어디에도 예속되지 않는 상태여야 하며, 사상과 표현의 자율성이 보장되어야 합니다. 조요한의 『예술철학』(2003)에 따르면 독일의 문호 요한 볼프강 폰 괴테Johann Wolfgang von Goethe도 예술가의 자율성을 강조했는데, 그는 예술적 산물이 도덕적인 효과를 발휘하지만 그렇다고 예술가에게 목적적 수단으로서 도덕을 요구해 구속하는 것은 예술가를 파멸로 이끈다고 경계했습니다.

예술성과 사회성의 조화, 관객 감동을 실천해야

셋째, 배우는 '예술성'과 '사회성'의 균형과 조화를 추구해야 합니다. 이는 작품 활동이나 개인의 사회적 활동에 마찬가지로 적용됩니다. 예술성과 사회성의 조화는 예술가 개인의 마케팅을 위한 의도된 행위가 아니라 진실한 깨달음에서 비롯되어야 합니다. 사회참여는 진정성authenticity이 매우 중요하다는 것을 다시 한 번 강조합니다. 진정성은 진실성과 달리 보편적인 옳고 그름의 문제라기보다는 자신의 내면과 자신이 밖으로 표출한 것 사이에 어느 정도 괴리가 있는지를 판단하는 문제입니다. 그 괴리가 없다면 진정성이 충만한 상태입니다. 이에 비해 진실성은 옳고 그름의 객관적 잣대가 있어 옳은 것은 모든 사람에게 보편적으로 옳은 것이고 틀린 것은 모든 사람에게 그릇된 것이라는 가정에 근거하는 문제로서, 보편적 가치나 과학적 진리에 의해 판단되는 영역이 해당됩니다.

과거 문예사조 가운데 예술지상주의의 입장을 고수했던 예술가들은 '예술을 위한 예술'에 몰두해 사회에는 관심을 두지 않고 예술 활동에만 집중했습니다. 그런 자세가 권장되었던 시절도 있었습니다. 그러나 예술이 인간 및 삶에 대한 이해와 공동체의 조화에 바탕을 두고 생각이 다른 집단과의 소통·화해를 이끌어야 한다는 인식이 확산되었습니다. 그러면서 예술도 사회적 관심을 가져야 한다는 쪽으로 점차 생각이 바뀌게 되었습니다. "도대체 우리가 누구를 위한 예술을 하고 있는가?"라는 질문에 적절한 답을 내놓을 수 없었던 예술가들에게 이런 자세 전환은 불가피했습니다. 역사가 말해주듯이 결국 예술은 당대 사회가 처한 현실과 유리될 수 없습니다. 따라서 배우 등 예술가가 사회적 관심을 도외시하는 것은 예술가의 직무 유기이자 현실도피라 할 수 있습니다.

이런 점을 고려해 오늘날 예술가는 현실에 존재하는 사회적 계층과 경제적 계급의 격차 및 갈등 문제, 정치적·사회적 모순, 소외의 문제, 소수자·병자·약자의 인권 등에 깊은 관심을 기울여야 합니다. 나아가 새롭게 부각되는 환경문제와 디지털 시대의 정보격차 문제 등에 대해서도 특유의 통찰력을 발휘해야 합니다. 그 범위를 군이 국제적 분야와 국내적 분야로 나눌 필요는 없습니다. 이러한 관심은 직접적인 발언과 참여 행위, 경제적 지원 행위, 재능 기부, 사회봉사 등을 통해 실현할 수 있습니다. 이러한 적극적 실행이 여의치 않을 경우, 이러한 문제를 다룬 드라마, 영화, 연극 등의 작품 출연을 통해서도 얼마든지 간접적 사회참여가 가능할 것입니다.

넷째, 배우는 관객을 존중해야 하며 관객으로부터 '공감'을 이끌어내야 합니다. 공감이란 타인의 감정·의견·주장 따위에 대해 자기 자신도 그렇다고 느끼는 것이나 그렇게 느끼는 기분을 뜻합니다. 배우는 영화, 드라마, 무대공연, 뮤지컬 발표 등을 통해 작품에 설정된 배역을 제대로 해석하고 표현함으로써 자신을 충분히 설명하는 데 노력을 기울여야 합니다. 그것이 존중과 소통을 표현하는 가장 기본적인 행위입니다. 아울러 관객의 구미와 취향, 예술가에 대한 요구와 바람을 파악하기 위해 관객과도 충분히 소통해야 합니다. 그러기 위해 예술가는 먼저 최선의 노력으로 미적 가치를 발휘해 자신의 작품 세계를 관객에게 선보임으로써 감동을 선사해야 합니다.

아리스토텔레스는 이렇듯 감정을 정화하고 정서적 수준을 고상하게 이끄는 예술적 감동을 '카타르시스'라고 표현했습니다. 배우는 예술 활동에 참여하는 것만으로도 스스로 카타르시스를 느낄 수 있습니다. 하지만 본질적으로 배우는 관객에게 우선 카타르시스를 제공할 의무를 갖고 있습니다. 이를 위해 관객이 무엇을 원하고 무엇에 공감하는지 자신의 직관intuition과 통찰력insight을 발휘해 간파해야 합니다. 관객의 예술적 안목과 예술 이해의 수준은 매우 다양하며, 예술가의 명성에 대한 인지도나 주목도도 각기 다르기 때문에 관객의 특성과 기호를 파악하려면 다양한 층위와 방법으로 접근해야 합니다. 관객을 잘 파악한 배우는 관객의 사랑을 받을 수밖에 없습니다.

배우들에게도 '창의성'이 요구된다고 하는데, 어떤 의미입니까?

제작진의 의도에 자신의 직관을 덧붙여 재해석해내는 능력

흔히 평단 또는 연출가로부터 배우가 가장 듣기 좋은 찬사 중 하나는 "대본에 충실한 연기를 뛰어넘어 창의적 표현을 한다"는 것입니다. 단지 연기 경험이 풍부하다고 해서, 멋스러운 연기를 한다거나 대본에 없는 대사를 즉흥적으로 하는 애드리브ad-lib를 자유자재로 구사한다고 해서 이런 평을 들을 수 없습니다. 훌륭한 연기자는 대본을 완벽히 소화해 자신이 맡은 캐릭터에 맞게 적확適確한 연기를 하는 것은 물론, 작가 및 연출가의 의도에 자신의 직관을 투영해서 자신의 특성을 반영·재해석한 창의적 연기를 선보이는 단계에 이를 수 있습니다. 이러한 창의적 사고 및 표현 능력이 발휘되려면 지식과 경험, 새로운 것을 창출하려는 내면적 동기와 열의, 상상 훈련에 대한 노력이 결합되어야만 합니다. 이 가운데 하나라도 빠진다면 **창의성** creativity의 발현이라는 시너지 효과를 거둘 수 없습니다. 그러니 배우가 창의성이 풍부하다는 영예로운 찬사를 받으려면 공부, 연습과 경험, 성격, 직관, 노력이

'5위 일체'를 이뤄야만 합니다.

창의성은 남의 요구에 의한 것이 아니라 자신의 자발적 요구가 있거나 문제 해결의 범위에 제약이 없는 개방형 상황에서 더욱 촉진됩니다. 자발성, 능동성, 개방성이 가장 중요한 동기 요인이라는 뜻입니다. 창의성은 우호적이고 개방적이며 격식을 잘 따지지 않는 자유로운 환경에서 촉진되지만 비판·감시·제약·압박·구속이 있는 환경에서는 위축될 수밖에 없습니다. 정치권력이 문화를 통제하거나 정부 주도의 검열 또는 심의가 철저한 사회에서는 창의성이 구현될 수 없습니다.

배우의 경우 작품의 대본과 제작 및 촬영 정보를 숙지·분석하는 단계가

'준비'이며, 연기를 구체적으로 어떻게 할 것인가를 무의식적으로 내면화해 마음속에서 연구·모색하는 단계가 '부화'입니다. 비유하자면 병아리가 비로소 알을 깨는 과정인 것입니다. 이 배역 연기를 이렇게 하면 가장 좋을 것 같다는 예감을 감지하는 과정이 '예견'이고, 더욱 창의적인 표현 방법이 떠오르는 과정은 '통찰'이며, 이러한 아이디어를 실제로 적용해도 좋은지 재점검하고 이를 좀 더 정교화하는 과정이 '검증'이라 할 수 있습니다.

앞에서 강조한 대로 배우가 창의적 사고 및 표현 능력을 발휘하려면 풍부한 지식과 경험, 새로운 것을 선보이려는 강한 내면적 동기와 열정, 직관력이 돋보이는 상상 훈련을 촉진하는 노력 등이 뒷받침되어야 합니다. 그 뒷받침은 짜임새가 있어야 합니다. 아울러 자유롭고 개방적인 환경이 갖춰져야 합니다. 그런 환경이 아니라면 그런 환경이 갖춰지도록 먼저 주변 정리에 몰두해야 할 것입니다. 창의성을 발현하려면 창의적으로 해결해야 할 문제가 존재해야 하고, 문제 해결에 대해 당사자가 자발적 의지와 능력이라는 창의적 성정을 갖고 있어야 하며, 스스로 문제를 해결해나가는 과정을 거쳐 기존과 다른 독창적 결과물이 제시되어야 합니다.

창의성은 일반적으로 대체, 조합, 적용, 수정, 용도 변경, 제거, 재배열의 조합 예술이라고 할 수 있습니다. 창의성을 구현하는 구체적 기제와 알고리즘을 말하는 것입니다. 하늘 아래 새로운 것이 없기에 기존의 요소를 토대로 대체, 조합, 적용, 수정, 용도 변경, 제거, 재배열을 하는 것입니다. 우리가 이른바 '기획planning'이라 칭하는 일들은 이를 시도하는 창의성 구현 과정입니다. 배우가 창의적 연기를 한다면 특정 배역을 기존과 다른 목소리나 톤·외양 등으로 대체하거나, 몇 가지 표현법을 결합하거나, 다른 분야의 원리나 방법을 적용하거나, 특정 대사와 감정을 축소 또는 강조하거나, 기존의 아이디어를 다른 방법으로 활용해보거나, 특정 부분을 제거하거나 순서 또는 형식을 재배치하는 것 가운데 적어도 한 가지 이상을 발현하는 것을 의미하는 것입니다.

창의성을 기를 때 그것의 순기능과 역기능을 동시에 살펴야

심리학계에서도 입증된 이론이지만 태생적으로 '창의적인 사람'과 남들로부터 '창의적'이라는 평을 듣는 사람은 자신감이 넘치고 독립적이며, 인습을 중시하지 않고, 잘 순응하지 않는 경향성을 나타냅니다. 창의적인 예술가도 마찬가지입니다. 이들은 자신을 창의적인 아티스트라 확신하며, 복잡하며 신비롭고 모호한 것에 끌리는 모습을 보입니다. 아울러 대체로 활달하고 개방적인 성향을 나타냅니다. 또한 항상 번뜩이는 아이디어를 제시합니다. 정말 기발할 때가 많습니다. 이들은 독립적 영역을 구축하고 있는 데다가 뛰어난 상상력을 보여줍니다. 종종 모험을 즐기기도 합니다. 심신의 열정과 에너지가 충만하고 호기심이 풍부합니다. 리더십과 추진력도 뛰어납니다. 야망을 실현하려는 욕구와 무언가 성취해 이끌어가려는 권력의지 또한 강합니다. 심미안과 직관이 뛰어나며 유머 감각이 풍부합니다.

그러나 배우가 창의성을 배양할 때는 그것이 야기할 역기능도 생각해보아야 합니다. 창의적인 사람은 종종 자신감이 지나쳐 거만하거나, 경쟁자에 대해 냉담하거나 강한 적대감을 가진 경우가 많습니다. 충동성이 강하고 법과 규범을 쉽게 무시하는 무질서 의식도 엿보입니다. 남을 지배하려는 욕구가 지나칠 때도 있습니다. 유연할 것 같지만 반대로 사회성이 부족한 경우도 적지 않습니다. 내면적으로는 무엇보다 정서 불안에 시달릴 때가 많고, 심한 경우에는 정신적 병증을 앓을 때도 많습니다. 그러니 충분한 휴식과 안정을 취하고 자신을 성찰하는 동시에 심리 관리에 더욱 신경을 써야 합니다. 특히 배우는 시인, 음악가, 화가 등과 마찬가지로 정서와 심리, 날씨에 민감해 우울증 같은 정신적 병리에 취약한 경우가 많으니 특별하게 자기를 관리해야 합니다.

예술가인 배우가 갖춰야 할 '심미안'은 무엇일까요?

배우 오드리 헵번의 영화, 패션, 일상사 등을 보면 그녀가 예술적 감각이 매우 뛰어난 배우임을 금방 알 수 있습니다. 배우 제시카 알바Jessica Alba는 심신의 양면에서 자신을 세련되게 연출하고 매조지하는 미적 능력이 탁월합니다. 여배우들이 정말 부러워하는 대상입니다. 미국의 시인 월트 휘트먼 Walt Whitman은 자신의 서정과 감성을 자연의 동식물에 투영해 미적으로 해석하고 시로 연결하는 직관적 능력이 탁월했다는 평가를 받습니다. 예술가의 필수 덕목으로 일컬어지는 **심미안**審美眼은 '아름다움을 살펴 찾는 안목 eye for beauty, esthetic sense'을 뜻합니다. 구체적으로는 아름답고 뛰어난 것들을 민감하게 포착하고 거기서 어떤 의미와 즐거움, 희열을 감지하는 것이므로 배우의 매우 중요한 기본 감각이자 능력입니다. 플라톤은 예술을 통한 심미적 경험이 인간 영혼에 지대한 영향을 미친다고 강조했습니다. 아리스토텔레스는 예술의 심미적 정서 경험으로 인한 치유 효과, 즉 카타르시스로 영혼을 정화할 수 있다고 믿었습니다. 지그문트 프로이트Sigmund Freud 등은 예술 작품에 작가의 미적 세계는 물론 억압된 소망과 무의식적 욕구가 내포

되어 있어 감상자가 소망과 욕구를 충족하는 카타르시스를 경험하고 즐거움
을 체험하며, 결과적으로 감상자의 심미적 직관이 확대된다고 보았습니다.

심리학자들은 예술 작품의 '각성 효과'가 심미안을 갖게 하고 나아가 축적하
게 만든다고 주장하기도 합니다. 즉, 예술 작품이 인간의 주의를 최대한 집중
시키고 흥분 상태로 이끌어 최적의 각성 상태에 이르게 함으로써 즐거움을 느
끼게 만든다는 이론입니다. 이때 각성에 영향을 미치는 예술 작품의 여러 요
인이 있습니다. 첫째, 크기, 모양, 색깔, 음의 고저 등의 물리적 특성입니다.
둘째, 작품에 대해 긍정적이거나 부정적인 느낌을 갖게 하는 심리적 경험과의
결합입니다. 셋째, 대칭성과 비대칭성, 규칙성과 불규칙성, 동질성과 이질성,
단순성과 복잡성, 반복성과 비반복성 등의 형식적 특성입니다.

가급적 작품 많이 참여하고 연관 예술 부지런히 섭렵해야

배우 등 예술인이 심미안을 촉진하려면 자기 주변의 환경을 구축하는 것

이 긴요합니다. 이를 위해 우선 다른 사람들의 관심을 끌거나 인정받으려는 욕구에서 벗어나야 합니다. 남의 시선이나 평가를 의식하면 자신만의 경험과 느낌을 축적하는 것이 어렵습니다. 아울러 현재에 집중해야 합니다. 과거나 미래에 치중하다 보면 몰입이 불가능해져 심미적 경험과 느낌의 체득이 불가능합니다. 심미안을 기르려면 평소 생활부터 정교하게 설계해야 합니다. 부지런하고 명민해야 합니다. 주변에 아름다움을 느낄 수 있는 대상물들을 자연스레 배치하고 그런 활동을 습관화해야 합니다. 보통 자연·예술·깨달음을 대상으로 한 프로그램을 확대해 심미안을 증진할 수 있습니다. 산야로 나가 좋은 공기를 마시고 절경을 보는 것, 음악 연주회나 공연을 보는 것, 성지순례나 산사 수행 같은 종교적 체험 등이 해당되겠습니다.

특히 배우는 기본적으로 많은 작품과 대본을 분석하고 작품에 가급적 많이 참여해야 합니다. 대본의 원작이나 연관 작품, 관련 자료를 꼼꼼히 챙겨 면밀하게 분석해야 합니다. 아울러 드라마나 영화, 연극, 뮤지컬 등의 작품 제작 문법과 흥행 트렌드를 감각적으로 수용할 필요가 있습니다. 영화관, 공연장, 박물관, 미술관, 서점에 자주 가야 합니다. 근본적으로는 배우와 관련이 깊은 패션, 화장, 미용, 광고 등 연관 분야에 대한 감각을 확대하고 음악, 미술, 무용, 건축, 시 등 기초가 되는 인접 예술에 대해 지식과 감상을 확대함으로써 융합적인 예술 감각을 충분히 축적하고 경외심을 갖도록 노력해야 합니다. 다양한 빛, 색상, 소리, 어휘, 향, 이미지, 관념, 감각, 정신세계를 느끼며 즐거움과 희열을 얻는 경험을 자주 가져야 합니다. 또한 여행과 트레킹 등을 통해 자연물, 역사적 흔적 등과 같은 눈높이로 교감하는 능력을 길러야 합니다. 주거 환경을 아름답게 꾸미고 미적인 활동을 취미로 삼는 것도 빼놓지 말아야 합니다. 자신이 본 아름다운 정서와 풍광, 느낌을 기록하며 다른 예술가의 작품을 보고 감상평을 적는 습관을 갖는 것도 필요합니다.

배우가 가장 두려워해야 할
대상은 누구입니까?

관객은 존엄하고 숭고한 존재, 배우가 가장 두려워해야

배우가 가장 두려워해야 할 대상은 연출가, 제작자, 투자자, 평단이 아닙니다. 이들도 배우에게 매우 중요한 이해관계자들이지만 배우가 무엇보다도 가장 두려워해야 할 대상은 바로 관객입니다. 관객은 무대예술 또는 공연 예술 장르에서 보편적으로 사용되는 용어입니다. 방송에서는 '시청자'라고 할 수 있겠죠. 디지털 시대를 맞아, 방송에서 많이 쓰이는 시청자와 산업계의 용어인 소비자의 중립적 표현으로 '이용자user'라는 표현을 쓰기도 합니다. 배우가 출연한 작품을 보고 관객 또는 시청자가 어떤 선호를 형성하고 있다면 '팬'이라 할 수 있겠습니다.

관객 없는 배우, 관객 없는 공연은 상상도 할 수 없습니다. 희곡, 배우, 관객이 연극의 3요소로 규정된 이유가 여기에 있습니다. 관객은 배우를 비춰주는 거울입니다. 자신의 연기에 대한 반응, 배우 자체의 인기와 매력에 대한 반응이 고스란히 투영되어 반향으로 나타나는 매개체가 바로 관객입니다. 배우는 관객을 통해 무대에 설 자신감을 확보하며, 자신의 존재감을 확인하고, 끊임없이 소통하며, 카타르시스를 제공하고 싶은 욕구를 재생산합니다. 아울러 예술적 소양과 기품을 갖춘 양식 있는 관객은 배우를 더욱 훌륭하게 키웁니다.

배우는 오늘날 관객의 높아진 예술적 · 지적 수준에 부응해야

오늘날 관객은 예술적 · 지적 수준이 매우 높고 명민합니다. 감각, 직관, 지식, 예술적 소양 등 모든 면에서 결코 배우에 뒤지지 않습니다. 경제력 상승과 자기실현 욕구 등이 결합되어 대졸 이상 고학력자들이 많이 늘어났습니다. 이러한 흐름과 맞물려 주5일제가 실시되면서 국민들의 문화적 소비와 향유 수준 또한 매우 높아졌기 때문에 작품이나 배우에 대한 평가 기준이 매우 까다로워졌습니다. 주말 대학로의 연극, 뮤지컬 극장에는 젊은 연인, 중년 부부 등 남녀노소 관객이 빼곡합니다. 영화관에서 영화를 보는 일은 이제 취미가 아니라 생활의 일부분이 되었습니다. 영화와 드라마 등의 게시판에는 날카로운 지적이 쇄도하며, 해당 분야에 대한 감상과 지식 축적에 몰입하면서 '덕후(오타쿠)'라는 말이 유행하듯 전문성을 축적한 마니아가 늘고 있습니다. 작품 평론 분야에서도 전문적인 평론가를 능가하는 아마추어 평론가가 많은 편입니다. 이제 배우들이 이러한 깨알 같은 관객들을 가히 두려워해야 할 정도입니다.

가장 손쉽게 접할 수 있는 영화 부문을 살펴보겠습니다. 국내 영화 연간 누적 총관객 수는 2005년에 처음으로 1억 명을 돌파한 이후, 2013년에는 2억 명(2억 1333만 명)을 넘어섰습니다. 2014년에는 2013년에 비해 15.4%가 줄었으나 영화는 여전히 가장 보편적으로 문화 예술을 향유하는 수단입니다. 2013년 영국 미디어 리서치 업체 스크린다이제스트의 분석에 따르면 1인당 연간 평균 영화 관람 횟수는 한국이 1위(4.12편)입니다. 2위 미국(3.88편), 3위 호주(3.75편), 4위 프랑스(3.44편)보다 월등하게 높습니다. 사실상 일 년에 한 편도 안보는 분들이 많다는 점을 고려하면, 국민 1인당 4편 이상을 본다는 것은 10편 이상을 보는 분들도 많고 20편 이상을 보는 마니아층이 많이 존재한다는 뜻이기도 합니다.

배우를 하기에 좋은 성격은
어떤 것인가요?

예술적 감성과 표현력이 뛰어나고 자기애가 강한 사람이 제격

배우는 연기 등 예술 분야를 무척 좋아하고, 태생적으로 감성과 표현력이
풍부하며, 남들 앞에서 돋보이는 것을 좋아하고, 자기애가 매우 강한 사람이
적격입니다. 아울러 직관이 뛰어나 사람이나 사물, 작품 등 대상물을 통해
아름다움의 본질을 발견해내는 심미안이 월등한 유형도 배우를 하기에 좋은
스타일입니다. 방금 설명한 내용은 에니어그램enneagram이라는 심리 분석
방법에서 나타나는 아홉 가지 성격 유형 가운데 제4 유형인 '예술가 스타일'
과 같습니다. 이런 유형은 초·중·고 학창 시절부터 교우 관계, 학예회 등
여러 활동을 통해 금방 그 끼가 나타납니다. 타고난 끼와 매력은 숨길 수 없
습니다. 곧바로 드러나게 되어 있습니다. 이러한 예술가 스타일이 배우가 되
는 데 일반적으로 가장 적격인 유형입니다.

예술가 스타일은 다른 일을 하다가도 예술 분야로 돌아오는 경우가 많습니
다. 대학생의 경우에도 부모님의 바람을 반영해 일반 학과에 진학했다가 재수,

> ■ ■ ■ **자기도취**
>
> '나르시시즘(narcissism)'이라고도 합니다. 사랑이라는 감정이 자신에게로 크게
> 쏠려 자기 자신에 대해 애착하는 심리적 병증입니다. 이 경우 성적 욕망이나 성
> 충동을 뜻하는 '리비도(libido)'의 대상은 자기 자신이 됩니다. 영국의 의사이자
> 작가인 해브록 엘리스(Havelock Ellis)가 남성의 자체 성애적 성도착 사례를 그리
> 스의 '나르시서스(narcissus) 신화'에 비유한 것을 기초로 1899년에 독일의 정
> 신과 의사 파울 네케(Paul Näcke)가 만들어낸 용어입니다. 이 병증은 수선화가
> 된 그리스신화의 미소년 나르키소스(Narcissos)에서 유래했는데, 나르키소스
> 는 연못 물속에 비친 자신의 얼굴에 반해 스스로 물속에 빠져 죽었습니다. 그
> 후 연못에서 어떤 꽃이 피어났는데 이 꽃을 수선화(narcissus)라고 부르게 된
> 것입니다. 수선화의 꽃말은 그래서 '자기도취'입니다.

삼수 이상을 해서라도 예술계 학과로 다시 입학합니다. 심리학의 관점에서 예
술가 스타일은 남들과 비교해 자신이 항상 특별한 존재라는 것을 인식하며 그
런 사람이 되고자 노력하는 유형입니다. 이들에게 존재감은 생명과 같습니다.
실제로 자신을 특별한 사람이라고 생각하며 이런 생각을 갖는 것에 대해 높은
자부심과 긍지를 지니고 있습니다. 아울러 자기애, 즉 자기에 대한 사랑이 매
우 강합니다. 자기애는 적절한 경우에 자기 확신을 강화해 동기부여를 촉진하
고 자아와 자신이 이뤄낸 성과물에 대해 긍지와 자부심을 높여주지만 지나치
면 **자기도취**라는 병증으로 발전할 수 있습니다.

예술가형은 감동, 찬사, 우대, 선망, 품격 지향 스타일

그렇다면 지금부터 예술가형 스타일을 구체적으로 분석해보겠습니다. 이

들은 원래부터 평범함을 싫어하며 남들로부터 감동·찬사받는 것을 좋아합니다. 특별한 우대를 당연시합니다. 이런 유형이 실제 배우가 되면 자신을 영화나 드라마 속의 연기자처럼 느끼고 행동하는 경우가 흔합니다. 아울러 외양, 행동, 제스처, 발언, 패션에 이르기까지 최고 수준의 감각과 품격을 발휘하며 고급스럽고 세련된 느낌을 발산하려 애씁니다. 감정과 표현력이 풍부해 일반인보다 기쁨, 즐거움, 슬픔, 우울, 노여움, 고독 등의 감정과 정서를 더 예민하고 깊게 느끼며 표출합니다. 남에 대한 이해심과 배려, 동정심이 특별히 잘 발산됩니다. 이 경우 대상자에 대해 매우 세심하고 정성스러운 태도를 나타냅니다.

그러나 낮과 밤이 교차하듯이 단점도 존재합니다. 이런 유형은 자기애가 지나칠 경우 매우 이기주의적이고 독단적인 경향을 나타내므로 가족, 친구 등 주변 사람을 아주 힘들게 합니다. 집에서 부모나 배우자에게 스트레스를 풀 때가 많습니다. 특히 매니저, 연출자 등 일에 관련된 사람들과 원만한 관계를 유지하지 못하는 경우가 있습니다. 이런 스타일은 또한 질투심과 선망이 강하고 과민 반응을 자주 일으킵니다. 그래서 언어에 민감합니다. 자신에 대한 대우나 에티켓을 살펴 무시당한다고 여길 경우 다른 사람보다 더 불쾌하게 반응합니다. 자신과 대등한 위치에 있는 사람은 심리적으로 이겨야 할 라이벌이기 때문에 친구로 지내는 것이 어렵습니다.

극단적인 경우에는 무엇이든 극처럼 승화하려 한다거나 현실과 이상을 착각하는 망상증이 나타나기도 합니다. 이런 유형은 시샘과 질투가 많아 습관적으로 남들과 잘 비교하는 경향이 있습니다. 이러한 비교를 통해 자신이 갖추지 못한 것을 얻으려고 다양한 노력을 하는데, 그러다가 그것이 이뤄지지 못하면 낙담에 빠집니다. 깊은 슬픔과 원한에 사로잡히는 단계까지도 이를 수 있습니다. 그러니 끊임없는 수양과 철저한 자기 객관화를 통해 나쁜 점을 고쳐나가야 합니다. 그래야 배우가 되기 좋은 성격을 지닌 재목들이 자신의 단점을 극복하고 본래 바라던 좋은 배우가 될 수 있습니다.

'무대 불안증'과 '무대 공포증'이 있으면 배우를 할 수 없나요?

남 앞에 서는 사람에게 흔한 정서, 배우라면 다 극복할 수 있어

먼저 결론을 말씀드리면, 아닙니다. 배우는 무대 불안증stage anxiety과 무대 공포증stage fright이 있어도 연기 활동을 잘할 수 있습니다. 일반인도 이런 증상이 조금씩 있고, 생방송 경험이 많은 방송인들이나 선거 유세와 연설을 위해 연단에 자주 서는 노련한 정치인들도 유사한 증상을 많이 겪습니다. 학생들이나 일반 직장인들이 대중 앞에 나가 프레젠테이션을 할 때 겪는 '발표 불안'과 유사한 증상이라고 생각하시면 됩니다. 인간으로서 떨리고 긴장되는 상황은 마찬가지입니다. 이런 불안 증세는 평생을 무대나 관객 앞에 서야 하는 예술인에게 피할 수 없는 현상입니다. 신인 배우뿐만 아니라 작품 **경험이 많은 배우**나 톱스타도 흔히 겪는 증상입니다.

이런 증상의 원인은 첫째, 경험의 부족 때문입니다. 경험이 부족하면 자신감이 떨어져 스스로를 믿지 못하기에 막연한 불안에 휩싸이기 쉽습니다. 배우의 경우 입문 시절부터 무대와 관객 앞에서 대담성이 충분히 길러지도록 훈련받아왔기 때문에 연습 부족과 이로 인한 자신감의 결여가 가장 큰 원인이라 진단할 수 있습니다. 배우에게 적절한 무대 불안과 무대 공포는 스스로에게 긴장감을 조성해 연습을 철저히 하도록 만드는 '각성 효과'를 발휘합니다. 그러나 불안 증상이 심각할 경우 실수에 대한 두려움이 커져 상상력과 표현력이 제한되고 나아가 공연을 어렵게 할 수도 있습니다. 따라서 무대 불안과 무대 공포를 두려움의 대상으로 여겨 병원을 찾는 데 급급하기보다는 실력과 자신감이 넘치는 배우가 되도록 자신을 단련하는 데 역으로 활용하는 지혜를 발휘해야 하겠습니다. 배우에게는 끊임없는 연습이 최상의 치료법이라는 얘기입니다.

둘째, 스트레스에 잘 노출되거나 강박관념 또는 유독 심한 심리적 특이성 때문입니다. 배우 중에도 이런 심리적 특이성을 가진 사람이 의외로 많습니다. 이런 분들은 작품 촬영이나 공연을 앞두고 대사가 잘 외워지지 않거나 촬영이나 무대 공연 직전에 그간 연습한 대사가 잘 생각나지 않는 망각 증상에 휩싸이는 경우가 많습니다. 평소와 달리 기억의 재생과 집중력이 작동되지 않는 것입니다. 갑자기 자신의 머릿속이 정전된 것 같은 멍함을 느낍니다. 콘서트나 가요 프로그램 생방송 도중에 자신이 수백 번 연습하고 부른 가사를 일순간 까먹고 허둥대는 가수도 이런 경우에 해당됩니다. 이런 분들은 평소 심호흡, 초월 훈련 등을 통해 자신의 심리를 차분하게 가라앉혀 평정심을 되찾는 노력을 해야 합니다. 그러나 많은 노력을 해도 증상이 개선되지 않고 그 증상이 고질적이라고 판단될 경우 병원을 찾아 상담하는 것이 좋습니다.

무대 불안증은 꾸준한 연습과 심리적 훈련을 통해 병증 이전의 단계로 극복이 가능합니다. 조금 더 심각한 단계인 무대 공포증이라는 병증은 체계화된 훈련과 치료를 통해 극복할 수 있습니다. 배우가 이런 증상을 극복하려면 병원 신세를 지기 전에 먼저 극 중 자기 배역에 대한 준비와 훈련을 철저히 해 자신감을 확보해야 합니다. 그리고 무대에 오르기 전에 충분한 이완 훈련으로 정신적·육체적 긴장과 스트레스를 말끔히 해소해야 합니다.

먼저 무대 불안증 이야기를 해보겠습니다. 배우는 누구나 무대 불안증을 가지고 있습니다. 공연이나 촬영을 앞두고 심각한 불안 증세를 겪는 것입니다. 특히 첫 공연을 앞두거나 컴백을 앞둔 상황에서 이런 증상을 흔히 겪게 됩니다. 앞서 설명한 것처럼 준비가 덜 된 경우, 즉 연습이 불충분한 경우에 더욱 그렇습니다. '내가 잘할 수 있을까?', '혹시 대사를 말하다가 갑자기 멍을 때리지는 않을까', '관객에게 내가 어떤 모습으로 비칠까?' '관객이나 시청자는 어떤 반응을 보일까?', '오랜만의 작품 복귀인데 어색하게 연기하진 않을까?', '제작진은 편하게 대해줄까?' 등의 상황입니다. 이런 모든 생각이 복합되어 무대 불안증이 나타납니다.

이어서 무대 공포증에 관해 설명하겠습니다. 무대 공포증은 무대 불안증이 더욱 깊어져 심리적으로 공포를 경험하는 단계에 이른 병증입니다. 다시 설명하면 무대 공포증은 배우가 무대나 카메라 앞에 서는 것을 두려워하거나 공연·촬영 도중에 대사나 연기가 틀릴까 봐 심리적으로 두려워하는 공포증입니다. 일반적으로 안면 홍조hot flush, 호흡과 심박 수 증가 등의 증상이 수반되며 심한 경우 무대에 서는 것이 어려울 정도로 극도의 위축 반응이 나타납니다. 특히 안면 홍조 증상은 신체 내부에서 비롯된 열감으로 인해 얼굴, 목, 머리, 가슴 부위의 피부가 갑작스럽게 붉어져 전신으로 퍼지는 증상을 말합니다. 이는 다양한 신경 내분비계의 신경 전달 물질, 호르몬 등의 불균형으로 체온조절 중추의 열 손실 메커니즘이 오작동되면서 나타나는데 음주, 흡연, 체중 과다, 카페인 등이 함유된 자극적인 음식물, 꽉 끼는 옷, 스트레스 등을 피해야 개선 또는 완치될 수 있다고 합니다.

충분한 작품 연습과 이미지 트레이닝이 해법

무대 공포증은 사회 공포증social phobia 에 속합니다. 사회 공포증은 타인이나 군중 앞에 나서는 것을 부끄러워하고 불안이 심해 사회 활동이 어려운 증상을 말합니다. 1998년 연구에서 한국 배우의 77.3%가 약간 높은 수준의 무대 불안과 무대 공포를 경험했다고 분석되었을 정도로 배우에게 빈번히 나타나는 증상입니다. 당시 조사에서 22.7%는 심각한 수준의 무대 불안과 공포를 느끼는 것으로 드러나 이들의 경우 치료가 필요한 것으로 나타났습니다. 홍길동·이홍식·이형국 등은 「배우의 공연시 각성 변화와 심리적 자기조절 분석」(2008)에서 무대 불안 및 공포의 체험 정도를 측정하기 위해 대학로에서 다섯 명의 배우를 대상으로 공연 전후 시간 경과에 따라 심박 수를 측정하는 실험을 했습니다. 그랬더니 평상시 71.8회였던 평균 심박 수는 공연 1시간 전에 77.8회, 40분 전에 82.4회, 20분 전에 95.0회, 10분 전에 103.0회, 5분 전에 112.2회로 급격히 높아졌다가 공연이 끝난 직후 79.0회로 낮아져 공연 5분 전의 불안과 공포가 가장 심각한 것으로 나타났습니다.

구체적으로, 무대 공포증을 경험하면 생리학적으로 교감신경계가 흥분해 혈당 상승과 심장 박동·출력 증가를 유발하는 부신피질 호르몬인 아드레날린adrenaline이 급속하게 증가합니다. 감각기관과 근육의 혈류가 증가하는 대신 소화기관의 혈류는 감소해 지각 능력이 떨어지게 됩니다. 특히 심장박동과 호흡이 빨라지고, 땀을 흘리거나 벌벌 떨며, 다른 곳으로 도망치려는 반응이 나타나는 경우가 많습니다. 증상이 심한 경우, 몸이 얼어붙은 것과 같은 동결 반응freezing reaction과 눈의 동공pupil이 커지는 등의 변화가 나타납니다.

　무대 공포증은 두려워하는 대상 자체나 불확실한 상황 평가로 야기되는 두려움 증상입니다. 아울러 공포나 두려움의 대상에 대한 경험으로 학습되기 때문에 불확실한 상황을 제거하고 대상과 친숙해지는 노력을 함으로써 상당히 완화시킬 수 있습니다. 근본적으로는 열등감이나 강박 의식에 기인하는 경우가 많으므로 신경증을 완화시키고 사람을 자연스럽게 대할 수 있도록 노력해야 합니다. 이런 증상이 잘 완치되지 않을 경우에는 반드시 정신과 전문의의 도움과 치료를 받아야 합니다. 특히 무대와 카메라 앞에서 자연스럽고 대담하게 연기하는 훈련을 지속하고 가상의 관객을 연상하는 이미지 트레이닝image training을 겸해 연습함으로써 실제로 그들 앞에서 자연스러워지는 노력을 하는 것이 필요합니다. 그런 증상이 있다면 조금씩 개선하고 극복하면서 완성된 배우의 경지를 향해 한 걸음씩 달려나가도록 합시다.

배우들에게 흔한
크고 작은 '우울증'은 어떻게
극복하는 것이 좋은가요?

'개인'과 '연기자'의 이중적 자아를 지닌 배우에게 민감한 정서

우울depression은 심각한 슬픔에 빠질 분명하고도 충분한 이유가 없는데 장기간에 걸쳐 불행한 느낌이 드는 기분이나 감정입니다. 특히 배우에게 매우 흔하고 민감한 정서입니다. 배우는 인간의 유형 중에 감정과 정서가 풍부한 특징을 지닌 스타일인 데다 '개인'이자 특정 감정을 지닌 캐릭터에 몰입해 연기해야 하는 '연기자'라는 이중의 자아를 지니고 있기 때문입니다.

밝고 긍정적이며 자부심 강한 배역을 맡은 배우는 대부분 개인의 성정도 매우 밝고 진취적입니다. 그러나 누군가에게 당하고 짓밟히며 억눌린 캐릭터를 연기하는 배우는 일정 시간 그 배역에 과몰입, 투사projection 또는 빙의 憑依, possession 되어 우울 증상이 나타나기 마련입니다.

'투사'는 자신이 심리적으로 경험한 세계가 현실인 것으로 느끼는 무의식적 현상입니다. '빙의'란 자신에게 다른 사람의 영혼이나 신이 들린 듯한 심리학적 증상을 말합니다. 배우나 연기 전공자 가운데는 특히 작품 전후에 우울증을 겪으며 불면과 불안증을 호소하는 사람이 매우 많습니다.

가장 위험한 경우는 우울증이 격화될 만큼 개인사도 좋지 않고 맡은 배역도 몹시 어두운 단계입니다. 이런 경우 극도로 절망해 자살하는 경우도 있기 때문에 관리를 잘해야 합니다. 주변의 도움도 필요합니다. 자살의 이유는 꼭한 가지만 있는 게 아니라 여러 가지가 복합된다고 하는데요, 한 시대를 풍미했던 배우 최진실, 이은주, 박용하, 정다빈, 그리고 홍콩 배우 장궈룽張國榮 등이 우울증 등의 복합적인 원인으로 세상을 떠났습니다.

배우의 죽음은 배우 개인의 죽음으로 끝나지 않고 '베르테르 효과Werther Effect'가 나타나 적지 않은 사람들을 모방 자살로 이끄는 비극을 발생시키기도 합니다. 베르테르 효과는 일반인이 유명 배우, 가수, 스포츠 스타 등 유명

인사의 자살 소식을 접한 후 자신을 그와 동일시해 유행처럼 자살하는 현상을 뜻합니다. 독일의 괴테가 쓴 소설 『젊은 베르테르의 슬픔Die Leiden des jungen Werthers』(1774)에는 주인공 베르테르Werther가 연인 로테Lotte에게 실연당한 뒤 권총으로 자살하는 내용이 나옵니다. 이 스토리를 접한 당시 유럽의 젊은이들이 이를 모방해 권총 자살이 유행처럼 번지면서 붙여진 이름입니다. 너무나 안타깝고 슬픈 일입니다. 배우와 배우 지망생 모두에게 이런 불행이 다시 찾아와서는 안 됩니다. 아울러 생명에 대한 소중함과 외경심畏敬心을 갖고 자아에 대한 존중 의식을 재확립하는 것이 필요합니다.

초콜릿 · 운동 · 수다로 우선 기분 전환, 심할 경우 치료받아야

그렇다면 우울증을 어떻게 개선하고 치료할 수 있을까요? 배우 상담 전문가, 정신의학 연구자, 정신과 전문의, 심리학자, 연극 치료 전문가 등의 의견을 종합해 말씀드리겠습니다. 배우나 배우 지망생은 우울증이 발발하면 첫째, 재빨리 기분 전환을 해야 합니다. 우울증은 평소 절망적 기분에 자주 사로잡히거나 비관주의적 사고에 빠지는 사람이 자주 걸립니다. 아울러 자신의 존재 가치를 지나치게 비하하는 사람에게서도 많이 나타납니다. 따라서 우울한 기분이 들면 제때에 분위기 전환을 해야 합니다. 산책, 운동, 댄스, 샤워, 외출, 쇼핑, 오락, 수다 등 자신에게 맞는 다양한 방법을 구사해야 합니다. 보통 남성의 경우 운동이나 샤워를 하고, 여성의 경우 커피 전문점이나 레스토랑에서 친구를 만나 수다를 떨거나 쇼핑을 하면 기분 전환이 되어 이런 증상이 쉽게 해소된다고 합니다.

둘째, 긴급 처방으로 식이요법을 권합니다. 의사들은 우울함을 벗어나는

데는 초콜릿 한 조각이 최고라고 말합니다. 달래 생즙과 바나나, 사과, 푸딩 음료, 우유 등도 좋다고 합니다. 이런 음식에는 생리 활성 기능을 하고 기분을 좋게 해주는 물질인 세로토닌serotonin이 들어 있어 우울증을 금방 벗어나게 해줍니다. 따라서 배우나 배우 지망생은 가방에 초콜릿을 갖고 다니면서 기분이 우울해지거나 다운될 때 먹으면 효과를 볼 수 있겠습니다.

셋째, 햇볕에 노출되는 야외 운동이나 활동을 적극 권합니다. 일조량과 우울증의 정도는 서로 반비례한다는 것이 학계의 정설입니다. 햇빛이 내리쬐는 야외에서 운동을 많이 하면 세로토닌의 분비가 원활해져 우울함이 크게 감소됩니다. 세로토닌은 생리 활성 기능을 하는 호르몬으로서 기분을 밝게 바꿔줍니다. 유럽에서는 많은 여성이 잔디밭에 누워 일광욕을 즐깁니다. 우울증을 예방하고 비타민 D도 합성하는 지혜를 발휘하고 있는 셈입니다. 우울증은 계절적으로 일조량이 적은 겨울에 더욱 심하기 때문에 겨울철에 산책, 등산 등 야외 활동을 많이 해야 합니다. 연예인의 자살이 유독 12~2월에 상대적으로 많은 것은 이런 원리와 무관치 않다고 합니다.

좋지 않았던 옛일, 악평 댓글 돌이키기 금물

넷째, 좋지 않았던 옛일을 돌이키지 말아야 합니다. 반추反芻, rumination는 우울증을 유발하는 작용을 한다고 의학적으로 규명되어 있습니다. 반추는 한마디로 과거의 일을 돌이켜 생각하는 것입니다. 좋지 않았던 일이나 기억을 곱씹어 생각하다 보면 우울증이 도져 증상이 깊어질 수 있습니다. 따라서 우울증을 방지하려면 반추하지 않는 습관을 갖고 가급적 과거의 일은 잊어버려야 합니다.

넷째, 우울증의 원인인 스트레스에서 벗어나도록 노력해야 합니다. 배우가 성공하면 대개 영광스럽게도 인기와 호평, 명성, 부를 누립니다. 그러나 우리 모두는 허점이 있는 인간이므로 실수하고 잘못된 판단을 하는 경우가 있기에 잘못된 일에 연루되어 언론이나 네티즌의 혹평에 시달리는 경우도 흔합니다. 물의를 일으켜 사회적 비난을 받기도 합니다. 인기가 오르면 파파라치 매체의 추적과 감시의 대상이 되기도 합니다. 팬들이 댓글 등을 통해 연기를 못한다고 악평을 늘어놓는 경우도 흔합니다. 원치 않는 악성 루머의 주체가 되어 증권가 등에서 만드는 '정보지(지라시)' 등에 회자되기도 합니다. 법적 소송에 연루되기도 합니다. 이때 들어오는 배역은 설상가상으로 어둡고 아픈 상황에 처한 역할인 경우가 많습니다.

어느 때부터인가는 그런 배역조차 잘 들어오지 않기도 합니다. 캐스팅 교섭 등 매니지먼트가 순탄치 않습니다. 주변에 출연을 전제로 이상한 대가를 바라는 사람도 많습니다. 작품에 출연했지만 시청률 성적이 부진해 조기에 종영하기도 합니다. 이런 모든 일이 배우에게는 스트레스입니다. 따라서 평소에 아티스트 위기관리 매뉴얼을 만들어놓고 각 분야의 전문가와 상의하면서 의연하게 대처해야 합니다. 어렵고 난처할수록 용기를 내어 오해는 해소하고 실수나 잘못은 즉시 정직하게 용서를 구하는 자세가 필요합니다. 그래야 부담을 홀홀 털어버릴 수 있으며 우울증이라는 '어둠의 터널'에서 가급적 빨리 벗어날 수 있습니다.

근본적으로 우울증을 유발하는 주변의 환경을 제거해야

다섯째, 우울증을 유발하는 주변 환경을 제거하고 만족스러운 환경으로 바꿔야 합니다. 우울증에 영향을 미치는 것에는 경제적·사회적 요인도 있습니다. 결혼 상태, 부부 관계, 일터에서의 지위 변화, 교육 수준, 소득 및 생계 수준, 건강과 심리적 만족도, 가족 및 사회관계 등의 만족도가 바로 그것입니다. 이런 요소들의 만족도가 높으면 우울증에 잘 걸리지 않습니다. 그러나 만족도가 낮으면 우울증에 더 자주 걸린다고 합니다. 자신의 목표와 그것을 이루기 위한 현실적 여건의 균형을 맞춰 그 목표를 달성하기 위해 노력해야 합니다. 먼저 목표와 현실의 격차를 줄이는 것부터 시작하십시오.

특히 사회적 관계에서 여성은 생리, 출산, 폐경menopause, 직장의 유지 여부, 출산과 양육, 가사 부담 등으로 남성보다 더 많은 스트레스를 경험해 우울증에 잘 노출된다고 합니다. 젊은 여성은 결혼 직전에 '메리지 블루marriage blue'라는 우울증을 겪기도 하는데, 행복해야 할 결혼 과정에서 이렇듯 우울증이 수반되는 경우도 있습니다. 이혼, 사별, 고독, 사고 등도 우울증의 원인입니다. 배우자와 별거 중인 여성이 동거 중인 여성보다 우울증이 지속될 확률이 5배 이상 높고, 우울증이 깊어질 확률은 1.5배 이상 높다는 연구 결과도 제시되었습니다. 따라서 열심히 소통하고 사람들과 사귀며 사랑하는 모습이 좋겠습니다.

예술에서 강조되는 '다양성'이란 무엇을 말하나요?

다윈의 변이에서 유래된 생물 다양성이 문화 다양성으로 확대

흔히 어떤 영화제에서 일반적인 상업 영화가 아닌 독립 영화를 다수 선정해 상을 주면 해당 영화제의 '다양성diversity'이 증진되었다고 평가합니다. 일례로 제35회 청룡영화제에서 영화 〈한공주〉의 주연배우 천우희가 여우주연상을 받았을 때 이런 반응이 나왔습니다. 반면 1000만 관객 영화를 만들기 위한 전략적 마케팅으로 특정 영화가 멀티플렉스 영화관 스크린들을 거의 독점하다시피 차지하면 '스크린 다양성cinematic diversity'이 심각하게 훼손되었다고 평가합니다. 예술가들은 '문화적 다양성culture diversity'의 확대를 위해 각 예술 장르 간 균형 있는 예산 집행을 요구하면서 갈수록 일반 대중으로부터 소외받는 예술 장르나 인디 문화에 더 많이 투자해야 한다고 목소리를 높이고 있습니다. 글로벌 배급을 하는 드라마나 영화에서 문화적 고려와 마케팅을 위한 포석으로 다양한 인종이 등장하거나, 한 사회를 구성하는 인종이 늘어났다면 '인종적 다양성'이 점차 확보되는 것으로 평가합니다. 한 사회에 다양한 색깔과 목소리를 전달하는 언론사가 갈수록 늘어나거나 프로그램의 내용·포맷·장르가 다채롭게 공급되면 '미디어 다양성'이 확대되었다고 평가합니다.

다양성이라는 단어는 이렇게 여러 부문에서 사용되고 있습니다. 이 개념은 자연과학에서 출발해 사회과학과 문화적 의미로 파생·발전되었기 때문에 그러한 순서에 따라 이해하는 것이 좋습니다. 다양성이라는 개념은 영국의 유전학자이자 진화론자인 찰스 다윈Charles Darwin이 환경 적응과 생존 가능성을 높이는 자연선택의 과정으로서 변이variation가 필요하며 그 변이를 통해 생물의 다양성이 유지될 수 있다고 주장하면서 태동했습니다. 자연과학에서는 이 견해가 '생물학적 다양성'이라는 개념으로 발전했습니다. 생물학적 다양성은 생태계의 안정과 평형을 유지하는 요소로서 유전자가 다양해야 한다는 '유전자 다양성', 생물의 종이 다채로워야 한다는 '생물종 다양성', 여러 생태계가 공존해야 한다는 '생태계 다양성'으로 구성됩니다.

사회과학적 정의는 '정치적 다양성', '사회적 다양성', '경제적 다양성'으로 구분됩니다. 정치적 다양성은 권력과 지배에서 벗어나는 것, 또는 차이를 해소하는 것이라는 뜻인데, 표현·의견·종교의 자유 등에 바탕을 둔 내면의 다양성을 나타내기도 합니다. 결론적으로 정치적 다양성이란 민주 사회의 구성원으로서 소수자의 권리가 보장되고 그들이 차별받지 않는 체제를 말합니다. 사회적 다양성은 개인 간 차이나 다름을 폭넓게 인정하는 관념인데 인종, 민족, 종교, 국적, 성, 연령, 장애 여부, 성적 지향 등의 다양함을 인정하고 존중하는 것을 말합니다. 가치, 개성, 태도, 교육 수준, 정년 등의 다양함이 당연하게 보장되는 것도 뜻합니다. 어떤 연구자들은 개인 차원, 내부 차원, 외부 차원, 조직 차원의 다양성으로 세분해 설명하기도 합니다.

경제적 다양성은 정치적 다양성, 사회적 다양성과 뜻이 조금 다릅니다.

경제적 다양성은 시장의 자연독점을 깬 개념으로 소비자가 시장에서 상품·서비스·재화를 고를 때 그 선택성을 최대한 확대하는 것을 지칭합니다. 소비자의 선택을 최대한 넓히는 환경을 조성하는 것입니다. 기업이 상품의 품질은 높이고 가격을 낮출 경우 소비자의 수요가 증가하기 마련이므로 각 기업은 소비자의 선택을 받아 살아남기 위해 치열한 경쟁을 하게 됩니다. 따라서 소비자가 특정 시장에서 상품을 구매하려 할 때 가격, 유형, 품질 등의 면에서 구매할 동종 상품의 목록이 많다면 경제적 다양성이 충족된 시장이라 평가할 수 있습니다.

문화의 내용 · 형식 · 권역이 다양하게 병존해야 한다는 것이 핵심

이제 예술에서 통용되는 '문화적 다양성'에 관한 이야기를 하겠습니다. 문화적 다양성은 언어, 의상, 전통, 도덕, 종교, 생활 습관, 생활양식, 사회를 형성하는 방법, 주변과의 상호작용 등 지역과 사람의 문화적 차이를 포괄적으로 인정하는 것을 뜻합니다. 다양한 문화의 병존과 병렬, 그 과정에서 파생되는 다툼 인정, 다른 사람과 존재에 대한 이해, 다문화에 기반을 둔 다른 문화의 존중과 수용을 포괄하기도 합니다. 각 문화권에서 독자적인 문화관과 논리를 갖고 다른 문화를 개방적으로 바라보는 '상호 문화성'의 단계를 넘어 국가가 관리하는 정치·경제·윤리의 토대에서 국민이 다른 문화의 향유를 보장받는 '다문화' 단계를 통해 다양한 문화의 교류와 이해를 실천하는 것을 뜻한다고 할 수 있습니다. 다양한 문화가 병존한다는 개념도 문화적 다양성입니다.

정리하면 문화적 다양성은 문화 예술 전반에서 그 내용과 형식을 구성하는 다양한 요소를 인정하고, 그 내부에 다양한 문화가 공존하는 것을 용인하는 개념이라 할 수 있습니다. 한국 영화계에서 이미 제도화된 스크린쿼터 screen quota와 뮤지컬계에서 논의 중인 '스테이지 쿼터stage quota'도 국내 문화 시장에서 외국산 콘텐츠에 대한 우리의 순수 창작 콘텐츠를 일정 정도 이상 유지함으로써 문화적 다양성을 보장·확대하기 위한 조치입니다.

유네스코UNESCO(유엔교육과학문화기구)는 2001년 '세계문화의 다양성을 위한 선언문' 제1조에서 문화 다양성의 개념을 별도로 규정했습니다. 이 선언문에 따르면 문화는 시간과 공간을 가로질러 다양한 형태를 띱니다. 이러한 다양성은 인류를 구성하는 집단·사회의 특성과 복수성 안에 구현되어 있습니다. 생명의 다양성이 자연에 필수적인 것처럼 문화 다양성은 교류·혁신·창조성의 원천으로 인류에게 필수적인 것이라 할 수 있습니다. 이런 의미에서 문화 다양성은 인류의 공동 유산이며 현재와 미래의 세대들에게 해택을 주는 것으로 인정받아야 한다고 선언문은 강조했습니다. 유네스코는 이를 토대로 2005년 10월 '문화 콘텐츠와 예술적 표현의 다양성 보호를 위한 협약(문화다양성 협약)'을 체결하고 2007년 3월에 발효했습니다. 문화적 재화의 특수성과 문화 주권cultural sovereignty을 인정해 영화, 드라마, 비디오, DVD, 라디오, 인터넷, 책, CD, 라이브 공연 등의 문화 상품을 자유무역 대상에서 제외하기로 한 것이 핵심 내용입니다.

문화적 다양성과 연관이 깊은 **미디어 다양성**은 민주주의 운용의 핵심 가치입니다. 자유로운 정치적 사상과 견해가 막힘없이 소통되는 '사상의 자유 시장'을 통해 여론이 형성되는 공간인 '공론장public sphere'을 활성화하고 매체, 콘텐츠, 시각 등에서 다양성을 확보해 수용자의 선택성을 높이는 개념을 말합니다. 이는 한국과 미국 등 민주국가에서 미디어 정책의 주요 목표로 설정하고 있습니다. 다양한 매체, 다양한 경로, 다양한 내용이 공존하도록 정

■ ■ ■ 미디어 다양성

미디어 다양성에 대한 견해는 학자마다 다양합니다. 대표적으로 필립 M. 나폴리(Philip M. Napoli)라는 미디어 학자는 『커뮤니케이션 정책의 토대: 전자매체 규제의 원칙과 절차(Foundations of Communications Policy: Principles and Process in the Regulation of Electronic Media)』(2001)에서 미디어 다양성의 구성 요소를 '소스 다양성', '내용 다양성', '노출 다양성'으로 구분했습니다. 소스 다양성은 얼마나 많은 제작 주체가 참여하는지 정도로서 채널 소유(콘텐츠와 유통 경로)의 다양성, 노동인구(제작 참여자 및 종사자)의 다양성으로 구성되어 있습니다. 내용 다양성은 얼마나 다양한 내용과 시각이 프로그램을 통해 전달되는가의 정도로서 포맷과 프로그램 유형의 다양성, 프로그램에 나타난 인구사회학적 다양성, 사상과 관점의 다양성을 포함합니다. 노출 다양성은 수용자들이 얼마나 골고루 선택해 시청할 수 있는가의 정도입니다. 노출 다양성은 모든 콘텐츠의 선택을 고려할 때 수용자의 분포 상황, 즉 수신 가능한 콘텐츠의 다양성을 뜻하는 '수평적 노출 다양성'과 개별 수용자들의 콘텐츠 소비가 얼마나 다양한가, 즉 송수신 콘텐츠의 다양성을 뜻하는 '수직적 노출 다양성'으로 구성되어 있습니다.

책, 규제, 심의 제도를 마련한다는 뜻입니다. 다인종 국가인 프랑스에서는 다양한 인종과 세력의 정치적 목소리를 반영하기 위해 신문 가판대에서 모든 신문의 진열을 의무화하고, 적자를 보는 신문은 정부가 지원해 명맥이 유지되도록 하고 있습니다.

요즘 예술에서
융합이 강조되고 있는데,
'융합'이란 무엇인가요?

장르 · 형식 · 내용의 결합과 조화를 통한 새로운 예술의 창조

요즘 예술 분야에서 융합을 상징하는 말로 '크로스오버crossover'나 '컬래버레이션collaboration'이 통용되고 있습니다. 크로스오버는 '여러 장르가 교차한다'는 뜻인데, 음악이라는 예술 장르에 국한해 쓰이는 경우가 많습니다. 즉, 어떤 장르에 이질적인 다른 장르의 요소가 합해져 만들어진 음악을 뜻합니다. '퓨전 뮤직'과 비슷한 용어입니다. 예를 들어 클래식과 팝, 클래식과 재즈, 재즈와 록, 블루스와 레게 등의 만남이 해당된다고 할 수 있습니다. 크로스오버는 한정된 소재에서 벗어나 다양한 음악 세계를 추구하려는 아티스트의 욕구가 확대되면서 점차 다양한 모습으로 나타나고 있습니다.

컬래버레이션은 사전적으로 '모두 함께 일하는' 또는 '협력하는 것'을 의미합니다. '공동 작업', '협력', '합작'이라는 뜻입니다. 예술에 구체적으로 적용하면 복수의 예술가들이나 장르가 다른 아티스트들이 서로 대등한 위치에서 협업해 작품 등의 결과물을 얻어내는 것을 말합니다. 축약해 **콜라보**collabo

라고 씁니다. 예술 세계에서 공동 출연, 경연, 합작, 공동 작업 등은 모두 콜
라보에 해당됩니다.

오늘날 배우가 관여하는 드라마, 영화, 연극, 뮤지컬 등 모든 작품은 장르·직
종·시스템이 융합·완성되는 특성을 나타내기에 이를 흔히 '종합예술synthetic
arts'이라고 칭합니다. 우리는 어린 시절 일찌감치 국어 시간을 통해 연극과
영화가 종합예술이라고 배운 적이 있을 것입니다. 생각해보십시오. 드라마
만 하더라도 배우, 작가, 연출자, 촬영감독, 조명, 음향, 분장, 미술, 의상, 무
대, 기술 등 모든 분야의 전문 인력이 집중되어 완성됩니다. 여기에 투입되
는 장비도 갖가지이고 예산도 어마어마합니다. 정말 셀 수 없을 정도로 많습
니다.

기술의 발달과 자본의 투자에 힘입어 융합 경향 가속화

이러한 분야는 디지털 시대의 본격화 같은 기술 발달과 문화 예술의 산업
화 같은 자본 투입 증가 추세에 따라 발전 속도를 높이며 시시각각 업그레이
드되고 있습니다. 이미 3D, 4D 기술이나 매우 진전된 컴퓨터 특수 효과를
반영한 드라마 또는 영화가 속속 제작되고 있습니다. 아울러 음악, 미술, 무

용, 건축 등 이종 장르가 결합되고 같은 극예술 장르에서도 영화와 뮤지컬, 드라마와 뮤지컬이, 그리고 TV 프로그램에서는 예능과 교양, 예능과 드라마가 결합되고 있습니다. '뮤비컬movical', '드라마컬dramacal'이라는 용어가 문화계에 등장한 것도 융합 흐름 때문입니다. 한 아티스트가 여러 가지 예술을 선보이는 것도 융합이라 할 수 있을 것입니다.

이렇듯 배우가 참여하는 예술 분야는 본질적으로 융합의 원리가 적용되는 종합예술입니다. 독일의 작곡가 빌헬름 리하르트 바그너Wilhelm Richard Wagner는 미래의 이상적 무대예술은 '악극樂劇'이며 이는 음악·무용이 혼연일체가 된 종합예술Gesamtkunstwerk이라고 표현했습니다. 신을 기리는 원시주술과 제천의식에서 유래된 전통 예술부터 현대 예술까지 음악·회화·문학·건축·무용 등이 하나로 결합·완성되는 작품을 뜻합니다. 융합融合, convergence은 사전적으로 '녹아서 하나로 합쳐진다'는 뜻입니다. 즉, 여러 기술이나 성능이 물리적 단계를 넘어 화학적으로 결합되거나 합쳐지는 일을 지칭합니다. 따라서 예술에서 융합이란 각 분야와 장르, 포맷과 스타일, 예술가 개인과 개인 등이 두 가지 이상 합쳐지거나 협업해 복합적인 특징을 나타내거나, 두 가지 이상의 장르가 복합되어 아예 새로운 제3의 장르나 작품으로 나타나는 것을 의미한다고 할 수 있습니다.

생물학적 관점에서 볼 때 생식세포의 융합과 수정 등 생화학적 관점의 융합을 '퓨전fusion'이라고 합니다. 학문 간 결합도 앞에서 강조한 융합이라 규정할 수 있습니다. 그러나 학문 간 융합은 분야의 성격상 융합이라는 말보다 **통섭**統攝, consilience으로 칭하고 있습니다. 통섭은 원래 '전체를 도맡아 다스림', 또는 '서로 다른 것을 한데 묶어 새로운 것을 잡는다'는 뜻입니다.

배우를 평가하는 기준은
무엇이 있을까요?

배우를 둘러싼 이해관계자들마다 평가 기준은 달라

배우를 평가하는 기준은 매우 다양합니다. 어떤 사람은 배우에 대한 자신의 직간접 경험을 토대로 이미지에 의존해 인상적으로 평가하고, 어떤 사람은 평판이나 선호를 기준으로 평가합니다. 어떤 사람은 흥행 작품 수, 시청률, 관객 수 등의 성과물을 가지고 평가하기도 합니다. 모두 일리 있는 평가 요소입니다. 문화 예술계에서 통용되는 배우에 대한 평가 기준은 딱히 정해져 있지 않습니다. 영화, 드라마, 뮤지컬 등의 작품 제작을 겨냥해 기업이나 펀드, 개인의 투자를 받을 때도 요즘 뜬 배우인가 또는 뜨는 배우인가, 팬덤이 두터운 배우인가 여부를 우선시할 뿐 모두 기준이 다릅니다.

미디어 영상산업계의 관행은 영화감독, 프로듀서 등 캐스팅권을 행사하는 연출자, 출연 배우의 면면을 보고 투자 여부나 규모를 결정하는 투자자, 캐스팅 대상자(후보)를 고려하면서 대본을 쓰는 경우가 많은 작가가 평가하는 기준들입니다. 이들은 축적된 경험과 노하우를 바탕으로 매우 명민하게 배우를 평가하는데, 이들의 견해를 모두 수렴해 기준을 나열해보면 연기력, 소통 능력, 신체 조건, 시청률, 관객 수, 인지도와 팬덤 등 열 가지가 족히 넘습니다. 전문가마다 무엇을 더 우선시하느냐에 대한 가중치가 다르지만 공통적으로 꼽는 기준들이 하나의 범주로 모아집니다.

필자는 이러한 개별적 요소를 과학적으로 통합해 체계적인 평가 기준을 확립한 뒤 이를 기준으로 배우를 평가해야 한다고 판단했습니다. 이에 따라 배우에 대한 평가 기준을 마련했습니다. 여러 학문과 이론, 미디어 영상산업계의 관행을 종합해 모델링한 뒤 2014~2015년에 전문가들을 상대로 델파이 분석을 했더니 배우 평가 요소가 총 열 가지로 추려졌습니다. 이 중 자질적 요소는 라일 M. 스펜서Lyle M. Spencer와 시그네 M. 스펜서Signe M. Spencer가 『직장에서의 역량Competence at Work』(1993)에서 제시한 동기·특질·자기개념·지식·기술 등 다섯 가지 역량 개념에서, 성과적 요소는 미디어 영상산업계와 이 산업을 주도하는 제작진의 견해, 그리고 관련 연구자의 연구 성과물을 토대로 연구해 모델링한 것입니다.

연기·소통 능력, 관객 동원 능력, 신체 조건과 이미지 등 열 가지 꼽혀

연구를 집약한 필자의 논문 「학제간 융합 연구기법을 적용한 배우 평가모델 개발」(2015)에 따르면 배우의 평가 요소는 크게 두 가지(자질적 요소, 성과적 요소)로, 세부적으로는 열 가지로 도출되었습니다. 자질적 요소 다섯 가지는 중요도(10점 만점 기준)에 따라 연기 및 소통 능력, 신체 조건과 이미지, 연기와 작품에 대한 적극성과 열정, 작품 및 제작 환경에 대한 이해도, 배우 철학과 자기 관리의 안정성 순으로 분석되었습니다. 성과적 요소 다섯 가지는 중요도 면에서 각각 시청자 및 관객 동원 능력, 스타덤, 팬덤, 작품 경력 (필모그래피filmography), 네트워크 순으로 나타났습니다. 패널들은 배우 평가 기준으로서 성과적 요소(7.8)보다 자질적 요소(8.1)를 더 중시한 것으로 나타났는데, 전체적으로는 연기 및 소통 능력(9.6), 시청자 및 관객 동원 능력 (9.3), 신체 조건과 이미지(9.1), 스타덤(8.6), 연기와 작품에 대한 적극성과 열정(8.4)이 중요도 평가에서 상위를 차지했습니다.

이 가운데 '연기 및 소통 능력'은 감성, 센스, 조화로운 성격, 호흡, 발성, 표현력, 언어 구사 능력 등 예술가로서 배우의 기본적인 자질을 뜻합니다. '신체 조건과 이미지'는 매력적인 신체의 외양, 유행 선도성, 고급스러운 스타일과 세련미의 보유 여부를, '연기와 작품에 대한 적극적 태도와 열정'은 작품 준비 및 제작 과정에서 목격되는 배우의 태도에 관한 정성적 지표를 뜻합니다. '작품 및 제작 환경에 대한 이해도'는 대본과 캐릭터 분석 능력 등을, '배우 철학과 자기 관리의 안정성'은 배우가 예술가로서 확고한 지향과 목표를 갖고 매니지먼트와 사생활 관리 등이 체계적으로 이뤄지는 정도를 의미합니다. '시청자 및 관객 동원 능력'은 평균 시청점유율 및 관객 수, 수상 실적 등을 의미하고, '스타덤'은 현재 시점에서 평가하는 스타 지위 여부와 평판이며, '팬덤'은 스타덤과 연동된 인기도·충성도 높은 팬클럽의 영향력 등을 포함합니다. '작품 경력'은 작품의 위상과 작품에서의 배역 비중을 고려한 출연 횟수를, '네트워크'는 배우가 축적해 보유하고 있는 인적·물적 연결망의 크기와 질, 그리고 영향력을 지칭합니다.

이렇게 자질적 요소와 성과적 요소로 구분해서 평가하면 배우에 대한 과학적 분석과 진단이 가능해져 배우 본인은 물론 배우를 매개로 사업하는 매니지먼트 회사나 이들을 캐스팅해 영화 또는 프로그램을 제작하는 영화사·방송사들의 과학적 교섭과 경영 시스템 확립이 수월해집니다. 특히 좀 더 안정적인 투자가 가능해져 더욱 예측 가능한 산업 메커니즘을 확립할 수 있습니다.

엔터테인먼트 산업을 포함한 미디어 영상산업의 경제적 특징은 '하이 리스크, 하이 리턴high risk, high return'이라는 용어처럼 도박 산업과 매우 유사하게 위험도가 높고 수익성도 높은 극단적·양면적 특성을 지니고 있습니다. 따라서 산업적으로도 이러한 평가 요소에 근거한 평가 시스템이 조속히 마련되어야 한류가 사실상 안정적 기반 위에서 지속 가능한 발전을 이룩할 수 있습니다. 배우 개인이나 기업, 나아가 한류와 미디어 영상산업도 지속 가능성이 확보되지 않는다면 미래를 기약할 수 없기 때문입니다.

어떻게 해야
대본과 시나리오 분석을
잘할 수 있을까요?

5단계 분석 과정을 적용해 훈련하면 능숙해질 수 있어

대본과 시나리오 분석은 배우라는 직업을 가진 사람이 가장 잘해야 하는 일입니다. 배우의 정체성이나 본업과 직접 관련된 작업이기 때문입니다. 배우는 선천적으로 갖춘 우수한 자질 외에 후천적으로 축적·단련된 직관과 감각을 바탕으로 대본과 시나리오 분석을 능숙하게 해야 능력을 인정받습니다. '연기를 잘하는 명품배우'로서 빛을 발휘할 수 있다는 뜻입니다. 희곡이나 대본은 크게 보면 같은 것을 지칭합니다. 그러나 희곡은 문학으로서 의미를 지닌 용어이며, 대본은 공연을 위한 용어로 통용되고 있습니다. 영화계에서는 시나리오(각본)를 은어로 '책冊'이라 부릅니다. 그래서 영화배우는 "요즘 책 많이 들어옵니까?", "책 잘 보고 있습니까?" 등의 이야기를 안부 인사처럼 자주 듣곤 합니다.

배우 교육에 적용되는 다양한 방법과 이론을 통합해 가장 교과서적으로 대본과 시나리오 분석에 접근한다면 다음과 같이 5단계로 하는 것이 좋습니다. 작품의 제목 탐구, 등장인물 탐구, 구성plot 분석, 대사와 지문 분석, 캐릭터의 창조 순입니다. 첫째, 제목 탐구는 어떻게 해야 할까요? 제목에는 배우가 가장 주목해야 하는 극작가의 의도와 사상, 주제 의식이 담겨 있습니다. 원작이 있다면 가급적 원작을 구해 비교하면서 탐독하는 것이 작품에 대한 이해도를 넓혀줄 수 있습니다. 또한 제목과 함께 전체 스토리를 탐독하고 작품에 깃든 정치적·경제적·사회적 배경과 그 함의점을 파악해야 합니다.

제목 탐구, 인물 탐구, 구성 분석, 대사와 지문 분석, 캐릭터 창조 순

둘째, 등장인물 탐구는 어떻게 해야 할까요? 이 단계에서는 먼저 등장인물의 복잡하고 미묘한 관계(원한, 대립, 반목, 질투, 갈등, 경쟁, 견제, 소원, 우호, 친밀 등의 상호관계), 성격, 지위, 이름, 성별, 직업 등을 면밀하게 살펴야 합니다. 아울러 극을 주도적으로 이끌어가는 주인공protagonist, 그 주인공과 비슷한 힘으로 맞서거나 주인공을 내내 괴롭히는 악역인 대항 인물antagonist, 주인공 옆에서 진지함·익살·해학 등의 캐릭터로서 주인공을 돕거나 빛나게 하는 우호 인물foil을 특히 잘 분석해야 합니다.

여기에 과거 인물인지, 현대적 인물인지, 과거와 현재를 오가는 이중적 캐릭터인지, 이중 또는 다중 성격을 묘사해야 하는 캐릭터인지에 대해서도 면밀한 분석이 필요합니다. 극 중 각 인물의 의도와 목표, 사상, 인생관과 철학, 개성, 그에 따른 극적 행동이 무엇인지도 반드시 파악해야 합니다. 아울러 자신이 맡은 역할에 맞는 가장 적합한 의상과 분장이 무엇인지 연구해보고 의상 감독, 분장 감독 등과 상의해야 합니다.

셋째, 구성 분석은 어떻게 해야 할까요? 이 단계에서는 극의 짜임새를 정확히 이해하는 데 목표를 두어야 합니다. 극이 단순 구성인지 복합 구성인지, 막과 장이 어떻게 구분되어 있는지, 어떻게 발전하는지(발단→전개→위기→절정→결말, 또는 도입부→상승부→최고조→반전→파국) 면밀하게 살펴야 합니다. 구체적으로는 대본을 가장 작은 극의 단위로서 몇 행의 대사를 의미하는 '비트beats', 사건이나 에피소드의 단위로 구성된 '유닛units', 여러 개의 유닛이 연결되어 구성된 '장scenes', 장들이 이뤄져 구성된 '막acts'으로 나누어 점점 진전시켜 봐야 합니다. 즉, 배우는 대본이나 시나리오의 구성을 분석할 때 비트, 유닛, 장, 막 순으로 시야를 확대해야 합니다. 원작을 각색한 대본이라면 둘 사이에 어떤 차이가 있는지 사전에 충분히 이해하고 숙지해야 합니다.

넷째, 대사와 지문 분석은 어떻게 해야 할까요? 대사와 지문은 대본이나 시나리오에서 가장 핵심이 되는 요소입니다. 내용적으로도 가장 많은 부분을 차지합니다. 이 과정에서는 각 인물의 독백, 방백 등 대사를 면밀히 체크하면서 어떤 화술과 톤을 적용할 것인지 고민하는 자세가 필요합니다. 아울러 지문에 제시된 동작, 인물의 등장과 퇴장, 막과 장의 변화 등 무대 및 촬영 지시문을 정확히 파악해야 합니다. 블로킹blocking(배우의 동선)과 전개 속도를 감각적으로 명확히 파악하고 조명과 음향이 어떻게 조화를 이룰지도 예측할 수 있어야 합니다.

다섯째, 캐릭터에 맞는 연기의 창조는 어떻게 해야 할까요? 마지막 단계의 작업입니다. 앞서 네 가지 과정이 모두 끝났으면 대사를 숙지해 해당 캐릭터에 맞는 내적 행동(심리 및 내면의 표현)과 외적 행동(외부적으로 나타나는 무대 위의 실질적 행동)을 선보여야 합니다. 특히 위기, 절정, 반전, 파국의 행동 개시 시점을 명확하게 파악하는 것이 필요합니다. 위기와 절정 국면에서는 긴장이 최고조로 오르도록 집중해야 합니다. 이렇게 연기 초심자 시절부터 5단계로 연습을 많이 하면 나중에는 '프로페셔널'의 단계에 올라 그 과정을 더욱 간략화해 대본과 시나리오를 보는 눈이 생기고, 수련을 거듭하다 보면 어느새 5단계의 절차를 동시에 병행하는 입체적인 분석 감각이 몸에 붙게 됩니다.

대본의 주제와 배역의 심리 구조를 어떻게 하면 쉽게 파악할 수 있을까요?

극 전체의 흐름, 특히 위기와 갈등 구조를 정확히 파악해야

극 전체를 이끌어가는 위기와 갈등crisis and conflict 구조를 정확히 포착하고 파악하면 자신이 맡은 캐릭터의 본질도 쉽게 파악할 수 있습니다. 대본이나 시나리오를 분석할 때 등장인물들을 상세히 살펴보면 이런 구조가 주인공과 대항 인물, 주인공과 주변 인물 간에 정교하게 설정되어 있습니다. 먼저 자신이 맡은 배역이 그중에 무엇인지 극 중 좌표를 인식하며, 갈등 구조를 빠르고 정확히 파악해야 맡은 배역의 감정과 심리를 제대로 설정해서 극에 몰입할 수 있습니다.

위기와 갈등 구조를 잘 간파하려면 대본을 꿰뚫어보는 직관과 감각이 수반되어야 합니다. 고전극에서 현대극, 정극부터 요즘 많이 제작되는 판타지나 공상 과학science fiction: SF 영화까지 상세히 살펴보면, 극의 발단·전개 단계를 거쳐서 위기·절정에서 가장 크게 증폭되어 감동을 선사하는 요소가 바로 갈등입니다. 극에 나타나는 갈등은 크게 보면 인간과 인간의 갈등이 가장 많고, 인간과 사회(제도)의 갈등, 인간과 자연의 갈등, 인간과 동물의 갈등도 있습니다. 심지어 창작의 자유에 따라 신과 신의 갈등, 신과 자연의 갈등, 인간과 신의 갈등도 등장할 수 있습니다.

이러한 갈등은 인간들 사이의 복잡한 이해와 감정을 뛰어넘어 특정 국가나 사회가 보유한 인습, 관습, 제도, 법률, 관념, 종교, 예절 등에 크게 영향을 받기 때문에 매우 다양하게 설정될 수 있습니다. 또 당대 관객의 취향과 트렌드에 따라 흥미를 유발·증폭하는 장치나 요소로서 매우 극단적으로 설정될 수도 있습니다. 한국 드라마에 유독 고부 갈등과 불륜이 많이 포함되어 있는 것도 이런 특성을 반영한 결과입니다. 소재와 내용에 선정성과 자극성이 농후한 막장드라마는 품격 면에서 더러 높은 평가를 받지 못하지만 시청자들의 말초신경을 자극함으로써 상당한 시청률을 확보하는데, 여기에는 전통적인 가족 관계나 위계를 무시하거나 성도덕을 무시하는 노골적인 불륜 등이 많이 포함되어 있습니다.

폴티의 36가지 극적 상황 이해는 학습에 큰 도움

프랑스의 작가 조르주 폴티Georges Polti(1867~1946)는 일찍이 『36가지 극적 상황Les 36 Situations Dramatiques』(1895)에서 '**36가지 극적 상황**The Thirty-Six Dramatic Situations'을 제시했습니다(**표 1** 참고). 고전적인 접근이지만 대본이나 시나리오를 받았을 때 이 틀을 적용하면 갈등 구조를 포착하고 분석하기가 훨씬 수월합니다. 폴티는 독일의 문호 괴테가 식별해준 1200권이 넘는 소설을 읽고 이탈리아의 극작가 카를로 고치Carlo Gozzi(1720~1806)가 앞서 만든 리스트 원안thirty-six tragic situations을 참조해 작품에 나타난 갈등 구조,

표 1 **36가지 극적 상황**

1	간청과 애원 (Supplication)	19	부지불식중의 존속살해 (Slaying of a Kinsman Unrecognised)
2	불운, 위협, 긴급 상황으로부터의 구제 (Deliverance)	20	이상을 위한 자기희생 (Self-Sacrifice for an Ideal)
3	복수에 의한 범죄 (Crime Pursued by Vengeance)	21	일가친척을 위한 자기희생 (Self-Sacrifice for Kindred)
4	일가친척 간의 복수(Vengeance Taken for Kindred Upon Kindred)	22	격정에 매몰된 모든 희생 (All Sacrificed for Passion)
5	추격 (Pursuit)	23	애인을 희생해야 하는 불가피성 (Necessity of Sacrificing Loved Ones)
6	재난 (Disaster)	24	우월한 자와 열등한 자의 대결 (Rivalry of Superior and Inferior)
7	잔학 행위나 불운의 희생물 되기 (Falling Prey to Cruelty or Misfortune)	25	불륜과 간통 (Adultery)
8	반란(Revolt)	26	치정 범죄(Crimes of Love)
9	과감한 일 벌이기 (Daring Enterprise)	27	애인이 갖고 있는 불명예 발견(Discovery of the Dishonour of a Loved One)
10	유괴(Abduction)	28	사랑의 장애물(Obstacles to Love)
11	수수께끼 같은 일(The Enigma)	29	적이나 원수를 사랑함(An Enemy Loved)
12	성취(Obtaining)	30	야망(Ambition)
13	친족과의 반목 (Enmity of Kinsmen)	31	신(신의 뜻)과의 배치나 모순 (Conflict With a God)
14	친족과의 앙숙(Rivalry of Kinsmen)	32	오도된 질투(Mistaken Jealousy)
15	살인을 부르는 간통(Murderous Adultery)	33	오판(Erroneous Judgement)
16	발광, 미치광이(Madness)	34	회한(Remorse)
17	죽음을 부르는 경거망동이나 무모함 (Fatal Imprudence)	35	잃어버린 사람 되찾기 (Recovery of a Lost One)
18	의도하지 않은 치정 범죄 (Involuntary Crimes of Love)	36	사랑하는 사람(대상)을 잃음 (Loss of Loved Ones)

자료: Georges Polti, 『Les 36 Situations Dramatiques』(1895).

즉 주제 의식을 분류했습니다.

그의 분류는 다분히 정극적인 접근이 강합니다. 아울러 일부 주제와 스토리는 오늘날의 현실과 맞지 않으며 작품이 쓰인 당대 사회의 선입견을 토대로 한 것도 있습니다. 이러한 한계점에도 불구하고 폴티의 분류는 오늘날 드라마, 영화, 연극, 뮤지컬 등의 연기 예술에서 모든 토대가 되는 인간의 복잡한 심리, 가능성, 한계, 그리고 인간이 가진 딜레마를 이해하는 데 필요한 직관과 자극제를 제공한다는 점에서 선지적이라 평가할 수 있습니다. 오늘날 극작품의 주제들도 이 분류의 범주에서 이탈하는 일이 매우 드문 것이 사실입니다.

영화 · 드라마의 작품 오디션과 대입 실기 시험은 어떻게 다른가요?

톱스타급 주연과 검증된 조연 외에는 숙명의 다단계 오디션 통과해야

먼저 영화와 드라마 오디션에 대해 설명드리겠습니다. 톱스타급 배우의 경우, 영화나 드라마 오디션은 특별한 과정을 거칩니다. 드라마 제작사나 방송사, 영화 제작사가 다소 아쉬운 입장에 있는 경우가 흔하기 때문에 이런 우대를 합니다. 이들은 연기나 흥행성이 이미 검증되었거나, 그가 가진 스타 파워가 이끌어줄 흥행에 대한 기대감이 더 크기 때문에 미리 약속을 잡고 만나 차를 마시면서 캐스팅을 타진하는 것이 관행입니다. 서로 이견이 있으면 여러 차례 만나 대화하면서 출연 여부를 결정합니다. 따라서 톱스타급 배우의 경우 해당 배우를 카메라 앞에 세워 연기나 배역을 시험하는 일을 거의 하지 않습니다.

출연 교섭 과정에서 배우는 검토 의뢰가 들어온 대본이나 시나리오를 읽고 직감적으로 "이건 내가 해야겠구나" 또는 "이 작품은 내 것이구나" 하는 생각이 들면 마음이 들떠서 감독에게 먼저 제의를 합니다. 협상을 할 때도 까다로운 조건을 제시하지 않고 좀 더 적극적으로 협상에 임하게 됩니다. 그러나 모두가 그런 것은 아닙니다. 일반적으로 톱스타급의 경우 출연 조건이 더욱 중요하기 때문에 여러 차례 만나 서로의 요구 사항을 주고받으며 협상합니다. 드라마나 영화의 주인공은 서로 조건이 맞지 않으면 처음 생각했던 배우부터 맨 끝의 순위까지 캐스팅이 확정되지 않으므로 수십 명까지 바뀌는 경우가 많습니다. 제작사나 제작진이 주연급 배우와 만날 때는 출연료, 촬영 기간, 노출 조건을 비롯해 구체적인 출연 계약 조건을 협의합니다. 대본이나 시나리오가 마음에 안 들거나 자신만의 창의적인 제안이 있다면 내용을 추가 또는 수정해달라고 요구하는 경우도 있습니다.

선택받아야 하는 직업, 스타 배우들도 과거 많은 탈락을 경험했다

조연급도 일부는 톱스타의 경우와 마찬가지로 감독, 프로듀서 등과 만나서 면담을 통해 출연을 확정 짓지만 오디션을 보는 경우도 많습니다. 특히 영화는 감독을 비롯한 연출부가 주도해 주연부터 조연, 단역까지 오디션을 보는 것이 관행처럼 되어 있습니다. 다만 주연급은 예우해 면담으로 오디션을 대체하는 것입니다. 그러나 제작사, 투자사, 외부 유력 기관 관계자 등의 부탁으로 원래 감독의 구상에 없었던 배우가 '낙하산'으로 내려오기도 합니다. 오디션을 볼 때는 일반적으로 감독이 며칠 전에 특정 대사문을 제시하고 테스트 현장에서 잠시 숙독하게 한 다음 카메라 앞에서 직접 연기를 선보이도록 합니다. 이때 모든 연기 과정을 촬영하고 나중에 감독이 다시 영상을 돌려보면서 검토합니다. 이에 앞서 서류 심사를 치르기도 합니다.

이어서 감독 등 제작진은 배우가 오디션 신청을 할 때 미리 접수했던 서류를 참조해 연기 및 개인 신상 등에 관한 질의응답을 하면서 배우가 시나리오에 설정된 배역과 잘 어울리는지 정밀하게 검토합니다. 오디션 서류에는 연락처와 이력 등 간단한 신상 정보, 매력적인 사진(정면·측면·전신 사진), 그간의 출연 작품을 정리한 필모그래피, 배우의 목표나 가치관 등을 적습니다. 이런 서류는 말끔하고 세련되게 정리하고 양질의 프로필 사진을 확보해 품격 있게 만드는 것이 필요합니다.

단역은 일반적으로 오디션을 보거나 평소에 감독이 눈여겨보아둔 신인 배우를 캐스팅해 투입하게 됩니다. 그러나 톱스타급 배우를 단역으로 쓰는 경우도 있습니다. 특정 장면과 특정 역할을 맡기는 것인데, 이 경우 엔딩 크레디트end credits 또는 closing credits 에는 보통 '특별 출연' 또는 '우정 출연'으로 표시됩니다. 이러한 출연 방식의 경우 보통 출연료를 제대로 지불하며 대우해주는데, 무료로 출연하는 경우도 더러 있습니다. 오디션 과정에서는 감독의 개성이 뚜렷하게 드러나며, 선호하는 배우와 그렇지 않은 배우도 확연하게 엇갈립니다. 특히 요즘에는 영화를 연출하는 감독이 직접 시나리오를 쓰는 경우가 대부분이기 때문에 영화감독이자 작가로서 자신의 의도를 실현시킬 가장 적절한 배우를 찾는 데 골몰합니다. 배우의 입장에서도 오디션은 자신을 어필할 수 있는 절호의 기회지만 우연히 캐스팅될 수도 있고 그렇지 않을 수도 있기에 자주 떨어진다고 크게 낙담할 필요는 없습니다. 배우 황정민과 하정우 등이 언론을 통해 밝혔듯이 이미 성공한 톱스타급 배우들도 초심자 시절에는 수없이 많은 오디션에 도전해 낙방한 경험을 갖고 있습니다. 이런 경험이 축적되면 자신을 더욱 단련하게 되어 또 다른 기회를 잡을 수 있습니다.

입시 오디션은 연기 전공자로서 자질과 가능성을 보는 과정

이제부터 연기 전공 관련 학과의 '대학 입시'와 관련된 이야기를 하겠습니다. 여기에서는 특정 대학의 입시 체제나 정보가 아닌 모든 대학의 연기 전공 학과 입시에 적용되는 일반론에 대해 말씀드린다는 것을 전제하겠습니다. 일반론만 제대로 알아도 입시에 대한 대비가 충분히 가능하기 때문입니다. 지금부터 설명하는 내용을 잘 이해하고 실천해 연기 전공 학과에 입학하는 꿈을 이루시기 바랍니다.

대학의 연기 관련 학과에서 실시하는 입학 실기 시험은 또 다른 형태의 오디션입니다. 입시 오디션은 드라마 또는 영화의 캐스팅을 위한 오디션과 형식이 유사하지만 그 목표나 과정은 전혀 다릅니다. 대학의 연기 관련 학과에서 입시 과정으로 실시하는 실기 시험의 목표는 연기 전공자로서 수학할 기본 능력과 자질을 갖추었는지 검증하는 것입니다. 완성된 배우로서의 수준을 평가하는 것이 아닙니다. 이러한 점은 어느 대학이나 마찬가지입니다.

다시 말해 입시 오디션은 연기학도나 배우가 될 재목으로서 신체 조건과 성정, 발성, 표현력, 끼 등 기본기와 인성, 그리고 성취동기가 잘 갖춰져 있는지를 살펴보는 것입니다. 어느 대학의 학과나 대동소이합니다. 대학마다 구체적으로 조금씩 다르지만 1차 시험에서는 학교가 임의적으로 출제한 '지정 연기'와 개인이 가장 잘할 것으로 믿고 오랫동안 연습해온 '자유 연기'를 선보이도록 합니다. 1차 합격자를 대상으로 1차와 같은 방식의 실기 시험을 보는 경우도 있습니다.

각 과정에서 자유 연기 대신 특기를 평가하는 대학도 있고, 특기를 2차 평가나 면접 단계에서 평가하는 경우도 있습니다. 특히 특기는 연기 외에 배우 재목으로서 끼와 표현의 다양성을 측정하기 위해 실시합니다. 따라서 특기는 자신이 가장 잘할 수 있는 것을 선보여야 합니다. 특별한 연기, 뮤지컬, 춤, 특별한 개인기, 다양한 퍼포먼스 등을 자유롭게 선택해 미리 연습한 다음 시험 현장에서 선보이면 됩니다. 어설픈 것일 경우 하지 않는 것보다 못합니다.

이런 과정을 통해 연기학도나 배우가 될 기본적인 조건·소양·능력을 종합적으로 평가하는 것이 대학 입시입니다. 구체적인 평가 항목은 제시된 상황과 캐릭터에 맞는 표현력 및 몰입 능력을 비롯한 종합적인 연기 능력, 감성과 품성, 음성의 개성과 톤, 신체 조건, 열정과 투지 등입니다. 실기 시험 시간은 학교마다 차이가 크지만 지정 연기와 자유 연기를 합해 보통 1~4분입니다. 이렇게 시간이 짧은 이유가 있습니다. 학교마다 연기 관련 학과의 지원자 수가 워낙 많다 보니 입시의 원활한 진행을 위해 시간을 많이 할애할 수 없는 것입니다.

준비해온 연기와 학교에서 출제한 연기의 격차가 심해서는 곤란

일반적으로 각 대학에 합격하려면 지정 연기와 자유 연기의 수준이 가급적 높고 두 연기 수준의 격차가 크지 않아야 합니다. 그러나 대부분의 지원자가 오랫동안 연습한 자유 연기는 능숙한 반면, 시험 당일 현장에서 대사를 받아 짧은 시간 동안 연습한 지정 연기의 수준은 그에 못 미치는 모습을 보입니다. 평소 다양한 캐릭터와 상황을 설정해 꾸준히 연습하는 것이 이런 연기 수준의 불균형 문제를 해결하는 방법입니다. 평가 위원들은 경험이 풍부하고 감각과 시선이 예리하기 때문에 급조된 수험생인지 오랫동안 차근차근 체계적으로 준비한 수험생인지 잘 구분할 수 있습니다.

시험장에서 많은 지원자가 소리 지르는 연기를 통해 '어필 강박증'을 표출합니다. 입시 현장이 원래 지원자의 절실한 마음이 그대로 표출되는 곳인 것은 분명합니다. 하지만 연기 실기 시험은 말 그대로 연기 전공생으로서 갖춰야 할 기본적인 예술성을 평가하는 과정이기에 연기다운 연기를 선보여야 마땅하지 연기의 기본과 정석을 뛰어넘어 무리수를 두어서는 안 됩니다. 지원자의 입장에서는 연기를 선보일 시간이 짧다 보니 자유 연기에서 자신을 가장 임팩트 있게 어필하는 것입니다. 각 연기 학원 선생님의 지도 아래 소리를 버럭버럭 지르거나 지나치게 자극적인 캐릭터와 상황을 설정해 분노, 광기, 다중 인격자나 소시오패스적 성격이 강하게 도드라지는 연기를 선보이는 경우가 많습니다.

시중의 상당수 연기 학원이 시대 변화를 잘 파악하지 못하고 어필 효과만을 기대해 소리 지르도록 지도하는 경우가 흔하기 때문에 끊이지 않고 나타나는 광경입니다. 심한 경우 평가 위원들은 귀를 부여잡고 고통을 호소합니다. 이런 방식은 평가 위원들을 향해 자신을 각인하는 효과를 노린 것인데, 결론적으로 절대 권장할 만한 연기 방식이 아닙니다. 셰익스피어의 4대 비극과 같은 고전극의 특정 장면이거나 반드시 그런 상황이 필요한 경우가 아니라면 그렇게 소리를 지르거나 지나치게 격한 감정을 발산하는 것은 오히려 부자연스러울 것입니다.

입시 연기를 준비하는 지원자의 태도와 연기 학원의 교육 방식 모두 이제는 바뀌어야 합니다. 독학으로 연기를 배울 때도 마찬가지입니다. 먼저 지원자인 '나'를 제대로 분석하고 자신의 개성을 잘 살릴 '캐릭터'를 많이 확보해 연습하는 것이 좋습니다. 동시에 냉정히 분석한 자신의 모습을 입체적으로 점검하면서 단점을 보완하려는 노력을 기울여야 합니다. 그 뒤 배우로서 기본기가 길러지도록 다양한 감정 상황 및 캐릭터를 연습해보는 노력을 해야 합니다. 하나의 에피소드만 잘 소화해서 입시라는 관문을 쉽게 통과하고자 한다면 정말 잘못된 생각입니다. 이러한 지원자는 설령 합격한다 하더라도 입학 후에 자신의 부족함이 크다는 것을 알고 스스로 동급생과 비교하며 오랫동안 내적인 열등감과 트라우마에 시달리게 됩니다.

소리 질러 짧게 어필하기보다 다양한 상황을 잘 연기하도록 훈련해야

입시를 가장 완벽하게 준비하는 방법은 다양한 캐릭터와 상황을 설정해 꾸준히 연습하는 것밖에 없습니다. 이는 일반론이지만 일반론이 가장 정답입니다. 동시에 배우 자원으로서 자신의 장점을 살리고 단점을 보완하는 작업을 해야 합니다. 시험 준비를 할 때는 특히 자신의 특성에 맞는 상황과 배역을 잘 선택해 연습한 뒤 실제 시험에서도 제시된 캐릭터의 직업, 나이, 성별, 주변 인물과의 관계, 상황, 감정과 정서 등을 잘 분석해 연기를 자연스럽게 표현하는 것이 좋습니다. 요즘의 드라마, 영화 작품에서도 색다른 캐릭터를 다룬 경우가 아니라면 지극히 자연스러운 연기가 권장되고 있으며, 또 그것이 대세로 인정받고 있습니다. 물론 연기 전공 관련 학과를 두고 있는 각 대학마다 입시 오디션에서 고전극을 비롯한 정통 연극 연기를 선호하는지, 요즘 드라마나 영화처럼 자연스러운 영상 연기를 선호하는지는 다소 차이가 있을 수 있습니다. 사전에 정보를 잘 파악하셔야 합니다.

대입 실기 시험의 시간이 짧은 이유는 앞서 언급한 대로 전국의 연극영화 및 연기 관련 학과의 지원 경쟁률이 매우 높기 때문입니다. 한류 열풍 이후에는 더욱 높아져 보통 1000 대 1을 넘습니다. 지원자 개인별로 많은 시간을 할당하면 입시를 모두 치르는 데 몇 주, 몇 달이 걸릴 수도 있으므로 시간적

한계 극복과 효율적인 진행을 위해 개인당 시간을 짧게 할애합니다. 입시 지원자는 이렇게 짧은 시간에 자신이 평가를 받고 대학 당락의 운명이 결정된다는 것에 대해 많은 불만과 아쉬움을 나타낼 수 있습니다.

그러나 지원자가 넘치는 현실적 여건 때문에 지원자를 오랫동안 붙잡아 두고 평가할 수 없습니다. 그래서 학과 전임 교수들을 비롯한 평가 위원들은 입시 때마다 더욱 신경을 곤두세웁니다. 공정한 평가의 원칙과 효율적인 평가의 원칙이 동시에 충족되어야 하기 때문입니다. 그래서 입시 준비를 철저히 하며, 평가할 때 고도로 집중합니다. 수시와 정시 등 매년 약 2회의 입시를 치르는 평가 위원들은 이미 숙련되어 있고 노하우가 풍부하기 때문에 시간이 짧다 해도 판단이 빠릅니다. 짧은 시간만 지켜봐도 지원자를 입체적으로 파악할 수 있다는 뜻입니다.

대학마다 실기 입시는 절차와 내용 면에서 입체적으로 공정성을 확보·강화하기 위해 노력하는데, 공정성 확보 및 부정 방지, 재확인 및 감사에 대비하고자 모든 실기 평가 과정을 촬영해 보통 3년간 보관합니다. 평가 방법은 학교마다 다른데 여기에서 구체적으로 학교의 입시 정보를 제시할 수는 없습니다. 지금까지 말씀드린 일반론으로도 충분하기 때문입니다. 평가 방식은 평가 위원을 세 명으로 해 3인의 합산 점수로 평가하는 곳도 있고, 피겨 스케이팅 채점 방식처럼 평가 위원을 다섯 명으로 해 컴퓨터가 자동으로 최고 점수와 최하 점수를 탈락시킨 뒤 나머지 3인의 합산 점수를 입학 사정에 반영하는 경우도 있습니다.

스타니슬랍스키의
'메서드 연기'란 무엇인가요?

자기 생각과 감정을 배역에 완전 몰입, 실물과 똑같이 연기하는 법

메서드 연기method acting는 배우가 심리적으로 자신의 생각과 감정을 극중 배역에 완전히 몰입해 실물과 똑같이 연기하는 기법을 말합니다. 단지 배역을 연기하기보다 배역 그 자체가 되는 기술이기에 '메서드'라는 말을 쓴 것입니다. 메서드 연기는 연극 사조 가운데 '사실주의'의 요체가 되는 연극 기법을 지칭합니다. 이러한 사실주의 연기는 '사실적이고 진실한 표현'을 골자로 하며 오늘날 TV 드라마, 영화, 연극 연기의 주류로 자리 잡은 연기 기법입니다. 따라서 배우나 배우 지망생이라면 그냥 지나쳐서는 안 되는 기법입니다. 메서드 연기는 러시아의 배우이자 연출가인 콘스탄틴 세르게예비치 스타니슬랍스키가 다양한 연극 경험과 직관에 근거해 체계적으로 정리한 뒤 이론을 세워 제시했습니다. 그 후 그의 제자들이 실제적인 훈련 과정을 담고 이를 체계화해 미국·유럽 등지에 확산시키면서 더욱 발전시켰습니다.

나 → 상대 → 주변으로 넓혀 연습하는 '집중의 원'이 수련 기법

스타니슬랍스키는 메서드 연기의 수련 방법으로 '집중의 원circle of attention'을 적용한 앙상블ensemble 연기를 제언했습니다. 배우가 연기 훈련을 할 때 처음에는 마음속으로 작은 원을 그려 자기 주변의 사물만을 담은 뒤 점차 상대역이나 주변 인물을 연기하는 동료 연기자가 포함되도록 원을 크게 그려가며 배역 간의 조화를 완성해나가는 것을 말합니다. 한꺼번에 모든 배역과 제시된 상황을 소화하거나 집중하기는 어렵기 때문에 연기적 조화와 소통을 위해 배우 개인에서 점차 상대역, 조연급 주변 인물, 단역과 엑스트라로 외연을 넓혀가며 극적인 조화를 이루도록 한 것입니다.

스타니슬랍스키는 자신이 설파한 메서드 연기를 완벽하게 수련하면 이상적인 배우가 될 수 있다고 믿었습니다. 그가 제시한 이상적인 배우의 조건은 자연스럽고 설득력 있는 행동, 전달력이 뛰어난 음성, 배역이 지닌 내적 진실을 표현하는 능력, 캐릭터의 삶을 현실적이도록 느끼게 하는 사실적인 표현 능력, 다른 연기자와 호흡하는 능력입니다. 메서드 연기를 체계적으로 수련하면 이렇듯 구체적인 능력들을 갖출 수 있다고 본 것입니다.

메서드 연기는 기능적으로 '연기演技 메서드'와 '화술話術 메서드'로 구분됩니다. 단계별로는 '이완 훈련', '집중 훈련', '감각 훈련'으로 나누어볼 수 있습니다. 메서드 연기는 사실주의 연기의 요체인 만큼 배우가 극 상황에서 '표현의 진실성'을 확보하게 해주는 가장 효과적인 훈련 방법이라는 장점이 있습니다. 그러나 단점도 있습니다. 배우의 내면에 지나치게 의존한 심리 연기에 치중함으로써 연기의 다른 반쪽인 육체적 표현을 간과했다는 점입니다.

스타니슬랍스키는 이러한 자신의 연기 이론을 작품 제작에 폭넓게 적용하기 위해 1911년 모스크바 예술극장에 제1 스튜디오를 설립하고 본격적으로 메서드 연기의 설파에 나섰다고 합니다. 그가 제시한 이론은 너무 산만하고 방대하다는 비판을 받았습니다. 그래서 평생 동안 수정 및 보완 작업을 거쳤습니다. 특히 소련의 불안한 내정과 자신의 질병 등으로 인해 상당 기간 서구와 단절되면서 그의 저서도 매우 늦게 번역·출판되어 세상에 알려졌습니다. 메서드 연기에 관한 초기 이론은 그가 사망하기 2년 전에 발간된 『배우 수업An Actor Prepares』(1936)과 『성격 구축Building a Character』(1949)에, 후기 이론은 『성격 창조Creating a Role』(1961)에 담겨 있습니다.

스타니슬랍스키 수제자들에 의해 유럽·미국 등 각국 전파

초기 이론과 후기 이론의 공통점은 진실한 감정과 정서의 표현을 기조로 한다는 점입니다. 차이점은 초기 이론이 연출가가 정서를 먼저 규정하면 배우는 그 정서의 표출에 따라 행동한다는 원리인 반면, 후기 이론은 먼저 행동을 분석해 그 행동을 뒷받침할 논리성과 타당성이 갖춰지면 그 행동에 따른 정서가 자연스레 따라온다는 것을 강조합니다. 초기 이론의 경우, 정서라는 것이 연기하는 배우가 마음대로 다루고 원활하게 표출할 수 있는 것이 아니어서 정서 표현에 능숙하지 못한 배우는 "나는 더 이상 연기가 어렵겠구나"라고 하소연하며 좌절하게 만드는 한계를 노출했다고 평가받았습니다.

이러한 한계를 극복하기 위해 제시한 보완된 후기 이론은 인간(배우)의 심리와 신체는 분리될 수 없다는 새로운 논리를 중심으로 하고 있습니다. 극중 캐릭터의 행동과 사고를 제대로 분석하고 그의 행동을 논리적으로 정당화하는 과정을 거치면 그 과정에서 정서가 자연스레 표출된다고 수정한 것입니다. 한마디로 연기하는 배우를 조금 더 편하게 해준 이론적 전환이라고 할 수 있습니다.

메서드 연기론은 스타니슬랍스키가 세상을 떠난 후 모스크바 예술극장에서 그의 수제자로 일했던 리처드 볼레슬랍스키Richard Boleslavsky, 베라 솔로뵤바Vera Solovyova, 미하일 체호프Michael Chekhov 등이 연극에 대한 수요가 많았던 미국으로 이주하면서 미국에 알려졌고, 다른 이론들이 덧붙여지면서 더욱 발전하게 됩니다. 특히 스타니슬랍스키의 제자 볼레슬랍스키 등이 미국에 건너가 세운 '아메리칸레버러토리시어터'는 메서드 연기의 기초를 확립해 미국에 전파하는 데 기여했습니다. 리 스트라스버그Lee Strasberg(1901~1981) 등이 미국에 세운 '그룹시어터'와 엘리아 카잔Elia Kazan 등이 설립한 '액터스스튜디오'는 새로운 이론을 가미하면서 스타니슬랍스키의 메서드 연기론을 더욱 발전시켰습니다. 특히 액터스스튜디오는 설립 이래로 까다로운 훈련 시스템을 적용해 로버트 드니로Robert De Niro, 알 파치노Al Pacino 등 유명 배우, 연출자, 극작가를 배출함으로써 오늘날 미국 드라마계와 영화계를 주도하고 있습니다.

연기와 화술 메서드, 이완 - 집중 - 감각 훈련으로 마스터

그렇다면 지금부터 메서드 연기의 요소와 훈련 과정을 살펴보겠습니다. 메서드 연기는 먼저 기능적으로 연기 메서드와 화술 메서드로 구분해 살펴볼 수 있습니다. 이 두 가지를 기초 단계부터 고급 단계까지 점차 익힌 다음 이를 결합해 연기 파트너들과의 배려심, 협동심, 친밀성, 유대감 등을 높임으로써 수준 높은 연기를 구사하는 것을 목표로 구성되어 있습니다.

첫째, 연기 메서드는 무대 위에서의 주의 집중, 신체 근육의 이완과 조절을 통한 신체감각 배양, 오감五感을 활용한 감각의 숙달, 정서에 대한 기억과 심리적 자극, 제시된 상황에 대한 상상력 가미, 행동의 일관성 인지, 상대 배우와의 소통과 교감을 훈련하는 것입니다. 둘째, 화술 메서드는 효과적인 발성을 위한 올바른 신체 자세법, 근육과 몸풀기, 음성기관의 구조 이해, 음색 및 음역 확대 훈련 등을 통해 유려하고 명쾌한 발성 개발, 공명음sonorant 적인 특징과 전달력을 강화하는 발성법, 발음의 악센트·속도·고저·억양·성조 등을 적용한 논리적 화술 전개 등을 종합적으로 수련하는 것입니다.

다음은 단계별 구분으로 이완 훈련, 집중 훈련, 감각 훈련이라는 세 가지 과정을 살펴보겠습니다. 이런 구분은 스타니슬랍스키의 연기 훈련 시스템을 보고 공부한 스트라스버그가 체계화했습니다. 이들 3자의 관계는 상호 유기적이며 세 가지가 연계와 조화를 이뤄야 비로소 수련의 효과가 발휘될 수 있습니다. 이완 훈련은 집중의 전제 조건이고, 집중 훈련은 이완을 지속·강화하는 역할을 하며, 감각 훈련은 이완과 집중을 통해 이루어지기 때문입니다. 긴장 완화가 목적인 이완 훈련에는 '육체적 이완(어깨, 이마, 목, 얼굴, 머리 등과 신체적 습관에서 오는 긴장 해소 등)'과 '정신적 이완(무대 공포증의 극복, 주의 집중, 음성 방출을 통한 긴장 해소, 이미지 트레이닝 등)'이 있습니다.

여기서 육체에 대한 이완 훈련의 목표는 배우가 무대에서 연기할 때 꼭 필요한 최소한의 에너지만을 사용하도록 통제력을 길러주어 내재된 에너지를 충분히 확보하도록 하는 데 있습니다. 그렇게 하면 조절 능력이 길러져 무대 위의 배우가 일반적 상황에서는 힘을 적게 소모하고, 고도의 집중이 필요한 상황과 카타르시스를 유발하는 절정 단계에서는 관객을 압도할 폭발적인 에너지를 분출할 수 있습니다. 동물에 비유하면 고양이와 같은 에너지 활용 시스템을 만드는 것입니다. 고양이는 평소에 살금살금 걷고 높은 곳에서 낮은 곳으로 뛰어내릴 때도 사뿐히 착지합니다. 그러나 먹이를 잡을 때는 쏜

살같이 움직입니다. 몸의 에너지를 효율적으로 사용하는 것입니다.

집중 훈련은 창조적 작업 분위기를 조성하는 데 필수적인 과정입니다. 집중 훈련은 인간 행동에 대한 분석력을 강화하는 '관찰 훈련', 대사가 지닌 내면의 의미를 표현하는 '내면의 독백 훈련', 집중력과 자연스러운 연기를 강화하는 '즉흥극 수련법' 등을 포함하고 있습니다. 감각 훈련은 배우의 감각을 일깨워줌으로써 무대 위 각종 상황과 자극에 감각적으로 대응하게 하는 '오감의 기억sense memory', 배우가 과거의 사건을 회상함으로써 현재의 극 상황에 대한 영감을 불러일으키고 능수능란하게 통제하는 능력을 길러주는 '정서의 기억affective memory'으로 구성되어 있습니다.

오감의 기억 훈련을 할 때는 신체의 다양한 감각을 체험·분석한 뒤, 실제 극을 행할 때 이를 연상하는 능력을 기르기 위해 아침에 주로 마시는 음료를 상상하거나 거울 앞에서 자신을 탐구하고, 강렬한 맛·냄새·통증을 경험하기도 하며, 특정 장소와 개인 사물에 대한 기억, 동물 관찰과 연습, 혼자 있는 시간 체험 등의 훈련을 실시합니다. 정서의 기억 훈련은 극에서 많이 표출되는 분노 등 열 개 내외의 감정을 의식적으로 창조·표출·통제하는 훈련을 숙달해 그 기억을 토대로 실제 극 상황에서 각각의 감정을 효과적으로 재생하는 데 목적을 두고 있습니다.

스트라스버그의
'지버리시 훈련'이란
무엇인가요?

나쁜 습관을 지닌 생활 속 음성을 연기적 음성으로 바꿔주는 수련법

스트라스버그는 스타니슬랍스키의 메서드 연기를 계승한 미국의 연극 연출가입니다. 그는 배우가 평소에 가진 나쁜 습관을 제거하기 위한 연기 수련법으로 **지버리시** gibberish **훈련**을 제안했습니다. 배우의 나쁜 습관이란 배우가 무대에서 대사를 발산하며 연기할 때 음성이 캐릭터에 맞게 몰입되어 완전히 다른 사람처럼 전환되지 않고, 평소 습관에 기대어 일정한 패턴을 유지함으로써 극적 리얼리티를 감소시키는 부작용을 초래하는 것을 말합니다. 구체적으로 배우가 발산하는 음성의 고저, 억양, 악센트, 크기, 속도, 음색, 음역 등이 일정한 것을 지칭합니다. 음성 연기 훈련이 제대로 되어 있지 않아 생활인으로서의 개인과 배우로서의 개인을 직관적·감각적으로 구분하지 못하고 극적 가상현실을 실재처럼 인식하지 못해 나타나는 현상입니다.

따라서 지버리시 훈련은 배우 지망생이나 연기학도, 신인 배우가 생활 속의 음성을 연기적인 음성으로 전환하는 능력을 키워주는 데 목표를 두고 있습니다. 배우가 되려는 사람이 연기를 할 때 평소의 음성과 같으면 배역에 적합한 리얼리티가 발휘되지 못하며, 관객은 이런 배우의 연기를 쉽게 예측할 수 있어 극적 효과와 감동이 사라지게 됩니다. 실제로 많은 배우 지망생이나 입학 초기의 연기학도가 이런 문제점을 안고 있습니다. 훈련이 안 된 채 유명세를 얻고 연예계에 진입한 신인 배우는 더욱 심각합니다.

상대 배우의 의도 해석, 반응, 전달 능력의 강화까지 포함된 개념

배우는 지버리시 훈련을 통해 의사소통 강화 방법을 감각적으로 체득합니다. 음성 및 몸의 구체적 행동과 그 밖의 제스처를 선보이며 커뮤니케이션하는 가운데 특정 메시지를 전달하고자 노력합니다. 이때 배우에게 정확한 대사가 주어지지 않기 때문에 배우는 좀 더 적극적인 발성과 제스처를 통해 상대방에게 무언가를 정확히 전달하려 하고, 이 때문에 서로에게 더욱 집중하게 된다는 원리입니다. 이 훈련에서는 자신의 생각과 의도가 잘 전달되지 않으면 소리를 내어 상대가 잘 이해하도록 촉구하기도 합니다.

지버리시 훈련은 살아오면서 인습처럼 굳어진 정형화된 스피치 패턴들을 제거해주는 데 그치지 않고 무대에서 상대 배우의 의도를 명확히 파악하거나 해석하게 함으로써 그에 대한 반응 능력을 길러줍니다. 스트라스버그는 지버리시 훈련의 구체적 방법으로, 먼저 팀을 나눠 세일즈맨이 불특정 손님들을 상대로 물건을 파는 훈련을 제안했습니다. 모르는 사람에게 물건을 파는 것은 매우 어려운 일이며 지속적인 소통과 설득이 필요한 과정입니다. 이어 통역자를 설정해 말이 안 통하는 외계인과 인터뷰하는 상황, 자동차 접촉 사고가 나서 서로 잘잘못을 따지는 상황 등을 조성해 논리적으로 설득하고 따지며 의사소통 하는 훈련을 하도록 권했습니다.

배우가 자신의 예술 활동을 관리하는 방법은 어떤 것이 있나요?

비전속(프리랜서), 전속, 에이전시 가운데 택일해 활동해야

배우가 연예 활동을 하는 방법은 크게 세 가지입니다. 프리랜서로 활동하는 방법, 소속사에 전속되어 활동하는 방법, 에이전시agency나 에이전트agent를 이용하는 방법 등입니다. 첫째, 프리랜서란 말 그대로 자유직업인 또는 자유계약자 신분을 말합니다. 따라서 매니지먼트사에 소속되지 않으며 에이전시 및 에이전트를 활용하지 않고 혼자 자신을 매니지먼트 하면서 연기 활동을 합니다. 다른 사람을 거치지 않고 직접 작품 교섭을 하기 때문에 거추장스럽거나 번거롭지 않은 것이 장점입니다. 출연료를 분배하지 않고 고스란히 자신의 수입으로 취할 수 있다는 유리한 점도 있습니다.

그러나 프리랜서는 누구의 도움도 없이 혼자 교섭하거나 계약하는 등의 버거운 일을 연기 활동과 병행해야 하기 때문에 피로감이 매우 높고 고단합니다. 특히 배우는 작품의 시작 전후에 지극히 민감한 상황인 경우가 대부분이므로 추가적인 작품 교섭이나 다른 행사, 광고 등의 일을 따는 데 집중하기가 어렵습니다. 작품의 대사를 숙지하고 캐릭터의 콘셉트와 상황에 맞는 감정을 설정해야 하는 등 작품에만 쏟아야 하는 에너지가 너무 많기 때문입니다.

전속 계약의 경우 소속사와 동업자 관계로 대등한 권리 보유

둘째, 연예 기획사, 엔터테인먼트사 등으로 불리는 소속사와 전속 계약해 그 소속사의 일원이 되어 일하는 방법입니다. 이때 계약서에 명목상 소속사가 '갑', 배우가 '을'로 표시된다 하더라도 그것은 하나의 기호일 뿐 실질적으로는 '동업자'라는 대등한 관계로 계약을 맺게 됩니다. 갑과 을은 각각 서로에게 업무상 의무가 있으며 이런 의무를 다하지 않을 경우 계약 해지의 사유가 되기 때문입니다. 소속사는 방송사, 외주제작사, 작가, 프로듀서 등을 지속적으로 만나고 협의하며 작품 출연 교섭을 통해 캐스팅과 계약을 성사시킵니다. 보통 활동에 소요된 비용을 제하고 난 뒤 계약서에 명시된 수익 배분율에 따라 배우와 수입을 나눕니다.

배우는 소속사의 매니저와 대화하면서 작품 활동에 관한 교섭과 계약을 맡기고 연기 활동에 전념하게 됩니다. 작품 교섭을 잘해서 배우가 원하는 작품의 배역을 많이 따오기만 한다면 배우로서는 가장 편하게 일할 수 있을 것입니다. 이러한 소속사의 임직원들은 일반적으로 대표이사, 본부장(이사), 스케줄 매니저schedule manager(주로 팀장급 이상), 로드 매니저road manager로 구성되어 있습니다. 로드 매니저는 배우와 차를 타고 현장에 동행하며 제작 현장의 모든 상황을 챙기고 배우의 활동을 지원하며, 스케줄 매니저 이상의 직급은 실제적인 작품 교섭과 기획, 총괄적인 경영 활동에 몰두합니다. 엔터테인먼트사의 경영진은 과거에 로드 매니저부터 출발해 스케줄 매니저를 거쳐 현재의 지위에 오른 경우가 매우 많습니다.

마지막으로, 에이전시나 에이전트를 활용하는 방식은 프리랜서로 활동하는 방법과 소속사를 활용하는 방식의 절충 형태입니다. 일종의 개인 매니저와 같습니다. 배우가 자신의 예술 활동 전체 또는 일부를 맡기고 그 활동에 관한 매니지먼트 대가에 대해서만 비용을 지급하는 형태입니다. 이때 일반적으로 배우는 고용을 하는 사람, 즉 고용주의 입장인 반면 에이전시나 에이전트는 고용되는 사람, 즉 고용인의 입장이 됩니다. 에이전시는 배우의 작품 출연 교섭, 일정 관리, 계약, 행사 등의 부대 활동 개척과 같은 일련의 매니지먼트 업무를 주선하거나 대행해주는 회사입니다. 에이전트는 에이전시에 속해 있거나 독립적으로 에이전시 업무를 해주는 사람인데 이들은 배우에게 고용되어 필요한 용역을 제공하고, 배우는 이들이 제공한 용역의 대가를 지불합니다.

소속사와의 계약 여부보다 배우로서 자신의 가치 증진이 더욱 중요

많은 연기 전공생이나 본격적으로 활동하려는 신인 배우는 어떤 형태로 활동해야 좋을지, 언제 연예 기획사에 들어가는 것이 좋을지, 연예 기획사에 들어간다면 어떤 곳이 좋을지 등에 관해 자주 질문합니다. 해답을 먼저 말씀드리면, 정답이 없다고 할 수 있습니다. 일단 본격적으로 연기 활동을 하려면 준비가 철저하게 되어 있어야 합니다. 준비가 안 되어 있다면 아무리 좋은 소속사와 계약한다 하더라도 성장하기 어렵습니다.

준비란 일단 열정적으로 연기 활동을 하겠다는 각오와 다짐을 끝낸 후 연기의 기본기를 탄탄하게 닦고, 신체와 외양을 배우답게 매력적으로 가꾸어 놓은 상태를 말합니다. 준비가 잘 되어 있다면 어떤 오디션을 보더라도 자신이 있으니 캐스팅될 확률이 높습니다. 준비가 되어 있다면 금방 알아보고 조속히 계약하자며 찾아오는 기획사도 많을 것입니다. 따라서 현장 활동의 입문 단계에서는 최소한 영화, 드라마 등에서 몇몇 작품을 해보고 어느 정도 인지도가 있는 상태에서 활동 방식을 고민해도 늦지 않습니다.

활동 방식은 자신에게 더 적합한 방식이 무엇인지 고민해 그 답을 찾으면 됩니다. 결국 연예 기획사와의 계약, 에이전시나 에이전트의 활용, 프리랜서 활동 방식 중 하나를 선택하는 것입니다. 연예 기획사를 선택한다면 자신을 가장 잘 성장시켜줄 곳을 찾아야 합니다. 계약 교섭을 할 때 직감적으로 호불호好不好의 느낌을 잘 파악해야 합니다. 유명 대형 기획사는 일반적으로 출연 교섭 능력이 뛰어나지만 상대적으로 신인 배우보다 톱스타에게 신경을 많이 쓰는 편이고, 소형 또는 신생 기획사는 신인에 대해서도 신경을 많이 쓰지만 상대적으로 출연 교섭 능력이 약하다는 단점이 있습니다. 구체적인 연예 기획사의 조건에 대해서는 다음 질문에서 상세히 답변해드리겠습니다.

배우로 성공하려면
어떤 매니지먼트사를
선택하는 것이 좋을까요?

회사의 재정 상태, 평판, 임직원의 열정과 신뢰성이 우선 고려 요소

좋은 매니지먼트사(연예 기획사)의 조건을 세 가지만 꼽는다면 첫째, 재무
제표를 살펴봤을 때 흑자가 지속되며 투자 여력이 풍부해 경영적으로 안정
된 회사, 둘째, 많은 배우를 잘 성장시켜 평판이 좋은 회사, 셋째, 임직원이
열정을 갖고 일하며 배우가 임직원에게 인간미와 신뢰감을 느낄 수 있는 회
사를 골라야 합니다. 이 세 가지의 조화를 완벽하게 이루고 있다면 최적의
기획사일 것입니다. 그러나 실제 계약을 하려고 하면 배우의 입장에서 이렇
게 필요 충분한 요건이 모두 갖춰진 회사를 찾기란 정말 쉽지 않습니다. 저
마다 '빛'이 있으면 반대로 '그늘'이 있기 마련입니다.

기획사를 선정해 계약하려 할 때 선택 기준으로 제시된 '경영적 안정성'은
사실 가장 중요한 요소입니다. 연예 기획사의 경영이 안정되지 못하면 '장자
연 사건'에서 보았듯이 자칫 배우에게 부적합한 활동을 유도하거나 강요할
수 있습니다. 또 옥석을 가리지 않고 배우에게 지나치게 많은 활동과 행사를

소화하도록 할 수 있습니다. 이런 경우 배우가 영혼 없는 기계처럼 지나치게 소비되어 예술적 감성과 에너지를 너무 빠르게 소진할 우려가 있습니다. 그렇게 되면 예술가로서의 수명이 단축되고 일에 대해 쉽게 염증을 느끼게 됩니다. 결국 창의적 에너지가 넘치는 배우가 아닌 '쉽게 소비되는 배우'로 전락될 우려가 있습니다. 그러니 배우에게는 경영적으로 안정된 회사가 정말 필요합니다.

무엇보다도 배우를 잘 성장시키는 기획사는 정말 좋은 회사입니다. 그것이 기획사의 가장 핵심적인 능력이기 때문입니다. 배우는 소속사를 선택하기 전에 해당 회사가 기존 톱스타의 스타덤과 위상을 잘 유지해나가는 데 중점을 두는 곳인지, 신인이 스타가 되도록 집중적으로 지원하는 곳인지, 아니면 톱스타와 신인을 조화해 잘 성장시키는 곳인지 면밀히 따져보고 평판도 폭넓게 청취해야 합니다. 또 다른 연예 기획사, 방송사 프로듀서, 영화감독, 작가 등 관계자에게 물어보면 대체적인 평판을 수집할 수 있으니 이들의 의견도 참고해야 합니다.

소속사에 들어가려는 배우는 현재 자신의 위상이 톱스타인지, 준스타급인지, 신인인지 판단해 선택의 기준과 안목을 달리 적용해야 합니다. 신인이라면 당연히 신인을 잘 키우는 회사와 계약해야 합니다. 톱스타가 많은 회사와 계약하면 왠지 잘될 것 같은 기대감에 부풀지만 회사가 톱스타의 뒤처리를 하느라 신인에게 제대로 신경 쓰지 못하는 상황에 직면해 어려움을 겪을 수도 있습니다. 실제로 신인들은 이런 경험을 겪는 경우가 흔합니다. 그러니 돌다리도 두드려보고 건너는 심정으로 이러한 부분을 더욱 잘 따져봐야 하겠습니다.

결국 당사자 배우가 '일하기 좋고 편한 회사'라는 느낌이 들어야

　배우가 기획사의 임직원에 대해 깊은 신뢰감과 호감, 인간미를 느낀다면 정말 '일하기 좋고 편한 느낌을 주는 회사'라는 생각이 들 것입니다. 이런 느낌은 직감적으로 다가오는 경우가 많습니다. 이런 회사는 나아가 자부심과 행복감을 느낄 수 있는 회사로 평가될 것입니다. 연기 예술계에서는 흔히 배우가 새로 속속 들어오는 회사를 좋은 회사라고 합니다. 반대로 배우가 자꾸 빠져나가는 회사는 무언가 문제가 있는 회사로 봅니다. 모든 배우에게 전자는 선호 대상, 후자는 기피 대상입니다.

　배우가 매니저 등 회사의 임직원과 일하다 보면 인간적으로 정서가 통하고 믿음이 있는지 그 느낌을 금방 알 수 있습니다. 경영적 안정성이 뛰어나고 평판이 좋은 기획사더라도 배우와 궁합이 잘 맞지 않을 수 있습니다. 반대로 배우와 이른바 '케미스트리chemistry'(줄여서 '케미')가 맞더라도 경영적 안정성이 좋지 않아 쉽게 선택할 수 없는 경우도 있습니다. 그러므로 앞에서 제시한 세 가지를 거의 충족한 회사가 최선책이며, 그러한 회사가 보이지 않을 경우 차선책으로 세 가지 각 기준을 일정 정도 이상 충족하는 회사와 우선적으로 교섭해 계약을 확정 지어야 하겠습니다. 교섭 후 연예 기획사를 선택했다면 계약서를 쓰기 전에 가족과 친분이 있는 변호사나 관련 분야 전문 변호사를 통해 반드시 계약서 내용을 정밀 검토해야 손해나 분쟁을 예방할 수 있습니다.

매니지먼트사와 계약할 때는 무엇을 주의해야 하나요?

계약 기간, 수익 배분율, 부대조건 등 철저히 따져봐야

배우가 본격적인 활동을 위해 매니지먼트사를 선택해 계약할 때는 계약 기간, 수익 배분율, 부대조건 등을 철저히 따져 나중에 손해를 보는 일이 없도록 해야 합니다. 물론 모든 계약은 상법상 '갑(연예 기획사)'과 '을(배우)'의 협의에 따라 합의된 사항만을 계약서에 명시하고 양자가 그것을 확인하는 의미로 맨 마지막에 날인을 합니다. 법률적으로 갑과 을은 어느 일방의 종속 관계가 아니라 상호 이익과 발전을 도모하는 '동업자partner 관계', 즉 대등한 관계입니다.

소속사는 자사와 독점 계약한 배우를 활용해 작품 출연 교섭을 하는 등 매니지먼트에 대한 전권을 갖고 영업 활동을 하며, 배우는 사생활 침해 방지 등 인격권의 보호와 품위 유지와 같은 사적·인권적 영역에 대한 보호를 받습니다. 계약할 때는 일반적으로 **대중문화예술인 표준전속계약서**(연기자 중심)를 이용합니다. 국내 엔터테인먼트 업계에서 이 서식을 이용하는 것은 이미 관행으로 정착되었으며 이 양식을 이용하지 않는 기획사는 의심해봐야 합니다. 이 계약서 샘플은 계약 기간과 수익 배분율 등 구체적인 요건만 공란으로 비워두고 있는데, 갑과 을이 합의해 서로 약속한 내용만을 공란에 기입해 계약서를 완성하게 됩니다.

유의해야 할 주요 계약 요건에 대해 살펴보겠습니다. 첫째, 공정거래위원회가 제시한 계약 기간은 최소 3년, 최장 7년입니다. 그간 사회적 문제로 비화되었던 '노예 계약' 논란을 고려해 최장 7년을 초과하지 못하도록 한 것입니다. 물론 배우와 기획사가 너무 짧은 기간을 계약해 일한다면 기획사로서는 미래를 내다보는 체계적 관리가 불가능하고, 수련 기간 및 투자를 고려할 때 수익을 크게 기대할 수 없으므로 최소 3년을 보장한 것입니다. 배우의 입장에서는 길게 계약하지 않으려 합니다. 모두 그런 것은 아니지만 대개 서로 모서가려는 톱스타급 배우는 협상력이 있기 때문에 3년, 스타급이거나 상당한 인지도가 있는 배우는 3~5년, 신인 배우는 5~7년으로 계약하는 경우가 매우 많습니다.

기간은 최소 3년 ~ 최장 7년, 수익 배분율은 신인도 50 : 50 정착

국내 엔터테인먼트 업계에서 가장 흔한 계약 기간은 양자를 절충한 5년입니다. 그러나 이는 정해진 공식이 아닙니다. 엔터테인먼트 업계의 관행을 볼 때 대체로 그러하다는 것입니다. 계약 기간은 전적으로 회사와 배우의 합의에 따라 정해집니다. 분명한 사실은 배우와 기획사 간 신뢰가 깊으면 깊을수록 계약 기간을 최장(7년)에 가깝게 합의한다는 것입니다. 그러나 배우의 입장에서는 미래의 성장 가능성에 대한 예측이 불확실하고 종합적으로 판단했을 때 특정 기획사와의 계약에 오랫동안 구속되는 것이 부담스러울 경우 보통 5년으로 설정합니다. 그래서 5년은 배우나 기획사의 입장을 절충한 가장 적절한 수준의 계약 기간인 것입니다.

둘째, 계약 시 수익 배분율은 전체 수익을 100으로 볼 때 배우와 기획사가 각각 50:50, 60:40, 70:30 등으로 다양하게 설정할 수 있습니다. 신인의 경우 50:50이 많고 그보다 인기가 높으면 60:40으로도 계약할 수 있습니다. 즉, 상품 시장의 원리처럼 스타덤이 확보될수록 배우의 가치가 더욱 높아지므로 이러한 배우는 자신의 몫을 최대한 많이 갖겠다고 주장하며 협상에 임함으로써 수익 배분율을 높일 수 있는 것입니다. 따라서 톱스타나 슈퍼스타로 부상하면 80:20이나 90:10으로 계약할 수도 있습니다. 기획사들이 서로 모셔가려는 핫hot한 배우가 있다면 이런 조건이 제시될 것입니다.

실제로 과거에 어느 가수 출신 톱스타는 높은 계약금에 덧붙여 '100:0'인 계약을 체결해 세상을 놀라게 했습니다. 기획사로서는 해당 톱스타의 영입이 너무도 간절했던 것입니다. 이 경우 톱스타를 확보하면 자사의 브랜드 가치와 교섭 능력이 커지기 때문에 방송사 및 제작사와의 출연 교섭 등에서 협상을 유리하게 이끌 수 있습니다. 나아가 우월적 지위를 이용해 소속된 다른 배우들의 마케팅과 부대사업을 원활하게 할 수 있는 이점이 있습니다. 그래서 이처럼 무모해 보이는 계약을 하는 것입니다. 그러나 기업은 사업할 때 손해 볼 행위를 절대 하지 않으므로 사실은 철저한 계산을 통해 나온 유익한 사업 전략인 셈입니다.

부대조건은 수익 배분에서 설정할 비용 처리 기준과 '키맨 조항key man caluse'의 포함 여부에 대한 합의를 명료하게 하는 것이 중요합니다. 수익 배분율을 설정할 때 가장 잘 살펴봐야 할 것은 차량 유지비, 숙식비, 의상비, 미용 및 분장비 등 매니지먼트 활동에 필요한 비용의 선先정산 여부입니다. 제반 비용을 제외하고 몫을 나누느냐, 아니면 이런 비용을 제하지 않은 상태에서 나누느냐에 대해 배우와 회사가 미리 협의해서 정한 뒤 계약서에 담아야 한다는 뜻입니다. 배우의 입장에서 유리한 방식을 고려해 주장할 수 있지만 회사의 입장이나 업계의 관행도 고려해야 할 것입니다.

비용 정산 전 배분인지 비용 정산 후 배분인지 확인해야

국세청이 준법 납세를 위해 인정하거나 공정거래위원회가 표준계약서에 규정한 비용의 기준은 '차량 유지비, 의식주 비용, 교통비 등 연예 활동의 보조·유지를 위해 필요적으로 소요되는 실비'에 한정된다는 사실을 잘 기억하고 이를 기준으로 양자가 합의해야 합니다. 회사가 국세청이 정한 기준을 지키지 않으면 나중에 큰 곤욕을 겪을 수 있습니다. 해당 회사에 소속된 배우가 '탈세 논란'에 휩싸여 연예 활동에 큰 타격을 받을 수 있기 때문입니다. 따라서 배우의 성장과 명운을 위해서라도 관련 내용을 잘 살펴봐야 합니다.

키맨 조항이란 특정 기획사와 계약해 일할 때 특정 매니저와 업무 관계를 맺겠다는 점을 계약서에 명시한 구절을 지칭합니다. '키맨key man'이란 '중심 인물', '간부', '중간 관리자'라는 뜻을 지닌 단어로 미국의 엔터테인먼트 업계에서 사용해 유래된 말입니다. 배우의 스타덤과 위상이 높아질 경우 누구나 자신과 호흡이 맞는 로드 매니저나 스케줄 매니저를 지정해 일할 수 있는데, 이렇듯 같이 일하고 싶은 사람을 지정하거나 데려와서 함께 일하겠다고 계약서에 덧붙이는 것입니다. 이 내용은 공정거래위원회의 표준계약서 서식에는 들어 있지 않기 때문에 '부속합의서'를 작성해 별도로 규정하고 날인한 뒤 계약서와 함께 보관하면 됩니다. 다른 부대조건도 양자가 합의한다면 얼마든지 부속합의서에 추가할 수 있습니다.

계약할 때 주의해야 할 사항이지만 표준계약서 서식에 이미 명시되어 있어 배우가 기획사 측과 확인만 하면 되는 사항도 많습니다. 그간 엔터테인먼트 업계에서 발생한 법적 분쟁 사례를 연구해 그러한 불미스러운 일을 근절하고자 표준계약서 서식에 담아놓은 것입니다. 표준계약서에서는 저작권, 저작인접권(실연권), 퍼블리시티권 등 배우가 누려야 할 권리를 보장하고 있습니다. 배우가 기획사와 계약을 체결했다면 제3자(다른 기획사)에 대한 계약을 하지 못하며 계약 기간 중 소속사의 신용을 저해하는 일체의 행위를 할 수 없습니다.

이와 관련해 한국연예매니지먼트협회의 규약도 참조해봐야 하는데요, 규약에 따르면 계약 기간이 끝날 때는 우선 교섭권을 현 소속사에게 부여하므로 현 소속사와 먼저 재계약 교섭을 해야 합니다. 아울러 계약 만료 3개월 전까지는 다른 기획사와 접촉하거나 계약을 체결하는 것도 금지하고 있습니다. 그러나 '템퍼링tampering'이라 불리는 사전 접촉 금지와 같은 조건들이 비즈니스 전투가 벌어지는 엔터테인먼트 업계에서는 현실적으로 지켜지기 어렵습니다. 실제로도 잘 지켜지지 않아서 논란이 많은 상태입니다.

술 접대, 성 접대, 성매매 알선과 같은 구태와 악습 전면 금지

표준계약서에는 배우의 연예 활동 범위를 TV, 라디오, 모바일 기기 등의 매체 출연, 영화, 광고 출연, 행사, 초상권 사업 등 문화 예술 분야로 명확히 한정하고 있습니다. 이렇게 규정하지 않으면 배우가 하는 일의 범위가 예술과 관련된 범위를 넘어 무한정 확대되므로 예술가로서 배우의 정체성이 훼손될 수 있기 때문입니다. 특히 과거에 일부 연예 기획사는 소속 배우를 동원해 술 접대, 성 접대, 성매매 알선 등을 했고 이러한 구태와 악습이 사회적 문제로 불거져 여론의 따가운 질타를 받았는데 이를 연예 기획사가 일절 하지 못하도록 한 것입니다.

아울러 기획사는 신분증 확인 등을 통해 해당 배우가 아동이나 청소년인지를 직접 확인하고 계약해야 합니다. 아동이나 청소년인 경우 건강권, 학습권, 인격권, 수면권, 휴식권, 자유 선택권 등 기본적인 인권을 보장해야 하며 밤샘 촬영과 같은 과도한 노동을 시킬 수 없습니다. 과거에 일부 걸 그룹girl group이 선보인 선정적 댄스가 지탄받았던 점을 고려해 영리 또는 흥행을 목적으로 과다 노출 및 지나치게 선정적인 표현 행위를 요구할 수 없습니다. 아동 및 청소년 배우의 보호와 관련된 내용은 2014년 7월 말부터 발효된 '대중문화예술산업발전법'에도 명문화되어 이제는 기획사가 꼭 지켜야 할 법적인 의무 사항이 되었습니다. 이 밖에도 소속사는 배우가 대중문화 예술인으로서 자질과 인성을 갖추는 데 필요한 교육을 제공할 수 있습니다. 또한 배우에게 극도의 우울 증세 등이 발견될 경우 기획사가 배우의 동의를 받아 적절한 치료 등을 지원할 수 있도록 했습니다.

계약 위반 시 위약금은 발생 매출액의 15% 미만으로 부담 줄여

표준계약서의 규정에 따르면 배우가 계약서에 명시된 계약을 위반해 소속사가 벌을 부과할 때는 그 금액이 배우의 활동으로 발생한 매출액의 15%를 넘지 못합니다. 과거에 연예계에서 10년 이상의 장기 계약과 함께 노예 계약의 핵심 요소로 지목되어온, 계약금의 두 배 내지 열 배 이상의 과도한 위약금 및 벌과금 문제를 해소한 것입니다. 계약 당사자 가운데 어느 일방이 계약상 내용을 위반했을 경우 그 상대방은 위반자에 대해 14일의 유예기간을 정해서 위반 사항을 시정하도록 먼저 요구합니다.

그 기간 내에 위반 사항이 바로잡히지 않으면 상대방은 계약을 해제 또는 해지하고 손해배상을 청구할 수 있습니다. 배우와 기획사 간에 여러 가지 불미스러운 일이 발생하면 법적 절차에 앞서 배우 매니지먼트 사업을 하는 연예 기획사의 연합체인 한국연예매니지먼트협회에 마련된 상벌조정위원회가 중재를 하는 경우도 있습니다.

표준약관 제10063호
(2014. 9. 19. 개정)

〔매니지먼트사〕_____(이하 '**갑**'이라 한다)〔와, 과〕
〔대중문화예술인〕_____(본명 :   ) (이하 '**을**'이라 한다)〔는, 은〕
다음과 같이 전속 매니지먼트 계약을 체결한다.

제1조 (목적)

이 계약은 을이 대중문화예술인으로서의 활동(이하 "연예활동"이라 한다)에 대한 매니지먼트 권한을 갑에게 위임하고, 이에 따라 갑이 그 권한을 행사하는 데에 있어서 필요한 제반 사항을 정함으로써, 연예활동에 있어서의 갑과 을의 상호의 이익과 발전을 도모함에 그 목적이 있다.

제2조 (매니지먼트 권한의 부여 등)

① 을은 갑에게 제3조에서 정하는 연예활동에 대한 독점적 매니지먼트 권한을 위임하고, 갑은 이러한 매니지먼트 권한을 위임 받아 행사한다. 다만 을이 갑에게 위 독점적인 매니지먼트 권한의 일부를 위임하는 것을 유보하기로 양 당사자가 합의하는 경우에는 그러하지 아니하다.

② 갑은 을이 자기의 재능과 실력을 최대한 발휘할 수 있도록 **성실히 매니지먼트 권한을 행사하여야** 하고, 갑의 매니지먼트 권한 범위 내에서의 연예활동과 관련하여 을의 **사생활보장 등** 을의 인격권이 대내외적으로 침해되지 않도록 최대한 노력한다.

③ 을은 계약기간 중 갑이 독점적으로 권한을 행사하도록 되어 있는 연예활동과 관련하여 **갑의 사전승인 없이** 자기 스스로 또는 갑 이외의 제3자를 통하여 **출연교섭을** 하거나 연예활동을 하여서는 아니 된다.

제3조 (연예활동의 범위 및 매체)

① 을의 연예활동은 다음 각 호의 활동을 말한다.

1. 배우·모델·성우·TV탤런트 등 연기자로서의 활동 및 그에 부수하는 방송출연, 광고출연, 행사진행 등의 활동
2. 작사, 작곡, 연주, 가창 등 뮤지션으로서의 활동(단, 갑의 독점적 매니지먼트의 대상이 되는 범위에 대하여는 갑과 을이 별도로 합의하는 바에 따른다)
3. 기타 위 제1호 또는 제2호의 활동과 밀접히 관련되거나 문예·미술 등의 창작활동 등으로서 갑과 을이 별도로 합의한 활동

② 을의 연예활동을 위한 매체 등은 다음 각 호와 같다.
1. TV(지상파 방송, 위성방송, 케이블, CCTV, IPTV 기타 새로운 영상매체를 포함한다) 및 라디오, 모바일기기, 인터넷 등
2. 레코드, CD, LDP, MP3, DVD 기타 음원 및 영상물의 고정을 위한 일체의 매체물과 비디오테이프, 비디오디스크 기타 디지털방식을 포함한 일체의 영상 녹음물
3. 영화, 무대공연, 이벤트 및 행사, 옥외광고
4. 포스터, 스틸 사진, 사진집, 신문, 잡지, 단행본 기타 인쇄물
5. 저작권, 초상권 및 캐릭터를 이용한 각종 사업이나 뉴미디어 등으로 갑과 을이 별도로 합의한 사업이나 매체

③ 제1항 및 제2항의 규정에도 불구하고 구체적인 연예활동 범위와 연예활동 매체 등은 갑과 을이 부속 합의서에서 달리 정할 수 있다.

제4조 (갑의 매니지먼트 권한 및 의무 등)

① 갑이 제2조에 따라 행사하는 을에 대한 매니지먼트 권한 및 의무의 범위는 다음 각 호와 같다.
1. 연예활동에 필요한 능력의 습득 또는 향상을 위한 일체의 교육실시 또는 위탁
2. 제3조 제1항의 연예활동을 위한 계약교섭 및 계약체결
3. 제3조 제2항의 매체에 대한 출연교섭
4. 을의 연예활동에 대한 홍보 및 광고
5. 제3자로부터 을의 연예활동에 대한 출연료 등 대가 수령 및 관리
6. 연예활동 일정의 관리
7. 콘텐츠의 기획·제작, 유통 및 판매
8. 기타 을의 연예활동을 위한 제반 지원

② 갑은 을을 대리하여 제3자와 을의 연예활동에 관한 계약의 조건과 이행방법 등을

협의 및 조정하여 계약을 체결할 권한을 가지는데, 그 대리권을 행사함에 있어 갑은 **을의 신체적, 정신적 준비상황을 반드시 고려**하여야 하고, 급박한 사정이 없는 한 미리 을에게 계약의 내용 및 일정 등을 **사전에 설명**하여야 하며, 또 을의 명시적인 의사표명에 반하는 계약을 체결해서는 아니 된다.

③ 갑은 을의 연예활동과 관련하여 계약기간 이후에도 효력을 미치는 계약을 교섭 · 체결하기 위해서는 **을의 동의를 얻어야** 한다.

④ 을의 연예활동을 제3자가 침해하거나 방해하는 경우 갑은 그 **침해나 방해를 배제하기 위한 필요한 조치를 취해야** 한다.

⑤ 갑은 이 계약에 따른 을의 연예활동 또는 연예활동 준비 이외에 **을의 사생활이나 인격권을 침해**하거나 **침해할 우려가 있는 행위를 요구하여서는 아니 되고, 부당한 금품을 요구**하여서도 아니 된다.

제5조 (을의 일반적 권한 및 의무)

① 을은 제2조에 따라 갑이 위임받아 행사되는 매니지먼트 활동에 대하여 **언제든지 자신의 의견을 제시**할 수 있고, 필요한 경우 을의 연예활동과 관련된 자료나 서류 등을 **열람 또는 복사**해줄 것을 갑에게 요청할 수 있고, 갑은 이에 응해야 한다.

② 을은 갑의 매니지먼트 권한 행사에 따라 **자신의 재능과 실력을 최대한 발휘**하여 연예활동을 하여야 한다.

③ 을은 연예활동에 지장을 초래할 정도로 **대중문화예술인**으로서의 **품위를 손상**시키는 행위를 해서는 아니 되며, **갑의 명예나 신용을 훼손하는 행위**를 해서도 아니 된다.

④ 을은 갑이 제4조 제5항의 규정에도 불구하고 **부당한 요구를 하는 경우**에는 **이를 거부**할 수 있다.

⑤ 을은 계약기간 중 **갑의 사전 동의 없이는** 제3자와 이 계약과 동일하거나 유사한 계약을 체결하는 등 **이 계약을 부당하게 파기 또는 침해하는 행위**를 하여서는 아니 된다.

제6조 (을의 인성교육 및 정신건강 지원)

갑은 을이 **대중문화예술인**으로서 **자질과 인성**을 갖추는데 필요한 **교육을 제공**할 수 있고, 을에게 극도의 우울증세 등이 발견될 경우 을의 동의 하에 적절한 치료 등을 지원할 수 있다.

제7조 (수익의 분배 등)

① 수익분배방식(예: 슬라이딩 시스템)이나 구체적인 분배비율은 갑과 을이 별도로 합의하여 정한다. 이때 수익분배의 대상이 되는 수익은 을의 연예활동으로 발생한 모든 수입(을과 관련된 콘텐츠 판매와 관련된 수입도 포함)에서 을의 공식적인 연예활동으로 현장에서 직접적으로 소요되는 비용(차량유지비, 의식주 비용, 교통비 등 연예활동의 보조·유지를 위해 필요적으로 소요되는 실비)과 광고수수료 비용 및 기타 갑이 을의 동의 하에 지출한 비용을 공제한 금액을 말한다.

② 갑은 자신의 매니지먼트 권한 범위 내에서 을의 연예활동에 필요한 능력의 습득 및 향상을 위한 교육(훈련)에 소요되는 제반비용을 원칙적으로 부담하며, 을의 의사에 반하여 불필요한 비용을 을에게 부담시켜서는 아니 된다.

③ 을은 연예활동과 무관한 비용을 갑에게 부담시켜서는 아니 된다.

④ 이 계약을 통하여 얻는 모든 수입은 일단 갑이 수령하여 매월 (   )일자로 정산하여 다음 달 (   )일까지 을이 지정하는 입금계좌로 지급한다. 단, 매월 정산하기 어려운 부분에 대해서는 을에게 이러한 사실을 알리고 별도의 정산주기 및 지급일을 정할 수 있다.

⑤ 을의 귀책사유로 갑이 을을 대신하여 제3자에게 배상한 금원이 있는 경우 을의 수입에서 그 배상비용을 우선 공제할 수 있다.

⑥ 갑은 정산금 지급과 동시에 정산자료(총 수입과 비용공제내용 등을 증빙할 수 있는 자료)를 을에게 제공하여야 한다. 을은 정산자료를 수령한 날로부터 30일 이내에 정산내역에 대하여 공제된 비용이 과다 계상되었거나 을의 수입이 과소 계상되었다는 등 갑에게 이의를 제기할 수 있고, 갑은 그 정산근거를 성실히 제공하여야 한다.

⑦ 갑과 을은 각자의 소득에 대한 세금을 각자 부담한다.

제8조 (상표권 등)

갑은 계약기간 중 본명, 예명, 애칭을 포함하여 을의 모든 성명, 사진, 초상, 필적, 기타 을의 동일성(identity)을 나타내는 일체의 것을 사용하여 상표나 디자인 기타 유사한 지적재산권을 개발하고, 갑의 이름으로 이를 등록하거나 을의 연예활동 또는 갑의 업무와 관련하여 이용(제3자에 대한 라이선스 포함)할 수 있는 권리를 갖는다. 다만 계약기간이 종료된 이후에는 모든 권리를 을에게 이전하여야 하며, 갑이 지적재산권 개발에 상당한 비용을 투자하는 등 특별한 기여를 한 경우에는 을에게 정당한 대가를 요구할 수 있다.

제9조 (퍼블리시티권 등)

① 갑은 계약기간에 한하여 본명, 예명, 애칭을 포함하여 을의 모든 성명, 사진, 초상, 필적, 음성, 기타 을의 동일성(identity)을 나타내는 일체의 것을 을의 연예활동 또는 갑의 업무와 관련하여 이용할 수 있는 권한을 가지며, **계약기간이 종료되면 그 이용권한은 즉시 소멸**된다.

② 갑은 제1항의 권한을 행사함에 있어 을의 명예나 기타 을의 인격권이 훼손되는 방식으로 행사하여서는 아니 된다.

제10조 (콘텐츠 귀속 등)

① 계약기간 중에 을과 관련하여 **갑이 개발·제작한 콘텐츠**(이 계약에서 "콘텐츠"라 함은 을의 연예활동과 관련하여 제3조 제2항의 매체 등을 통해 개발·제작된 결과물을 말한다)는 **갑에게 귀속**되며, **을의 실연이 포함된 콘텐츠의 이용을 위하여 필요한 권리**는 발생과 동시에 자동적으로 갑에게 부여된다.

② 계약종료 이후 제1항에 따라 매출이 발생할 경우, 갑은 을에게 **매출의   %를 정산하여 (   )개월 단위로 지급**한다. 다만, 을이 갑에게 지급하여야 할 금원이 있는 경우에는 위 정산금에서 우선 공제할 수 있고, 갑은 을의 요구가 있는 때에는 정산금 지급과 동시에 정산자료를 을에게 제공하여야 한다.

③ 이 조항과 관련하여 갑은 대한민국 저작권 관련 법령에 따라 보호되는 **을의 저작권 및 저작인접권(실연권)을 인정**하고, 을은 자신의 저작권 및 저작인접권(실연권) 활용을 통해 갑의 콘텐츠 유통 등을 통한 매출확대 및 수익구조 다변화를 기할 수 있도록 적극 협력한다.

제11조 (권리 침해에 대한 대응)

제3자가 제8조 내지 제10조에 규정된 권리를 침해하는 경우, 갑은 갑 자신의 책임과 비용으로 그 침해를 배제하기 위한 조치를 취해야 하며, 을은 이와 같은 갑의 침해배제조치에 협력한다.

제12조 (계약의 적용지역)

이 계약의 적용범위는 대한민국을 포함한 전 세계 지역으로 한다.

제13조 (계약기간)

① 이 계약의 계약기간은 7년을 초과하지 않는 범위 내에서

_____년 _____월 _____일부터   _____년 _____월 _____일까지

(_____년 _____개월)로 한다.

② 계약기간 중 다음 각 호의 어느 하나와 같이 을의 개인 신상에 관한 사유로 을이 정상적인 연예활동을 할 수 없게 된 경우에는 **그 기간만큼 계약기간이 연장**되는 것으로 하며, **구체적인 연장 일수는 갑과 을이 합의하여 정한다.**

  1. 군복무를 하는 경우

  2. 임신·출산 및 육아, 대학원에 진학하는 경우

  3. 연예활동과 무관한 사유로 인하여 병원 등에 연속으로 30일 이상 입원하는 경우

  4. 기타 을의 책임 있는 사유로 연예활동을 할 수 없게 된 경우

제14조 (확인 및 보증)

① 갑은 을에 대해 계약체결 당시 제4조 제1항의 매니지먼트 권한 및 의무를 행사하는 데 **필요한 인적·물적 자원을 보유**하거나 그러한 능력을 갖추고 있다는 것을 확인하고 보증한다.

② 을은 갑에 대해 다음 각 호의 사항을 확인하고 보증한다.

  1. 이 계약을 유효하게 체결하는데 필요한 권리 및 권한을 보유하고 있다는 것

  2. 이 계약의 체결이 제3자와의 다른 계약을 침해하지 않는다는 것

  3. 계약기간 중 이 계약내용과 저촉되는 계약을 제3자와 체결하지 않는다는 것

제15조 (계약내용의 변경)

이 계약내용 중 일부를 변경할 필요가 있는 경우에는 갑과 을의 서면합의에 의하여 변경할 수 있으며, 그 서면합의에서 달리 정함이 없는 한, 변경된 사항은 그 다음 날부터 효력을 가진다.

제16조 (권리 등의 양도)

갑은 **을의 사전 서면동의**을 얻은 후 이 계약상 권리 또는 지위의 전부 또는 일부를 제3자에게 양도할 수 있다.

제17조 (계약의 해제 또는 해지 등)

① 갑 또는 을이 이 계약상의 내용을 위반하는 경우, 그 상대방은 위반자에 대하여 14일 간의 유예기간을 정하여 위반사항을 시정할 것을 먼저 요구하고, 그 기간 내에 위반사항이 시정되지 아니하는 경우에 상대방은 계약을 해제 또는 해지하고, 손해배상을 청구할 수 있다.

② 갑이 계약내용에 따른 자신의 의무를 충실히 이행하고 있음에도 불구하고, 을이 계약기간 도중에 계약을 일방적으로 파기할 목적으로 계약상의 내용을 위반한 경우에는 을은 제1항의 손해배상과는 별도로 계약 잔여기간 동안 을의 연예활동으로 인해 발생된 매출액의 _____%를 위약벌로 갑에게 지급한다. 단, 위약벌은 을의 연예활동으로 인해 발생된 매출액의 15%를 넘지 못한다.

③ 계약해지일 현재 이미 발생한 당사자들의 권리·의무는 이 계약의 해지로 인하여 영향을 받지 않는다.

제18조 (불가항력에 따른 계약종료)

을이 중대한 질병에 걸리거나 상해를 당하여 연예활동을 계속하기 어려운 사정이 발생한 경우 이 계약은 종료되며, 이 경우에 갑은 을에게 손해배상 등을 청구할 수 없다.

제19조 (비밀유지)

갑과 을은 이 계약의 내용 및 이 계약과 관련하여 알게 된 상대방의 업무상의 비밀을 제3자에게 정당한 사유 없이 누설하여서는 아니 되며, 이를 비밀로 유지하여야 한다. 이 비밀유지의무는 계약기간 종료 후에도 유지된다.

제20조 (분쟁해결)

① 이 계약에서 발생하는 모든 분쟁은 갑과 을이 자율적으로 해결하도록 노력한다.

② 제1항에 따라 해결되지 않을 때에는 다음 중 (____)에 따라 해결한다.

 1. 중재법에 의하여 설치된 대한상사중재원의 중재(仲裁)

> ☞ '중재'란 분쟁을 해당 분야 전문가들의 판정에 의해 해결하는 제도인데, 소송(3심제)과는 달리 단심으로 끝남 (중재판정은 법원의 확정판결과 동일한 효력)

 2. 민사소송법 등에 따른 법원에서의 소송(訴訟)

제21조 (부속 합의)

① 갑과 을은 이 계약의 내용을 보충하거나, 이 계약에서 정하지 아니한 사항을 규정하기 위하여 부속 합의서를 작성할 수 있다.

② 제15조에 따른 계약내용 변경 및 제1항에 따른 부속 합의는 이 계약의 내용과 배치되거나 위반하지 않는 범위로 한정한다.

이 계약의 성립 및 내용을 증명하기 위하여 계약서 2부를 작성하고, 갑과 을이 서명 날인 후 각 1부씩 보관한다.

_____년 _____월 _____일

> **갑 : 매니지먼트사**
> 주 소 :
> 회사명 :
> 대표자 :   인
>
> **을 : 대중문화예술인**
> 주 소 :
> **생년월일 :**
> 성 명(실명) :   인
> 〔개인인감증명서 첨부〕
>
> **을의 법정대리인**(을이 미성년자인 경우)
> 을과의 관계 :
> 주 소 :
> **생년월일 :**
> 성 명(실명) :   인
> 〔개인인감증명서 첨부〕

〈 첨 부 〉
1. 부속 합의서

배우는 '이미지'로
살아간다는 말이 있는데,
왜 이미지가 중요한가요?

배우의 존재를 투영·상징하는 정서적 기호이자 생명력을 지닌 자원

한국의 시청자나 관객은 배우 안성기를 '국민배우'라고 부르는 데 주저하지 않습니다. 배우 고두심에게는 '국민 어머니'라는 찬사가 따라다닙니다. 최근 몇 년 사이 톱스타로 부상한 가수 수지는 '국민 여동생'이라는 별칭을 갖고 있습니다. 배우 김혜수에게는 그녀의 신체적 매력과 연기의 깊이가 반영된 '팜므파탈'이라는 수식어가 붙습니다. 미국 배우 메릴린 먼로는 '섹스 심벌'이라 불리며, 벨기에 출신의 프랑스 배우 오드리 헵번은 모든 여배우와 여인에게 '우아한 이미지를 가진 여인'의 대명사로 칭송됩니다. 중국의 톱스타 탕웨이湯唯가 우리나라의 영화감독 김태용과 결혼했을 때 중국의 네티즌은 일제히 포털 사이트 댓글에 "'국민 여신'을 잃었다"고 표현하며 크게 아쉬워했습니다. 이렇듯 각각의 배우에게 붙은 수식어나 비유어는 모두 팬과의 교감을 통해 형성된 이미지입니다.

배우에게 **이미지**image는 예술가로서의 얼굴이자 생명과도 같습니다. 외부에 비치는 나란 존재를 투영하고 상징하는 정서적 기호입니다. 아울러 자신의 경제적 활동을 지탱하는 중요한 무형 자원이기도 합니다. 예술적으로는 '연속적인 상황이나 상상의 단계에서 아티스트로부터 받은 느낌'이라고 규정할 수 있습니다. 배우 등 스타에 대한 이미지는 그들을 바라보는 관객이나 시청자에 의해 결정됩니다. 관객이나 시청자는 매우 다양한 관점을 지녔습니다.

실제 학계의 연구에 따르면 수용자는 배우의 이미지를 다섯 가지 유형으로 머릿속에 구축하는 것으로 나타났습니다. 그것은 첫째, 외모·외양 등 외적인 기준으로 판단하는 유형, 둘째, 자신의 내면에 둔 이상형을 기준으로 판단하는 유형, 셋째, 예술적인 끼와 능력이 출중한가를 기준으로 판단하는 유형, 넷째, 명사 또는 공인의 위치에서 자신의 이미지 관리를 잘하고 있는지를 기준으로 판단하는 유형, 다섯째, 비교를 전제로 스타와 나의 동일성을 기준으로 판단하는 유형이었습니다.

요즘 드라마, 예능, 영화, 뮤지컬 등 연기 예술 분야에서는 실력은 기본이며 이미지까지 좋아야 오랫동안 팬들의 사랑을 받을 수 있습니다. 남자 배우에게는 카리스마, 남자다움, 멋, 섹시함, 댄디함, 세련됨, 중후함, 여유와 너

그리움, 친숙함, 터프함, 왠지 다가서고 싶은 느낌을 들게 하는 이미지 등이 선호됩니다. 반면 여자 배우에게는 화려함, 아름다움, 귀여움, 신비로움, 고혹적임, 섹시함, 친숙함, 사람들을 흡인하려는 듯한 뇌쇄적 느낌 등이 주로 선호되는 이미지라 할 수 있습니다. 신인 배우에게는 참신함 또는 신비로움의 이미지가 가장 반가울 것입니다. 모두 긍정적이거나 희망적인 가치 또는 정서입니다. 배우에 대한 부정적인 느낌을 선호 이미지로 구축하거나, 그런 이미지를 가진 배우를 좋아하는 수용자는 사실상 존재하지 않습니다.

배우의 품격 · 가치 · 호감도 · 경쟁력을 나타내지만 가변성이 변수

배우의 이미지는 아티스트로서 품격과 가치, 호감도를 상징하고 나아가 아티스트로서 경쟁력이나 생명력을 나타냅니다. 그러나 이미지는 영속적인 것이 아니기에 배우 주변의 상황과 맥락, 시간, 공간 등에 따라 시시각각 변합니다. 관객, 시청자, 평론가, 연출가, 제작자 등 배우를 해석하는 사람들과 배우를 매개로 작품을 제작하는 사람들의 시각에 따라 달라집니다. 아울러 신문, 잡지, 라디오, TV, 인터넷, 스마트폰 등 매체의 발달 과정에서도 큰 영향을 받고 변화를 거듭합니다. 그만큼 가변성이 큰 것이 이미지입니다.

따라서 배우가 어떤 특정한 이미지를 구축 또는 설정해 고착화되도록 관리하는 것은 쉽지 않은 일입니다. 그래서 **이미지 메이킹** image making 이라는 말이 생겨난 것 같습니다. 이미지 메이킹과 이미지 관리를 잘하려면 우선 좋은 작품을 만나 안정된 연기력으로 자신이 원하는 배역을 잘 소화해야 합니다. 특히 배우의 이미지는 그가 출연하는 첫 작품에 크게 좌우되기 때문에 데뷔작을 잘 골라야 합니다. 작품을 준비하고 연기할 때의 태도와 평소의 언

행도 이미지 형성에 반영됩니다. 이미지를 형성하는 데 무엇이 더 중요하게
반영되느냐에 따라 이미지의 스펙트럼이 달라집니다. 매체 노출을 거듭해
형성된 특정 배우의 이미지는 본질적으로 인간 본래의 모습과 같을 수도, 다
를 수도 있습니다.

기호학적 관점에서 이미지는 사운드, 단어 등과 함께 겉으로 나타난 모습
인 '기표signifier'에 속하고, 기표의 저변에 내포된 실재적 의미는 '기의signified'
라 할 수 있습니다. 철학적 관점에서 이미지는 '실재'라는 개념과 대조되어
허구적인 것이라고 인식되어 왔습니다. 따라서 실재보다 열등하다거나 본래
의 모습이라는 진실 또는 진리를 은폐하는 역할을 하는 것으로 가치가 폄훼
되어 왔습니다.

이러한 이미지는 정신적이거나 물질적인 것 또는 추상적이거나 구체적인
것을 모두 포함하고 있습니다. 정치적·경제적·사회적·문화적 맥락 등 주
변 환경에 의해 재해석되며, 그에 따라 영향력이 확연하게 달라질 수도 있습
니다. 프랑스의 기호학자 롤랑 바르트Roland Barthes에 따르면 이미지는 본질
적으로 기술적 의미인 '외연적denotative 의미'와 문화적·역사적 맥락에 따라
독특하게 해석되는 '내포적connotative 의미'를 지닙니다. 이미지는 사실fact과
가치value를 포함하고 있습니다. 방송영상 기술이 발전한 요즘 시대에는 언
어적이고 지각적이며 정신적인 것은 물론 시각적·광학적 요소까지 포함합

니다. TV, 영화, 사진 등의 매개 수단을 동원해 이러한 이미지를 사용함으로써 주변의 사물과 세계에 의미를 부여하는 것을 철학이나 미학에서는 '재현 representation'이라고 합니다.

선호 이미지가 형성된 배우라면 자기 관리를 철저히 해야

배우는 한번 특정한 선호 이미지가 형성되면 시청자나 관객의 기대감이 높아져 그 이미지에 상응하는 행동 양태를 요구받게 됩니다. 그때부터 배우는 대중의 시선을 더 많이 의식해야 하고, 조심해야 할 것도 많아집니다. 아울러 배우가 노력을 많이 한다면 이미지를 더욱 품격 높게 격상시킬 수도 있지만 그런 과정이 쉽지는 않습니다. 그러나 한번 좋게 구축된 이미지더라도 정교하게 잘 관리하지 않으면 순식간에 훼손되어 배우로서 생명이 끝날 수 있습니다. 예술가로서 연기력이 미숙하거나 준비가 덜 된 경우, 나아가 여러 사고와 불미스러운 일에 연루될 경우에 이런 일이 발생합니다. 따라서 일상 생활이나 작품 활동 모두에서 자기 관리를 철저히 해야 합니다.

배우의 이미지는 성격적·신체적 특징뿐 아니라 신체 기관 전체를 통해 발산하는 커뮤니케이션과도 연계가 깊으므로 특히 언행과 태도, 그리고 의상 및 분장에 신경을 써야 합니다. 배우가 선보이는 언행과 태도를 포함해 화법과 제스처, 매너와 에티켓, 신체적 매력, 패션 스타일, 의상과 분장의 개성은 모두 이미지의 형성 및 파괴와 직결되기 때문에 면밀하게 체크해야 합니다. 특히 언행과 태도는 매체나 팬들 앞에서 실제 행동으로 옮기기 전에 반드시 '세 번 숙고think triple'해보는 습관을 정착시키는 것이 이미지 혼란이나 이미지 파괴 리스크를 줄이는 안정적인 이미지 관리 기법이라 하겠습니다. 이미지의 형성·유지·관리에 무엇보다도 가장 중요한 기법은 '진정성'을 몸소 실천하며 심신으로 자연스럽게 보여주는 것입니다. 요즘 팬들은 예전보다 더욱 명민하기 때문에 배우의 겉과 속이 다른 행동을 용납하지 않습니다. 거짓과 과장이 드러나면 냉정하게 사랑을 접거나 거두고 외면합니다. 진실과 진심을 기준으로 행동해야 한다는 뜻입니다. 오늘부터 꼭 실천해보시기 바랍니다.

흥행할 작품을 꿰뚫어보는 예측 능력과 직관을 어떻게 기를 수 있을까요?

다양한 극예술 장르와 많은 작품을 경험하면서 자연스레 체득

일반적으로 신인 배우는 어떤 작품이든 일단 많이 출연해 인지도를 높이는 게 중요할 것입니다. 얼굴을 알려 연기 예술계에 연착륙하고 안정적인 단계에 오르는 것이 시급한 목표이기 때문입니다. 그러나 관객이나 시청자의 사랑을 많이 받는 배우일수록 그리고 톱스타일수록 드라마 대본이나 영화 시나리오를 많이 받고 선택 상황에 내몰리는 일이 흔합니다. 섭외용 대본이나 시나리오를 많이 받는다는 것은 매우 즐겁고 행복한 일이지만, 속으로는 작품이나 배역의 적합성 여부 등이 여간 고민되지 않을 수 없습니다. 제작진과 배우는 대본과 시나리오를 흔히 '책'이라 칭하는데, 이런 책을 받을 때마다 배우는 그 책들을 숙독하면서 실제로 깊은 고민에 빠집니다.

배우는 보통 여러 요소를 살펴본 뒤 작품이 직관적으로 마음에 들면 매니저와 협의해 바로 다음날이라도 계약하려 하지만, 그렇지 않을 경우 사양하기에 앞서 먼저 마음속으로 다음과 같은 대답을 내놓게 됩니다. 자기 나름의 판단인 것입니다. '저와 이미지가 잘 맞지 않아 거절하겠습니다', '감독님은 전작前作을 보면 능력이 매우 뛰어나신 분인데, 이번엔 책 내용이 제가 수용하기 어려울 정도로 너무 파격적인 것 같아서 선뜻 출연하고 싶지 않습니다.' '내용은 좋은데 제작사나 투자사가 너무 영세해 잘될까 걱정입니다', '상대 배우가 마음에 들지 않아 선뜻 내키지 않습니다, 상대를 바꾼다면 몰라도 …….', '저의 스케줄이 꽉 차 있어서 어렵겠습니다' 등입니다. 그리고 부드러운 완곡어법euphemism을 사용해 자신의 의사를 감독 등 제작진에게 전달합니다.

원작 경쟁력, 스타 파워, 수용자 기호, 기획·제작사 파워 등 여섯 가지 봐야

기존의 드라마, 영화, 뮤지컬 등의 작품들을 경영적인 관점에서 면밀하게 분석해보면 작품이 흥행하느냐 마느냐는 크게 여섯 가지 요소의 조합으로 결정됩니다. 그것은 원작 콘텐츠의 경쟁력, 스타 파워, 수용자의 기호와 트렌드, 기획·제작사의 경쟁력, 마케팅 방법과 능력, 가외 변수extraneous variable (흥행 예측 및 리스크 대비 능력)입니다. 즉, 흥행을 하려면 여섯 가지 요소가 모두 뛰어나거나 여섯 가지 요소 중에 가급적 많은 요소가 충족되어야 한다는 뜻입니다. 배우도 흥행할 작품을 선정할 때 이런 여섯 가지 요소를 면밀히 따져 출연 여부를 결정하는 것이 좋을 것입니다. 배우라면 누구나 흥행 작품의 주역이 되고 싶지, 망한 작품을 필모그래피로 갖고 싶지는 않을 것이기 때문입니다.

원작 콘텐츠의 경쟁력이 높다는 것은 스토리의 기승전결起承轉結 구도가 짜임새 있고 완성도가 뛰어나며 창의성·흥미성·친숙성이 있는 작품을 준비했다는 뜻입니다. 스타 파워는 배우, 연출가, 작가의 측면에서 각각 실력·팬덤·인기도가 뛰어난 경우를 뜻합니다. 배우의 경우 연기나 작품 경험이 풍부하고 연기력이 뛰어나야 합니다. 아울러 유행을 창조하고 선도하는 '트렌드 세터trend setter'로서 각광을 받으며 재능이 많고 언행의 진정성과 신뢰도가 엿보여야 합니다. 매니지먼트가 잘되어 이미 뜬 스타이거나 뜨고 있는 스타를 캐스팅할 경우 작품 흥행을 이끌 것입니다.

수용자의 기호와 트렌드가 반영되어야 한다는 말은 작품이 작가의 집필 단계에서부터 수용자의 관심과 취향을 예측·반영해야 한다는 뜻입니다. 현대물이라면 가급적 사회의 변화상과 이슈가 직접 또는 간접적으로 반영되어 극적인 허구와 절묘하게 조화를 이뤄야 한다는 것입니다. 기획·제작사의 경쟁력이 뛰어나야 한다는 말은 기획·제작사가 창사 이래 작품 제작 경험이 풍부하고 업계를 주도할 만큼 제작의 안정성과 자금력이 확보되어 있는 등 평판이 좋아야 한다는 뜻입니다. 신생 회사라면 제작진의 전문성이 풍부하고 작품 경향에서 새로운 제작 문법과 색채를 구현하는 도전 정신과 창의력이 넘치는 곳이 좋습니다.

마케팅 방법과 능력이 뛰어나야 한다는 말은 먼저 자사의 마케팅 부서 또는 계약한 마케팅 회사의 마케팅 기법에서 창의성과 효율성이 돋보여야 한다는 뜻입니다. 충분한 홍보·유통 네트워크를 확보하고 있어야 하며 트렌드를 반영해 마케팅 전략을 펼치는 것이 중요합니다. 그런 능력을 갖춘 회사일수록 제품이나 콘텐츠의 초기 수용자인 '얼리 어답터early adopter'를 잘 활용해 체험 마케팅, 입소문 마케팅을 펼치는 등 다양한 마케팅 전략을 구사할 것입니다. 특히 영화는 트렌드에 민감한 영상 콘텐츠이기 때문에 트렌드를 반영한 마케팅이 흥행을 판가름하는 요소로 작용하기 쉽습니다.

외재적 요소인 가외 변수가 고려되어야 한다는 말은 흥행 예측 및 리스크

대비 능력을 갖춰야 한다는 뜻입니다. 드라마, 영화 등의 홍행을 좌우하는 가외 변수는 대진 운(같은 기간 스크린 개봉 경쟁작과 경쟁 드라마 편성 스케줄), 예측 불허의 정치적·사회적·문화적 신드롬, 천재지변, 작품 내용과 연관된 사건의 발생 여부 등입니다. 영화의 경우 자신이 출연한 작품을 개봉하기로 한 기간에 막대한 제작비를 들인 슈퍼스타 중심 '초호화 캐스팅'의 블록버스터blockbuster가 동시에 개봉하면 경쟁 작품의 위세에 눌려 낭패를 볼 수 있습니다. 관객 수 1000만 명을 돌파했던 블록버스터 〈명량〉이 개봉될 당시에는 그보다 규모가 작은 영화들이 모두 개봉 일정을 뒤로 늦춰 좀처럼 이길 수 없는 싸움을 순리대로 피해갔습니다.

대진 운, 편성 전략, 사회 이슈 등 가외 변수의 영향력 커져

TV 드라마의 경우 지상파방송 3사의 '주시청시간대prime time'만 해도 2015년 현재 월~화, 수~목, 토~일에 걸쳐 매일 2편 이상의 드라마를 선보이고 있기 때문에 매일 숙명적으로 1, 2, 3위가 정해져 명암을 달리하는 고단한 싸움을 해야 합니다. 이제 케이블 채널까지 가세해 드라마를 만들기 때문에 방송업계의 통념상 선전했다고 평가받는 시청점유율 10%를 확보하기도 여간 어려운 일이 아닙니다. 이런 경쟁 포화 구도에서 시청점유율 20~30% 이상을 확보하는 성공작이 나오는 것은 예전보다 더 어렵게 되었습니다. 그래서 '대박 작품'이 나오기만 하면 배우는 얻고자 하는 것을 예전보다 더 쉽게 얻을 수 있게 되었습니다. 대박 조짐이 보이면 언론은 작품을 더욱 특별하게 다루기 때문에 추가적인 시청점유율 상승효과가 나타납니다. 시청점유율의 상승은 사회적·문화적 신드롬으로 이어지고, 출연 배우는 대부분 스타로 등극해 위상이 더욱 높아집니다. 배우로서는 이런 작품을 만나는 게 일생의 꿈일 것입니다.

예측 불허의 정치적·사회적·문화적 신드롬, 천재지변, 작품 내용과 연관된 사건 발생 여부도 매우 중요하게 분석하고 대비해야 합니다. 즉, 배우는 이런 가외 변수가 있는지 살펴보고 작품에 임해야 성공 여부를 더 명확하게 가늠할 수 있습니다. 가령 천안함 사건이나 비무장지대에서의 총격전으로 많은 장·사병이 목숨을 잃는 사고가 발생했는데 남북이 싸우며 피를 흘리는 장면이 많이 담긴 영화를 개봉한다면 어떻게 되겠습니까? 국민 정서에 위배되어 철퇴를 맞을 가능성이 높습니다. 홍수나 태풍이 발생해 큰 인명·재산 피해가 발생했을 때 〈해운대〉같은 재난 영화를 극장에 선보인다면 어떻게 될까요? 여론의 거센 비판을 넘어 영화가 낭패를 볼 가능성이 큽니다. 가외 변수는 본질적으로 통제가 어렵기 때문에 이런 경우 변수와 여파를 잘 예측해 개봉 시기를 적절히 조정해야 한다는 뜻입니다.

영화 〈도가니〉의 경우, 영화의 배경으로 다뤄진 장애인 보호 및 교육 시설의 성범죄 실태가 더욱 부각되어 국민적 공분을 일으킬 만큼 사회적 빅 이슈가 됨으로써 흥행에 성공했습니다. 결국 해당 학교 및 시설에 대한 재수사와 폐쇄가 이뤄지고 '도가니 방지법'까지 제정되는 성과가 나타나면서 '세상을 바꾼 위대한 영화'로 자리매김했습니다. 영화 〈건축학 개론〉은 1990년대 초반 대학교를 다닌 사람들의 추억 속 사랑 이야기를 들춰내 그렸습니다. 사랑 이야기인 만큼 상영 업체가 밸런타인데이와 접목해 '커플 유료 시사회'를 마케팅의 출발점으로 삼아 개봉함으로써 입소문을 타고 관람객이 늘어 의미 있는 성공을 거뒀습니다. 이제 앞에서 제시한 여섯 가지 요소를 대본이나 시나리오 분석의 직관적 틀로 삼아 입체적으로 흥행을 예측함으로써 출연할 작품을 결정할 때 예측의 어려움을 최소화하기 바랍니다.

작품 출연을 위한 오디션은 어떻게 봐야 하나요?

제시 대사를 완전히 숙지해 자기 것으로 승화하는 열정적 자세가 기본

오디션은 배우에게 매우 중요한 과정입니다. 연출자를 비롯한 제작진은 일반적으로 오디션을 통해 자신이 준비 중인 작품의 배역에 최적인 배우를 캐스팅합니다. 그래서 배우에게 오디션은 출연 기회를 잡을 수 있는 가장 보편적인 루트입니다. 오디션 정보는 방송사, 드라마 제작사, 영화 제작사, 캐스트넷(www.castnet.co.kr)을 비롯한 인터넷의 오디션 사이트, 캐스팅 디렉터casting director 등을 통해 접할 수 있습니다. PD, 영화감독, 작가 등을 통해 직접 접할 수도 있고 방송사나 제작사가 배우들이 속한 연예 기획사에 알려주는 경우도 있습니다. 계획 중인 특정 작품의 기획·준비 단계에서 시나리오나 대본이 완성되면 제작비의 투자 유치와 결부해 각 배역에 대한 오디션을 진행하는 것입니다.

배우가 오디션 정보를 접했다면 해당 작품에 설정된 각각의 배역을 살펴보고 그중 자신이 맡고 싶은 배역에 지원하기 위해 먼저 프로필 사진, 필모그래피, 기본 이력 사항과 신상 정보 등이 담긴 신청 서류를 접수합니다. 그후 연락이 오면 정해진 날에 테스트를 받는데, 이때 주어진 대사를 완전히 숙지해 자기 것으로 승화하는 열정의 발산이 필요합니다. 오디션을 통한 캐스팅은 제작진의 연출 의도와 투자자의 투자 심리를 모두 충족해야 이뤄지는 경우가 대부분이기 때문에 많은 배우가 경험하듯 떨어지는 경우가 흔합니다. 그래도 배우는 끊임없이 도전해야 합니다. 가급적 기회를 많이 갖고 떨어져보기도 하다가 어느 날 자신에게 딱 맞는 배역과 출연 기회를 만나게 됩니다. 성공한 배우들은 대부분 이런 애환을 겪었습니다. 2007년에 초연된 뮤지컬 〈오디션〉은 오디션 과정 등에서 겪는 아마추어 록 밴드 멤버들의 꿈을 향한 고군분투와 심리적 애환을 다루고 있습니다.

어떤 성격의 작품·배역인지 제대로 살펴본 뒤 임해야

오디션은 정보와 장면의 공개 여부에 따라 '공개 오디션'과 '비공개 오디션'으로 구분할 수 있습니다. 오디션에 참여하는 배우들을 한정하는지 여부에 따라 '무제한 경쟁 오디션'과 '제한 경쟁 오디션'으로 나눌 수 있습니다. 공개 오디션은 영화 준비 과정에서 기존에 알려진 배우들 말고 새로운 얼굴을 의욕적으로 발굴하고자 할 때 실시합니다. 공개 오디션은 영화를 준비하는 과정, 즉 프리 프로덕션pre-production 과정에서부터 시작되는 영화 마케팅과 홍보를 위해 활용되기도 합니다. 비공개 오디션은 오디션을 공개로 진행하는 것이 번거롭다고 느낄 때, 영화제작 과정의 정보가 새어나가는 것을 원치 않을 때, 사전에 정보가 알려지면 제작과 상영에 방해를 받을 것이 예측될 때 실시합니다. 극비를 유지하는 것이 실제 마케팅 전략인 영화도 있고,

영화의 소재나 내용이 정치적·사회적으로 민감한 경우 개봉 직전까지 극비를 유지하기도 합니다.

무제한 경쟁 오디션은 불특정 다수를 상대로 특정 배역에 가장 적합한 새 얼굴을 찾으려는 데 목적이 있습니다. 제한 경쟁 오디션은 제작진이 이미 확보한 배우 풀pool이 충분해서 캐스팅을 좀 더 효율적으로 진행할 필요가 있거나 제작진이 배우들에 대해 갖고 있는 긍정·부정의 평판과 호불호가 분명해 저변을 넓혀 오디션을 볼 필요가 없을 경우 실시합니다. 그래서 보통 제작진이 특정 배우들에게만 연락해 진행합니다. 무제한 경쟁 오디션의 경우 1차에서 서류 심사를 진행해 거른 뒤 실기와 면접 등으로 2차 심사를 보는 경우도 있습니다. 예를 들어 박찬욱 감독의 영화 〈아가씨〉의 제작 준비 과정(2014~2015년)처럼 오디션 정보를 미리 공개하고 불특정 다수를 상대로 새 얼굴을 찾는 경우는 공개 오디션인 동시에 무제한 경쟁 오디션으로 분류될 수 있습니다.

노출 신은 극 중 의미가 있는지, 단지 소비되는 용도인지 잘 판단해야

오디션을 보려면 먼저 앞서 언급한 영화 〈아가씨〉의 사례처럼 오디션 정보를 입수해 정확히 분석해야 합니다. 어떤 장르·주제·내용의 영화인지, 지원하려는 역할은 극 중에서 어떤 비중과 캐릭터로 설정되었는지 등을 상세히 파악해야 합니다. 여자 배우든 남자 배우든 노출 신 여부, 극 중 노출이 어떤 상황에서 무엇을 전달하기 위한 장치로 설정되었는지 등을 잘 체크해야 합니다. 특히 여배우의 성장 과정에서 노출 연기는 '기회'이자 '위기'라는 양면성이 있습니다. 따라서 단지 작품 속에서 무의미하게 소비되는 배역과

○ 제작사: (주)모호필름, (주)용필름

○ 감독: 박찬욱

○ 주연배우: 미정

○ 장르: 시대물, 드라마

○ 주연배우: 미정

○ 촬영 일정: 2015년 상반기 크랭크인 예정

○ 오디션 배역

  - 주연 여배우 2인: 극 중 나이 17세

  - 조연 여배우 및 단역: 극 중 나이 17~20세

○ 오디션 대상자

  - 기성 혹은 신인 여배우

  - 2015년 기준 만 19세 이상의 성인 여성

  (1997년 이후 출생자 지원 불가, 1996년생 중 생일이 5월 이후인 자 지원 불가)

  - 노출 연기가 가능한 여배우. 불가능한 분들은 지원하실 수 없습니다.

  - 노출 수위: 최고 수위(노출에 대한 협의 불가능합니다)

장면의 노출 연기는 여배우의 성장과 미래에 전혀 도움이 되지 않기 때문에 그런 역할이라면 오디션을 지원하는 단계에서 신중하게 판단해야 합니다.

공개 오디션이나 무제한 경쟁 오디션인 경우 자신을 최대한 잘 어필할 수 있는 프로필 사진, 연락처를 비롯한 간단한 개인 정보, 필모그래피를 포함한 작품 경력 정보 등이 담긴 지원서(오디션 카드)를 방송사·외주제작사·영화사·공연 제작사 등에 제출합니다. 그 후 오디션을 보러 오라는 연락을 받으면 지정 기일과 장소에서 지정받은 연기나 요구받은 배역의 연기를 선보인 후 면접을 마치면 출연 여부가 결정됩니다. 이때 제작진은 오디션 과정을 모두 녹화했다가 다시 돌려보면서 각각의 지원자에 대해 정밀하게 재평가하는 경우가 많습니다. 비공개 오디션이나 제한 경쟁 오디션의 경우 일련의 절차와 과정을 축약해 진행합니다. 영화나 TV 드라마 오디션에 참여할 때는 **영상 연기**와 **무대 연기**의 차이점을 잘 알고 해당 장르의 특징과 콘셉트에 어울리지 않는 연기를 선보이지 않도록 유의해야 합니다. 뮤지컬 오디션의 경우 특정 음역으로 설정된 각 배역에 맞는 다양한 노래를 많게는 열 차례 이상 선보이도록 해 입체적으로 평가하는 과정을 거칩니다.

어떤 작품이 준비될 때 주연급, 조연급, 단역급 모두 오디션을 통해 배역이 결정될 수 있습니다. 그러나 주연급 배우를 캐스팅할 때는 대개 흥행을 고려해 이미 검증된 톱스타급 배우를 선호하기 때문에 오디션이라는 형식보다는 보통 '미팅'이라는 면담을 통해 출연 여부를 결정하게 됩니다. 배우가 제작진과 함께 사무실이나 카페에서 만나 차를 마시며 작품과 배역, 출연 조건 등에 관해 구체적으로 논의한 후 서로 의사가 합치될 경우 캐스팅을 확정 짓게 됩니다.

그러나 작품에 대한 선호나 전체적인 조건이 맞지 않을 경우 그다음에 고려한 배우를 차례차례 접촉해 같은 방식으로 면담하고 결정하게 됩니다. 그래서 영화의 경우 원래 1순위로 고려했던 톱스타급 배우의 캐스팅이 잘되지 않으면 확정될 때까지 열 명 이상의 배우를 추가적으로 섭외하는 경우도 흔합니다. 조연이나 단역의 경우도 제작진의 재량으로 특정 배우를 지목해 캐스팅하는 경우도 있습니다. 특히 단역의 경우 투자 여부와 연관성이 적어 간섭받을 가능성이 적기 때문에 감독의 캐스팅 재량권이 폭넓게 행사될 수 있습니다.

배우는 오디션에 참가할 때 무대 연기와 영상 연기(카메라 연기)의 특징을 정확하게 구분해 이해하고, 연기력 평가에 철저히 준비해야 합니다. 드라마와 영화가 급속히 발전해 연기 예술계의 중심을 이루는 시대가 되었는데도 한국의 대학에는 이 두 가지 연기를 동시에 숙련할 수 있는 시스템을 갖춘 연기 전공학과가 매우 드뭅니다. 아직 무대 연기와 영상 연기를 두루 경험하지 못한 배우도 많습니다. 그래서인지 평소 많은 배우와 연기 전공생이 "무대 연기와 영상 연기의 차이가 뭔지 정말 궁금해요"라고 말합니다. 구체적으로 상담을 해보면 두 영역의 연기를 모두 경험해보지 못했거나, 무대 연기에서 영상 연기로 활동 무대를 넓히는 데 자신감이 부족한 분들이 이러한 궁금증을 갖는 경우가 많습니다. 무대 연기와 영상 연기는 뛰어난 수준의 호흡, 발성, 끼, 감성, 직관, 품성, 신체적 매력, 체력 등 배우로서 갖춰야 할 기본적인 연기 능력과 자질을 바탕으로 한다는 점, 이를 통해 배역을 잘 소화함으로써 팬들의 사랑을 받는 구조라는 점에서는 차이가 없습니다. 그러나 두 연기는 첫째, 연기 전달의 직접성, 반복성, 복제성, 공간의 고정성의 여부에 따라 크게 차이가 납니다. 둘째, 배우가 선보여야 할 각각의 연기 스타일과 표현 방식이 다릅니다. 이렇듯 두 관점에서 무대 연기와 영상 연기를 비교하며 궁금증을 풀어보겠습니다.

먼저 무대 연기를 살펴보겠습니다. 연극과 뮤지컬 같은 무대 연기는 배우가 1~2개월간 연습한 후에 카메라와 같은 매개물을 통하지 않고 매회 직접 관객 앞에서 연기를 선보이는 방식입니다. 이를 녹화 장치로 복제해 무대에서 다시 보여줄 수는 없기에 배우는 매회 공연할 때마다 새로운 연기를 선보입니다. 따라서 배우가 한 작품에 쏟는 에너지는 무대 연기가 영상 연기에 비해 훨씬 많습니다. 그러나 공연의 전체 과정을 통해 관객의 반응을 면밀히 살펴보면서 자신의 연기를 개선해나갈 수 있다는 장점도 있습니다. 무대 연기는 공간 이동이 제한되어 있습니다. 정해진 무대 한곳에서 세트와 조명 등만 바꿔가며 장면과 막을 전환할 뿐입니다. 배우에게 극장 무대는 하나의 화면이며 연기를 실수해도 되돌릴 수 없기 때문에 완벽한 수준의 연기와 고도의 집중력이 요구됩니다.

무대 연기는 배우의 기본기인 호흡과 발성(음색, 톤, 강약, 장단 등)을 활용한 연기가 더욱 강조됩니다. 이는 모든 연기에서 기본이 되는 요소들입니다. 아울러 무대 연기는 연극 등 무대극의 전통, 무대의 공간적 특성을 고려할 때 과장된 표정과 동작을 많이 합니다. 영상 연기와 달리 공연장에서 관객과 직접 소통해야 하기 때문에 대사 전달력이 무엇보다도 중요합니다. 따라서 배우는 무대 연기를 할 때 발성의 진폭과 울림소리인 공명음의 효과를 활용하는 경우가 많습니다. 중극장, 대극장 등 좌석 수가 많은 무대일수록 더욱 그러합니다. 멀리 있는 관객까지 들리게 하려면 발성의 출력을 높여야 합니다. 그러므로 무대 연기를 잘하려면 배우로서 발성과 같은 기본기를 튼실하게 다지고, 한 작품을 쉼 없이 끝까지 이끌고 갈 수 있도록 연기력·직관·감성·체력·집중력을 높은 수준으로 끌어올려야 합니다.

이어 영상 연기를 살펴보겠습니다. TV 드라마, 영화와 같은 영상 연기는 카메라를 통해 비친 배우의 모습을 TV 화면이나 스크린으로 보여주는 간접적인 전달 방식입니다. 카메라에 내장된 필름이나 디지털 저장 장치에 녹화해 편집한 후 방영하고, 이후 여러 차례 다시 감상할 수 있기 때문에 복제성과 반복성이 있습니다. 대본과 시나리오의 스토리 범위 내에서 공간을 자유롭게 이동하며 다양한 장면을 선보일 수 있습니다. 영상 연기에서 촬영 현장의 카메라는 배우에게 TV 화면이나 스크린과 동일시됩니다. 영상 연기에서는 실수를 해도 다시 촬영하면 된다는 심리적 안도감이 있습니다. 무대 연기와 달리 새로운 한 장면을 찍기 전에 조명, 음향, 세트 등을 체크하는 데 많은 시간이 들기 때문에 종종 많이 기다려야 합니다.

연기 스타일 면에서 영상 연기는 무대 연기에 비해 한결 자연스러움을 추구합니다. 그러나 자연스러운 것에 그치지 않고 눈빛, 표정 하나하나도 매우 정교해야 합니다. 과장된 동작이나 표정은 오히려 눈에 거슬립니다. 현대극일수록 더욱 그러합니다. 사극의 경우 과장된 대사의 톤과 제스처 등에 전통적인 패턴이 있지만 퓨전 사극에서는 현대극처럼 자연스러운 표현과 감각이 반영되기도 합니다. 영상 연기는 화면을 통해 배우의 역량과 자질이 온전히 드러나기 때문에 앞서 강조한 대로 정말 정교한 연기를 해야 합니다. 같은 장면이라도 자신, 상대 배우, 지켜보는 인물 등 각각의 관점에서 촬영하고 클로즈업 숏, 풀 숏, 바스트 숏, 롱 숏 등을 자유자재로 이동하며 입체적으로 투사하기 때문입니다. 영상 연기는 상대적으로 분장의 도움을 많이 받습니다. 분장은 극의 배역, 시대, 상황의 특수성에 따라 예외도 있지만 자연스러운 스타일이 적합합니다. 너무 짙은 분장은 금물입니다. 분장은 TV 카메라를 통해 재현된 색상과의 조화, 극 중 배우가 맡은 캐릭터의 특징을 살릴 수 있는지 여부, 맨 얼굴의 부자연스러움과 핸디캡 보완 등 세 가지 측면을 모두 고려해야 합니다.

영상 연기는 무대 연기와 달리 대본에 적힌 장면의 순서대로 찍지 않고 장소와 배우의 스케줄을 고려해 몰아서 찍는 것이 관행이므로 배우는 장면을 건너뛰어 동작선과 감정선을 연결하는 상상력과 적응력이 뛰어나야 합니다. 제작비의 효율적 집행과 스타급 주연배우의 스케줄 등을 고려해 이런 관행이 정착된 것입니다. 영상 연기는 재촬영과 편집이 가능하기 때문에 배우의 실수나 미비점을 보완할 기회가 있습니다. 특히 영화는 완전한 사전 제작인데다 촬영 스케줄도 TV 드라마보다 비교적 여유가 있어 감독의 재량권에 따라 연기를 수정·보완할 폭이 넓습니다. 감독이 적극적이라면 배우의 연기가 부족하더라도 스크린에 더 잘 나오도록 캐릭터를 만들어줄 수도 있습니다. 드물긴 하지만 특별한 경우에는 촬영 종료 후에도 미비점을 보완하기 위해 추가 촬영을 할 때가 있습니다. TV 드라마의 경우 단막극이 아닌 일일극·미니시리즈·특별기획 드라마는 보통 몇 회 정도를 미리 찍어놓고, 방송하면서도 계속 촬영하기 때문에 개인별 연기 연습이나 예쁜 스타일을 만들기가 사실상 어렵습니다. 따라서 준비가 안 된 배우는 특히 TV 드라마에 적응하기 어렵습니다.

영상 연기 경험이 많은 노련한 배우는 카메라의 움직임, 조명, 자신이 맡은 배역의 김정선, 상대 배우의 감정선과 움직임 등을 감각적으로 계산하면서 모든 상황에 대응합니다. 가상의 시청자를 상상하는 가운데 최종적으로는 방송에 나올 편집의 그림을 생각하며 촬영합니다. 따라서 배우가 영상 연기를 잘하려면 카메라의 특성과 카메라로 투영되는 연기의 특성에 완벽히 적응하는 수련을 해야 합니다. 평소 카메라 앞에서 여러 차례 연습 촬영을 하고 녹화한 영상을 보면서 표정, 시선, 발음, 억양, 외양 등을 다듬어야 합니다. 또한 자신의 음성을 마이크의 흡입 음감 수준과 일치하도록 튜닝해야 합니다. 아울러 어느 상황이나 장면에 투입되더라도 바로 적응할 수 있도록 집중력과 상황 대응 능력을 길러야 합니다.

작품 출연을 위한 '미팅'에서는 무엇을 어필해야 하나요?

작품에 대한 자신감 · 열정을 충분히 어필하고 겸손한 자세로 임해야

작품 출연을 타진 및 교섭하기 위한 미팅에서는 무엇보다도 작품에 대한 자신감과 열정을 충분히 어필해야 합니다. 아울러 겸손한 자세로 임해야 합니다. 오디션 과정에서 설명했듯이 이 또한 주연급, 조연급, 단역으로 확연히 구분해 진행합니다. 주연급은 나름의 위상에 부합하는 우월적 협상력을 갖고 제작진과 줄다리기를 하며 미팅을 하겠지만, 조연급이나 단역급은 일단 출연이 목표인 경우가 많기 때문에 미팅 자리가 간명한 경우가 대부분입니다. 미팅은 평소에 친분이 있는 제작진이 연락하는 경우도 있지만 전혀 만나본 적이 없는 분이 제안을 하는 경우도 있습니다.

출연과 관련된 미팅을 할 때는 모든 배우가 자신의 위상과 무관하게 대본의 개략적인 줄거리, 자신에게 제안된 배역의 특성, 제작 스케줄, 출연 조건, 노출 조건, 제작자 및 투자자 특성 등을 사전에 파악하고 나가야 합니다. 특히 PD, 감독, 작가를 비롯한 제작진과 인간적 호흡이 잘 맞을지를 따져보는 것도 매우 중요합니다. 현장에서 오랫동안 함께 촬영하려면 인간적인 껄끄러움 없이 편안한 느낌이어야 하며 촬영 기간 내내 가급적 즐겁고 행복해야 하기 때문입니다. 그것이 미팅을 준비하는 기본자세입니다.

다만 톱스타급 배우의 경우 미팅에서 오가는 대화의 내용과 역학이 조금 다릅니다. 톱스타급 배우는 캐스팅 섭외가 오면 기존에 형성된 '스타 파워'라는 우월적 지위를 활용해 매니저를 통한 전략적 접근을 합니다. 좀 더 유리한 조건을 확보하기 위한 과정입니다. 어느 정도 기본적인 대화가 오간 다음에 매니저와 함께 미팅에 임합니다. 이들은 보통 '책'이라는 은어로 통용되는 시나리오나 대본을 모두 읽어본 후 만남의 자리에 나옵니다. 톱스타는 보통 출연을 위한 협상에서 제작진보다 우월적 지위에 있는 경우가 많습니다. 따라서 작품의 제작 스케줄, 제안한 배역의 위상과 정체성, 출연료, 고려 중인 상대 배우의 면면 등을 꼼꼼히 체크한 후에 출연 의사를 전달하는 경우를 흔하게 볼 수 있습니다.

감독들은 배우의 첫인상과 인간적 느낌에도 감동을 받는다

톱스타급 배우는 경험이 많아 작품을 분석하는 직관이 뛰어나거나 기분파인 경우가 많습니다. 시나리오나 대본을 전달받아 밤새 읽다가 "이건 내거야!"라는 느낌을 받아 바로 다음날 출연을 결정하는 경우가 적지 않습니다. 작품을 많이 해본 배우들은 출연료보다 이러한 '필feel'이나 '작품 운'을 더 중시하는 경우가 의외로 많습니다. 그러나 협상 과정에서 '갑甲'의 지위를 지나치게 행사하거나 성격 자체가 까다로운 배우들도 적지 않습니다. 어떤 배우는 해당 작품을 하고 싶은데 배역의 비중이 적거나 캐릭터가 마음에 들지 않아서 대본의 수정을 출연 조건으로 요구합니다. 상대 배역이 마음에 안 들 경우 상대 배우를 거부veto해 출연하지 못하도록 하거나 상대 배역으로 적합한 대체 후보군을 제시하기도 합니다.

톱스타급을 포함한 모든 배우는 과거에 작품을 같이 해봤거나 얼굴을 이미 알고 있는 제작진과 미팅하는 경우는 서로의 특성을 잘 알고 있으므로 그간의 안부와 근황을 물으며 작품, 배역, 출연 조건 위주로 비교적 간단하게 전개합니다. 이 경우 배우도 좀 더 마음이 편한 입장이므로 화기애애한 분위기까지 고조될 수 있습니다. 그러나 낯선 제작진과 처음 만난 자리라면 조금 긴장되고 불편함마저 느낄 수 있습니다. 배우들은 의외로 낯을 많이 가립니다. 그러나 제작진과의 만남의 자리가 낯설고 딱딱하더라도 자신에 대한 소개, 가치관, 성실성과 진지한 태도, 그간의 작품 경력, 배우로서의 철학, 제시된 배역을 어떻게 잘 소화할 것인지에 대한 자신감 등을 잘 표현하고 어필해야 합니다.

특히 이런 미팅에서는 배우의 첫인상이 캐스팅을 좌우하는 경우가 많습니다. 따라서 배우는 최적의 컨디션을 갖추는 등 완벽하게 준비한 상태에서 자리에 나가야 합니다. 첫인상에는 배우의 내면과 외면이 함께 녹아 있다고 보면 됩니다. 감독은 연출자이기에 앞서 가장 중요한 첫 번째 관객이기 때문에 그의 눈에 투영된 배우의 모습이 중요합니다. 어떤 감독의 경우 내색은 잘 안하지만 미팅하러 나온 특정 배우의 인간적 느낌과 외양적 매력에서 감동을 받습니다. 또 어떤 감독은 특정 배우의 진지하고 성실한 태도를 보고 망설임 없이 마음을 정합니다. 또 다른 어떤 감독은 특정 배우에게 내재된 기운과 에너지에 끌림을 느껴 전격적으로 캐스팅을 결정합니다. 배우도 연기자이기에 앞서 한 명의 인간이므로 완벽한 경우는 매우 드뭅니다. 잘 캐스팅되려면 다소 부족한 점이 있더라도 이런 교감이 매우 중요합니다.

배우의 작품 출연료는
어떻게 결정되나요?

기본적으로 '시장의 원리'가 적용되어 교섭을 통해 결정

방송의 경우 외주제작사나 방송사, 영화의 경우 영화 제작사와의 교섭을 통해 출연료가 결정됩니다. 소속사가 있을 경우 배우는 매니저와 함께 제작사 또는 방송사와 교섭해 출연료를 결정짓습니다. 소속사가 없으면 직접 교섭에 임합니다. 계약서에는 '부가세 포함'인지 '부가세 별도'인지를 명시해야 하는데, 이에 따라 총액 규모가 다소 달라질 수 있는 데다 나중에 분쟁의 소지가 있기 때문입니다. 톱스타를 비롯한 기성 배우의 경우 그간의 작품 경력, 시청률과 동원 관객 수 등의 흥행 실적, 인기도, 인지도, 이미지 등에 따라 작품 제작 시장에서 어느 정도 그 가치와 출연료가 정해져 있습니다. 이미 시장가격이 형성되어 있다는 뜻입니다.

엔터테인먼트 업계, 방송업계, 영화업계에서는 업계의 경쟁 상황과 배우의 희소가치 등이 반영되는 '시장의 원리'가 출연료의 가장 큰 산정 기준입니다. 여기에 업계의 관행이 덧붙여져 최종 가격이 결정된다고 볼 수 있습니다. 특별히 인기를 누리며 각광받는 이른바 '핫한 배우'의 경우 배우 측이 부르는 게 값인 경우도 흔합니다. 특정 배우의 출연료에 대해 제작자, 연출자 등은 대부분 시장에서 통용되는 감각과 정보를 갖고 있습니다. 그러나 신인 배우나 아역 배우, 공개 오디션을 통해 캐스팅된 배우는 협상력이 약하거나 없기 때문에 일반적으로 방송사, 외주제작사, 영화사가 미리 책정해놓은 금액의 범위 내에서 정합니다.

스타급을 비롯한 기성 배우의 경우 캐스팅 섭외 과정에서 특정 배역에 대한 제안을 받으면 소속사나 배우 측에서 먼저 출연료 희망 액수를 제시하며 제작사, 방송사, 영화사 등은 대부분 이를 받아들입니다. 영화의 경우 투자가 미리 확정되어야 제작에 들어가기 때문에 출연 배우에 대한 출연료 책정이나 지급 체계가 비교적 명료합니다. 가장 일반적으로 통용되는 방식은 투자를 받고 제작에 들어가기 전에 서로 협의해서 계약서에 서명하고 촬영 직전에 모두 선지급하는 체제입니다.

제작비가 충분치 않을 경우 보통 배우 요구액의 -10% 범위에서 인하 결정

방송 드라마의 경우 방송사 자체 제작 드라마인지, 외주제작사가 제작한 외주 작품인지에 따라 제작비 조성 및 정산 과정이 달라집니다. 방송사 자체 제작 드라마는 방송사가 제작과 편성의 주체이므로 자체 예산으로 책정한 제작비에서 직접 출연료를 지급합니다. 그러나 외주제작사의 작품은 제작의 주체가 외주사이지만, 편성 주체는 방송권을 갖는 방송사입니다. 따라서 외주사는 방송사로부터 방송편성권에 해당하는 돈을 받아 그 가운데 출연료를 지급합니다. 어떤 드라마의 경우 제작비가 충분하지 않아 배우의 요구액을 수용하기 어려운 경우도 있습니다. 이 경우 관행적으로 배우가 요구한 금액의 -10% 범위 내에서 출연료를 낮춰 확정합니다. 물론 그것은 배우가 수용해야 이뤄집니다.

톱스타의 경우 드라마 출연 섭외는 담당 PD나 CP 선에서 하지만, 섭외가 어려워질 경우 드라마국장, 제작본부장, 방송사 사장 등 고위층이 직접 나섭니다. 영화의 경우 투자자의 의중을 반영해 감독과 프로듀서가 협의해 정하지만 영화 제작사 대표가 직접 나서는 경우도 흔합니다. 출연료가 높거나 출연 조건이 까다로운 경우가 많기 때문에 예산에 관한 재량권과 결정권을 더 많이 가진 힘센 사람이 나서야 하는 것입니다. 조연급이나 신인은 보통 담당 PD나 그 PD를 보좌하는 조연출AD이 맡아서 섭외합니다. 요즘 그 숫자가 부쩍 늘어난 외부의 캐스팅 디렉터가 대행해주기도 합니다. 신인이나 조연은 출연 기회를 늘려야 하는 절박한 처지에 있는 경우가 많기 때문에 제작사나 방송사가 제시하는 금액을 그대로 수용할 때가 많습니다. 그러나 유능한 매니저가 있다면 주연급이든 조연급이든 협상을 잘해서 만족할 만한 수준의 출연료를 확보할 것입니다.

한국 배우의 출연료 지급 구조는 빈부의 양극화와 부익부 빈익빈富益富貧益貧이 매우 심합니다. 배우 가운데 상위 5~10% 정도만 자신의 가치를 최고 수준으로 인정받으며 고액 출연료의 혜택을 누리고 있습니다. 나머지는 매우 곤궁한 처지라 다른 부업 없이는 살아갈 수 없습니다. 고액 출연료 시대는 드라마의 경우 방송 시장에 SBS가 설립된 이후부터 시작되었습니다. 2001년 SBS 사극 〈여인천하〉에 강수연이 출연하면서 회당 700만 원을 받은 것이 출발점입니다. 그전에는 회당 200~300만 원이 최고 수준이었습니다. 이어 김현주가 2004년 SBS 드라마 〈토지〉에 출연할 때 회당 1000만 원을 받았고, 2006년에 하지원이 KBS 사극 〈황진이〉에 캐스팅되면서 회당 2000만 원을 받았습니다. 여기에 한류 열풍이 가세하면서 출연료의 상승 곡선은 지속되었습니다. 2007년에는 '욘사마'라는 별칭을 얻으며 일본에서 톱스타로 등극한 배용준이 MBC 사극 〈태왕사신기〉에 출연하면서 역대 최고액 수준인 회당 1억 원을 받았습니다.

고액 출연료 시대, 배우들 간의 부익부 빈익빈 가속화

영화 출연료는 2003년까지만 해도 톱스타급 주연배우의 경우 여자 배우가 2억 원, 남자 배우는 3억 원대가 최고 수준이었습니다. 그러다가 2004년 하지원이 영화 〈신부수업〉에 출연하면서 4억 원을, 최민식이 같은 해 영화 〈꽃피는 봄이 오면〉에 출연하면서 4억 5000만 원을 받으면서 출연료 고공행진을 이어갔습니다. 2010년대에는 더욱 훌쩍 올라갑니다. 영화업계의 정보를 종합해 작품별 주연배우의 출연료를 분석하면, 2012년에 최동훈 감독의 히트작인 〈도둑들〉에 출연한 김윤석은 6억 원, 전지현은 3억 8000만 원, 김혜수는 3억 7000만 원, 오달수는 1억 5000만 원, 김수현은 8000만 원을 받았습니다. 제작비 430억 원이 투입된 봉준호 감독의 〈설국열차〉(2013)의 경우 제작비 가운데 출연료가 86억 원을 차지했는데, 그중 송강호의 출연료는 6억 원이었습니다. 이어 송강호는 이준익 감독의 〈사도〉(2015)에 영조 역으로 출연하면서 7억 5000만 원을 받았습니다.

영화 〈마이웨이〉(2011)의 장동건은 7억 원, 〈하울링〉(2012)의 송강호는 6억 2000만 원, 〈연가시〉(2012)의 김명민은 5억 2000만 원, 〈타워〉(2012)의 설경구와 〈범죄와의 전쟁: 나쁜 놈들 전성시대〉(2011)의 최민식은 각각 5억 원을 받았습니다. 〈범죄와의 전쟁: 나쁜 놈들 전성시대〉에서 하정우는 4억

9000만 원, 〈코리아〉(2012)의 하지원은 4억 8000만 원, 〈시체가 돌아왔다〉(2012)의 이범수와 〈미쓰고〉(2012)의 고현정은 4억 5000만 원, 〈타워〉(2012)의 손예진은 4억 3000만 원, 〈감기〉(2013)의 수애는 4억 2000만 원을 받았습니다. 〈댄싱퀸〉(2012)의 황정민, 〈바람과 함께 사라지다〉(2012)의 차태현, 〈은교〉(2012)의 박해일, 〈내 아내의 모든 것〉(2012)의 임수정은 출연료가 각각 4억 원 수준이었다고 합니다. 〈원더풀 라디오〉(2011)의 이민정은 3억 5000만 원, 〈하울링〉(2012)의 이나영은 3억 원, 〈댄싱퀸〉(2012)의 엄정화는 2억 8000만 원 수준이었습니다.

출연료는 갈수록 제작비에 비례해 책정되는 경향이 짙어지고 있습니다. 제작비가 적은 중소 규모의 영화는 출연료 조건이 맞지 않아 톱스타를 캐스팅하기 어려운 경우가 많습니다. 수백억 원이 드는 블록버스터일수록 캐스팅이 가장 빛나야 흥행을 기대할 수 있기 때문에 주연급 1인의 출연료가 10억 원을 넘는 경우도 있습니다. 그래서 고액 출연료가 부담스러울 경우 기본 출연료 계약 외에 손익분기점break-even point: BEP, 損益分岐點을 초과하는 관객 수와 연동하는 러닝 개런티running guarantee 계약을 덧붙입니다. 가령 2013년 1월에 개봉한 영화 〈7번방의 선물〉은 1280만 명의 관객을 동원해 914억 원의 매출을 올렸습니다. 이 영화의 주연배우 류승룡은 이 같은 계약 방식을 적용해 출연료 3억 원과 러닝 개런티 10억 6000만 원을 더해 모두 13억 6000만 원을 받았습니다. 교도소장 역으로 나온 배우 정진영도 러닝 개런티로만 5억 2000만 원을 받았습니다. 연출자인 이환경 감독도 연출료 외에 러닝 개런티로 18억 원을 받았습니다. 〈국제시장〉에 출연한 황정민은 기본 출연료로 6억 원을 받고, 손익분기점 이후 관객 1인당 100원씩 받는 조건으로 계약을 해 1425만 4502명의 관객을 동원함으로써 막대한 출연료 수입을 올렸습니다.

뮤지컬 분야의 경우 뮤지컬 제작 업체의 의견을 모아 분석해보면 현재 연예인 출신 톱스타급 배우는 공연 1회당 700만 원 이상, 뮤지컬 전문 배우는 1회당 50~500만 원을 받고 있습니다. '티켓 파워'가 막강해 많은 팬을 확보하고 있는 뮤지컬 배우 김준수, 조승우, 옥주현, 정선아 등은 이보다 훨씬 높은 출연료를 받습니다. 조승우는 2010년 뮤지컬 〈지킬 앤 하이드〉에 출연하면서 회당 1800만 원(모두 80회 출연, 약 14억 4000만 원 추산)을 받았습니다. 같은 해 뮤지컬 〈모차르트!〉에 출연한 김준수는 회당 3500만 원을 받았습니다. 몇 년이 지난 지금은 이보다 더 높은 출연료를 받고 있습니다. 여배우인 옥주현, 정선아도 김준수에 상응하는 대우를 받고 있습니다. 물론 톱스타급의 출연료는 작품 제작비의 규모에 따라 다릅니다.

요즘 뜨거운 중국은 한국의 열 배 규모

한국보다 인구와 경제 규모가 큰 중국 영화 시장에서 중화권 톱스타 배우가 받는 출연료는 우리의 상상을 초월합니다. 중국 언론 매체 ≪진완바오 今晚報≫가 2014년 11월 15일에 공개한 출연료에 따르면 장쯔이 章子怡, 저우쉰 周迅, 자오웨이 趙薇는 편당 1500만 위안(27억 원), 공리 巩俐는 1200만 위안(21억 5400만 원)을 받습니다. 수치 舒淇, 리빙빙 李冰冰, 바이바이허 白百何, 판빙빙 范冰冰이 800~1000만 위안(14~18억 원), 양미 杨幂는 600~800만 위안(10억 8000만 원~14억 원), 가오위안위안 高圓圓은 600만 위안(10억 8000만 원), 탕웨이가 500만 위안(9억 원) 수준입니다.

앞에서 출연료를 많이 받는 배우의 현황을 살펴봤는데요, 그런 빛의 다른 한쪽에는 그늘이 있습니다. 배우 가운데 대부분은 연기 활동 분야에서 최저 생계비에도 미치지 못하는 수입을 얻고 있습니다. 연기 예술 분야는 아주 특별한 인기를 누리는 사람만이 살아남는 시장이기에 그런 그룹에 속하지 못하면 출연 기회 자체가 적거나 거의 없기 때문입니다. 문화체육관광부 산하 영화진흥위원회가 2013년 4~6월에 보조 출연자 400명을 상대로 조사한 결과에 따르면 전체 응답자의 약 70%가 연소득 600만 원 이하입니다. 한국방송연기자노조 조사에서는 탤런트, 개그맨, 성우, 연극인, 무술 연기자 등 조합원 5000여 명 가운데 70% 이상이 연간 수입 1000만 원 미만의 생계형 배우라는 결과를 내놓았습니다. 그만큼 부익부 빈익빈이 심한 시장입니다.

따라서 배우가 초심을 버리고 열정과 노력을 다하지 않거나, 열정과 노력을 다했지만 불운하거나, 배우로서 기본기·자질·매력 등이 부족해 성장하지 못하고 단역이나 보조 출연자에 머물러 있을 경우 사실상 생계가 불가능합니다. 이 경우 가족의 수입에 의존하거나 부업을 해야 합니다. 톱스타의 경우 스타 파워를 갖고 있기에 협상이 가능하지만 협상력이 거의 없는 조·단역 전업 배우들은 일반적으로 방송사가 자체 책정한 출연료 등급표(단가 산정표)에 따라 출연료를 계산해 받습니다. 출연료 등급표는 방송사의 경영을 좌우하는 핵심 데이터인 데다 방송사의 위상과 자존심을 상징하기 때문에 대부분 영업 비밀로 취급합니다.

방송사는 소속사 없는 전업 연기자에게 등급표에 따라 지급

2011년 국내의 모 지상파방송사의 등급표를 하나의 실례로 살펴보겠습니다. 몇 년이 지났기 때문에 현재 기준에서는 최저임금 인상률과 물가 인상률 등을 고려해 당시보다 약간 올랐을 것이라 감안하고 보시면 됩니다. 해당 방송사의 2011년 출연료 등급표에서는 배우의 등급을 18등급으로 나눠놓았습니다. 1~5등급도 존재하지만, 실제로는 적용하지 않기 때문에 사실상 최저 등급은 6등급, 최고 등급은 18등급입니다. 출연료 단가(출연 시간 10분 기준)는 등급별로 각각 6등급이 3만 4650원, 7등급이 4만 470원, 8등급이 4만 7140원, 9등급이 5만 5320원, 10등급이 6만 2970원, 11등급이 7만 460원, 12등급이 8만 5840원, 13등급이 9만 4170원, 14등급이 10만 7770원, 15등급이 11만 3880원, 16등급이 12만 3020원, 17등급이 13만 8160원, 18등급이 14만 6770원으로 책정되어 있습니다. 이 같은 등급별 기본 단가에 드라마의 포맷과 방영 시간에 따른 가산율(최저 15%, 최대 80%)을 적용하고, 교통비를 덧붙여 최종적인 출연료를 산정합니다.

가산율은 일일극인 35~40분물의 경우 15%, 주간극과 단막극인 50~65분물의 경우 60%, 주말극과 주간 드라마인 70분물의 경우 65%, 미니시리즈와 스페셜 드라마인 60~100분물은 80%를 각각 적용합니다. 교통비는 군대에서 부대(근무지)와 자택의 거리에 따라 휴가비 규모가 각각 다르듯이 서울을 기준으로 멀리 떨어진 정도, 즉 촬영 지역의 거리에 따라 차등 지급합니다. 권역별 일일 교통비는 2011년 당시 경기권 3만 원, 충청권 3만 8000원, 강원권 4만 5000원, 경북권과 전북권은 각각 6만 3000원, 경남권과 전남권은 각각 7만 원입니다.

라디오 출연의 경우에도 섭외·캐스팅·출연료 확정 과정은 TV, 영화 등과 같습니다. 그러나 라디오는 TV에 비해 매체력이 약한 데다 제작비·광고비의 규모가 작기 때문에 출연료 수준이 현저히 낮습니다. 국내 지상파 라디오 프로그램의 고정 진행자나 음악 프로그램의 디스크자키DJ의 경우 출연료의 최고 수준이 회당 50만 원 정도입니다. 게스트는 회당 10만 원 수준입니다. 그러나 신인 가수나 아이돌 그룹의 경우 출연 교섭력이 약한 데다 얼굴 알리기나 음원 홍보가 시급하기 때문에 무료로 출연하는 경우가 흔합니다. 이 경우 '불러주기만 하면 감사합니다'라는 뉘앙스가 깔린 커뮤니케이션이 작동한다고 볼 수 있습니다.

배우는 프리랜서이므로 출연료 총액에서 3.3%만 과세

방송사나 영화사는 특정 배우의 출연료 총액에서 3.3%(소득세 3% + 사업소득세에 대한 주민세 0.3%)에 해당하는 부가가치세를 원천적으로 차감한 뒤 배우나 배우가 소속된 연예 기획사에 지급합니다. 소속사가 있을 경우 소속사는 계약서에 명시된 수익 배분율에 해당하는 몫을 나눠 배우에게 지급합니다. 이때 **비용**을 공제한 후 몫을 나누기로 계약했다면 먼저 비용을 산정해서 처리해야 합니다. 그 반대의 경우라면 일단 나눈 후 기획사가 자사의 몫에서 비용을 산정해 상법과 세법에 따라 적합한 회계 처리를 해야 합니다. 배우가 순전히 자신의 몫에 해당하는 출연료를 받았다면 한 해 모든 수입을 합산해 매년 5월쯤 관할 세무서에 종합소득신고를 해야 합니다.

마지막으로 출연료 지급 방식을 살펴보겠습니다. 영화에서는 선불제가 일반적인 방식입니다. 그러나 흥행 수입에 따라 받는 러닝 개런티나 인센티브 계약을 별도로 맺고 사후 흥행 실적에 따라 추가로 받는 경우도 있습니다. TV의 경우 톱스타는 스타 파워를 갖고 있기 때문에 주로 '선불제'를 적용받으며, 반대로 조연급이나 신인급은 일반적 방식인 '후불제'를 적용합니다. 톱스타는 회당 출연료를 산정해 책정된 출연료 중 50%를 출연 계약과 동시에 '계약금'으로 받고, 촬영에 들어가 전체 분량의 10%가 방송되었을 때 나머지 50%를 받는 것이 현재 관행입니다. 조연·신인·단역의 출연료는 보통

이번 달에 작품이 끝났다면 다음 달에 지급합니다. 라디오에서는 방송사의 회계 시스템에 따라 선불제, 출연 직후 지불제, 한 달 후 후불제 등을 다양하게 적용하고 있습니다.

출연료 쏠림 막고 제작의 지속 가능성 확보 위해 제작비 연동제 정착 필요

고액 출연료 문제는 영화나 드라마의 지속적인 제작을 어렵게 합니다. 나아가 스타급 주연과 조·단역 연기자 간의 출연료 격차를 심화해 연기 예술계의 균형적 발전을 어렵게 할 수 있습니다. 문화 다양성을 강조하는 프랑스에서도 동원 관객 수에 비해 출연료가 너무 비싸다는 비판적 여론이 고조되자 묘안을 짜냈습니다. 2015년 1월 4일 AFP 통신 보도에 따르면 프랑스 국립영화센터CNC는 배우와 감독의 보수가 총제작비에서 일정한 비율을 넘게 되면 보조금을 주지 않는 등 영화 관계자의 고액 보수를 제한하는 제도를 2014년 12월부터 실시하기 시작했습니다.

이 보조금은 관객이 영화를 볼 때 지불하는 관람료의 일부에서 조성됩니다. 국립영화센터가 정한 1인당 보수액 상한선 기준은 총제작비가 400만 유로(약 50억 원) 이하의 경우 제작비의 15%, 총제작비가 1000만 유로(약 140억 원) 이상인 경우 일률적으로 99만 유로(약 10억 원)입니다. 영화배우 안성기는 한국 영화 시장에서 주연배우의 개런티는 1억 원이 적당하다는 입장을 내비친 적이 있습니다. 고액 출연료가 야기하는 문제를 방지하기 위해 프랑스 등의 사례를 연구하여 한국의 우리나라의 특성에 맞는 제도를 도입함으로써 제작사-배우-스탭, 스타 배우-무명 배우 간 상생 구조를 만들었으면 합니다.

어떤 과정을 통해
광고에 출연하게 되나요?

소속사에 대한 직접 의뢰와 에이전시의 주선으로 모델 교섭 · 성사

광고commercial film: CF 출연 섭외는 광고주, 광고 기획 · 대행사, 광고 제작사, 모델 에이전시 간의 유기적인 협업과 커뮤니케이션을 통해 이뤄집니다. 광고주는 삼성, 엘지, 현대자동차, 포스코, 케이티앤지, 케이티, 에스케이텔레콤, 아모레퍼시픽, 롯데, 씨제이 등과 같이 제품과 서비스를 제공하는 일반 기업 · 단체 · 기관 등이며, 광고 기획 · 대행사는 제일기획, HS애드, TBWA, 대홍기획, 오리콤 등과 같이 기업(광고주)으로부터 광고를 수주해 이를 대신 집행하는 회사를 말합니다. 광고 제작사는 광고 기획 · 대행사가 광고주의 승인을 받아 확정한 광고 제작안을 수주해 실제로 촬영 · 제작하는 프로덕션을 의미합니다. 모델 에이전시는 광고 기획 · 대행사 등과 연결 고리 역할을 하면서 다양한 개성과 매력을 지닌 모델을 확보해두었다가 공급하는 알선 업무를 하는 회사입니다.

배우의 입장에서 보면 광고 출연 섭외는 대부분 광고 기획 · 대행사나 모델 에이전시를 통해 들어옵니다. 특히 신인 배우의 경우, 모델 에이전시에 자신의 프로필을 등록해놓아야 광고 출연 기회를 얻기 쉽습니다. 그러나 광고 출연 제의가 뜻밖에도 광고주로부터 직접 오는 경우가 있습니다. 이런 경우 광고주인 기업의 광고 담당자로부터 연락이 와서 하청 회사인 광고 기획·대행사와 연결되어 일을 진행합니다. 배우에게 출연 요청이 오거나 넌지시 출연 의사를 물어오면 배우나 그 소속사는 제품 또는 서비스의 특징, 출연 조건 등을 구체적으로 타진해야 합니다. 특히 이미 체결해서 진행 중인 다른 광고 계약과 비교했을 때 새로운 계약으로 광고주 사이의 이해 충돌이나 계약 위반 상황이 발생하지 않는지 잘 따져봐야 합니다. 그 후 활발한 전화·미팅을 통해 협의해야 합니다.

에이전시 소개비, 액수가 큰 톱스타는 5~10%, 신인은 최고 30%

광고 출연료는 기업의 규모와 매출액, 제품과 서비스의 위상, 배우의 인지도·인기도·이미지 등에 따라 천차만별입니다. 1년 가전속假專屬을 기준으로 톱스타의 범주인 '특A급'은 10억 원 이상, 스타급인 'A급'은 5억 원 이상입니다. 2000년대 중반에 배우 김태희는 아모레퍼시픽의 화장품 브랜드 '헤라' 광고에 출연하면서 10억 원을, 배우 고현정은 건설사인 '영조건설' 광고에 출연해 15억 원을 받았습니다. 2014년 SBS 드라마 〈별에서 온 그대〉가 히트하면서 한중권 최고의 한류 스타로 떠오른 전지현과 김수현의 광고 출연료는 국내에서 편당 10억 원 이상이며, 해외에서는 이보다 더 큰 금액으로 통용되고 있습니다. 광고업계에 따르면 2014년 한 해에 김수현이 촬영한 광고는 30여 편으로 광고에서만 총 300억 원 이상의 매출을 올렸고, 전지현이 촬영한 광고도 20개 이상을 기록해 광고에서만 200억 원이 넘는 매출을 올렸습니다.

톱스타의 경우 광고주, 대행사, 에이전시가 광고 시장에서 설정된 그들의 몸값을 알고 있기 때문에 소속사나 배우 측이 요구하는 금액을 대부분 받아들입니다. 신인이나 조연급은 미팅을 통해 결정합니다. 그러나 얼굴을 알리는 게 급하다면 무료로 출연하는 일도 많습니다. 에이전시의 소개비는 톱스타급의 경우 관례적으로 계약금의 5~10% 수준이며, 신인급의 경우 최고 30%입니다. 톱스타는 계약금 규모가 수억 원부터 10억 원 이상까지 크기 때문에 에이전시의 몫을 낮게 책정해도 액수가 큽니다. 신인은 계약금 규모가 작아 에이전시의 실제 수입이 많지 않기 때문에 비율을 높게 적용한 것입니다. 전속 모델 계약 내용에 행사 출연이 명시되었을 경우 개별 행사 때마다 교통비를 별도로 받을 수 있습니다.

광고의 계약 방식은
어떤 것들이 있나요?

특정 광고주와 1년간 출연 계약을 맺는 가전속이 가장 일반적

광고의 계약 방식은 크게 '단발單發 계약'과 '전속專屬 계약'으로 나눌 수 있습니다. 국내 광고업계에서도 통용되고 학문적으로도 정립된 분류 방식입니다. 단발 계약은 말 그대로 한 번, 짧은 기간의 계약입니다. 즉, 특정 기업 또는 단체와 계약을 맺을 때 단 한 편의 광고에만 출연하는 것을 조건으로 보통 6개월 정도의 짧은 기간에 한정해 계약하는 방식입니다. 광고주 가운데 기업의 경쟁 환경과 자사의 제품·서비스에 대한 소비자의 선호·취향이 잘 바뀌거나 이런 제품 또는 서비스의 매출이 광고 모델 선호도에 민감한 경우 단발 계약의 광고 집행을 선호합니다. 배우 등 광고 모델의 입장에서도 장기간 출연을 조건으로 계약할 경우 다른 활동에 제약을 받는 등 구속성을 느끼기 쉬워 이런 조건의 광고 출연을 마다하지 않습니다.

전속 계약은 일정 기간 특정 기업·단체·기관과 광고 출연 계약을 맺는 것을 지칭합니다. 전속 계약은 다시 '가전속假專屬 계약'과 '완전전속完全專屬

계약'으로 나눌 수 있습니다. 가전속 계약은 계약을 맺은 특정 모델이 해당 광고주와 같은 업종의 다른 기업 광고에는 출연할 수 없도록 보통 1년을 계약 기간으로 설정해놓는 계약을 말합니다. 전속 계약 중에서도 비교적 안정적이고 구속성이 크지 않기 때문에 기업과 배우가 가장 선호하는 보편적인 광고 계약 방식입니다. 완전전속은 모델이 계약한 기업의 광고 외에 다른 어떤 기업이나 제품의 광고에도 나오지 못하도록 폐쇄적으로 계약하는 것을 말합니다. 국내에서는 매우 드문 광고 계약 방식입니다. 이 계약 방식은 배우의 다른 활동을 지나치게 구속하기 때문에 일정 기간 다른 활동을 포기해도 될 만큼의 수입 등 특별한 우대 조건이 덧붙여지는 경우가 많습니다. 그렇지 않을 경우 거의 체결되지 않습니다. 씨제이의 한 조미료 브랜드 모델로 캐스팅되었던 배우 김혜자가 20년을 계약 조건으로 완전전속 계약을 맺은 것이 대표적인 사례입니다.

특별한 의무 조항 확약, 이미지 훼손 사건에 연루되지 않아야

배우는 누구나 기회를 잡으면 TV, 라디오, 인터넷, 신문, 책, 잡지, 카탈로그 등의 매체에 광고 모델로 출연할 수 있습니다. 그러나 특정 광고주와 광고 모델로 계약하는 순간 '자유의 폭'이 대폭 축소됩니다. 계약 체결 이후부터 인기와 이미지 관리, 사생활 등에서 기존보다 더욱 철저하게 자기 관리와 점검을 해야 한다는 뜻입니다. 그래서 광고주는 모델 선정에 매우 신중한 자세를 취하며 사전에 많은 조사를 선행하고 적임자를 선정합니다. 그러나 사람의 앞일은 모르는 것이기 때문에 평소에 이미지나 사생활 관리가 철저한 배우도 전혀 상상하기 어려운 엉뚱한 일을 저지르거나 그런 일에 연루되는 경우가 많습니다.

따라서 만약의 일에 대비하기 위해 계약서에 특별한 조항을 추가해서 확약하도록 하고 있습니다. 대부분의 광고주는 모델이 제품이나 서비스의 이미지에 타격을 주는 행동을 했을 경우 계약금의 몇 배를 초과하는 막대한 위약금을 부과하는 조항을 삽입해 모델과 계약합니다. 만약 그런 일이 벌어지면 분쟁이 발생하는 경우가 많습니다. 배우 측에서 위약금 지급을 계약대로 하지 않을 경우 광고주는 모델을 상대로 손해배상 청구 소송을 제기합니다. 반대로 배우가 문제 발생의 원인 또는 책임이 자신에게 있지 않다거나 자신에게만 전적으로 있지 않다고 판단할 경우 위약금 지급이 부당하다며 같은 방식의 맞소송을 제기할 수 있습니다. 이런 다툼을 사전에 방지하려면 계약서에 명시된 약속 사항을 이행할 수 있도록 철저히 자기 관리를 해야 합니다.

배우가 언론 인터뷰를
잘하는 방법은 무엇입니까?

자신에 관한 어떤 사항이 기사화될 수 있는지 예측 가능해야

배우는 일단 자신에 대해 무엇이 기사화될 것인지 예측할 수 있어야 합니다. 연기 경력이 쌓일수록, 무명에서 유명세를 얻어 스타의 지위에 오를수록 그런 직관이 필요합니다. 언론의 주된 관심이 내가 출연하는 작품에 관한 것인지, 나의 최근 발언이나 행동에 관한 것인지, 나의 일상사와 사생활에 관한 것인지 정확하게 꿰뚫어봐야 합니다. 배우는 대중의 관심을 한 몸에 받는 연예인이라는 존재의 특성 때문에 언론이 그 일거수일투족에 항상 주목합니다. 언론은 문화 예술적 가치를 중시하는 정론지부터 일상사와 가십에 더 집중하는 연예지, 사생활을 캐는 파파라치 같은 언론까지 그 종류와 성격이 매우 다양합니다.

언론은 일반적으로 배우가 보여주는 모든 예술 활동과 행동 양식 중에서도 세인의 관심을 가장 많이 끄는 부분에 기사와 카메라앵글의 초점을 맞춥니다. 따라서 배우는 언론과의 관계에서 잘 조정하고 이해를 구하는 지혜와

■ ■ ■ **기사의 채택 요건**

언론학에서는 이런 요소를 '아홉 가지 기사의 요건'이라 합니다. 기사로 채택될 가능성이 높은 소재의 특성을 뜻합니다. 언론학에서 제시하는 기사의 요건은 '영향성(impact)', '근접성(proximity)', '저명성(prominence)', '참신성(novelty)', '갈등성(conflict)', '시의성(timeliness)', '기이성(unusualness)', '부정성(negativity)', '이슈 관련성(issue relevance)'입니다. 배우의 입장에서 볼 때 자신이 9개 요소 가운데 적어도 한 개 이상의 요건을 갖췄다면 언론의 주목 대상이 되므로, 당장이라도 자신의 무엇인가에 대한 이슈가 있다면 기사화될 가능성이 높습니다. 하물며 두 개 이상의 많은 요소를 갖췄다면 그런 가능성은 더욱 높아집니다. 요즘처럼 각 언론이 기사 어뷰징(abusing)을 남발하면서 치열하게 경쟁하는 상황에서는 자신에 대한 자투리 정보라도 금방 기사가 될 가능성이 있습니다.

센스를 발휘할 수 있어야 합니다. 가령 배우가 작품 발표회라는 형식을 통해 인터뷰할 때 작품에 대한 질문이 집중되길 원한다면 그렇게 조율해 이끌어야 합니다. 예기치 않게 사생활 등에 관심이 집중될 경우 긍정적 내용이면 궁금증을 상당 부분 해소해주고, 부정적 내용이면 양해를 구하고 답변하지 않거나, 간략하게 답변하고 자리를 피하는 것이 현명한 대처법입니다.

언론은 다루는 대상의 영향력이 크거나, 시청자나 독자와 가깝다고 느끼거나, 유명하거나, 새롭거나, 싸움과 다툼이 있거나, 현재 시점에서 관심이 될 만한 소재거나, 평소에 볼 수 없던 기이한 것이거나, 좋은 일보다 나쁜 일이거나, 최근 벌어지고 있는 사건이나 관심사와 직간접적으로 연관된 경우 뉴스로 다룰 가능성이 높습니다. 이처럼 **기사의 채택 요건** 가운데 가급적 여러 가지를 갖출수록 복잡한 데스킹desking을 비롯한 게이트키핑gate keeping 과정을 통과해 뉴스로 채택될 확률이 높아집니다. 배우는 자신이 이런 요건들에 해당되는지 역으로 따져보면 언론의 관심도를 스스로 가늠할 수 있습니다.

배우와 언론의 관계는 숙명적입니다. 배우는 언론 때문에 성장하고 언론 때문에 망가질 수 있기 때문입니다. 실제로 언론은 연기를 잘하는 배우, 성장하는 배우, 관심을 끄는 배우 등에 대해서는 지면과 전파를 아끼지 않으며 뜨거운 사랑을 보내줍니다. 그럴 경우 금방 신데렐라나 톱스타의 위상을 갖게 됩니다. 그 덕분에 활동 기회를 더 많이 갖고 출연료 등 몸값도 부쩍 오르게 됩니다. 그러나 연기를 못하거나 자신의 위상에 어긋난 행동을 보이거나, 사회적 물의를 일으키거나 법의 테두리를 벗어나는 나쁜 사건에 연루될 경우 호된 매질을 쏟아냅니다. 물론 원인은 자신에게 있는 경우가 대부분이지만 그 피해와 상처는 심성이 연약한 배우라면 정말 중대한 결정을 할 수도 있을 만큼 치명적입니다.

포인트를 짚어 언론과 적극 소통하고 어필하라

배우는 언론과 숙명적인 관계입니다. 따라서 배우는 먼저 언론의 속성을 잘 이해하고 관계를 잘 설정한 뒤 자신의 마케팅 포인트를 잘 짚어 적극적으로 소통하며 어필해야 합니다. 평생 예술 활동을 하면서 때로는 언론을 잘 활용하고 때로는 언론에 이해를 구하며 자신을 잘 방어해야 합니다. 필자가 만난 어떤 배우들은 고백하기를, 무조건 언론이 싫다면서 피한다고 합니다. 언론의 집중 조명을 통해 스타로 성장한 사람인데도 그렇습니다. 이런 부류는 어떠한 일로 언론의 비판을 받았거나 사생활 침해와 같은 피해를 입은 경우가 많았고, 이런 좋지 않은 기억을 트라우마로 간직하면서 알레르기성 반응을 나타냅니다.

반대로 그런 일을 겪지 않은 경우, 언론을 경계하면서도 잘 활용하는 배우가 많습니다. 일반적으로 배우는 무명이나 신인 시절에는 얼굴을 많이 알려 성장하고 싶기 때문에 어떻게 해서든 언론 접촉의 기회를 갖고자 노력합니다. 실제로 기사 한 줄, 작은 화젯거리나 인터뷰도 큰 도움이 됩니다. 그러나 톱스타의 지위에 오르면 일거수일투족을 감시받는다고 느끼기 때문에 불편하게 여깁니다. 그래서 작품 발표회, 인터뷰 등 마케팅을 위한 것이 아니라면 가급적 언론의 노출을 꺼리는 경향이 나타납니다.

그러나 배우는 예술 활동을 하면서 자신의 마음대로 언론을 받아들이거나 물리칠 수 없는 환경에 처해 있습니다. 배우는 1차적으로는 '언론'을 통해, 2차적으로는 '작품'을 통해 일반 시청자나 관객과 소통합니다. 배우는 소통하는 직업입니다. 그렇기 때문에 언론이라는 소통의 창구를 무조건 닫아두어서는 안됩니다. 오히려 언론과 당당하게 좋은 관계를 설정하고 적극적으로 활용해야 합니다.

일단 인터뷰 등 언론의 취재 요청에는 거절할 특별한 이유가 없는 이상 잘 응대하는 것이 좋습니다. 배우가 작품 등을 통해 세간의 관심을 끌면서 인터뷰 요청을 받게 되면 입체적으로 판단해 잘 활용해야 합니다. 이는 사실 흔하지 않은 기회일 수 있습니다. 자신을 알릴 절호의 기회인 데다 이를 통해 비약적인 발전과 성장을 도모할 수 있기 때문입니다. 인터뷰를 성공적으로 이끌려면 치밀한 분석과 준비가 필요합니다. 장점을 최대한 부각시키고 단점이나 리스크가 노출되지 않게 하는 데 초점을 맞춰야 합니다.

인터뷰할 때는 매체의 특성을 파악, 예상 질문에 철저히 준비하라

그렇다면 인터뷰 준비 및 대처 요령을 설명해드리겠습니다. 먼저 배우는 인터뷰에 앞서 매체의 특성을 정확히 파악해야 합니다. 특정 매체와 단독으로 인터뷰할 경우에는 특히 주의해야 합니다. 신문의 경우 종합 일간지인지 경제지인지, 스포츠·연예지인지 온라인 신문인지를 정확히 분간하고, 방송의 경우 일반 보도인지 가십성 연예 정보 프로그램인지를 잘 식별해야 합니다. 취재 보도의 초점과 내용이 확연하게 다르기 때문입니다. 종합 일간지나 경제지, 방송사의 보도는 작품이나 배우에 대해 정연한 접근을 합니다. 그러나 스포츠·연예지, 방송사의 연예 정보 프로그램, 온라인 매체는 신상, 신변 잡기 등 가십에 치중하는 경우가 많습니다.

둘째, 인터뷰를 요청한 언론사의 기자에게 어떤 관점이나 취지의 인터뷰를 할 것인지 사전에 물어서 의도를 정확하게 파악해야 합니다. 출연 작품에 관한 것인지 개인사와 연관된 것인지, 이 두 가지를 혼합한 것인지에 따라 보도 내용이 크게 달라지기 때문입니다. 이렇게 미리 취지 등을 파악해 배우 당사자의 이미지를 훼손하는 내용일 경우 진솔하게 양해를 구하고 인터뷰를 거절해야 합니다. 셋째, 언론 인터뷰에 앞서 인터뷰 현장에서 어떤 질문이 나올지 충분히 예상하고 대비한 뒤 기자를 만나러 가야 합니다. 일반적인 예상 질문, 돌발성 예상 질문, 답변 요지, 답변 순서, 답변 태도와 에티켓 등을 잘 챙겨야 합니다.

가급적 대본 분석, 배역, 촬영 과정 등 작품에 집중해서 답하라

넷째, 인터뷰할 때는 가급적 출연 작품에 집중해서 작품 분석, 배역 특징과 연기 과정, 촬영 소감 등에 관한 내용을 차분하고 매끄럽게 설명해야 합니다. 기본적으로 배우는 작품 분석을 철저히 해 원작과 대본, 자신이 맡은 역할, 주변 인물과의 관계 등에 대해 정확히 설명할 줄 알아야 합니다. 배우가 이런 기본적인 요소에 불충실할 경우 언론으로부터 예술가로서 '프로페셔널 정신'을 의심받을 수 있습니다. 열정·감성·두뇌·센스가 유기적으로 조화된 배우라는 평가를 들으려면 이런 기본적인 것을 잘 준비해야 합니다.

다섯째, 배우의 예술 철학은 배우의 품격을 좌우하기 때문에 배우가 취재에 응하거나 인터뷰를 할 때는 자신의 예술 철학을 진정성 있게 직접 표현하거나 넌지시 어필해야 합니다. 직접화법이든 간접화법이든 관계없습니다. 어떤 화법이든 기자들은 잘 캐치합니다. 취재에 응할 때 해당 작품에 임하는 배우로서의 자세, 배우의 정체성에 대한 자신의 생각, 배우가 되려고 했을 때의 초심, 궁극적인 꿈과 목표, 좌우명, 관객에 대한 생각 등을 직접 또는 간접적으로 명확하게 설명하는 것이 필요하다는 뜻입니다.

여섯째, 기자의 입장에서 인터뷰는 배우의 품격 외에도 마음속 '그릇'의 크고 작음을 엿볼 수 있는 자리이므로 센스와 에티켓 발휘에 신경을 써야 합니다. 기자가 취재하고 작성한 기사에는 이런 뉘앙스가 녹아 있을 수밖에 없기 때문입니다. 에티켓과 센스는 여러 질문에 대한 답변 과정에서 자연스럽게 발휘하는 것이 좋습니다. 발언 태도, 제스처, 어조, 눈빛 교환, 감정의 관리 등에 격조가 있으며 고급스러움과 여유로움이 묻어나야 합니다. 큰 그릇을 가진 배우는 기자나 관객에게 편안한 느낌을 주는 데다 초월 효과를 야기해 그의 예술 세계가 더욱 깊고 풍성하게 느껴지도록 해줍니다. 따라서 배우가 인터뷰할 때는 특히 주의해야 할 사항이 있습니다. 부정적이고 공격적인 질문이 쇄도해도 가급적 신경질을 내지 말아야 합니다. 차분하고 부드럽게 답변하는 것이 좋습니다. 난감한 질문이 있을 경우에는 에둘러 표현하거나 간접화법을 통해 답하는 센스가 필요합니다.

난감한 것은 에둘러 표현하고 실언했다면 현장에서 수정하라

일곱째, 인터뷰 과정에서 정확하게 표현하도록 노력하고 친화력을 발휘해 기자와 가까워지려는 노력을 해야 합니다. 인터뷰에서 두루뭉술하게 말하면 기사에 원치 않은 내용이 포함될 수 있습니다. 예상하지 못한 부정적인 내용으로 보도되어 파문이 일어날 수도 있습니다. 그러니 사전 예방 차원에서 항상 정확히 표현하고 자신의 발언에서 어떤 가정이나 전제의 여부를 명확하게 전달하는 훈련을 해야 합니다. 언론과 취재원의 관계는 본질적으로 불가근불가원不可近不可遠이어야 한다고 합니다. 너무 가까이 해서도 안 되고 너무 멀리 해서도 안 된다는 뜻입니다. 그러나 친한 언론인이 많아지면 당연히 자신에 대한 우호적 분위기가 언론계 전체로 확산됩니다. 더욱 친해지면 배우도 언론인으로부터 많은 조언과 도움을 받습니다. 직업과 역할을 떠나 모두 정에 약한 인간이기 때문입니다.

실제 문화 예술의 현장에서 일로써 처음 만난 배우와 언론인이 추후에 더욱 좋은 친분과 유대를 맺고 친구, 형제, 자매, 오누이처럼 지내는 경우가 많습니다. 물론 인터뷰를 해보면 배우 스스로 가까워지고 싶다고 느끼는 언론인과 그렇게 해서는 안 될 것 같은 언론인을 직감적으로 구분할 수 있습니다. 이런 호불호의 친분 관계는 양자의 교감에 의해 본능적·감각적으로 형성되기 때문에 선택은 전적으로 배우 개인의 몫입니다. 이런 원리와 내용을 충분히 이해했다면 이제 배우인 당신은 과거보다 더 편안한 상태에서 짜임새 있게 언론과 인터뷰하고, 언론과의 관계도 더욱 매끄럽게 발전시킬 수 있을 것입니다.

배우는 소셜 미디어를
어떻게 다뤄야 할까요?

신인 때는 다각도로 활용하고 스타가 된 후에는 보수적으로 관리

배우는 자신을 알리면서 이미지를 구축하고 인기도·인지도·가치를 각각 높임으로써 성장을 도모하기 때문에 이미지 관리와 홍보의 필요에 따라 **소 셜 미디어**social media의 활용이 절실할 수 있습니다. 소셜 미디어는 자신이 미디어의 주체이자 관리자가 되므로 원하는 내용을 의도한 대로 전달할 수 있는 유용한 매체입니다. 그러나 대중에게 무제한 노출되는 특성을 지녔기에 자칫 잘못 관리할 경우 예상치 못한 결과를 초래할 수 있습니다. 어떤 배우는 소셜 미디어를 잘 활용하지만, 어떤 배우는 개그맨이자 방송 진행자인 유재석처럼 아예 계정도 개설하지 않는 등 일절 활용하지 않고 있습니다.

배우는 소셜 미디어를 통해 자신에 대해 알리고 싶은 내용을 생산해 포스팅함으로써 수용자들과 효율적으로 소통할 수 있습니다. 방송, 신문, 잡지, 인터넷 언론 등 기존의 미디어는 알리고 싶은 내용에 관한 취사선택권이 매체 내부의 임직원들에게 있습니다. 반면 소셜 미디어는 배우 자신이 뉴스를 선택하고 운영하기 때문에 자신의 의도하는 마케팅을 자기 주도적으로 전개할 수 있습니다.

일반적으로 배우는 이용자들이 가장 선호하는 페이스북이나 카카오톡, 트위터, 인스타그램 등에 계정을 개설합니다. 그리고 자신의 신상과 이력, 작품 활동 목록, 최신 소식 등을 사진과 함께 올려놓습니다. 여기에 일기, 대화, 멘트 등 다양한 방법을 더해 소통을 넓혀나갑니다. 배우 개인의 소셜 미디어에 업그레이드되는 각종 정보와 소식은 언론의 취재 대상이 됩니다. 그래서 시시각각 기사로 2차 가공되어 포털 등에 공급됩니다. 이로 인해 새로운 유행과 담론, 그리고 이슈가 만들어지기도 합니다.

진정성 있는 태도, 절제, 정도에 충실한 활용 철학 필요

배우가 소셜 미디어를 활용해 자신을 홍보하려 할 경우에는 특히 몇 가지를 주의해야 합니다. 첫째, 진정성 있는 태도를 갖고 알리고 싶은 내용, 팬들과 공유·공감할 수 있는 내용만 알리는 전략을 구사해야 합니다. 가급적 필요한 내용만 포스팅 해야 합니다. 자신의 신상이나 활동에 관한 내용은 긍정적인 것에 중점을 두고, 팬들과의 대화도 그들이 받아들일 수 있는 주제에 집중해야 합니다. 자신의 이미지를 훼손하거나 격하하는 사생활 내용과 신변잡기를 절대 노출해서는 안 됩니다. 이미지는 배우의 생명과도 같은 요소입니다.

둘째, 무지와 오판으로 인해 사회적 통념을 벗어나는 일탈적 발언이나 부적절한 발언을 해서는 안 됩니다. 그렇게 되면 설화舌禍에 휘말리거나 논란이 커져 작품에서 하차하는 일까지 벌어집니다. 정치적·사회적 현상에 대한 지식, 사고력, 분별력, 판단력이 약한 상태에서 사회적 참여 욕구가 지나치게 발동되어 트위터 등에 걸러지지 않은 발언을 늘어놓을 경우 사회적 물의나 파문을 일으킬 수 있습니다. 파문의 단계로 커질 경우 연예계를 떠나야 하는 상황도 생깁니다. 어떤 필요 때문에 특정 이슈에 대해서 꼭 발언하고자 할 경우에는 사전에 반드시 전문가의 도움을 받아야 합니다. 여러 차례의 점검 과정을 거쳐 정제된 것이 아니거나 충분히 준비되지 않은 경우에는 오히려 발언하지 않는 것이 좋습니다.

셋째, 정도와 방식 면에서 소셜 미디어를 통한 과도한 홍보를 경계해야 합니다. 팬들은 자연스러운 느낌이 배어나오는 소통 방식을 좋아합니다. 즉, 배우가 의도한 어떤 내용을 홍보하려 할 때 홍보하는 듯, 홍보하지 않는 듯 명확하게 구분되지 않는 메시지를 좋아합니다. 신인이나 인지도가 낮은 배우의 경우, 부정적 뉴스도 무조건 성장에 도움이 된다고 판단해 포털 검색어 상위 랭크를 겨냥한 '노이즈 마케팅noise marketing'을 전개하는 사례가 많습니다.

그러나 그러한 방식의 홍보는 '양날의 칼'과 같기에 매우 신중해야 합니다. 이런 방식을 활용하면 배우가 큰 노력 없이 순식간에 자신을 알릴 수는 있습니다. 그러나 노출, 비난, 욕설, 불안 등 부정적 이미지가 고정되어 향후 캐스팅에 제약이 따를 수 있습니다. 팬과 관객의 말초신경을 자극하는 선정적·자극적 방식의 배우 홍보는 끝이 좋지 않습니다. 결과적으로 성공 사례가 매우 드물기 때문에 지양하는 것이 좋습니다.

'약'인 동시에 '독'이 되는 SNS의 양면성 잊어선 안 돼

소셜 미디어는 본래 양방향성, 현장성, 속보성, 네트워크 확산성, 검색 가능성 등의 특성을 지니고 있습니다. 따라서 잘 관리되는 배우의 소셜 미디어는 연기자로서 성장을 이끄는 고마운 수단이 되지만 잘 관리되지 않을 경우 배우를 나락으로 이끄는 '독毒'이 될 수 있습니다. 신인이나 지명도가 낮은 배우는 좀 더 적극적으로 소셜 미디어를 관리할 필요가 있습니다. 그러나 스타에 반열에 올라서면 점차 보수적으로 접근해야 합니다. 일반적으로 팬이나 언론은 신인 또는 지명도 낮은 배우에 대해 아낌없이 응원하는 정서가 통용되지만, 톱스타의 경우 그들을 향한 환호와 열광의 이면에 검증과 감시의 시선이 자리 잡고 있기 때문입니다. 인지도가 높은 스타일수록 매사에 더욱더 주의하고 신중해야 합니다.

인기와 인지도, 그에 따른 긍정적 이미지는 많은 비용과 노력은 물론 오랜 시간을 들여야 형성될 수 있습니다. 그러나 무너지는 것은 순간입니다. 배우의 세계에서 우리는 그런 사례를 너무 많이 보아왔습니다. 기업의 가치가 거래되는 주식시장과 배우의 가치가 거래되는 엔터테인먼트 시장은 언뜻 그 구조가 같은 듯하지만 크게 다른 점이 있습니다. 같은 점은 펀더멘탈fundamental(기초)이 튼튼한 우량 종목은 언젠가 상한가를 치고, 일단 상한가를 친 종목은 그다음에 내리막길을 걷는 구조라는 점입니다. 그러나 주식시장에서는 하한가를 친 종목이 계곡을 찍고 반드시 반등하지만, 엔터테인먼트 시장에서는 스타가 한번 하한가를 치면 그 깊은 계곡에 빠져 반등하기가 거의 어렵습니다. 한번 인기나 위상이 추락하거나 무너진 배우의 **회복 탄력성** resilience은 거의 '제로'라는 뜻입니다. 이런 구조를 잘 이해했다면 앞으로 말한마디, 행동 하나, 사진 한 장에 따라 자신의 운명이 달라진다는 것을 알고 소셜 미디어의 관리에 더욱 신중을 기해야 합니다.

우리나라의 배우 단체는
어떤 것들이 있나요?

연극협회, 연극배우협회, 영화배우협회, 방송연기자노조 등 다양

　배우는 여러 직종과 직능이 힘을 합쳐야 완성되는 종합예술을 영위하면서 살아갑니다. 이 때문에 동료 배우 및 스탭과의 유대·친목이 매우 중요합니다. 이런 활동은 예술인으로서 권익을 보호받고 작품 제작 현장이나 평소 생활에서 활발한 소통을 통해 유연한 관계를 이끌어가는 데 매우 필요한 요소라고 할 수 있습니다. 배우의 영역만 보더라도 촬영 현장에서는 연기 입문 시기와 경력·연배에 따라 선배와 후배가 있고, 인지도나 스타성에 따라 스타부터 무명배우까지 다양한 위계가 존재합니다.

　배우가 대본을 잘 소화해 성공한 작품을 선보이려면 연기력과 작품 몰입이 가장 중요합니다. 그러나 이렇듯 다양한 배우와 만나 인간적으로 매끄럽게 조화하는 것도 매우 필요한 일입니다. 배우가 출연하는 작품의 배역 캐스팅은 작품마다 매번 다를 수밖에 없습니다. 그래서 배우는 언제든지 촬영장에서 낯선 선후배들과 다양한 조합으로 만나 서로 어울리면서 작품을 제작해야 합니다. 선후배 사이의 인간적인 관계와 조화가 왜 중요한지 이제 아셨을 것입니다.

촬영 전에 작품의 성공을 기원하는 '고사'를 지내거나 회식을 하면서 팀워크를 다지고, 촬영을 다 마친 후에 '종영 파티'를 하는 것은 배우에게 그만큼 유대와 친목이 중요하기 때문입니다. 배우들은 함께 작업한 후에 선배와 후배, 형과 동생, 친구 등 다양한 행태의 인간관계를 맺습니다. 그 후 사적으로도 교류하면서 친분을 쌓게 됩니다.

가입은 자유이며 배우의 지위 향상, 권익 보호, 친목 도모가 주된 활동

그러나 사적 인연이나 몇몇 모임과 별개로 직업 예술인 차원에서 결사해 배우의 지위 향상 및 권익 보호를 위한 활동과 친목을 도모하기 위한 다양한 활동 및 소통 행사를 전개할 수 있습니다. 조직적으로 사회봉사, 사회참여, 인재 양성 등의 공적 활동도 선보일 수 있습니다. 그래서 배우들은 표 2처럼 다양한 협회를 구성해 이러한 목적을 충족하면서 위상을 높이고 있습니다. 단체 가입 여부는 전적으로 배우 자신의 의사에 달려 있습니다. 그래서 이런 단체에 가입하지 않고 활동하는 배우도 매우 많습니다.

연극배우, 평론가, 극단 관계자 등을 비롯한 연극인들은 사단법인 한국연극협회를 설립해 연극예술의 창달·발전을 기하는 동시에 연극인 상호 간 친목과 복리 증진을 꾀합니다. 이 단체는 월간지 ≪한국연극≫을 발간하면서 '전국연극제', '전국청소년연극제', '전국어린이연극제', '대한민국 연극인의 밤' 등의 행사를 실시하고 있습니다. 이 가운데 연극배우들이 1991년에 별도로 한국연극배우협회를 설립했습니다. 이 단체는 2000년 1월 27일 사단법인으

표 2 **한국의 배우 단체 현황**

배우 단체	사무실 위치	홈페이지
한국연극협회	서울시 양천구 목동 923-6	http://www.ktheater.or.kr
한국연극배우협회	서울시 종로구 동숭동 31-9	http://www.kactor.or.kr
한국영화배우협회	서울시 중구 충무로 3가 49 지산빌딩 420호	http://www.kfaa.kr
한국방송연기자노동조합	서울시 영등포구 여의도동 44-13 충무빌딩 1101호	http://www.kbau.co.kr
한국방송연기자협회	서울시 영등포구 여의도동 44-13 충무빌딩 1105호	http://www.koreatv.or.kr
한국뮤지컬협회	서울시 종로구 동숭동 1-38 4층	http://kmusical.kr

로 허가를 받아 임의단체에서 사단법인으로 재출범했습니다. 연극배우인 박웅, 박상규, 최성웅, 최종원, 김금지, 허현호, 강태기, 이종국, 최일화, 권성덕, 반진수, 신혜정 등이 주축이 되었습니다. 연극배우들의 권익을 확대하고 친목을 도모하며 연기의 실체를 정립해 문화 예술의 보급을 확대하기 위한 목적입니다. 한국연극배우협회는 배우의 연기력 향상을 위한 교육 사업, 문화 소외 계층을 위한 지역 순회공연 및 문화 예술의 보급, 문화 예술 공연을 통한 관광 상품의 개발 및 외국 관광객 유치 사업, 국제배우연맹FIA 가입을 통한 국제 정보 수집 및 교환 등의 사업을 전개하고 있습니다.

2003년 1월 13일 영화배우들은 영화배우의 권익 옹호 및 복리 증진과 회원 상호 간 친목 도모를 목적으로 사단법인 한국영화배우협회를 설립했습니다. 신성일, 이대근, 안성기, 선우용녀, 이덕화, 황정민, 하지원, 한석규, 이병헌, 박해일, 김하늘, 신현준, 김보연, 김혜선, 정준호, 조형기, 박준규, 이동준, 전영록, 김형일, 박상민, 홍경인, 선우일란 등의 배우가 가입했습니다. 회원들의 면면에서 노·장·청의 조화가 돋보입니다. 한국영화배우협회에서는 회원의 권익 옹호 및 복리 증진을 위한 사업, 영화배우의 자질 향상과 신인 배우 발굴 및 양성을 위한 사업, 영화배우의 경제적·사회적 지위 향상에 관한 사업 등을 하고 있습니다.

방송 분야 연기자들은 1988년에 배우 및 연기자 단체 중 처음으로 노동조합 형태의 한국방송연기자노동조합을 결성했습니다. 연기자들의 권익 보호와 향상이 목적입니다. 그리하여 방송사로부터 편성권을 따낸 외주제작사의 출연료 미지급 문제 해결 촉구 등 연기자의 권리 보호를 위한 운동을 지속적으로 전개하는 편입니다. 이 조합에는 김영철, 한영수, 현석, 남일우, 배한성, 송기윤, 조형기 등 5000여 명의 연기자가 소속되어 있습니다.

그러나 조합원이 배우에 국한된 것은 아닙니다. 포괄적인 범위의 연기자가 조합원의 가입 조건이므로 탤런트지부, 코미디언지부, 성우지부, 무술연기자지부, 연극인지부 등 다섯 개 지부로 구성되어 있습니다. 사극, 스페셜 등 대작을 많이 제작하는 방송사에서는 많은 단역배우가 필요한데 특히 이런 단역배우가 많이 가입되어 있습니다. 조합의 주장에 따르면 전체 조합원의 70% 이상이 연기 분야 연봉 1000만 원의 '생계형 배우들'입니다. 따라서 출연료 문제 등 권익 보호에 집중하고 있습니다.

드라마에 출연하는 탤런트 중심의 방송 연기자들은 1971년 5월 6일 사단법인 한국방송연기자협회를 설립했습니다. 현재 회원 수는 1600여 명입니다. 협회는 연기자 세미나 등의 행사를 통해 방송 연기자의 권익 보호 및 자질 향상, 연기자 상호 간의 친목과 협력을 위해 노력하고 있으며 결식아동 돕기, 의료봉사활동 등 공익적 활동도 소홀히 하지 않으려는 모습이 엿보입니다. 주요 회원은 배우 이순재, 최불암, 최길호, 박규채, 오현경, 한진희, 이덕화, 노주현, 신충식, 김성환, 서인석, 이효정, 송경철, 고두심, 강부자, 이한위, 유인촌, 김을동, 박원숙, 사미자, 반효정, 전원주, 김갑수, 최상훈, 박상조, 백일섭, 정혜선, 손현주, 손지창, 김영민, 전병옥, 정성모 등 중견 이상입니다. 한국방송연기자교육원을 부설해 운영하며 교육 사업도 합니다.

뮤지컬 시장의 활성화로 한국뮤지컬협회도 만들어져

뮤지컬 분야 예술인들은 사단법인 한국뮤지컬협회를 결성했습니다. 뮤지컬의 창달·발전을 기하는 동시에 회원 상호 간 친목과 복리 증진을 도모하는 것이 설립 목적입니다. 1990년대 이후 뮤지컬이 각광을 받게 되면서 이 단체의 중요성이 날로 커지고 있습니다. 배우와 제작자, 연출가, 작곡가를 포함합니다. 2006년 3월 23일에 설립되었으며 대학로뮤지컬센터 건너편에 있습니다.

한국뮤지컬협회에서는 매년 8월 '서울뮤지컬페스티벌'과 '국제뮤지컬워크숍' 등의 행사를 개최합니다. 이런 행사를 통해 뮤지컬의 향상 보급 및 활성화, 뮤지컬인 및 뮤지컬 단체 지도 육성, 뮤지컬 국제 교류 및 출판, 회원 복지사업 및 후진 양성 등의 사업을 하고 있습니다. 매년 10월에 지상파방송사와 《스포츠조선》이 주최하는 '한국뮤지컬대상Korea Musical Awards' 시상식도 주관합니다. 아울러 국산 창작 뮤지컬을 보호하고 육성하기 위한 정책적·제도적 캠페인이나 의견 제시 활동도 전개하고 있습니다.

제 *2* 장

연극과 뮤지컬에 대한 상담

연극은 왜, 어떻게
탄생했나요?

고대 부족 시대, 부족의 풍요와 안녕을 비는 제전 의식으로 출발

인간의 역사가 시작된 이래 인간의 활동 흔적으로 남은 동굴벽화, 토테미즘totemism에 대한 숭배를 나타내는 다양한 유물, 이집트문명 등의 문명 시대 유물에서 연극적 기원을 추론할 수 있는 짙은 연극적 요소가 많이 발견됩니다. 서구의 관점에서 볼 때 연극은 고대 그리스의 제전 의식 중 하나로 출발했다는 것이 정설입니다. 많은 기록도 이런 견해와 일치합니다. 연극은 신을 숭배하고 부족의 안녕과 농사의 풍요를 기원하는 목적에서 탄생했습니다. 제전 의식이라고 하면 흔히 자연신을 향한 주술 행위, 굿, 놀이, 춤 등을 연상할 수 있습니다. 맞습니다. 제사를 지내는 의식, 즉 제의祭儀가 연극의 기원이 된 것입니다. 제의는 사람들이 신들에게 제사를 올릴 때 부족의 안녕과 공동체 의식을 강조하기 위해 선보였던 것인데, 이때 노래·춤을 곁들여 평안과 풍년을 주문하고 호소했습니다.

연극사 관련 문헌을 상세히 살펴보면 기원전 6~5세기에 그리스 고전 연

■ ■ ■ **디오니소스**

디오니소스는 제우스와 그의 애인 세멜레(Semele) 사이에서 태어난 아들입니다. 로마신화에서는 '어머니가 둘인 자'라는 뜻으로 '바커스(Bacchus)' 또는 '바카스'라 합니다. '바쿠스'라고도 부릅니다. 동아제약의 드링크제(강장제) 이름과 같습니다. 디오니소스를 술의 신이라 부르는 것은 그가 이집트, 시리아, 아시아 등 각지를 옮겨 다니면서 포도나무를 심고 기르는 법과 포도주 담그는 비법을 가르쳤기 때문입니다. 그가 전파한 포도주(술)는 사람들에게 큰 위락과 기쁨은 물론 광기를 느끼게 해주었습니다.

극이 성립된 것을 알 수 있습니다. 고대 그리스에서는 '술의 신酒神'이자 '풍요의 신'인 **디오니소스**를 기리는 제의가 디오니소스 신전에서 열리곤 했는데, 기원전 534년 무렵 전통적인 제의가 극적으로 재편되면서 연극이 분화되었다고 합니다.

전통적 제의가 기원전 534년경 극적으로 재편되어 연극 분화

디오니소스 신전 제의의 1부 행사는 경건한 분위기로 신에 대해 찬미하고 기원합니다. 2부는 흥겨운 분위기에서 노래와 춤이 곁들여진 공동 잔치를 엽니다. 우리가 엄숙하게 제사를 지낸 다음 그 음식을 가족들과 정담을 나누며 함께 즐기는 모양새와 유사합니다. 디오니소스 제의 때 신과 부족민들의 연결 고리, 즉 중재자 역할을 했던 제사장이 연극배우의 기원이라 할 수 있습니다. 제사장은 먼저 현란한 대사와 소리로 주술을 읊어 접신接神을 합니다. 이어 부족민들이나 신도들의 마음을 하나로 모아 기원하고 놀이를 이끄는 등 리더십을 발휘하며 제사를 주관합니다.

디오니소스에 대한 의식은 음주에 따른 취기가 자연스레 수반되면서 흥겨움을 뛰어넘어 매우 광란적인 모습이었다고 합니다. 디오니소스를 기리는 제전 의식에서는 제례를 마친 뒤 사람들이 술을 마시고 노래와 군무를 즐기면서 제물로 올린 짐승을 산 채로 나눠 먹고 그 피를 들이켰습니다. 여성들도 담쟁이덩굴을 감은 지팡이를 흔들며 미친 듯 어지럽게 춤추고, 산 짐승을 때려죽이는 의식을 선보였다고 합니다.

아리스토텔레스는 디오니소스를 숭배하고 기리는 축제에서 제사장을 비롯한 참가자들이 남근을 상징하는 물건을 들고 노래와 춤, 여유를 즐긴 것이 연극의 기원이라 했습니다. 이는 그가 쓴 최초의 서양 연극 이론서 『시학』에 나와 있습니다. 아리스토텔레스는 이 책에서 연극이 성립하려면 '고차원의 고상한 내용과 완결된 스토리', '배우가 무대에서 연기로 표현할 것', '해로운 감정의 정리(카타르시스)를 통해 연극 목적을 달성할 것'이라는 세 가지 조건을 갖춰야 한다고 주장했습니다. 체계성을 담은 연극의 이론을 설파한 것입니다.

연극사 최초의 배우는 고대 그리스의 테스피스

최초의 연극배우는 디오니소스에게 제사 지내는 일을 하던 제사장일 것입니다. 하지만 문헌에 기록된 최초의 배우는 고대 그리스의 테스피스입니다. 그는 그리스 연극을 창시했는데, 당시에는 비극이 먼저 생겨났기에 그를 '그리스 비극의 아버지'라고 부릅니다. 그는 처음으로 연극용 가면을 만들어 사용한 인물로 알려져 있습니다. 한국의 경우 부여, 고구려, 동예, 삼한의 제천의식은 밤낮을 가리지 않고 술 마시고 노래하며 춤추는 것이었는데, 이 제천의식이 연극의 유래라고 볼 수 있습니다. 이러한 제천행사祭天行事를 국중대회國中大會라고 불렀는데 부여의 영고, 고구려의 동맹, 동예의 무천 등 제천의식에서 가무백희歌舞百戲를 연행演行했다는 기록이 있습니다. 바로 이런 행사에서 연극적 전통이 유래한 것으로 볼 수 있습니다. 미국의 연극은 1752년에 루이스 할람Lewis Hallam이 이끄는 영국 극단이 윌리엄스버그에 도착하면서 시작되었다는 것이 학계의 정설입니다. 독립전쟁 이후 확장되어 찰스턴, 필라델피아, 뉴포트, 뉴욕, 보스턴에 극장이 건립되면서 미국 연극이 발전하게 됩니다.

이렇듯 제사 의식에서 출발한 연극은 배우가 희곡, 즉 대본에 따라 어떤 사건이나 인물을 말과 동작으로 관객에게 보여주는 무대예술입니다. 따라서 무대 상연을 전제로 합니다. 배우가 특정한 연희演戲의 장소에서 관객을 앞에 두고 극본 속의 인물로 분장해 몸짓·동작·말로써 창출해내는 것이 보편적인 방식입니다. 무대장치, 조명, 음향효과, 안무, 음악 등 인접 예술의 총체적인 참여와 유기적 조화를 필요로 한다는 점에서 드라마, 영화, 뮤지컬 등과 마찬가지로 종합예술이라 칭하기도 합니다.

인간의 유희적 속성이
연극과 관련이 있나요?

연극은 호모 루덴스의 동물적 놀이 본능이 표출된 전형적 예술

앞에서 강조했듯이 연극의 기원은 즐거움과 열광을 넘어 광란의 축제를 선보인 디오니소스 제전입니다. 사람들은 함께 어울려 놀며 춤추고 노래하면서 축제를 즐겼습니다. 인간의 유희적 속성을 원초부터 발산한 것이라 볼 수 있습니다. 이렇게 '유희遊戱하는 인간', '신나게 놀이하면서 놀 줄 아는 인간'을 '호모 루덴스homo ludens'라 칭합니다. 네덜란드의 문화사회학자 요한 하위징아Johan Huizinga가 『호모 루덴스: 문화의 놀이 요소에 관한 연구Homo Ludens: a Study of the Play-element in Culture』(1938)에서 인간의 유희적 속성을 호모 루덴스라고 규정했으며, 이는 '놀이하는 인간Man the Player'이라는 뜻입니다. 그는 사람들이 놀고 즐기는 것, 즉 엔터테인먼트에 열광하는 이유에 대해 인간이 본질적으로 호모 루덴스이기 때문이라고 주장했습니다.

하위징아는 고대와 중세 역사를 통해 유희하는 인간의 기질을 발견했다면서 인간의 삶을 '놀이의 장'으로 규정했습니다. 놀이의 장에서 놀이의 달인은 바로 인간입니다. 하위징아는 "유희는 문화 속에서 발생하는 것이 아니라 원초原初부터 유희되는 것이며 유희 속에서 유희로서 발달한다"고 강조했습니다. 그는 이성을 숭배하고 낙관주의를 고집하던 이성의 시대가 지나면서 18세기까지 인간을 통칭했던 '생각하는 인간Homo Sapiens'이라는 개념은 그 신뢰가 무너져 무의미하다고 보았습니다. 아울러 이후에 제시된 '만드는 인간Homo Faber'도 동물과 차별화되는 특징이 아니라서 부적합하다고 비판했습니다. 그는 동물과 차별화되는, 오직 인간만이 지닌 '제3의 기능'인 '놀이'를 반영해 인간의 특징을 규정할 필요가 있다고 보았습니다. 그런 사유의 과정을 통해 '놀이하는 인간'을 제시했습니다.

하위징아의 분석을 적용한다면 연극은 완벽하게 유희적 동물의 본능을 발산하는 예술이라 평가할 수 있습니다. 연극이 호모 루덴스의 본능이 표출되는 제전 의식에서 출발한 것으로 보아 더욱 명확한 분석입니다. 연극은 뮤지컬, 드라마, 영화를 파생시켰기 때문에 오늘날 호모 루덴스는 이들 장르를 향한 팬덤의 근원일 뿐 아니라 엔터테인먼트 산업을 융성하게 하는 에너지라 할 수 있습니다.

한국인은 심리적으로 유희적 속성이 강해 노래 부르며 춤추고 노는 것을 매우 좋아하며 즐긴다고 합니다. 농악이나 국악의 발전 과정에서 볼 수 있듯, 특히 일과 놀이가 분리되지 않고 일 속에서 놀이를 즐기는 특성을 지녔다고 합니다. 이제 2000년대에 한류가 왜 그렇게 융성했는지 짐작이 가실 것입니다. 실제 연구에서도 한국인은 미국에 정주하며 '소울soul'이라는 음악을 만들어낸 아프리카인과 함께 여흥·정서·정한에 강한 민족으로 분석되었습니다.

연극 역사를 돌이켜볼 때 선임 배우가 맡았던 연출은 왜 분리되었나요?

20세기 사실주의 연극에서 연기와 무대 지시가 많아 분업으로 처음 생겨

결론부터 말하면 사실주의 연극이 태동하면서 연출의 역할이 배우에게서 분리되기 시작했습니다. 그전까지는 극단에서 경험과 나이가 가장 많은 배우들이 극에 대한 지도를 맡았습니다. 배우의 위상이 어떻게 달라졌는지 그 변천사를 살펴보면 연출의 분리 과정을 더 잘 이해할 수 있습니다. 연극이 탄생기를 지나 발전 과정을 거치면서 20세기 전까지 연극 현장에서는 가장 경륜이 많은 선배 배우가 극을 리드하면서 후배들을 가르쳤습니다.

당시에는 '연출'이라는 개념도 없었고 '연출가'라는 직업도 없었습니다. 그래서 배우 가운데 가장 경험이 많은 데다 경험이 켜켜이 쌓여 기량이 뛰어난 사람이 선생님의 역할을 하면서 다른 배우들을 지도하는 것이 당연한 처사였습니다. 연기 지도와 전체적인 연기의 짜임새 구성은 당연히 선임 배우의 역할 중 하나였습니다. 가장 경륜이 많은 배우가 지도하니 후배들도 반감 없이 잘 따를 수밖에 없었습니다. 리더십이나 소통의 문제도 크게 나타나지 않았습니다.

　그렇다면 배우에게서 연출이 분리된 과정을 상세히 살펴보겠습니다. 그러기 위해서는 배우의 역사부터 되짚어봐야 합니다. 배우가 탄생한 역사는 고대 그리스로 거슬러 올라가지만 르네상스 시대까지 공식적인 공연 무대에서 여자 배우는 허락되지 않았습니다. 남자 배우도 대체로 선교사나 일반 신자 등 아마추어만이 맡을 수 있었습니다. 이전의 극단들은 한때 발전 가도를 달렸지만 중세에 이르러 그리스도교의 지배로 탄압을 받으면서 활성화되지 못했기 때문입니다. 16세기 무렵 유럽에서는 여자 배우의 출연이 널리 허용되어 남자 역을 '남우', 여자 역을 '여우'라 칭했습니다.

　그러나 같은 시대였던 보수적인 영국 엘리자베스Elizabeth 1세 시기의 세익스피어 극에서는 여전히 무대 공연을 할 때 여배우의 출연을 허락하지 않았습니다. 배우의 정치적·사회적 지위는 동서양 모두에서 매우 낮았지만 19세기 말부터 그 위상이 격상되기 시작했습니다. 비로소 예술가로 인정받기 시작했기 때문입니다.

　20세기에 이르러 감상주의적인 낭만주의 연극에 대한 반발로 사실주의 연극이 등장하면서 '연출가'라는 독립적인 영역이 확보되었습니다. 연기와 연기 지도를 병행하던 배우에게서 연출이 분리된 것입니다. 사실주의 연극은 관찰과 객관성을 기초로 논리적 사건을 담은 극을 구성해 무대에 올립니다. 그래서 대사는 당연히 운문이 아닌 산문으로 전개합니다. 설정한 배역과 똑같도록 몰입 연기를 해야 하며, 길이도 대폭 늘어났습니다. 연극적 효과를 정교화·극대화하는 요소로서 무대 소품과 장치, 미술, 설비 등도 추가되었습니다.

연출자는 이제 배우를 선택하고 긴장·갈등을 나누는 관계로 역전

그렇게 되자 선임 배우라 하더라도 자신의 연기에 집중하고 몰입하는 데 많은 시간과 에너지가 필요하게 되었습니다. 사실상 후배들을 돌볼 겨를이 없어졌습니다. 그래서 무대 소품과 장치, 미술, 설비 등을 돌볼 별도의 예술인이 필요하게 되었습니다. 결국 배우와 무대를 통합적으로 관리할 사람이 등장하게 된 것입니다. 이것이 연기 지도와 무대 지시를 하는 '연출'이 생겨나 독립적인 영역을 구축하게 된 배경입니다. 처음에는 배우와 연출이 권한 다툼을 하면서 신경전을 벌이는 일이 많았을 것입니다. 예술적 갈등과 긴장을 나누는 상황이 되었던 것입니다.

어쨌든 연출의 등장은 연극사적 측면에서 극적 효과와 연극의 품질을 극대화하는 긍정적인 기능을 했습니다. 그러나 배우의 즉흥연기가 사실상 불가능해지고, 배우가 연출가에 의해 간섭받거나 지배되는 부정적 기능도 나타났습니다. 연극학자인 김균형은 「배우의 위상회복에 대한 고찰」(2003)에서, 김미혜는 칼럼 "배우의 힘, 관객의 힘"(2011)에서 연출이 등장하면서 연출의 권위에 눌려 배우의 역할이 축소되는 등 연극을 이끄는 주체로서 배우의 자율성이 크게 훼손되었다고 평가했습니다. 요즘에는 배우가 연출가에게 통제를 받는 상황이 되었습니다. 배우들 사이에 연출가를 조물주나 제왕처럼 섬기도록 하는 문화도 있습니다. 방송계·영화계에서도 관련 분야가 산업화되고 한류 열풍 등으로 스타덤을 확보한 배우의 수가 많이 늘어나기 전까지 이런 현상이 심각했습니다.

연출의 분리 현상은 연극계의 자연스러운 분업화 과정으로 받아들일 수 있습니다. 그러나 배우들 사이에서는 배우의 상상력과 창의적 표현 능력을 제약하는 요소로 인식해 여전히 불편하게 느끼는 경우가 많습니다. 그래서 배우와 감독의 관계는 친한 듯, 미묘한 듯 매우 민감하고 복잡합니다. 영화나 드라마 연출자는 배우의 캐스팅에 중대한 영향을 미칩니다. 이러한 상황에 대해 불편을 느끼는 배우들이 영화감독 겸업을 하는 경우도 허다합니다. 물론 영화감독 겸업이 한 가지 이유에서만 비롯되지는 않았을 것입니다. 그러나 점차 배우 자신의 출연 기회가 적어지는 상황에서 자신의 숨은 예술적 욕구를 발산하고 자신이 원하는 상상의 세계를 마음껏 작품으로 그려내고 싶은 욕구에서 비롯된 현상이라는 점은 부인할 수 없습니다.

'드라마투르기'란
무엇입니까?

드라마투르기는 희곡 작법 또는 공연의 총체적 관리를 지칭

드라마투르기 dramaturgy 는 '희곡 작법', '극작술', '극의 상연법', '공연 자문과 관리', '공연 과정에서의 공연 과정에 관한 가르침의 역할' 등 다양한 의미로 사용되는 연극 용어입니다. 첫째, '극작술'이라는 의미로 쓰일 경우 연극 이론의 하나로서 주제 선택, 줄거리 구성, 등장인물 설정과 각 캐릭터에 적합한 성격 부여, 대사 창안, 대사의 문체와 양식 결정 등 희곡을 쓰는 구체적 방법을 지칭합니다.

둘째, '공연 자문과 관리 또는 지도자의 역할'이라는 의미로 쓰일 경우 공연 전 과정에서 작가, 연출가, 배우 사이를 매개하며 공연을 성공적으로 이끌기 위해 실행하는 총체적 관리를 의미합니다. 희곡을 연극으로 만들어 무대 위에 올릴 때, 대사와 지문으로 표시된 희곡을 무대 위에 어떻게 올릴 것인가를 결정하는 과정이 여기에 포함되어 있습니다.

드라마투르기라는 말은 고대 그리스의 지리학자 스트라본 Strabon 의 『지

리지Geographica 』에 처음 등장하며, 160년대 무용가 루시앙Lucian이 쓴 춤에
관한 책에서는 비극을 공연한다는 의미로 쓰였습니다. 오늘날과 같이 극의
상연법, 또는 공연 자문이나 공연 매니지먼트라는 의미로 사용한 사람은 18
세기 독일 함부르크 국립극장의 작가였던 고트홀트 에프라임 레싱Gotthold
Ephraim Lessing이었다고 합니다. 함부르크 국립극장은 독일 최초의 국립극장
입니다. 레싱은 '드라마 상연 과정에서 가르치는 역할'이라는 의미를 담아
사용했으며, 나중에 베르톨트 브레히트Bertolt Brecht는 '공연 과정에서 이론
적으로 교육하거나 지도하는 역할'이라는 의미를 더욱 강조했습니다.

'드라마투르기'가 행위를 나타낸다면 독일어 '드라마투르그dramaturg'나 영
어 '드라마터지dramaturge'는 행위자를 나타내는 용어입니다. 즉, 드라마투르
기라는 역할을 수행하는 사람을 드라마투르그나 트라마터지라고 합니다. 희
곡 작가는 물론 드라마 제작부원, 연극 평론가, 연극 전문가, 연극 고문이라
는 의미를 담고 있습니다. 다시 말해 드라마투르그는 공연을 성공적으로 이
끌기 위해서 공연의 대본을 준비하고 이를 분석하며 배우와 연출가를 매개
하는 등 총체적인 지도자·조력자·도우미 역할을 하는 사람을 말합니다.

브레히트는 드라마투르그를 '극의 상연 과정에서 필요한 이론적인 선생님
이나 교수자'라고 풀이했습니다. 이런 역할이 별도로 필요한 것은 작가나 연
출가 중에 자신의 테마나 의도를 투영하는 데 고집이나 개성이 지나치게 강

한 사람들이 많아 소통이 쉽지 않은 경우가 흔하고, 극의 준비 과정이 의외로 복잡해 전체적 흐름, 즉 일관성을 유지하기가 쉽지 않기 때문입니다.

연극에서 드라마투르그는 영화 프로듀서와 같은 존재

오늘날 공연에서 드라마투르그는 작가, 연출가, 배우 간 소통을 원활하게 하고 공연의 전 과정을 총체적으로 관리해 공연을 성공적으로 이끄는 데 필요한 역할이라는 점에서 그 존재의 중요성이 부각됩니다. 영화제작 과정에서 프로듀서producer의 역할과 매우 흡사하다고 할 수 있습니다. 드라마투르그는 전통적인 극장과 일반적 극단이나 공연 제작사로 나눠 그 역할을 살펴볼 수 있습니다. 전통적인 극장에서는 해당 극장에 소속되어 작품을 취사선택하고 공연할 희곡을 검토·분석하며 공연이 이뤄지는 과정을 지원하는 역할을 합니다. 이른바 '리터러리 매니저literary manager'라고 할 수 있습니다. 일반적인 극단이나 공연 제작사에서는 리허설을 할 때 연출자 옆에서 필요한 모든 일을 챙기며 조력자 역할을 하는 사람을 말합니다. 요즘 용어로는 '프로덕션 매니저production manager'라고 규정할 수 있습니다.

리터러리 매니저를 우리말로는 '문예 감독' 정도로 번역할 수 있습니다. 극장에서 예술 감독과 보조를 맞춰 극장의 역사·전통·위상, 작품 공연의 경향성 등을 반영해 작품을 잘 선택하고 공연을 지원하면서 극장의 정체성과 흥행을 이어가는 역할을 수행합니다. 다시 말해 희곡 선택, 원안과 작품 배경 분석, 대본의 수정·번안·각색·편집·번역, 연출자와 배우에 대한 자문과 소통 매개, 관객 교육 등 전반적인 과정에 참여합니다. 작품의 전 과정에 참여해 작품이 체계적으로 준비되어 성공적으로 공연될 수 있도록 하는 매우 중요한 역할입니다. 배우의 입장에서 작가 또는 연출가와 소통이 잘 안 되거나 입장이 크게 다를 때, 직접 소통이 어렵다면 좀 더 매끄러운 방법으로 드라마투르그의 도움을 받을 수 있을 것입니다.

'에튜드'란
무엇을 말합니까?

에튜드란 상황과 사건을 반영한 잘 짜인 즉흥 시연극

에튜드etudes는 연극에서 '시연극', '습작극', '즉흥 시연' 등으로 풀이할 수 있습니다. 조금 더 구체적으로 말하면 '상황과 사건을 반영한 잘 짜인 즉흥 시연극(연습극)'입니다. 엄밀히 말해 일반적 의미의 '즉흥극improvisation'과는 구분되어야 합니다. 에튜드는 배우가 무대 공연에서 본격적으로 주어진 역할에 들어가기 전에 하는 워밍업 같은 기능의 극으로, 즉흥성이 강한 연기 교육 도구이자 방법론입니다. 보통 5~10분의 분량으로 진행하는데 1인, 2인, 다수의 인원이 참여할 수 있습니다.

> ■ ■ ■ **에튜드**
> 에튜드란 용어는 문학 분야에서는 '짧은 문학작품', 미술에서는 '습작'이나 '밑그림', 음악에서는 '연습곡'을 지칭합니다. 원래 '공부', '학습', '연구', '연구서', '연구 논문' 등을 뜻하는 프랑스어 '에튀드(étude)'에서 유래했습니다.

에튜드는 스타니슬랍스키의 연기 훈련 또는 배우 육성 시스템에서 적용된 용어인데, 자신으로부터 출발해 인물 창조가 가능한 총체적 역량을 지닌 배우를 길러내기 위한 효과적인 준비 과정을 지칭합니다. 대학의 연기 관련 학과나 연기 학교, 학원 등 교육 기관에서 장면 연기 수련의 핵심적 수단으로 활용합니다. 이렇듯 에튜드는 배우가 역할을 창조하는 데 가장 효과적인 방법으로 알려져 있습니다. 배우는 신체적 행동법을 제대로 익혀 기초적인 극적 상황과 사건을 스스로 창작·연출해 실제 무대에 올려 발표하거나 연기 교육에 적용합니다. 무대행동의 준비 과정이자 적용 과정인 것입니다.

배우는 먼저 자신이 창안한 극적 구성의 구체적인 상황과 사건이 전개되는 과정 속에서 자신의 역할과 그 역할에 부여된 심리·정서를 직관적으로 분석·파악해야 합니다. 그 뒤 아무런 방해나 제약을 받지 않는 자연스러운 상태에서 모든 것을 통할하는 주체로서 배우적 본성을 잠재적으로 발휘하는데, 내면적 정서의 발산과 신체 행동을 통해 맡은 역할을 즉흥적·창의적으로 표현합니다. 이 과정이 바로 에튜드입니다. 여기에서 '즉흥적'이라는 말은 배우의 경험과 수련, 순발력에 바탕을 둔 본능적·감각적 표현을 뜻합니다. 연습이 부족한 상태, 즉 준비되지 않은 상황을 뜻하지는 않습니다.

에튜드에서 배우는 전적으로 스토리와 배역, 그리고 연기를 창조·표현·교감하는 주체입니다. 에튜드 대본을 창작하는 과정에서 배우는 극작가와 연출가로 동시에 기능하지만, 이를 제대로 소화해 연기를 발표할 때는 배우로서 최대한 집중하고 몰입해 연기하게 됩니다. 결과적으로 배우가 '1인 3역'을 하게 되는 것입니다. 에튜드를 하는 것은 배우로서 무대 적응을 하는 데 많은 장점을 제공하기 때문입니다. 즉, 에튜드를 통해 연기 수련을 반복하면 대본 분석 능력이 길러지고 제시된 배역이나 역할을 감각적·본능적으로 기민하게 소화하는 연기적 순발력이 대폭 배양되거나 보강됩니다.

제시된 극적 상황, 구체적 사건, 등장인물 간 갈등이라는 요소 갖춰야

에튜드로서 제 기능을 하려면 '제시된 극적 상황', '구체적 사건', '등장인물 간의 갈등'이라는 기본 요소를 갖춰야 합니다. 창작하는 대본은 복잡하고 긴 줄거리 구조보다 단순·명료한 줄거리 구조가 좋습니다. 발단-전개-위기-절정-결말의 구성이 완전히 갖춰져야 하며 시작과 끝이 분명해야 합니다. 극 중 사건은 배우가 자신의 오감, 즉 자신의 과거 경험과 누적된 관찰을 토대로 정서적 기억을 되살려 극 중 자극·반응·변화·갈등·판단을 이끄는 기능을 충분히 하도록 설정해야 합니다. 반복된 연기 훈련을 통해 매번 새로운 경지에 도달하는 것이 매우 중요합니다. 의상과 소품(대도구, 소도구), 무대장치, 조명, 음향효과, 엑스트라를 사용할 수 있으며 배우는 준비 초기부터 연출자의 입장이 되어 극의 전체적인 구성과 흐름을 예측할 수 있어야 합니다.

스타니슬랍스키 스타일의 연기 교육 과정에서 대본에 기술된 인물의 대사를 직접 사용해 훈련하는 단계는 자기 일상의 한 단면을 무대에 옮기기, 신체적 자감自感의 기억(물체 없는 훈련, 극 구성을 포함한 비물체 훈련), 1인·2인 비언어 에튜드, 2인 이상 언어 에튜드 등과 같이 자신을 가다듬는 작업이 사전에 충분히 이뤄진 뒤 실시됩니다. 에튜드의 종류에는 1인 에튜드, 2인 에튜드, 침묵 에튜드, 무리 에튜드 등이 있습니다. 특히 1인 에튜드에서는 자신에게 가장 익숙한 상황을 목표로 설정해 과잉 행동 없이 자연스럽게 표현합니다. 목표 달성을 위한 방해물의 극복은 대부분 자신의 의지에 달려 있습니다.

1인 에튜드에는 연기할 때 말이 없는 경우(침묵), 말을 하는 경우, 말 대신 노래를 하는 경우가 있습니다. 2인 에튜드는 상대방의 목표가 자신의 목표

달성을 위한 방해물로 작용하므로 조율·협의·투쟁을 다루려면 상대 배우와 리듬과 템포를 맞춘 교감이 매우 중요합니다. 각자 설정한 상황과 목표에 대해서 양자가 결합해 서로 갈등하거나 충돌하는 상황을 연출·연기하는데, 양자의 조화를 전제로 상황과 캐릭터에 맞는 적절한 감정과 심리의 표현이 포인트라고 할 수 있습니다.

2인 에튜드에는 말을 못하게 된 침묵 상황인 비언어적 에튜드와 말을 하는 상황인 언어적 에튜드가 있습니다.

연기 훈련, 즉 맡은 배역을 형상화하는 데 가장 좋은 방법

스타니슬랍스키는 에튜드야말로 배우가 맡은 역할을 형상화하는 데 필요한 가장 좋은 방법 중 하나라고 강조했습니다. 스타니슬랍스키의 언급처럼 '연기'란 '본래의 나와 타인인 내 역할 사이의 거리를 최대한 좁혀나가는 작업'을 뜻합니다. 즉, 배우란 인간으로서의 자아와 극에서 맡은 캐릭터의 자아를 하나로 일치시키는 과정이라 할 수 있습니다. 그런데 성급하거나 미숙한 배우는 특정 역할을 부여받는 순간 자신과 자신의 역할 사이의 거리를 가늠하기보다 역할의 외형만을 창조·설정하는 데 더 신경을 씁니다. 이렇게 처음부터 역할에 집중하다 보면 창조적 잠재의식이 발동되지 않습니다.

스타니슬랍스키는 배우 자신이 형상화한 역할은 자신과 대본에 기술된 인물 사이의 중간 어딘가에 존재한다고 보았습니다. 그래서 주관적인 나를 무시하고 처음부터 역할 속으로 들어가려 애쓰다 보면 나중에는 모든 역할을 자연인인 나처럼 만들어버리는 오류를 범하게 된다고 지적했습니다. 이런 오류에 빠지게 되면 다양한 시대와 계층의 인물이라 하더라도 항상 똑같이 표현하게 되어 배우의 생명인 역할 창조 능력에서 고전을 면치 못하게 됩니다. 스타니슬랍스키는 에튜드가 배우의 이런 한계와 잘못된 습관을 벗어나게 해주는 해법이라고 재차 강조했습니다. 에튜드에 관해 충분히 설명했지만 더욱 상세히 알고 싶다면 다양한 관련 논문을 비롯해 옛 소련의 인민배우인 시흐마토프 레오니트 모이세예비치Шихматовб Леонид Моисеевич와 베라 콘스탄티노브나 리보바Вера Константиновна Львова가 쓰고 박상하가 번역한『무대 에튜드: 배우를 위한 연기 지침서』(2014) 등을 참조하시면 좋을 것 같습니다.

요즘 배우들이 관심을 보이는 '연극 치료'란 무엇입니까?

심리적 어려움에 처한 사람을 극적 현실에 참여시켜 치료하는 방법

요즘 '연극 치료drama therapy'에 관심을 갖는 배우나 연기 전공생들이 매우 많습니다. 자신의 예술적 전문성을 살려서 마음이 아프거나 심리적으로 곤궁한 처지에 있는 사람들을 돕고 싶은 마음이 깊은 배우나 배우 지망생이라면 관심을 가져볼 만한 분야입니다. 연극 치료는 연극적인 요소와 기법을 이용해서 극적 현실을 조성해 극적 현실에 직접 참여한 사람들〔상담을 받으러 온 사람들이라는 의미에서 '내담자(來談者, client)'라고 표현하기도 합니다〕의 성장과 정신 건강 회복을 돕고 고민을 해결하는 데 쓰이는 예술 치료 기법 가운데 하나입니다. 예술 치료에는 미술 치료, 음악 치료, 원예 치료 등이 있습니다. 연극 치료는 배우들이 별도로 관련 공부를 하고 기법을 심화하면 매우 잘할 수 있는 분야이기도 합니다. 연극 치료에는 전통적인 제의와 무속, 놀이 치료, 사이코드라마psychodrama, 사회극 등이 있습니다.

미국연극치료협회는 1982년 "연극 치료는 증상의 완화, 정서적이고 신체적인 통합, 개인의 성장이라는 치료 목표를 달성하기 위해 의도적으로 드라마나 연극을 활용하는 것을 지칭한다"고 규정했습니다. 이에 앞서 1979년 영국연극치료협회는 연극 치료에 대해 "사회적·심리적 문제와 정신적 질환 및 장애를 이해하고 증상을 완화시키며 상징적 표현을 촉진하는 수단"이라고 규정했습니다. 이어서 "참여자들이 그것을 통해 음성적이고 신체적인 소통을 유발하는 창조적 구조 안에서 개인과 집단으로서 자신을 만날 수 있다"고 소개했습니다. 이렇듯 연극 치료는 함께 상상하고 행동하는 과정을 통해 모든 시·공간과 사건을 움직임, 소리, 노래, 그림, 대사 등으로 표현함으로써 심리적 상처와 불안정을 해소하고 회복하는 힘을 일깨워 참여자의 치유와 성장을 돕는 것을 말합니다.

프로이트의 정신분석, 융의 원형 심리학 모델 등이 기본 원리

연극 치료에 사용되는 심리 모델은 지그문트 프로이트의 정신분석 모델, 카를 쿠스타프 융Carl Gustav Jung의 원형 심리학 모델, 빌헬름 라이히Wilhelm Reich의 생체 기능 모델, 로널드 데이비드 랭Ronald David Laing의 실존 모델, 칼 로저스Carl Rogers와 프리츠 펄스Fritz Perls의 인본주의 모델, 제이컵 레비 모레노Jacob Levy Moreno의 심리극 모델, 버러스 프레더릭 스키너Burrhus Frederic Skinner의 행동주의 모델, 버지니아 사티어Virginia Satir의 가족 치료 모델 등 매우 다양합니다. 첫째, 프로이트의 정신분석 모델은 참여자의 무의식과 억압된 감정을 강조하고 유아기 성적 체험이 현재의 행동을 결정짓는다는 이론을 기초로 치료사와 참여자의 상호작용을 통해서 과거의 심리적 문제를 극적으로 재현해 치료의 효과를 추구합니다.

둘째, 융의 원형 심리학 모델은 꿈·명상·환상의 내적인 극화를 통해 개인사를 돌아보며 인간 존재에 대한 본질적 추구를 통해 치료적 효과를 도모합니다. 셋째, 라이히의 생체 기능 모델은 성격 분석을 기초로 무용과 동작 같은 비언어적 체험에 의존해 역할과 인물을 구축하며 다른 인물이 공격성을 표출하도록 설정해 내담자가 완전한 표현을 막으려고 어떻게 방어하는지 지켜보면서 역할 안팎의 모순점을 분석해줍니다.

넷째, 랭의 실존 모델은 개인을 그 자신과 가족, 사회로부터 소외된 존재로 인식합니다. 따라서 개인이 치료사나 치유 공동체와의 상호작용에 동참하게 해 스스로 소외된 존재에서 책임감을 가진 존재로 행동하도록 깨닫게 합니다. 다섯째, 로저스와 펄스의 인본주의 모델은 치료사가 내담자에게 감정이입을 해 자신을 새롭게 바라보는 긍정적 확신을 갖도록 하는 것을 말합니다. 이 가운데 '게슈탈트Gestalt 치료'는 선한 자아를 지녔다고 믿는 내담자 개인을 통합된 유기체로 인식하게 하는 정서적 표현을 가장 중시하며 이를 통한 카타르시스의 체험을 목표로 설정하고 있습니다.

여섯째, 모레노의 심리극 모델은 내담자를 주인공, 치료사를 연출가로 놓은 뒤 주인공의 삶에서 중요한 타인들을 연기하는 별도의 보조 자아, 주인공의 내적 목소리로서의 분신을 각각 극적으로 설정해 이들의 상호작용으로 주인공인 내담자가 처한 문제들을 찾아내 해결하고자 하는 방식입니다. 이 경우 관객들은 주인공의 보조 자아와 분신 사이의 역할로 극에 참여할 수 있습니다. 일곱째, 스키너의 행동주의 모델은 학습이론을 근간으로 하는데, 인간은 무엇인가를 원할 때 프로이트가 강조한 무의식이나 경험과 상상 대신 욕망·단서·반응·보상의 기제로 움직이며 만족감을 얻는다는 원리를 반영하고 있습니다.

여덟째, 사티어의 가족 치료 모델은 개인의 심리적 혼란과 병증이 심성

발달의 초기 단계에서 발생하는 가족 관계의 혼란과 불안정에서 비롯된다고 봅니다. 따라서 치료사는 현재의 가족 구성원들에게 나타나는 현실적인 상호작용을 철저히 분석해 해결책을 찾아냅니다.

연극 치료를 하는 사람을 연극 치료사 또는 연극 심리상담사drama therapist 라고 합니다. 연극 치료사는 내담자의 문제에 감정이입을 잘하고 자신의 욕구와 감정을 자연스럽게 표현하는 '치료적 품성'의 연기 능력이 요구됩니다. 한국연극치료협회는 이를 '연극 심리상담사'라 칭합니다. 또한 연극 심리상담사는 참여자의 정신 건강을 증진시키기 위해 연극 심리상담을 진행하는 사람으로서 연극적 경험과 관계를 통해 참여자의 신체적·정신적·정서적·사회적 건강을 복원·유지·향상시키는 역할을 하는 전문가로 규정됩니다.

이들은 참여자의 치료 필요를 정확히 진단하고, 이에 기초해 연극 심리상담의 목적과 목표를 확립하며, 그에 따라 적절한 연극 심리상담 활동을 구성·적용한 후 그 결과를 평가합니다. 아울러 도출된 결과를 참여자, 보호자, 관련 전문가와 공유합니다. 한국연극치료협회(www.kadt.or.kr)와 한국예술치료협회(www.kaat.or.kr) 등을 통해서 연극 심리상담사 자격증(민간자격증 제2011-0812호)을 취득해 활동할 수 있습니다.

일정한 교육 받고 연극 심리상담사 자격증을 취득해야 활동 가능

자격증은 1급과 2급이 있습니다. 한국연극치료협회에 따르면 1급은 장애 아동, 청소년, 성인 정신 질환자, 노인성 질환자, 일반인 등 다양한 참여자에게 실제 연극 심리상담 작업을 할 수 있는 자격입니다. 학교, 복지관, 치료센터, 병원 등에서 연극 심리상담사로 활동할 수 있고 연극 심리상담 과정

수강생을 지도할 수 있습니다. 아울러 연극 심리상담사 1급 자격증을 취득한 후 5년이 지나면 이사회의 결정을 거쳐 연극 심리상담센터 지부를 운영할 수도 있습니다.

2급은 장애 아동, 청소년, 성인 정신 질환자, 노인성 질환자, 일반인 등 다양한 참여자에게 실제 연극 심리상담 작업을 할 수 있고 학교, 복지관, 치료센터, 병원 등에서 연극 심리상담사로 활동할 수도 있습니다. 시험 과목은 2급의 경우 필기시험〔연극 치료학, 심리학, 특수교육(특수 아동, 청소년 행동 장애)〕과 구술시험, 슈퍼비전supervision 등이며, 1급의 경우 필기시험(연극 치료 I, 연극 치료 II, 성인 정신 질환), 구술시험, 슈퍼비전 등입니다. 이 가운데 생소한 이름인 '슈퍼비전' 과목은 연극 심리상담사로서의 전문적인 역량을 평가하는 시험입니다. 연극 심리상담사(연극 치료사) 자격증의 유효기간은 5년으로, 갱신을 위해서는 10시간의 교육을 이수해야 합니다.

이런 단체뿐만 아니라 연극 관련 학과를 개설한 국내 대학의 대학원 과정에는 연극 치료 전공을 두고 있는 곳이 많기 때문에 자신의 목표에 따라 연극 치료를 학위 과정으로 이수할 수도 있습니다. 그러나 평소에 마음이 아프거나 불행을 겪는 사람들을 대하면 자신도 모르게 똑같이 우울한 심리에 휩싸이거나 이런 사람들을 만나는 것이 천성적으로 싫은 사람들은 연극 치료 분야를 공부하거나 장차 이 분야에서 일하는 것을 권하고 싶지 않습니다. 적합하지 않기 때문입니다. 연극 치료에서 일하려면 아무래도 연기에 대한 기본을 알고, 성격이 담대하며 시야가 넓고, 이해심과 배려심이 많은 분들이 좀 더 적합합니다.

배우가 알아야 할 공연 관련 용어는 어떤 것이 있습니까?

블랙 코미디, 모노드라마 등 다양한 용어 정확히 알아야

배우라면 교양의 측면에서 '블랙 코미디black comedy', '모노드라마mono-drama', '키노드라마kino-drama', '사이코드라마', '레제드라마lesedrama' 정도는 꼭 알아둘 필요가 있습니다. 블랙 코미디는 웃음을 통해 반대로 환멸과 냉소를 표현하는 풍자 희극을 말합니다. 인간 존재의 불확실성·불완전성에 대한 인식의 형상화를 목적으로 하기 때문에 굉장히 난해한 경우가 많습니다. 무겁고 잔혹한 느낌을 주기도 하며 정치체제를 우회적으로 비판하는 내용을 공연하기도 합니다.

모노드라마는 배우가 혼자서 하는 1인극을 지칭합니다. 그리스어 '독백 monologue'과 '드라마drama'의 합성어인데 이 드라마 형태는 18세기 독일에서 유행했습니다. 주로 배우의 명연기를 위한 소품으로 쓰였는데, 장 자크 루소Jean Jacques Rousseau의 〈피그말리온Pygmalion〉과 장 콕토Jean Cocteau의 〈목소리La voix humaine〉가 모노드라마의 대표적 사례라 할 수 있습니다. 국내에서 모노드라마 붐을 일으킨 작품은 배우 추상미의 부친인 고故 추송웅이 기획·제작·연출·연기·분장을 도맡아 열연했던 〈빨간 피터의 고백〉이었습니다. 이 작품은 1977년 카프카의 단편인 「어느 학술원에 제출된 보고서Ein Bericht für eine Akademie」를 각색한 것으로 서울 삼일로 창고극장에서 막을 올려 개막 4개월 만에 6만 여 관객을 동원하는 신기록을 세웠습니다.

키노드라마는 무대예술인 연극을 할 때 영상을 일부분으로 받아들여 다채롭고 첨단적인 연출 기법을 적용한 무대를 만들어가는 연극을 말합니다. '연쇄극'이라고도 합니다. 원래는 영화가 발명된 이후 고전적 예술 장르인 연극이 장면전환을 풍부하게 하기 위해 영상을 이용한 것을 뜻했습니다. 오늘날에는 이런 의미가 발전되어 '영화적인 연극'이라는 의미로 사용되고 있습니다. 한국 영화학계에서는 1919년 10월 27일 서울 종로의 단성사에서 상영한 〈의리적 구토〉를 최초의 키노드라마로 평가합니다.

사이코드라마는 정신과 의사 모레노가 심리 치료 목적으로 첫선

사이코드라마는 개인이 자신의 사적 문제를 말 대신 연극적 행동으로 표현하는 심리극을 말합니다. 이 가운데 공적 문제를 주제로 다룰 경우에는 '소시오드라마sociodrama'라고 합니다. 사이코드라마는 따로 대본을 마련하지 않고 피상담자나 환자에게 어떤 역할과 상황을 제시해 당사자가 생각나는 대로 연기하게 하거나, 서로의 역할을 바꾸는 '역할연기role-playing'를 하도록 해 내적으로 억압·응축된 감정과 갈등을 표출하게 함으로써 심리 치료, 적응, 교육적 효과를 추구합니다.

사이코드라마는 1921년 오스트리아의 정신과 의사 모레노가 처음 선보였습니다. 그는 사이코드라마가 연극적 방법을 통해 인간 존재의 실체를 규명하고 인간이 처한 환경의 현실적 측면을 탐구하는 과학이라는 점에서 '진실의 극장the theater of truth'으로 규정했습니다. 사이코드라마는 긴장을 풀고 역할을 정하는 워밍업 단계, 억압된 내적 문제를 무대 위에서 외적으로 표출하는 연기의 단계, 여러 감정들을 함께 나누는 공유의 단계로 진행됩니다.

레제드라마는 무대 상연을 목적으로 하지 않고 읽기, 즉 독서용으로 쓰인 드라마를 말합니다. 읽기 전용이기 때문에 독자를 사로잡으려면 구성이 더 박진감 있고 내용이 흥미진진해야 할 것입니다. 레제드라마는 사실 연극성보다 문학성에 더 중점을 둔 변칙적 희곡입니다. 18~19세기에 유럽에서 유행했습니다. 희곡의 대화체를 빌린 소설로 인식되는 경우도 있었다고 합니다. '북 드라마book drama'나 '부흐 드라마buch drama'라고 칭하기도 합니다. 괴테의 『파우스트』 2부가 대표적이라 할 수 있습니다.

브로드웨이, 오프브로드웨이, 오프오프브로드웨이의 차이는 무엇인가요?

브로드웨이는 뉴욕 중심의 핵심 극장가로 상업적 극예술 상징

　배우들도 '브로드웨이Broadway', '오프브로드웨이Off-Broadway', '오프오프 브로드웨이Off-off-Broadway'를 정확히 구분하는 사람이 많지 않습니다. 브로 드웨이는 미국의 뉴욕 맨해튼 지구에 있는 브로드웨이를 중심으로 42번가 와 50번가의 타임스 광장 주변에 있는 30개 이상의 극장가를 지칭합니다. 대중적이고 상업적인 기획 의도에 따라 자본을 많이 투입한 화려한 연극과 뮤지컬 작품들을 주로 선보입니다. 연기 테크닉이나 무대장치, 조명, 미술 등이 화려합니다. 그러다 보니 드라마나 스크린을 통해 스타로 등극한 인기 배우들이 많이 등장하기도 합니다. 미국인들은 물론 각국에서 여행 온 많은 관광객이 몰려드는 곳입니다.

반상업주의 기치 내건 예술가들 주변과 변두리에 예술운동 둥지 형성

오프브로드웨이는 미국 연극의 중추 역할을 해온 뉴욕 브로드웨이 극장 가가 예술성을 경시하고 점차 상업주의에 물들자, 예술가들이 이에 대항해 제2차 세계대전 후인 1950년대에 일으킨 실험적인 소극장운동을 지칭합니 다. '탈脫브로드웨이' 또는 '브로드웨이를 벗어난다'는 뜻입니다. 이제는 이 런 소극장운동이 전개된 특정 지역을 상징하는 말로 자리 잡았습니다. 즉, 오프브로드웨이라 하면 지금은 브로드웨이 외곽에 위치한 300석 미만 객석 의 소극장 그룹을 의미합니다. 이곳에서는 비록 저예산의 환경이지만 좀 더 나은 사회로 이끌 예술성 깊은 연극을 만드는 것을 목표로 많은 작가, 연출 가, 배우를 배출했습니다.

오프오프브로드웨이는 오프브로드웨이 운동에 대한 실망과 반감에서 새 롭게 일어난 연극 운동입니다. 1950~1960년대 브로드웨이가 상업성 짙은 공연으로 치닫자 이에 반발해 오프브로드웨이 운동이 일어났고, 오프브로드 웨이마저 브로드웨이 진입을 위한 전초전이나 등용문으로 퇴색되는 경향을 보이자 젊은 예술가들을 중심으로 실험성과 예술성을 좀 더 강화하는 연극 운동을 전개한 것입니다. 당시 이들은 커피 하우스나 지하실을 무대로 무명 작가들의 작품을 공연했습니다. 오프오프브로드웨이의 전통을 잇고 있는 극 단은 리빙시어터, 오픈시어터 등입니다.

'뮤비컬'과 '드라마컬'이란 무엇인가요?

원작이 영화라면 뮤비컬, 드라마라면 드라마컬

'뮤비컬'은 영화를 뜻하는 '무비movie'와 '뮤지컬musical'을 합친 조어입니다. 즉, '영화를 원작으로 해서 만든 뮤지컬'이라는 뜻으로 뮤지컬 분야에서 새롭게 부상한 흥행 장르입니다. 뮤비컬은 영화관에서 상영되었던 영화와 내용·구성이 똑같지는 않고 뮤지컬의 특성에 맞게 일부 내용과 인물에 대해 창작·각색합니다. 외국에서는 오래전부터 있던 장르인데 한국에서도 이제 보편화되고 있습니다. 아시다시피 영화 〈댄서의 순정〉, 〈싱글즈〉, 〈달콤한 인생〉, 〈달콤, 살벌한 연인〉, 〈나의 사랑 나의 신부〉, 〈신부 수업〉, 〈미녀는 괴로워〉, 〈라디오 스타〉, 〈드림걸즈Dreamgirls〉 등이 각각 뮤지컬로 제작되었습니다. 이 가운데 〈달콤, 살벌한 연인〉의 뮤지컬 작품명은 〈마이 스케어리 걸〉로 다르지만, 나머지 작품들은 영화와 뮤지컬의 제목이 같습니다.

2007년 3월에 공연된 〈댄서의 순정〉의 경우, 영화에서 문근영이 맡았던 여주인공은 걸그룹 에스이에스 출신의 유진과 배우 양소민이 번갈아 맡았습니다. 남자 주인공은 최성원, 최원철이 캐스팅되었습니다. 인기리에 공연된 〈원스Once〉나 〈킹키 부츠Kinky Boots〉, 〈바람과 함께 사라지다Gone with the Wind〉, 〈프로듀서스The Producers〉, 〈헤어스프레이Hairspray〉, 〈메리 포핀스Mary Poppins〉, 〈빌리 엘리어트Billy Elliot〉, 〈금발이 너무해Legally Blonde〉, 〈록키Rocky〉, 〈보디가드The Bodyguard〉, 〈찰리와 초콜릿 공장Charlie and the Chocolate Factory〉, 〈스위트 채러티Sweet Charity〉, 〈나인Nine〉 등도 사실은 모두 뮤비컬 작품입니다. 뮤비컬이 인기를 얻다 보니 영화제작 단계부터 뮤지컬까지 염두하며 시나리오를 쓰고, 실제 영화와 뮤지컬을 연달아 준비하는 투자·제작 주체들이 더러 나타나고 있습니다.

원작의 흥행성과 스토리의 안정성이 검증되어 뮤지컬로 제작

'드라마컬'은 '드라마drama'와 '뮤지컬'의 합성어로 '드라마를 원작으로 만든 뮤지컬'을 뜻합니다. 안방극장의 폭넓은 시청자를 상대로 그들의 정서·기억을 되살려 무대 위에서도 흥행시켜보자는 의도에서 시도된 장르입니다. 드라마로 방영되어 성공을 거뒀던 KBS의 〈겨울연가〉, MBC의 〈환상의 커플〉, 〈대장금〉, 〈커피프린스 1호점〉, 〈주몽〉(뮤지컬 작품명은 〈소서노〉), 〈해를 품은 달〉, SBS의 〈파리의 연인〉, 〈미남이시네요〉, 케이블 채널 tvN의 〈막돼먹은 영애씨〉 등이 뮤지컬로 각색되어 무대에서 속속 공연되었습니다. 뮤지컬 관객의 대부분이 여성이다 보니 영화에서와 마찬가지로 투자의 안정성을 고려해 주로 여성들에게 어필해 성공한 드라마가 뮤지컬로 제작되고 있습니다.

뮤비컬과 드라마컬이 심심치 않게 시도되는 것은 새로운 콘텐츠를 찾는 뮤지컬계와 공연 시장에 매력을 느낀 투자 자본의 욕구가 맞아떨어진 결과로 보입니다. 특히 드라마컬의 급증은 한류 열풍, 즉 드라마 한류에서 비롯되었다고 볼 수 있습니다. 이미 관객이나 시청자의 관심을 끌었거나 흥행에 성공한 원작 영화·드라마는 뮤지컬이라는 색다른 장르로 만들어도 다시 볼 것이라는 기대감이 충분하기 때문에 제작할 가치를 크게 느낄 것입니다. 즉, 투자자나 제작자 입장에서는 '원작의 안정성'이 확보된 작품이라고 평가하는 것입니다. 이런 평가는 대체로 주효해서, 원작을 각색해 뮤지컬로 올릴 경우 상당한 성공을 거두는 경우가 매우 많습니다. 원작자의 입장에서는 '원 소스 멀티 유즈one source muiti-use: OSMU 전략'을 구사해 하나의 원작으로 다양한 수익을 올리게 되어 환영할 만한 일입니다.

'넌 버벌 퍼포먼스'란
무엇인가요?

〈난타〉, 〈스톰프〉처럼 신체 언어로 리듬과 비트를 구성한 비언어극

'넌 버벌 퍼포먼스non-verbal performance'는 대사(언어)가 아닌 신체 언어, 즉 몸짓과 소리를 주축으로 해 리듬과 비트로 구성하는 비언어극을 말합니다. 반면 대사를 필수적으로 사용하는 언어극은 '버벌 퍼포먼스verbal performance'라 부를 수 있습니다. 뉴욕에서 들여와 탭댄스의 진수를 보여준 〈스톰프Stomp〉와 공사판 현장의 이야기를 다룬 〈탭덕스Tap Dogs〉, 세계 각국에서 한류 붐을 일으킨 송승환의 〈난타NANTA〉, 그리고 〈도깨비 스톰〉 등이 넌 버벌 퍼포먼스에 속합니다. 넌 버벌 퍼포먼스는 공연 중 대사를 사용하지 않기 때문에 문화적 할인율cultural discount rate이 크지 않아 국적에 관계없이 누구나 즐길 수 있는 장점이 있습니다. 즉, 리듬과 비트 중심의 공연이기 때문에 언어 장벽에 시달릴 필요가 없어 외국인이라도 쉽게 이해하고 공감할 수 있습니다. 앞에서 나열한 작품들이 1990년대 초부터 세계적으로 인기몰이를 한 것은 바로 이런 이유 때문입니다.

한국을 대표하는 문화 상품으로 자리 잡은 〈난타〉는 주방에서 일하는 요리사들의 삶과 그들이 겪는 해프닝·애환을 감동적으로 그린 작품입니다. 사물놀이·펑크·테크노 등의 리듬을 통해 전율을 느끼게 하는 불협화음을 만들어내고 각종 극 중 이벤트까지 덧붙여 관객들을 신명나게 합니다. 관객들은 공연을 보면서 웃고 환호성을 지릅니다. 이 작품은 1997년에 초연한 이래로 1999년 8월에 한국 연극 사상 처음으로 영국 에든버러 페스티벌 Edinburgh International Festival 에 참가해 큰 인기를 얻었습니다. 2001년에는 개런티 400만 달러에 미국과 수출 계약을 체결하면서 공연물 사상 최고의 수출 실적을 기록했습니다. 인류의 보편적 언어라 칭해지는 '보디랭귀지 body language'의 힘을 실감하는 결과물이라고 할 수 있겠습니다.

'세계 4대 뮤지컬'이란
무엇을 말하나요?

〈캣츠〉, 〈레미제라블〉, 〈오페라의 유령〉, 〈미스 사이공〉 지칭

'세계 4대 뮤지컬'은 미국의 브로드웨이를 비롯한 세계 뮤지컬 시장에서 가장 많이 공연되는 네 개의 작품을 지칭합니다. 배우가 4대 뮤지컬에 대해 상세히 학습해야 하는 이유는 이러한 네 작품이 시대에 맞춰 포맷을 진화시키며 관객의 요구에 부흥해 지속적으로 가장 많이 공연되는 뮤지컬이기 때문입니다. 흥행몰이를 멈추지 않고 있는 네 작품은 바로 〈캣츠Cats〉, 〈레미제라블Les Miserables〉, 〈오페라의 유령The Phantom of the Opera〉, 〈미스 사이공Miss Saigon〉입니다. 뉴욕의 브로드웨이를 주축으로 세계 뮤지컬 시장을 주도하고 있는 미국적 관점에서 선정된 것입니다. 이 가운데 〈캣츠〉를 제외한 세 편의 작품은 우연찮게도 프랑스 작가의 문학작품을 원작으로 하거나 프랑스 작곡가가 만든 작품입니다. 뮤지컬의 출발이 오페라opera인 데다 19세기 후반에 발달한 '대중화된 오페라'인 '오페레타operetta'가 프랑스에서 발전했던 것도 이런 배경과 관련이 깊다고 할 수 있을 것입니다.

이 가운데 〈캣츠〉는 영국의 시인 토머스 S. 엘리엇Thomas S. Eliot이 친지들을 위해 쓴 시 「지혜로운 고양이가 되기 위한 지침서Old Possum's Book of Practical Cats」를 원작으로 하고 있습니다. 은은한 달빛 아래에서 늙은 창녀 고양이인 그리자벨라Grizabella가 자신의 옛일을 회상하며 부르는 노래 「메모리Memory」가 가장 유명한 곡입니다. 작품의 주제는 인간 구원입니다. 배우들은 인간의 속성을 담은 동물들로 변신해 각각의 속성과 심리를 대사와 노래로 표현합니다.

〈레미제라블〉은 프랑스 작가 빅토르 마리 위고Victor-Marie Hugo의 동명 소설이 원작입니다. 영국에서 1985년에 초연되었습니다. 프랑스어로 '레미제라블'은 '불쌍한 사람들'이라는 뜻입니다. 나폴레옹Napoléon 집정기의 암울했던 사회와 프랑스혁명의 소용돌이에서 번민하는 한 죄수의 일생을 보여주면서 인간의 존엄성과 삶의 의미를 되돌아보게 합니다. 대표곡은 혁명가들의 결의가 담긴 「두 유 히어 더 피플 싱Do You Hear The People Sing」을 비롯해 혁명을 하려는 청년들을 제압하고자 하는 형사 자베르Javert의 다짐, 코제트Cosette와 마리우스Marius의 사랑, 장발장Jean Valjean의 고뇌를 한 곡에 담은 「원 데이 모어One Day More」, 짝사랑의 안타까움을 표현한 「온 마이 원On My Own」, 코제트의 어머니 팡틴Fantine이 부르는 「아이 드림드 어 드림I Dreamed a Dream」 등입니다.

〈오페라의 유령〉은 가스통 르루Gaston Leroux가 1910년에 쓴 소설이 원작입니다. 파리 오페라하우스를 배경으로 하고 있습니다. 이 원작 소설을 뮤지컬 작곡가 앤드루 로이드 웨버Andrew Lloyd Webber와 제작자 캐머런 매킨토시Cameron Mackintosh가 오페레타 형식의 뮤지컬로 만들었습니다. 흉물스럽게 일그러진 얼굴을 가면으로 가린 괴신사가 아름다운 프리마돈나를 짝사랑하면서 사랑과 번민을 거듭한다는 이야기를 그리고 있습니다. 유령이 프리

마돈나인 크리스틴Christine 을 납치해 마궁魔宮으로 노를 저어가는 장면에서 부르는 「오페라의 유령The Phantom of the Opera」이 가장 유명한 노래입니다. 이 밖에 수십 개의 촛불이 발산하는 어둠 속 조명 아래에서 유령이 부르는 「밤의 노래The Music of the Night」, 크리스틴과 라울Raoul 이 사랑하는 마음을 주고받는 「그대에게서 바라는 것은 오직 사랑뿐All I Ask of You」 등이 감명 깊은 주제곡들입니다.

〈미스 사이공〉은 베트남전쟁 속에서 사랑을 꽃피운 베트남 여인 킴Kim 과 미군 장교 크리스Chris 의 비극적인 이야기를 다루고 있습니다. 베트남판 〈나비부인Madame Butterfly〉이라 비유하기도 합니다. 이 작품에서는 다양한 갈등 구조를 선보입니다. 전쟁 중에 싹튼 킴과 크리스의 사랑, 아들의 미래 를 위해 눈물을 머금고 과감하게 자신을 희생하는 킴의 모정, 두 아내[미국 의 아내 엘렌(Ellen)과 사이공 아내 킴] 사이에서 번민하는 크리스, 두 남자[부 모님이 정해준 남자 투이(Thuy)와 자신이 택한 남자 크리스] 사이에서 괴로워하 는 킴 등이 바로 그것입니다. 음악은 클로드 미셸 쇤베르그Claude-Michel Schö nberg가 맡았습니다. 대표곡은 「세상의 마지막 밤The Last Night of the World」, 「해와 달Sun and Moon」 등입니다.

록 뮤지컬 〈지저스 크라이스트 슈퍼스타〉 포함 5대 뮤지컬로 구분

4대 뮤지컬에 〈지저스 크라이스트 슈퍼스타Jesus Christ Superstar〉를 덧붙일 경우 '세계 5대 뮤지컬'이라 칭합니다. 〈지저스 크라이스트 슈퍼스타〉는 음 모, 배신, 희생, 용서로 이어지는 예수 생애 마지막 일주일의 이야기를 다루 고 있는데, 뮤지컬계에서 가장 각광받고 있는 작곡가 앤드루 로이드 웨버가

23세에 작곡한 록 뮤지컬입니다. 록 음악의 진수를 보여주듯 전자 기타 등을 이용한 강렬한 쇳소리와 비트가 울려퍼지면서 관객들이 경쾌함을 만끽하게 해줍니다.

세계 4대 뮤지컬과 달리 '프랑스 4대 뮤지컬'은 〈로미오와 줄리엣Roméo et Juliette〉, 〈노트르담 드 파리Notre Dame de Paris〉, 〈레미제라블〉, 〈레딕스Les Dix Commandements〉로 미국적 시각의 브로드웨이에서 분류된 것과 다릅니다. 자국 문화에 대한 국민적 자존심이 높은 프랑스에서는 시민들이 일반적으로 〈캣츠〉, 〈오페라의 유령〉, 〈미스 사이공〉보다 〈로미오와 줄리엣〉, 〈노트르담 드 파리〉, 〈레딕스〉를 즐겨 보아 더 인기가 많다는 뜻입니다.

참고로 뮤지컬은 극의 구성과 전개에 맞춰 음악과 춤이 긴밀하게 짜여 조화를 이룬 연극입니다. 원래 '뮤지컬 코미디musical comedy' 또는 '뮤지컬 플레이musical play'을 줄여 부른 것이 뮤지컬입니다. 뮤지컬은 유럽의 대중연극, 오페라, 오페레타, 발라드 오페라가 근간이 되어 19세기에 미국에서 만들어진 새로운 음악극입니다. 첫 뮤지컬은 1892년에 조지 에드워드George Edwardes가 제작해 케이티시어터에서 초연한 〈거리에서On the Town〉입니다. 1927년에 제작된 〈쇼보트Show Boat〉는 미국 현대 뮤지컬의 서막을 열었습니다. 1927년에 제작된 〈재즈 싱어The Jazz Singer〉는 최초의 뮤지컬 영화입니다. 이제는 세월이 흘러 기억하는 사람이 거의 없겠지만 당시 주인공 알 졸슨Al Jolson은 영화에서 주제곡 「마미Mammy」를 비롯해 여섯 곡을 불렀습니다.

국내에서 공연된 최초의 뮤지컬은 〈살짜기 옵서예〉입니다. 예그린악단이 1966년에 제주도를 배경으로 한 고전소설『배비장전』을 각색해 무대에 올렸는데, 7회에 걸친 공연에 1만 6000명이 관람해 대성공을 거뒀습니다. 제주 기생 애랑과 배비장의 사랑에 초점을 둔 로맨스극으로 새 단장함으로써 풍자와 해학적 요소를 느끼게 한 결과입니다. 이 작품은 1996년 서울예술단 공연 이후에 공연이 중단되었다가 2003년 씨제이가 무대에 홀로그램과 3D 기법 등 첨단 기술을 적용해 제작한 업그레이드 버전을 씨제이 토월극장에서 선보였습니다.

국산 창작 뮤지컬과
라이선스 뮤지컬은
왜 갈등하나요?

주요 공연장에서 라이선스 뮤지컬만 공연해 창작 뮤지컬 입지 축소

국내 창작자가 자신의 독자적인 순수한 아이디어를 토대로 대본과 곡, 안무 등을 직접 창안해 공연하는 뮤지컬 작품을 '창작 뮤지컬domestic original musical'이라 합니다. 순수하게 짜낸 것도 있지만 대부분 히트한 드라마, 영화, 만화, 가요를 원작으로 삼아 새롭게 그려낸 것입니다. 〈명성왕후〉, 〈대장금〉, 〈김종욱 찾기〉, 〈오 당신이 잠든 사이〉, 〈사랑은 비를 타고〉, 〈심야식당〉, 〈그날들〉 등이 바로 그 사례입니다. 특히 〈그날들〉은 이른 나이에 세상을 떠난 가수 김광석의 히트곡으로 구성되어 있어 관객들에게 애잔함을 더해줬습니다. 창작 뮤지컬은 뮤지컬 공연 기획자들의 감각과 실력이 뛰어나기 때문에 기획 단계부터 짜임새 있고 안정적인 구성, 익숙한 스토리와 정서를 바탕으로 많은 성공을 거두고 있습니다. 〈사랑은 비를 타고〉의 경우 일본에도 수출되었습니다.

반면에 외국 원작의 뮤지컬 작품으로서 로열티royalty를 주고 대본, 포맷,

곡 등을 국내에 들여와 그대로 또는 일정 부분 각색해 공연하는 뮤지컬을 '라이선스 뮤지컬licensed musical'이라 합니다. 국산 창작 뮤지컬과 반대되는 개념으로 사용됩니다. 아시다시피 라이선스 뮤지컬은 세계 4대 뮤지컬인 〈캣츠〉, 〈레미제라블〉, 〈오페라의 유령〉, 〈미스 사이공〉을 비롯해 외국에서 초연된 이후 제작자가 고유한 대본, 포맷, 음악 등에 대해 저작권을 확보한 작품을 말합니다. 따라서 이런 작품을 공연하려면 외국에서 작품을 들여올 때 저작권자에게 로열티를 지불해야 합니다. 대체로 성공한 대작들을 들여오는 경우가 많기 때문에 로열티 액수는 적지 않습니다.

외국의 라이선스 뮤지컬 국내 장기 공연 정착, 뮤지컬계의 엇갈린 명암

공생 관계인 창작 뮤지컬과 라이선스 뮤지컬이 대척 관계를 형성해 서로 갈등하게 된 것은 뮤지컬에 대한 인기가 높아져 점차 산업의 단계에 이르면서 생긴 문제입니다. 양자가 균형을 이루며 발전하는 것이 아니라, 시장의 상황이 라이선스 뮤지컬 쪽으로 너무 쏠렸기 때문입니다. 국내에서는 그간 뮤지컬이 크게 활성화되지 못하다가 1990년대부터 국민들의 경제적 수준이 향상되고 이에 맞춰 라이선스 뮤지컬이 하나둘씩 들어와 호응을 얻으면서 관객이 점차 증가했습니다. 주5일제가 본격화된 2000년대부터 〈오페라의 유령〉, 〈캣츠〉 등 대형 라이선스 뮤지컬의 히트에 힘입어 뮤지컬 시장이 크게 성장했습니다.

이어 투자 자금이 뮤지컬 업계에 몰리기 시작했습니다. 보통 금융자본이 특정 업계에 투자의 목적으로 유입되어 혈액이나 윤활유 역할을 해낼 경우 '산업'의 단계에 접어들었다고 평가합니다. 이렇듯 작은 산업의 규모로 커진 국내 뮤지컬 시장에 라이선스 뮤지컬을 주축으로 한 대형 뮤지컬의 장기 공연이 정착되면서 2013년에는 연간 매출액이 3000억 원대에 이를 정도로 커졌습니다. 2012년과 비교하면 20%나 성장한 셈입니다. 이에 앞서 문화체육관광부는 2011년을 기준으로 뮤지컬계가 연간 3790건의 작품을 2만 5283일간 4만 1436회의 공연으로 선보였고 관객은 1120만 명으로 집계되었다는 통계자료를 발표했습니다.

그런데 문제가 생겼습니다. 뮤지컬은 반갑게도 때아닌 호황기에 접어들었지만 외국 라이선스 작품의 점유율이 70% 이상으로 지나치게 높아져 국산 창작 뮤지컬의 설 땅이 없어지면서 창작자의 의욕 상실은 물론 문화 주권의 침해와 문화적 다양성 축소 같은 근원적 문제가 발생한 것입니다. 국산 영화가 미국 직배 영화들의 위세에 눌려 고전하던 시절에 일어났던 영화계의 '스크린쿼터' 운동과 같은 상황이 벌어진 것입니다. 창작 뮤지컬을 기획하고 공연하는 단체들은 이런 상황에 우려를 표시하며 거세게 반발하고 나섰습니다. 한국뮤지컬협회는 비상대책위원회를 결성하고 정부를 향해 대책을 요구했습니다.

일본 극단 '시키'의 국내 진출로 위기감과 반발 고조

이러한 반발의 움직임은 사실 외국 극단이 국내에 진출하면서 시작되었습니다. 정서적인 위기감에서 출발해 좀 더 현실적인 경제적 위기감으로 비화한 것입니다. 일본 뮤지컬 시장의 50% 이상을 점유한 극단 시키四季는 국내 최초의 뮤지컬 전용관인 샤롯데에서 2006년 10월부터 월트디즈니의 뮤지컬 〈라이온 킹The Lion King〉을 들여와 장기 공연했습니다. 그런데 이 작품이 흥행하면서 창작 뮤지컬계는 불안감을 느끼기 시작했습니다. 외국자본의 공습에 의한 국내 뮤지컬 시장의 위축을 직감적으로 예측했기 때문입니다.

당시 한국뮤지컬협회가 집계한 시키의 2005년 연간 총매출과 영업이익은 각각 2600억 원과 800억 원이었습니다. 그러나 같은 해 국내 뮤지컬 산업 전체 매출액은 1000억 원으로 시키의 절반에도 못 미쳤습니다. 그들의 우려와 예측이 틀리지 않았던 것입니다. 뮤지컬 업계의 건의를 받아 정부가 현재까지 검토하고 있는 대책은 국공립 극장에 한해 '스테이지 쿼터' 도입, 창작 뮤지컬 지원 예산 확충, 뮤지컬 기획·제작 인력 양성 등입니다. 그러나 아직 구체적으로 실현된 것은 거의 없습니다. 민간 극장에도 적용할 경우 세계무역기구WTO 체제나 자유무역협정FTA 체제에서 민간에 대한 과도한 규제로 인식되어 제소당할 우려가 높기 때문에 논의에서 제외하고 있는 것입니다.

뮤지컬계에서 논의 중인
'스테이지 쿼터'란 무엇인가요?

전체 공연 일수 대비 국산 창작 뮤지컬 의무 공연 일수 의미

'스테이지 쿼터'는 스크린쿼터를 원용해 만들어낸 조어로 어휘 그대로 풀이하면 '무대(공연)를 할당한다'는 의미입니다. 국내 뮤지컬 업계에서 '전체 공연 일수 대비 국산 창작 뮤지컬 의무 공연 일수(할당 비율)'를 뜻하는 용어로 회자되고 있습니다. 아직 채택·실현되지 않은 제도이지만 국내 문화 시장에서 문화적 다양성을 확보하고 창작자의 창작 욕구를 보호·촉진하기 위한 방안으로 논의되고 있습니다. 특히 한국뮤지컬협회를 비롯한 뮤지컬계 전문가들이 이 제도의 도입을 강력하게 주장하고 있습니다.

이는 아무래도 국산 영화 상영 의무 비율을 뜻하는 스크린쿼터 운동이 영화인들의 단합과 줄기찬 노력으로 성공을 거두자(현행 연간 73일), 이 사례를 토대로 뮤지컬 산업의 건강한 발전을 추구하자는 뜻에서 나온 유의미한 제도적 발상입니다. 스테이지 쿼터는 스테이지라는 단어가 상징하듯 연극을 비롯한 무대예술 전체에 적용될 수도 있지만 뮤지컬 분야를 제외한 다른 장르는 아직 문제가 크지 않아 검토할 필요가 없는 상태입니다.

앞서 설명한 대로 국내 뮤지컬 시장은 연간 3000억 원 규모로 성장했지만 외국의 라이선스 작품이 차지하는 비중은 70% 이상으로 높아져 국산 창작 뮤지컬 업계의 반발이 거센 상황입니다. 창작 뮤지컬의 입지가 축소되어 자칫 고사할 것이라는 위기감의 표시이기도 합니다. 라이선스 뮤지컬의 시장 점유율이 지나치게 높아지면 국내의 문화 시장과 문화 주권이 침해받는 것은 물론 문화적 다양성이 축소되고 창작자가 설 땅이 좁아져 이들의 생계가 어려워질 수밖에 없습니다. 작품 수입에 따른 로열티 부담도 높아져 문화 시장의 무역역조가 높아질 가능성도 있습니다. 물론 라이선스 뮤지컬도 창작의 일환이며 국내 뮤지컬 산업 진흥에 견인차 역할을 했다는 긍정적 시각이 존재하긴 하지만 이처럼 쏠림 현상이 심할 경우 국내 뮤지컬 발전에 장애가 될 것입니다.

국내 뮤지컬 업계는 뮤지컬을 공연하는 모든 극장에 스테이지 쿼터를 도입하자고 주장했습니다. 그러나 앞에서 짧게 언급한 대로 세계무역기구 체제에서는 민간 시장에 대한 정부의 과도한 규제를 금지하기 때문에 민간 극장을 제외하고 정부나 지방자치단체, 공공단체가 운영·관리하는 국공립 극장에만 적용하는 것이 타당하다는 전문가들의 의견이 제시되고 있습니다. 그 가운데서도 1000석 이상의 대극장에만 적용하자는 의견이 대세를 이룹니다. 뮤지컬 업계는 구체적으로 국공립 대형 공연장에서 창작 뮤지컬의 의무 공연 일수를 제정하는 방안과 공연장에서 외국 라이선스 뮤지컬을 한 번 공연할 때마다 창작 뮤지컬도 의무적으로 한 번씩 공연하도록 하는 방안을 동시에 제시하고 있습니다.

전문가들, 대형 국공립 극장에 한해 20~30% 쿼터 도입 선호

그래서 필자가 2013년 8~9월 국내 뮤지컬 전문가들을 토대로 심층 인터 뷰를 해 스테이지 쿼터 도입에 관한 세부 실행 방안을 도출해보았습니다. 결 론은 스테이지 쿼터 도입에 대한 찬성 의견이 월등하게 우세한 가운데 바람 직한 스테이지 쿼터제 운영 모델로 '1000석 이상의 대형 국공립 극장에 한해 연간 전체 뮤지컬 공연 일수의 20~30%를 쿼터(창작 뮤지컬 의무 공연 일수) 로 지정하되, 국산 창작 뮤지컬이 자생력을 확보할 때까지 한시법으로 제정 해 운용해야 한다'는 안이 도출되었습니다. 물론 제도 도입에 반대하는 분들 도 있었습니다. 이들은 정부가 스테이지 쿼터제의 실시보다는 국산 창작 뮤

■ ■ ■ **쿼터**

토머스 R. 콘래드(Thomas R. Conrad)라는 학자는 '쿼터제(Quota System)'에 대해 '최소한 두 개 이상의 그룹이나 사회에서 일정한 기준에 따라 혜택(benefit) 과 의무(burden)를 나누는 분배와 재분배의 법칙(rule of distribution and re-distribution)'이라고 정의했습니다. 혜택과 의무를 나누는 분배와 재분배의 법 칙이니 민주주의와 자본주의 사회에서 꼭 필요한 룰이 될 것입니다. 존 롤스 (John Rawls)에 따르면 쿼터가 마련되는 기준은 특정 사회의 법체계에서 형성 된 특정 관행입니다.

쿼터제는 다인종 국가인 미국에서 이민자 규제와 차별 철폐를 위한 정치사회적 제도로 출발했습니다. 그러다 무역 적자 개선을 위해 수입 물량을 제한하는 경 제적 제도, 즉 '비관세장벽(Non-tariff Barriers)'의 수단으로서 점차 발전되었습 니다. 참고로 '쿼터(quota)'에 관한 콘래드와 롤스의 언급을 상세히 알고 싶다면 몇 가지 논문[T. R. Conrad, "The Debate about Quota System: An Analysis," *American Journal of Political Science*, Vol.20, No.1(1976); J. Rawls, "Two Concepts of Rules," *The Philosophical Review*, Vol.64, No.1(1955), pp.3~32] 을 참조하십시오.

지컬의 경쟁력 향상과 진흥에 의지를 갖고 효과적인 정책을 새로 마련하며 관련 예산을 추가적으로 확보·집행하는 것이 더 시급하다고 제언했습니다.

당시 심층 인터뷰 대상은 창작자, 공연 기획사, 극장업주들과 달리 제도 도입에 대한 직접적 이해관계가 적어 객관성이 인정되는 '뮤지컬 전공 연구자'(7명), 평론가·기자 등 '뮤지컬 평단'(7명), 공연 경력 10년 이상의 '뮤지컬 배우'(7명) 등 세 개 그룹의 전문가 21명이었습니다. 이들의 특성은 관련 분야 연구·비평·공연 경력이 평균 11.6년, 평균연령 39.3세, 여성 52.4%, 남성 47.6%로 집계되었습니다. 인터뷰는 2013년 8월 20일부터 9월 5일까지 전화와 면접을 병행해 실시했습니다.

참고로 스크린쿼터나 스테이지 쿼터의 기원이 된 **쿼터**quota는 '몫, 배당, 지분'을 뜻하는 라틴어 'quota'에서 유래했습니다.

배우의 입장에서 볼 때
뮤지컬은 어떤 절차를 거쳐
완성되나요?

작품 분석, 노래 · 안무 연습, 리허설, 프리뷰, 제작 발표회, 트라이아웃 순

배우의 입장에서 볼 때 뮤지컬 공연은 캐스팅되어 계약을 하고 대본을 받아든 뒤 작품 분석, 시나리오 읽기, 노래 연습, 안무 연습, 노래와 안무의 동시 연습, 오케스트라와 리허설, 드레스 리허설 dress rehearsal, 프리뷰 preview, 제작 발표회, 트라이아웃 tryout, 본공연 순으로 진행됩니다. 작품 분석에서는 시나리오를 정독하고 시나리오에 제시된 주제, 구성, 등장인물의 성격, 극의 흐름, 감정선 등을 파악합니다. 시나리오 읽기 단계에서는 좀 더 정교하게 스토리, 인물관계, 클라이맥스를 파악하고 대사 발음과 호흡에 관한 기초 훈련을 합니다. 노래 연습 단계에서는 극과 안무의 특색과 노래에 참여하는 배우의 숫자에 따라 솔로, 중창, 코러스별로 연습하고 안무 대형에 따라 A형, 꼭짓점형, C형, 역꼭짓점형, 산개형散開形 등의 구도를 짜서 연습합니다. 안무 연습 단계에서는 솔로 · 듀엣 · 군무로 나눠 연습하는데, 일반적으로 데모 테이프나 피아노 반주를 활용합니다.

노래와 안무를 동시에 연습하는 단계에서는 보컬 트레이너, 안무 감독, 연출자가 동시에 참여해 노래와 안무가 완벽한 조화를 이루도록 합동 점검을 합니다. 블로킹 blocking 단계에서는 대사, 노래, 안무 등 무대에서 벌어지는 모든 과정을 맞춰봅니다. 뮤지컬에서 '블로킹'이란 무대에서 벌어지는 모든 구성을 한꺼번에 맞춰보는 일을 뜻합니다. 원래 'blocking'은 '틈을 메우는 나뭇조각', '저지', '방어'라는 뜻을 지니고 있지만 공연계에서는 '연출', '연기 지도'라는 뜻을 가지고 있습니다. 즉, 블로킹은 리허설 단계에서 무대 위 가장 효과적인 위치, 등장인물이 대사의 어느 지점에서 앉거나 서거나 움직여야 하는지를 정하는 동선·자리 배치 과정을 말합니다.

트라이아웃은 본공연 전 시험 과정으로 최종 점검 단계

오케스트라와 함께 리허설을 하는 과정에서는 연출가, 지휘자, 배우가 혼연일체가 되어 극적인 앙상블을 이루고 전체적인 페이스를 점검합니다. 드레스 리허설은 의상을 갖추고 연습한다는 의미인데, 모든 배역이 그에 맞는 의상을 전체적으로 갖추고 최종 연습을 하게 됩니다. 프리뷰 단계에서는 프리뷰 이전 단계인 총연습까지를 점검해 문제점과 해결되지 않은 사항을 찾아내 최종 보완합니다.

제작 발표회 단계는 마케팅을 위한 가장 중요한 행사입니다. 언론을 통해 관객에게 공연 소식을 알리고 공연의 특징과 매력을 선보이는 자리입니다. 이 자리에서는 각 언론사의 공연 담당 기자들을 초청해 제작사, 연출가, 주요 배우 등이 참석한 기자 간담회를 열고 전체 극 가운데 일부 또는 대표곡을 공연합니다. 요즘에는 이런 장면을 미리 영상으로 제작해 선보이는 경우도 많습니다. 트라이아웃은 말 그대로 본공연 전 시험 공연을 하는 것입니다. 마지막으로 미비점을 점검해 보완하는 과정입니다. 이어 본공연 단계에서는 모든 배우와 스탭, 오케스트라 등이 관객과 호흡하며 예술성과 극적 효과를 최대한 끌어올려 공연하게 됩니다.

뮤지컬에서
시놉시스와 트리트먼트의
차이는 무엇인가요?

시놉시스는 기획 의도와 줄거리를 적은 뮤지컬 시나리오 개요서

'시놉시스synopsis'와 '트리트먼트treatment'는 연극, 영화, 뮤지컬, 무용 공연 등에서 폭넓게 사용하는 용어입니다. 일반적으로 시놉시스는 '간단한 줄거리' 또는 '드라마의 개요'를 뜻합니다. 작가가 추구하는 작품의 의도·주제·메시지 등을 전달하기 위한 문서로 극의 주제, 기획 의도, 등장인물, 전체 줄거리 등의 기본 요소가 구체적으로 담겨 있습니다. 트리트먼트는 원래 치료·처리·처치·논의·대우 등의 의미를 지닙니다. 예술 분야에서는 대본 창작의 가장 기초적인 단계인 시놉시스에서 한 단계 더 발전된 것으로 '좀 더 상세하게 스토리를 기술한 것'을 말합니다. 미용 분야에서는 '처치'한다는 어의가 확장되어 머리카락에 영양과 수분을 주는 머리 손질법이나 그 과정에서 사용되는 모발 영양제를 지칭하기도 합니다.

뮤지컬에서 시놉시스는 기획 의도와 등장인물 소개, 줄거리를 간략히 적은 뮤지컬 시나리오 개요서를 말합니다. 뮤지컬 기획 단계에서 가장 기초적인 콘텐츠 구상안으로, 대본(시나리오)의 밑그림이라고 할 수 있습니다. 시놉시스를 작성할 때는 역할 비중에 따라 등장인물을 주인공, 조연, 단역으로 구분해 개요를 구성합니다. 이어 배역 관계에 따라 주인공, 주인공과 우호적인 인물protagonist, 주인공과 적대적인 인물antagonist, 우호와 비우호가 복합된 성격을 지닌 인물, 감초처럼 재치 있고 코믹한 역할을 소화하는 쇼 스토퍼show stoper로 나누어 구성합니다.

트리트먼트는 시놉시스를 좀 더 구체화해 짜낸 시나리오 구성안

트리트먼트는 시놉시스의 내용을 더욱 구체화해 짜낸 구성안입니다. 한마디로 '긴 시놉시스'나 '긴 개요서'라 할 수 있습니다. 트리트먼트를 작성할 때는 일반적인 극의 구조인 기승전결, 즉 발단-전개-위기-절정-결말(대단원)의 구조에 맞춰 스토리를 좀 더 상세하게 적습니다. 아울러 전개 과정을 명확히 파악할 수 있도록 1막, 2막 등으로 막을 구분해 사건별 소제목을 붙이면서 상황을 자세히 묘사하고 주요 대화와 노래 가사를 덧붙입니다. 시놉시스에서 트리트먼트에 이르는 과정은 일반적으로 '시놉시스 작성→드라마 구조화→막과 장의 분류→트리트먼트 완성' 순이라고 보시면 됩니다.

뮤지컬 공연도 앞서 언급된 프리 프로덕션pre-production, 프로덕션production, 포스트 프로덕션post-production 과정을 거쳐 완성됩니다. 시놉시스와 트리트먼트를 작성하는 과정은 프리 프로덕션의 일부에 속합니다. 시놉시스와 트리트먼트를 창안할 때는 여러 가지를 고려해야 합니다. 작품의 밑그림으로서 여기에 많은 살을 붙여 실제 공연할 시나리오를 작성하기 때문입니다. 따라서 이런 과정에서는 많은 비용을 들여 톱스타급 위주로 캐스팅하고 무대장치를 고급스럽게 꾸미는 대작으로 기획할 것인지 중소 작품으로 할 것인지, 대·중·소형 극장 가운데 어떤 사이즈의 공연장에서 할 것인지, 연기·노래·리듬 가운데 어떤 요소에 중점을 둘 것인지, 희극·비극 등의 장르 가운데 어느 쪽에 속하는지, 주인공의 수가 얼마나 되는지 등을 먼저 확정해야 합니다. 시놉시스 작성에 들어가기 전에 이러한 요소들을 모두 고려하고 선택해야 합니다. 그래야 스토리 유형을 결정하고 인물관계도와 스토리 전개도를 정치하게 그려낼 수 있습니다.

연극과 뮤지컬에서 '대역 배우'를 지칭하는 용어는 무엇이 있나요?

'커버'는 모든 대역 배우의 총칭

공연 예술계에서는 안정적인 공연 또는 성공적인 공연을 위해 대역cover 제도를 운용하고 있습니다. 배우도 인간이기 때문에 갑자기 아프거나 사고가 나거나, 그 밖의 여러 이유로 출연이 불가능하거나 펑크를 낼 수 있기 때문입니다. 대역을 지칭하는 용어는 매우 다양합니다. 모두 영미권 공연 예술계에서 유래해 쓰이고 있는데요, '커버cover', '얼터네이트alternate', '언더스터디understudy', '스윙swing', '스탠바이standby' 등이 있습니다. **커버**는 대역 배우를 총칭하는 말입니다. 일반적으로 한 배역을 담당하다가 다른 배역이 사고가 나거나 갑자기 아파서 무대에 오르기 어려울 경우, 또는 그 밖의 부득이한 사정으로 자리를 비울 때 대신 투입되는 배우를 지칭합니다.

따라서 얼터네이트, 언더스터디, 스윙, 스탠바이는 모두 커버의 하위 범주라고 할 수 있습니다. 즉, 커버를 세부적으로 분류한 것이 얼터네이트, 언더스터디, 스윙, 스탠바이입니다. 이 가운데 자신만의 배역이 있으면서 커버

표 3 **커버(대역 배우)의 종류**

얼터네이트, 언더스터디	스윙	스탠바이
해당 공연에서 평소 자신의 배역이 있음	해당 공연에서 평소 자신의 배역이 있거나 없을 수도 있음	해당 공연에서 평소 자신의 배역이 없음

역할을 하는 것이 얼터네이트, 언더스터디입니다. 공연에서 평소 자신의 맡은 배역이 있기도 하고 없기도 하면서 커버 역할을 하는 것은 스윙이라 칭합니다. 자신만의 배역이 없으면서 커버 역할을 하는 것은 스탠바이라고 합니다(**표 3** 참조).

얼터네이트 · 언더스터디는 해당 공연에서 자신만의 배역이 있는 대역

그러면 각 대역을 하나하나씩 상세히 살펴보도록 하겠습니다. 첫째, 얼터네이트는 줄여서 '얼터'라고도 부르는데 더블 캐스팅 배역이지만 자신만의 특정 배역을 가지고 있는 배우를 지칭합니다. 일반적으로 주연배우를 원 캐스팅 했을 때 주연배우의 역할을 대신하거나 나누어 맡습니다. 불미스러운 일로 주연배우의 유고 상황이 길어질 경우, 여러 회차의 공연을 맡을 수도 있습니다. 둘째, 언더스터디는 하나 또는 그 이상의 배역을 맡아 대역으로 출연하는 배우를 말합니다. 대역으로 출연하지 않을 경우에는 자기에게 주어진 다른 배역을 소화합니다. 언더스터디는 보통 코러스를 담당하는 경우가 많으며 평소에도 특정 배역을 맡아 공연에 투입됩니다.

셋째, 스윙은 평소에 해당 공연에서 배역을 맡을 수도, 맡지 않을 수도 있지만 대기했다가 주연을 대역하거나 적게는 한 개, 많으면 여러 개의 코러스를 대역으로 소화합니다. 커버를 커버하는 배우라 보시면 됩니다. 가령 주연 배우가 예기치 못한 사정으로 펑크를 내면 언더스터디가 그 역할을 메워주는데, 그렇게 연쇄 이동하게 되면 그 언더스터디의 배역이 공석이 되기 때문에 이 자리를 스윙이 대신해주는 것입니다.

넷째, 스탠바이는 평소 해당 공연에서 배역을 맡지 않고 대기했다가 문제가 생기면 오직 한 배역의 커버를 위해 투입되는 배우를 말합니다. 어휘의 원래 의미 그대로 '대기자'란 뜻입니다.

한국과 미국 브로드웨이의
공연장 객석 등급 시스템은
다른가요?

표준좌석 등급제는 C → B → A → S → R의 5단계 체제

국내 공연장에 일괄적으로 적용되는 표준형 객석 등급은 5단계입니다. 이를 고급 단계에서 낮은 단계로 나열하면 R석 Royal Seat, S석 Superior Seat, A석 A Grade Seat, B석 B Grade Seat, C석 C Grade Seat 순입니다. 미국 브로드웨이 좌석 시스템은 프리미엄 시트 Premium Seat, 오케스트라 Orchestra, 프론트 메자닌 Front Mezzanine, 미드 메자닌 Mid Mezzanine, 리어 메자닌 Rear Mezzanine 순입니다. 프론트 메자닌은 '발코니 Balcony'라고도 부릅니다. 이렇듯 **메자닌** mezzanine

> ■ ■ ■ **메자닌**
> 건물 1층과 2층 사이의 중간층을 뜻하는 이탈리아 어휘입니다. 이탈리아에서 클래식 오케스트라 콘서트, 오페라 등의 고급 무대예술이 성업한 데다 뮤지컬이 오페라 등에서 유래했기 때문에 이러한 이탈리아어가 서구 사회의 공연장에서 좌석을 상징하는 용어로 정착되었습니다.

표 4 **한국과 미국의 객석 등급 시스템**

한국	미국 브로드웨이
R석	프리미엄 시트
S석	오케스트라
A석	프론트 메자닌
B석	미드 메자닌
C석	리어 메자닌

이라는 말이 들어가는 것이 특징입니다.

일반적으로 프리미엄 시트는 무대 앞 정중앙 A~E열(5줄)을 지칭합니다. 오케스트라의 음향이 잘 들린다고 해서 명명된 오케스트라석은 프리미엄 시트 옆과 뒤(1층 좌석 전석)를 지칭합니다. 프론트 메자닌은 무대가 훤하게 잘 보이는 공연장 2층의 앞줄부터 7~8번째 줄까지를 말합니다. 미드 메자닌은 프론트 메자닌 뒤쪽 구역, 리어 메자닌은 공연장 3층 꼭대기를 의미합니다.

공연 기획사의 수익 극대화 욕심이 변칙 좌석 등급제 불러와

무대 공연은 일반적으로 전통적인 권위와 격식을 중시합니다. 시대가 변하고 있지만 권위와 격식의 예술이라는 측면이 강합니다. 배우 등 아티스트가 관객에게 보여줘야 할 예절이 엄존하고, 관객이 배우와 다른 관객들에게 지켜야 할 예절도 있습니다. 객석의 구획도 격식과 관례가 적용됩니다. 그래서 공연장을 설계해 지을 때도 이런 격식을 충분히 고려합니다. 공간의 배치도 전통적인 등급별 좌석 구획을 고려해 추진합니다. 그러나 국내의 공연장 상당수는 수익을 극대화하려는 목적으로 전통적인 격식과 관례를 무시하고 공연 기획사와 협의해 변칙적 좌석 등급을 적용한 경우가 빈번했습니다.

R석, S석, A석, B석, C석의 5단계 좌석 등급제를 무시하고 P석President Seat, VVIP석Very Very Important Person Seat, VIP석Very Important Person Seat, R석 Royal Seat, S석Superior Seat, A석A Grade Seat, B석B Grade Seat, C석C Grade Seat 등 많게는 8단계를 적용한 경우도 있습니다. 최고급인 R석 위에 별도로 VIP 석, VVIP석, P석을 추가해 수십만 원대의 비싼 요금을 받고자 한 것입니다. 이에 대해 언론의 비판이 쇄도하는 등 문제가 심각해지자 주무 부처인 문화 체육관광부가 나서서 공연 예술의 전통과 관례를 중시한 5단계 좌석 등급 시스템을 마련하고 이를 모든 극장이 지키도록 한 것입니다.

국내외 주요 연극제와 연극·뮤지컬상은 어떤 것이 있나요?

한국에서 가장 권위 있는 연극제인 서울연극제

국내에서 개최되는 연극제에는 '서울연극제', '젊은 연극제', '수원연극축제', '거창국제연극제' 등이 있습니다. 서울연극제는 서울연극협회가 서울시와 공동으로 주최하는 연극제로서 한국의 대표적인 연극제라 평가할 수 있습니다. 매년 4~5월 서울 대학로 아르코예술극장을 비롯한 대학로 극장가에서 열리는데, 경연·비경연·공식·기획 분야로 나누어 작품과 프로그램을 선보입니다. 2015년에 제36회를 맞이했습니다. 젊은 연극제는 전국의 연극학과 교수협의회 주최로 연극영화과나 연기 전공 대학생들이 참여하는 연극축제를 말합니다. 1993년 각 대학별 졸업 공연 출품제 형식으로 출범해 매년 테마를 달리해서 문화체육관광부와 연극협회 등의 후원을 받아 열리고 있는데, 2015년에 제23회를 맞이했습니다.

수원연극축제는 수원시와 수원문화재단이 주관하는 무대극·거리극 중심의 연극제입니다. 매년 4~5월에 열립니다. 1996년 수원 화성 축성 200주년을 기념하기 위해 마련되어 '수원화성국제연극제'로 운영되다가 2015년부터 이름을 바꾸었습니다. '수원'과 '화성'이 혼재되어 있어 지역적 구분이 모호하다는 비판이 제기되자 이를 수용한 것입니다. 거창국제연극제는 경남 거창군의 거창연극제육성진흥회가 주관하는 연극제로 매년 7~8월 거창군 수승대 일원의 야외극장 및 거창읍 일원에서 열리고 있습니다.

국내 연극상에는 '동아연극상', '이해랑연극상', '대한민국연극대상', '한국연극예술상', '영희연극상', '김상열연극상' 등이 있습니다. 뮤지컬상은 '한국뮤지컬대상' 등이 있습니다. 동아연극상은 국내의 연극상 가운데 역사가 가장 오래된 것입니다. ≪동아일보≫가 소극장운동을 활발히 전개해 연극예술을 발전·중흥시키기 위해서 1964년부터 제정했습니다. 매년 초에서 12월 31일까지 서울에서 공연된 장막극을 후보로 삼아 작품상, 연출상, 연기상, 희곡상을 결정하고 다음 해 1월에 시상식을 엽니다. 그러나 대상에 해당할 정도의 수준에 이르는 작품이 없을 때는 대상작을 선정하지 않습니다. 이해랑연극상은 1991년에 제정되었습니다. 한국 현대연극의 선구자였던 이해랑 연출가를 추모하고 그의 업적을 기리기 위해 마련된 것입니다. 매년 4월에 시상식을 여는데, 연극인 단체나 개인에게 시상합니다. 무대 디자이너 등 스탭에게도 상을 줍니다.

대한민국연극대상은 한국연극협회가 연극 100년을 기려 2008년에 제정했습니다. 한국연극예술상은 한국연극협회가 매년 말, 한 해 동안 연극계에 기여한 업적이 큰 연극인들을 선정해 수여합니다. 영희연극상은 국제극예술협회ITI 한국본부 사무차장을 지낸 희곡 번역가 고 박영희를 기리기 위해 제정된 상으로 연극 분야에서 한 해 동안 가장 두각을 나타낸 연극인을 선정해 수여합니다. 김상열연극상은 극작가이자 연출가였던 고 김상열을 기리기 위해 제정한 상으로 매년 연출·극작 분야에서 가장 뛰어난 업적을 나타낸 연극인을 선정해 시상합니다. 1964년 《한국일보》와 《일간스포츠》에 의해 제정된 백상예술대상은 국내 유일의 종합예술상으로 출범 당시부터 오랫동안 연극, 영화, TV 등을 포괄했으나 2002년부터는 연극 부문을 제외하고 영화와 TV만을 대상으로 시상합니다. 지금은 《중앙일보》 계열의 《일간스포츠》가 운용하고 있습니다.

뮤지컬상으로는 《스포츠조선》이 한국뮤지컬협회와 함께 주최하는 한국뮤지컬대상이 있는데, 뮤지컬 분야에서 가장 권위가 높은 상이라 할 수 있습니다. 한국뮤지컬대상은 한국 뮤지컬의 발전과 창작 뮤지컬 문화의 활성화를 위해 제정된 것으로 1995년에 제1회가 시작된 이후 매년 10월 말 시상식을 열고 있습니다. 뮤지컬 중흥기를 맞아 시상식이 지상파방송사에서 생중계될 정도로 관심이 뜨겁습니다. 베스트 창작 뮤지컬상, 베스트 외국 뮤지컬상, 남자 주연상, 여자 주연상, 남자 조연상, 여자 조연상, 남자 신인상, 여자 신인상, 앙상블상, 인기 스타상, 극본상, 음악상, 안무상, 무대·기술상 부문이 있습니다. 전년 9월부터 시상식을 개최하는 해의 8월까지 국내에서 국내 프로덕션이 제작해 무대에 올린 작품 중 '만 7세 이상 관람가' 등급을 받아 15회 이상 유료로 공연된 창작·번안·라이선스·재공연작만 심사 대상이 될 수 있습니다.

해외는 '토니상', '퓰리처상 연극 부문상', '몰리에르상' 등이 유명

해외의 연극상은 미국의 '토니상'과 '퓰리처상 연극 부문상', 영국의 '로런스 올리비에상'과 '이브닝 스탠더드상', 프랑스의 '몰리에르상'이 높은 전통과 권위를 자랑하는 대표적인 상입니다. 토니상은 1947년에 브로드웨이의 명

배우 앙투아네트 페리Antoinette Perry를 기리기 위해서 극장 기구, 극장, 제작자로 구성된 연극 연맹 등에 의해 제정되었습니다. 앙투아네트 페리의 애칭이 토니Tony였기 때문에 이를 따서 상 이름으로 지은 것입니다. 브로드웨이와 지방에서 공연된 연극과 뮤지컬로 나눠 시상합니다.

퓰리처상 연극 부문상은 컬럼비아 대학교 퓰리처상 선정 위원회에서 주관하는데, 한 해 동안 미국에서 공연된 작품 중 최우수작을 선정해 수여합니다. 대상자가 없으면 선정하지 않습니다. 미국 저널리스트인 조지프 퓰리처 Joseph Pulitzer의 유언에 따라 1917년 제정된 퓰리처상은 언론 부문의 상으로 더 유명하고 권위가 높은데, 실제로는 언론(저널리즘)을 포함해 문학, 연극, 음악 등 총 19개 부문에 걸쳐 시상합니다.

로런스 올리비에상은 영국의 남자 배우 로런스 올리비에Laurence Olivier를 기리기 위해 만들어졌습니다. 영국연극협회가 주최하는 영국 최고 권위의 연극 및 뮤지컬상으로 평가됩니다. 로런스 올리비에는 연극 〈리처드 3세Richard III〉, 〈폭풍의 언덕Wuthering Heights〉, 〈햄릿Hamlet〉 등에 출연해 인기를 얻어 '국민 배우'로 불릴 만큼 명성이 높았습니다. 그는 1972년 제37회 뉴욕 비평가 협회상 남우주연상을 받았습니다. 배우, 극작가, 연출가, 제작자로도 활동했으며 1989년 7월에 세상을 떠났습니다. 이브닝 스탠더드상은 런던 일간지 ≪이브닝 스탠더드Evening Standard≫가 1955년에 제정해 매년 11~12월 초에 수여하는 연극 및 뮤지컬상입니다.

몰리에르상은 17세기 프랑스의 극작가이자 배우였던 몰리에르Molière (1622~1673)의 업적을 기념해 제정했습니다. 몰리에르는 예명으로, 본명은 장 바티스트 포클랭Jean-Baptiste Poquelin입니다. 몰리에르상은 연극, 뮤지컬 부문 등에 수여하는데, '프랑스의 토니상'이라 평가할 정도로 명성이 높습니다. 몰리에르는 부르주아적 계급의식을 반영하는 성격희극 분야에서 두드러진 활동을 했는데, 〈인간 혐오자Le Misanthrope〉, 〈타르튀프Tartuffe〉, 〈동 쥐앙Don Juan〉이 가장 대표적인 작품입니다.

무대 공연 작품에 대한
심의는 어떻게 하나요?

무대 공연은 현재 원칙적으로 심의 대상이 아님

연극, 뮤지컬 등 무대 공연 작품은 현재 심의 대상이 아닙니다. 따라서 심의를 받을 필요가 없습니다. 무대 공연물에 대한 대본 사전 심의는 과거 정통성이 약했던 군사독재 정권에서 통치 수단으로 악용되어 표현의 자유를 억압했으나 1988년 12월부터 전격 폐지되었기 때문입니다. 따라서 이를 주관하던 '공연윤리위원회'라는 기관도 1999년 6월 '공연법' 개정에 따라 '영상물등급위원회映像物等級委員會, Korea Media Rating Board: KMRB'로 이름을 바꾸었습니다. 약칭 '영등위'라 부릅니다.

무대 공연물의 경우 현재 영상물등급위원회가 청소년 관람 대상의 작품에 한해서 관람 여부에 대한 자문과 심의를 하는 데 그치고 있습니다. 따라서 등급 심의는 영화와 비디오물, 광고 선전물, 수입 영상물 등에 국한됩니다. 무대 공연물 대본에 대한 사전 심의 제도가 폐지되는 데 결정적인 역할을 한 작품은 1988년에 공연된 극단 바탕골의 〈매춘〉입니다. 당시 공연윤리

위원회는 대본에 대한 사전 심의를 통해 전체 내용 중 외설성과 음란성이 있는 부분을 개작하라는 판정을 내렸지만 극단이 이를 거부하고 공연을 밀어붙여 고소를 당했습니다. 양자는 법정 싸움을 벌여 결국 극단이 승소했습니다. 당시 법원은 창작과 표현의 자유에 대한 인위적 규제가 부당하다고 판시했는데, 법원의 결정과 여론 등에 힘입어 같은 해 말쯤에는 공연의 대본 사전 심의 제도가 사라졌습니다.

그러나 무대 공연에서 사전 심의가 사라졌어도 엄연히 '공연법'이 있기 때문에 이를 준수해야 합니다. '공연법'에 따르면 '공연'이란 "음악·무용·연극·연예·국악·곡예 등 예술적 관람물을 실연實演에 의해 공중公衆에게 관람하도록 하는 행위"를 말하며 상품 판매나 선전에 부수附隨한 공연은 해당되지 않습니다. '공연법'에서는 기본적으로 '청소년 보호법' 등과 연계해 만 18세 미만 연소자에 대해 유해 공연물 상연을 금지하고 있습니다. 이런 대상이 되는 공연의 선전물의 경우, 공중이 통행하는 장소에 공공연히 설치·부착하거나 배포할 수 없고, 같은 내용으로 관람을 권유하는 등의 광고를 할 수 없습니다. 공연자는 공연물 및 제2항의 선전물의 연소자 유해성 여부에 대해서 영상물등급위원회에 확인을 요청할 수 있습니다.

외국인 초청 공연의 경우 사실상 심의 절차 거쳐야

국내에서 공연하려는 외국인이나 외국인을 국내에 초청해 공연하려는 자는 국내 공연 추천 신청서를 제출해 영상물등급위원회의 추천을 받아야 합니다. 신청서에는 공연 개요·각본·가사·악보, 공연 계약서 사본(번역문 포함), 외국인 공연자·공연단의 성격 등 설명서, 외국인 출연자 명단(국적·성명·성별·생년월일·배역·여권 번호), 저작자로부터 공연권을 취득한 사실을 증명하는 서류 등이 반드시 포함되어야 합니다.

추천받은 사항을 변경할 때도 절차와 방법은 같습니다. 외국 공연물의 경우 국가의 이익을 해칠 우려가 있을 때, 공공의 질서와 선량한 풍속을 해칠 우려가 있을 때, 국내의 공연 질서를 문란하게 하거나 해칠 우려가 있을 때, 기타 대통령으로 정한 기준(범죄 행위를 정당화하거나 범죄 수단을 지나치게 자세히 묘사하는 것, 저속하거나 외설적인 언어를 사용하거나 그 동작을 묘사한 작품) 등이 추천 기준으로 적용되는데, 이 중 어느 하나에 해당할 때는 공연을 제한할 수 있습니다.

거짓 또는 그 밖의 부정한 방법으로 공연 추천을 받았거나 부대조건을 위반하는 등 결격사유가 발견되었을 경우 그 추천을 취소할 수 있습니다. 그러나 국가나 지방자치단체가 외국인을 국내에 초청해 공연하게 하려는 경우, 외국의 단체나 개인이 종교의식·친목 또는 연구 발표를 목적으로 국내에서 공연하려는 경우, 국내의 단체 또는 개인이 종교의식·친목 또는 연구발표를 목적으로 외국인을 국내에 초청해 공연하게 하려는 경우에는 추천을 받지 않아도 됩니다.

극장을 운영하고 싶은데,
공연장 등록은 어떻게 하나요?

최소 50석 이상으로 연간 30일 이상 공연해야 공연장 인정

먼저 현행 '공연법'과 '공연법 시행령'을 잘 살펴봐야 합니다. 이에 따르면 '공연장'이란 '공연을 주된 목적으로 설치해 운영하는 시설로서 연간 90일 이상 또는 계속하여 30일 이상 공연에 제공할 목적으로 설치해 운영하는 시설'을 지칭합니다. 연속적으로 30일 이상, 또는 한 해 공연 일수를 모두 합해 90일이 넘도록 공연해야 공연장으로 인정받는다는 뜻입니다. 공연장을 설치해 운영하려는 사람과 단체, 즉 공연장 운영자는 문화체육관광부령으로 정하는 시설 기준을 갖추어 공연장 소재지를 관할하는 특별자치도지사·시장·군수·구청장에게 공연장 등록 신청서를 제출함으로써 등록을 마쳐야 합니다.

문화체육관광부령으로 정한 공연장의 필수 시설 기준은 무대 시설(조명 시설과 음향 시설 포함) 및 방음 시설의 완비입니다. 그러나 객석의 천장이 없는 공연장의 경우, 방음 시설을 갖추지 않아도 됩니다. 공연장 등록 신청서에는 시설 설치 내역서, 시설의 평면도 및 배치도, 부동산의 소유권 또는 사용권을 증명할 수 있는 서류, 무대 시설 안전진단 전문기관이 발급한 안전진단 증명 서류를 각각 1부씩 첨부해야 합니다. 특히 공연장 안전 확보에 대한 증빙이 매우 중요합니다. 안전진단 증명 서류의 경우 공연장을 신규 등록할 때는 설계검토 결과 및 등록 전 안전검사 결과(설계검토 또는 등록 전 안전검사의 대상이 되는 공연장만 해당)를 제출하고, 공연장을 변경 등록할 경우에는 정기안전검사 결과 및 정밀안전진단 결과(정기안전검사 또는 정밀안전진단의 대상이 되는 공연장만 해당)를 입증하는 서류를 제출해야 합니다.

시설 · 안전 · 소방 기준 충족해야 지자체에서 등록증 발급

시설 기준을 갖춘 경우, 특별자치도지사 · 시장 · 군수 또는 구청장은 문화체육관광부령으로 정하는 등록증을 발급해주어야 합니다. 그러나 적격한 시설 기준을 갖추지 못한 경우, 설계검토 및 등록 전 안전검사 결과 설계검토 및 등록 전 안전검사 기준에 미달하는 경우, 그 밖에 법 또는 다른 법령에 따른 제한에 위반되는 경우 중 어느 하나에 해당되면 등록을 해주지 않습니다. 특별자치도지사 · 시장 · 군수 또는 구청장은 공연장 등록부에 등록 사항을 적은 후 신청인에게 공연장 등록증을 발급합니다. 공연장 등록증을 발급받은 자가 그 등록증을 잃어버리거나 등록증이 헐어서 못쓰게 된 경우에는 특별자치도지사 · 시장 · 군수 또는 구청장에게 등록증의 재발급을 신청할 수 있습니다.

특별자치도지사 · 시장 · 군수 또는 구청장은 객석 수(객석이 구분되지 않아 그 수를 셀 수 없는 경우에는 객석으로 사용되는 바닥의 연면적)가 대통령령으로 정하는 기준에 미달하는 공연장은 등록을 해주지 않습니다. 대통령령으로 정한 기준, 즉 단서 조항 규정에 따라 등록을 해주지 않는 공연장의 기준은 객석 수가 50석 미만인 공연장입니다. 즉, 최소 50석 이상은 되어야 공연장으로 인정한다는 뜻입니다. 객석이 구분되지 않아 그 수를 셀 수 없는 경우에는 객석으로 사용되는 바닥 연면적 50㎡를 기준으로 삼습니다. 좌석 구분이 안 된 경우 바닥 연면적이 50㎡ 이상이어야 공연장으로 인정한다는 것입니다.

공연장을 운영하는 자는 문화체육관광부령으로 정하는 등록 변경 사유가 있을 때 특별자치도지사·시장·군수·구청장에게 변경 등록을 해야 합니다. 국가나 지방자치단체가 공연 예술의 발전을 위해 필요하다고 인정하면 공연자에게 보조금을 지급하는 등 필요한 지원을 다양하게 할 수 있습니다. 문화체육관광부 장관은 민간의 공연장 설치 또는 경영을 장려하기 위해 필요하다고 인정하면 국고를 보조하거나 한국문화예술위원회가 문화예술진흥기금을 융자하게 하는 등 지원할 수 있습니다.

뮤지컬, 연극 등 공연 산업의 경제적 특징을 알고 싶은데요?

고위험 고수익, 경험재적 속성 등 일곱 가지 특징 보유

공연 산업은 문화 산업 또는 엔터테인먼트 산업의 하위 범주입니다. 그래서 다른 산업과 조금 다르게 고위험 고수익high risk, high return 구조, 공공재public goods적 속성 보유, 경험재적experience goods 속성 보유, 규모의 경제economics of scale 추구, 문화적 할인율 적용, 네트워크의 외부효과network externalities 적용, 창구효과window effect 적용 등 일곱 가지 특징을 지니고 있습니다. 이에 대한 설명은 이후 엔터테인먼트 산업의 경제적 특징에 관한 질문의 답변을 통해 좀 더 상세히 설명드리겠습니다.

여기에서는 문화 산업의 하위 범주인 공연 산업에 국한된 독특한 경제적 특징에 관해 알아보겠습니다. 공연은 아시다시피 관객으로 둘러싸인 무대에서의 공연을 전제로 하는 종합예술입니다. 이는 공연 산업의 매력이지만, 공연을 지속적으로 하고 수익을 내는 데는 장애물로 작용하기도 합니다. 앞의 설명에서 암시했듯이 공연 산업의 가장 대표적인 경제적 특징은 '비복제성'

과 '일회성'입니다. 무대 공연을 전제로 배우 등 아티스트들이 매일 직접 실
연해야 하기 때문에 복제를 할 수 없습니다. 또한 각 공연 회차별로 별도 공
연을 해야 하기 때문에 복제 시청이나 관람이 가능한 드라마·영화와 달리
관객이 보는 콘텐츠가 일회적이라는 뜻입니다.

이런 특성 때문에 작품 준비 단계부터 좀 더 정교하고 과학적으로 기획해
가급적 오랫동안 공연을 해야 **손익분기점**을 뛰어넘어 수익을 확보하고, 나
아가 대박을 기대할 수 있습니다. 공연에 투자한 총제작비를 상쇄하고 이익
을 내려면 적어도 총제작비에 해당하는 관람료 수입을 거둘 관객이 확보되
어야 합니다.

앞에서 설명한 공연 산업의 두 가지 경제적 특징은 예술적 측면에서는 큰
매력으로 작용하지만 산업의 측면에서는 지속 가능한 경영을 위협하는 리스
크 요인이자 최대의 단점으로 작용합니다. 먼저 비복제성과 관련해 말씀드
리면, 연극·뮤지컬·콘서트 등은 방송·영화와 달리 복제가 불가능하기 때
문에 디지털 기술에 의한 대량 복제 시대임에도 그러한 기술을 적용할 수 없
으므로 공연 산업을 키우고 발전시키는 데 장애가 있습니다. 일회성과 관련
지어 말씀드리면, 공연 예술의 회차별로 계속 새롭게 공연해야 하는 한계 때
문에 '규모의 경제' 원리에 따른 철저한 마케팅이 필요합니다. 그래서 가장

기본적인 전략으로써 장기 공연이 보편화되어 있습니다. 이 경우 배우의 컨디션과 에너지를 조절하고 배려해야 하기 때문에 배역을 정할 때 더블 캐스팅이나 트리플 캐스팅을 하는 경우가 많습니다.

비복제성과 일회성은 공연 산업의 기회이자 한계인 만큼, 특정 공연이 예술적으로 흥행을 하고 경제적으로 흑자를 내려면 기획 단계에서 매우 과학적이고 전략적인 접근이 필요합니다. 먼저 작품을 선택하는 단계에서부터 내적 요소와 외적 요소를 잘 결합해 수요예측을 정확히 해야 합니다. 내적 요소는 작품의 짜임새, 품질과 수준, 배우 지명도, 제작비, 마케팅 비용을 고려한 티켓 가격입니다. 외적 요소는 관객의 기호와 트렌드, 계절적 요인, 대체 상품의 유무, 관객의 지위, 교육 수준이 수요와 연계되는 사치재 메커니즘의 작동 여부 등입니다.

이를 토대로 과학적이고 체계적인 관점에서 시장분석을 해야 합니다. 효율적인 제작비 관리 기준을 마련해 현장에 적용하는 것도 반드시 필요합니다. 더 근본적으로는, 안정적인 투자 자본 유치를 위해서 공연 작품과 공연 기업의 가치 평가 모델을 개발해 운용할 필요가 있습니다. 공연 산업을 키우려면 특히 이런 시스템의 뒷받침이 필요합니다. 정부나 연구 기관이 특히 고려해야 할 사항입니다.

인건비 비중 높아 경영 지속성 갖춘 업체 소수에 그쳐

이 밖에도 공연 산업은 경제적 관점에서 투자 비용 대비 실패의 위험률이 매우 높은 분야입니다. '고위험 고수익'의 원리가 그대로 적용되는 분야입니다. 전체 제작비 가운데 인건비의 비중이 약 40%에 이를 정도로 매우 높은

'노동 집약적 산업'입니다. 아울러 소수의 대형 공연 업체가 업계를 주도하면서 전체 시장을 좌지우지하는 독과점형 산업구조를 나타내고 있습니다. 국내 뮤지컬 기획·제작사 현황만 살펴보더라도 대기업인 씨제이이앤엠CJ E&M이 가장 큰 힘을 행사하고 있습니다. 그 뒤를 이어 공연 전문 업체인 PMC프러덕션, EMK뮤지컬컴퍼니, 설앤뮤지컬컴퍼니, 신시컴퍼니, 오디뮤지컬컴퍼니, 쇼노트, 에이콤, M뮤지컬컴퍼니 등이 활동하고 있습니다. 그러나 탄탄한 경쟁력을 갖춘 전문 업체는 여전히 많지 않습니다.

한국의 공연 산업은 현재 공연 시장의 규모를 키우는 것이 가장 중요합니다. 시장이 너무 협소하고 사이즈가 작기 때문입니다. 문화체육관광부가 '2014 공연예술실태조사'를 토대로 2015년 3월 재단법인 예술경영지원센터와 함께 발표한 자료에 따르면, 2014년 국내 공연 시설의 매출액은 연간 4000억 원을 넘어섰으며, 관객 수도 4000만 명에 육박했습니다. 매출액의 경우 2011년에 3000억 원을 돌파한 이후 3년 만에 1000억 원이 늘어난 성장세를 보였습니다. 그럼에도 공연 산업의 사이즈가 너무 작아서 시장 전체의 매출액이 국내 두부 시장의 그것보다 작다고 탄식하는 문화 예술인들이 있을 정도입니다.

아울러 공연 기획사 등 공연 업체가 지속 가능한 경영을 할 수 있도록 과학적인 경영 시스템이 도입되어야 합니다. 몇몇 대형 기획사를 제외하면 경영 시스템이 여전히 주먹구구인 경우가 많습니다. 과학적이고 전문적인 경영 시스템을 도입해 작품 개발, 가치 평가 모델에 따른 투자 시스템 구축, 공연장 설비와 서비스의 첨단화, 관객 분석과 사후 관리, 부가 상품 시장 개발 부문이 체계적인 연계를 이뤄 선순환 효과를 발휘하도록 해야 합니다.

배우와 관객이 동시에
알아야 할 관람 에티켓은
무엇이 있습니까?

공연 시작 전에 여유 있게 도착해 준비하는 것이 가장 중요

　무대 공연 예술은 오랜 역사와 전통을 거쳐 형성된 '격식의 예술'이라 해도 과언이 아닙니다. 따라서 무대에 오르는 배우와 관객은 예로부터 상대방을 존중하는 의미의 특정한 신체 행동과 표현으로 예의를 표시해왔습니다. 이런 에티켓의 형성은 서구 사회에서 한때 귀족의 전유물이었던 오페라, 음악회 등 클래식 예술에서 기인한 바가 크다고 할 수 있습니다. 왕과 귀족이 즐기다 보니 좀 더 엄격한 격식이 필요했을 것입니다. 이런 격식은 고급 공연 예술이 점차 대중적인 장르로 확산되면서 보편적 틀을 갖추기 시작했으며, 현대에 이르러서는 동서양을 막론하고 일반 관객에게 일괄적으로 적용되고 있습니다. 그러나 표준화된 매뉴얼을 전수받지 않은 예술가들도 많고, 관객들에게도 애매하고 모호한 부분이 있기에 정확히 학습하지 않으면 공연 현장에서 난감한 상황에 처할 수 있습니다.

　연극, 뮤지컬, 콘서트 등을 공연하는 무대 공연장에서 가장 기본적으로 지켜야 할 에티켓은 첫째, 공연 시작 전에 여유를 갖고 도착해 매표하는 것입니다. 이어 팸플릿 등 안내 책자 등을 통해 공연의 개요와 주요 등장인물 및 프로그램에 대해 숙지해둬야 합니다. 둘째, 화장실과 비상구의 위치도 미리 확인해두는 것이 필요합니다. 셋째, 공연이 시작된 후에 도착했을 경우에는 반드시 공연 특성에 따라 10~20분쯤 주어지는 막간intermission을 활용해 입장합니다.

넷째, '청소년 관람불가', '미성년자(만 19세 미만) 입장 불가' 등급을 받은 작품이나 영화, 연극, 뮤지컬, 오페라 등을 관람할 경우, 집중과 정숙을 요하는 작품의 공연장에는 가급적 청소년을 동반하지 않아야 합니다. 특히 6세 미만의 어린이는 잘 통제가 되지 않는 데다 보통 100분이 넘는 긴 상연 및 공연 시간을 견디기 어렵기 때문에 울거나 떼를 쓰거나, 소리를 지르는 등의 일탈 행동으로 다른 관객의 눈살을 찌푸리게 하는 행위가 나타날 개연성이 크므로 동반을 금해야 합니다. 다섯째, 사진이나 비디오 촬영이 금지된 경우가 많기 때문에 관련 장비들은 물품 보관소에 맡겨야 합니다. 아울러 가져온 휴대전화를 이용해 공연을 촬영해서는 안 됩니다. 이런 행위를 할 경우 공연 에티켓을 지키지 않는 문제를 떠나 '저작권법' 위반 행위로 처벌을 받을 수 있습니다.

클래식의 경우 남성은 턱시도나 정장, 여성은 검은색 드레스 착용

여섯째, 공연 작품의 장르에 따라 복장이 다를 수 있지만 클래식한 공연물의 경우 남성은 턱시도나 정장, 여성은 검은색 계통의 드레스를 착용해야 합니다. 입장 직전에는 좌석과 비상구 위치를 확인하고 반드시 휴대전화의 전원을 꺼야 합니다. 입장할 때는 여자가 앞에 서는 것이 일반적인 관례이지만 티켓을 남자가 가지고 있을 경우에는 남자가 앞에서 여자를 에스코트하는 형식으로 이끌 수 있습니다. 복수 이상의 남녀 커플들이 동반 입장할 경우에는 남, 여, 남, 여의 순으로 앉습니다. 좌석 맨 끝에 여자를 앉히는 것은 에티켓에 어긋나는 처사입니다. 오페라 하우스의 로열박스는 앞쪽이 여자의 좌석, 뒤쪽이 남자의 좌석입니다. 다른 관객 앞을 지날 때는 공손한 말투나 제스처, 또는 눈빛으로 양해를 구한 다음 옷을 잘 추슬러 조용히 움직여야 합니다.

일곱째, 공연장에 입장을 한 이후에는 객석에 앉아 정숙한 자세로 공연 시작을 기다려야 합니다. 팸플릿, 공연 안내 책자 등을 뒤척이지 말아야 하며 옆 사람과 이야기를 하는 것도 금물입니다. 앞의 의자를 발로 차거나 손가방이나 짐을 뒤척이며 부스럭거리는 소리를 내서는 안 됩니다. 휴대전화로 검색을 하거나 채팅을 해서도 안 됩니다. 껌을 씹거나 소리 내어 사탕을 먹는 행위도 금물입니다. 키스, 속삭임 등 애정 행각도 금물입니다. 연극과 같은 무대 공연의 경우 막이 끝나고 막이 내릴 때까지 자리에서 일어나지 말아야 합니다.

여덟째, 박수와 환호성은 상황에 맞게 행해야 합니다. 박수를 치는 시기와 방법은 특별히 누가 정확하게 가르쳐주지 않기 때문인지 많은 분이 헷갈려 합니다. 정리해드리겠습니다. 연극과 뮤지컬은 장이 바뀔 때, 막이 내렸을 때, 마지막으로 막이 내릴 때 박수를 칩니다. 연극의 경우 극 중에 명대사나 명연기가 나올 때도 가능합니다. 발레 공연에서는 막이 내린 후에 박수를 칩니다. 국악의 경우 한 곡의 연주가 끝났을 때 박수를 칩니다. 판소리나 마당놀이에서는 흥에 겨울 때마다 박수를 보낼 수 있습니다. 오페라의 경우 아리아나 이중창이 끝나면 박수를 칩니다.

남자에겐 '브라보!', 여자에겐 '브라바!', 혼성이면 '브라비!' 외쳐야

음악회의 경우 맨 처음 무대에 지휘자가 등장할 때, 한 곡의 연주가 끝났을 때, 마지막 연주곡이 끝났을 때 각각 박수를 보냅니다. 교향곡 연주회의 경우에는 모든 악장이 끝난 후 박수를 칩니다. 콘서트의 경우 클래식 공연은 작품이 다 끝나면 박수를 보냅니다. 재즈의 경우 각각의 솔로 공연이 끝날 때마다 박수를 보냅니다. 모든 공연에서 앙코르는 한두 번 요청합니다. 앙코르를 받아주지 않을 경우 휘파람을 불거나 구호를 외치는 것은 매너에 어긋난 행동입니다.

특히 엄숙한 종교적 작품이 아닌 오페라나 무용 공연의 경우, 공연을 보다가 감동하거나 출연자를 격려하고 싶을 때 남자 공연자를 향해서는 '브라보bravo!'를, 여자 공연자를 향해서는 '브라바brava!'라는 구호를 외칩니다. 남녀 혼성이거나 단체일 경우에는 '브라비bravi!'를 외쳐야 합니다. 여성 복수인 경우에는 '브라베brave!'를 연호합니다. 브라보는 이탈리아어로 '좋다', '잘한다'라는 뜻으로 남성, 여성, 복수 여부에 따라 어형을 변화시켜 말합니다. 무대에서 열정을 다해 좋은 공연을 선보인 성악가, 연주자, 무용수, 연기자에게 포괄적으로 보낼 수 있는 찬사입니다.

제 *3* 장

영화에 대한 상담

영화, 드라마, 그리고 엔터테인먼트 산업의 경제적 특징은 어떤가요?

고위험 고수익과 창구효과가 핵심적인 특징

영화, 드라마, 엔터테인먼트 산업은 경제적으로 일곱 가지 특징을 갖고 있습니다. 고위험 고수익 구조, 공공재적 속성 보유, 경험재적 속성 보유, 규모의 경제 추구, 문화적 할인율 적용, 네트워크의 외부효과 적용, 창구효과 적용이 바로 그것입니다.

첫째, 고위험 고수익의 구조입니다. 작품 투자는 위험 부담이 크지만 반대로 흥행한다면 큰 수익을 거둘 수 있다는 뜻입니다. 경우에 따라 '대박' 또는 '쪽박'을 거둘 수 있는 변동성이 큰 산업이라는 뜻입니다. 드라마, 영화제작 시장에서 많은 작품 중 소수의 흥행 작품만이 시장 수익의 대부분을 차지함으로써 '부익부 빈익빈' 현상이 나타나는 것은 바로 이런 원리 때문입니다. 엔터테인먼트 업계는 위험을 분산하거나 최소화하고 수익성을 높이기 위해서 다양한 제작·금융 기법을 도입해 투자의 안정성을 확보하고 있습니다.

아울러 한류 열풍 이후 엔터테인먼트 분야에 전반적으로 경영의 개념이

도입되고 있습니다. 그러나 여전히 콘텐츠나 관련 사업에 대한 투자의 위험성이 상존하고 있어 주의가 필요합니다. 엔터테인먼트 업체들이 흥행을 담보하는 톱스타, 짜임새 있는 좋은 대본과 시나리오, 흥행 작품으로 연출력을 검증받은 감독을 확보하는 데 몰두하고 가급적 많은 투자자를 참여시켜 위험을 분산하려고 노력하는 것도 고위험 고수익 원리 때문입니다. 그래서 고위험 고수익 원리는 이른바 '되는 영화', '대작 영화'에 대한 집착을 촉진해 문화 다양성을 축소시킬 동력으로 작용할 소지가 높습니다.

둘째, 공공재적 속성을 보유하고 있습니다. '공공재公共財'란 수용자의 상품 소비 행위가 비경합적(비경쟁적)이고 비배제적(비배타적)인 재화를 의미합니다. 텔레비전이나 극장 영화를 볼 때 시청자나 관객이 한 사람 더 늘거나, 놀이공원·테마파크·온천·동물원 등에 입장객이 한 명 더 늘어나는 것에 한계비용marginal cost이 거의 없듯, 특정 상품이나 서비스를 이용할 때 여럿이 같이 즐길 수 있지만 다른 사람들에 의해 가용한 양이 줄어들지 않는 특성을 말합니다.

공공재는 사적재private goods와 달리 소비 행위에서 비경합성non-rivalness과 비배제성non-excludability을 나타냅니다. 비경합성이란 다른 사람의 소비로 인해 나의 소비가 방해 또는 지장 받지 않고 해당 상품의 소비에서 얻는 효용이 줄어들지 않는 특성을 말합니다. 비배재성은 일단 재화가 개인이나 집단에게 제공될 경우 그 혜택을 타인이나 다른 집단이 누리지 못하도록 일부러 제외할 수 없다는 뜻입니다. 심리적으로 공공재는 공짜 이용하려는 사람이 많아지는 '무임승차자free rider 효과'를 나타내므로 경영에 실패하지 않으려면 유료 관객 확보, 광고 확보 등 수익 보전 장치를 명확히 설정해야 합니다.

셋째, 경험재적 속성이 있습니다. 엔터테인먼트 상품은 일단 수용자가 소비, 즉 시청하거나 관람하기 전까지는 상품의 효용utility을 알 수 없다는 뜻입니다. 그래서 엔터테인먼트 업계에서는 작품을 내놓을 때 초기 수용자early adopter의 반응과 입소문, 그리고 상품에 대한 충분한 정보 등을 중시합니다. 소비의 불확실성을 낮추는 요소로 기능하기 때문입니다. 따라서 업체들은 팬덤 관리나 시청자·관객 서비스 전략을 체계화해 입소문을 활용한 마케팅 단계부터 본격적인 마케팅 단계까지 짜임새 있게 실행해야 합니다. 영화계에서 영화 프로듀서나 영화감독이 이미 수용자들에게 많이 알려지거나 인기가 높은 배우를 캐스팅해 드라마와 영화를 제작하려는 일련의 관행도 문화 상품의 경험재적 속성을 역으로 활용하는 경우라 할 수 있습니다.

넷째, 규모의 경제를 추구합니다. 규모의 경제란 콘텐츠 상품을 생산할 때 생산 규모가 커질수록 생산비가 절약되고 수익이 확대되는 현상을 말합니다. 엔터테인먼트 산업에서는 콘텐츠를 제작하는 초기 비용이 매우 많이 들어갑니다. 가령 아이돌 가수만 하더라도 연습생을 발굴해 그룹을 만들고 오랫동안 가창, 안무, 무대 매너 등 각 분야 전문가들을 강사로 초빙해 훈련시킵니다. 그 뒤 작사·작곡·편곡 과정을 거쳐 노래를 완성해 음반을 내기까지 많은 시간과 노력이 듭니다. 그러나 일단 음원이 완성되어 음반이나 디지털 음원으로 생산된 뒤 반응이 좋으면 큰 추가 비용 없이 대량생산되어 눈덩이snowball 같은 폭발적 소비로 이어질 수 있습니다. 이렇게 되면 경제적 원리에 따라 소비자당 평균 생산 비용은 기하급수적으로 낮아지게 됩니다.

문화적 할인은 해외 유통과 흥행에 매우 중요한 요소

다섯째, 문화적 할인文化的 割引이 적용됩니다. 문화적 할인이란 한 국가의 문화가 다른 문화 시장에 진출했을 경우 문화 시장 간에 언어, 관습, 가치관 등이 달라 수용자들 사이에서 문화적 소통이 원활해지지 않으면서 문화의 가치가 본래보다 떨어져 전달되는 현상을 말합니다. 그 가치 하락 비율이 바로 문화적 할인율입니다. 가령 국극國劇은 한국적인 전통극이라서 서구 사회에 어필하기 매우 어렵지만 가수 싸이의 노래는 서구의 팝과 한국적인 가요가 결합되어 만들어진 퓨전 스타일이기 때문에 서구에 통용되기가 쉽습니다. 한국 드라마는 유교와 한자 문화를 기반으로 한 일본과 중국 사회에서는 비교적 소통이 잘되지만 유럽에 가면 사실상 찬밥 신세입니다. 모두 문화적 할인이 적용되는 경우입니다.

문화적 할인에 영향을 주는 요소는 언어, 관습, 선입견, 선호 장르의 차이 등입니다. 그중에서도 언어가 가장 중요한 영향을 미칩니다. 엔터테인먼트 콘텐츠는 언어와 문화적 관념 등이 통해야 하므로 해외에 진출할 경우 문화 장벽을 넘어야 합니다. 따라서 문화적 할인을 역이용하는 전략이 많이 구사됩니다. 미국에서 세계적인 개봉을 목표로 제작하는 영화를 보면 문화적 할인이라는 관문을 부드럽게 통과하기 위해서 배우를 인종별로 안배해 캐스팅하곤 합니다. 한국 배우를 캐스팅한다면 한국에서의 작품 흥행을 고려한 상업적 전략입니다. 이렇게 가능한 한 많은 사람에게 어필해야 하는 것이 엔터테인먼트 콘텐츠이므로, 작품을 히트시키기 위해 수학의 '최소공통분모 이론lowest common denominator theory'을 적용합니다. 작품마다 세계인에게 통용되는 보편적 가치를 담고 구체적 요소를 최소화해 가급적 일반화·단순화하는 노력을 하는 것입니다.

여섯째, 네트워크의 외부효과가 적용됩니다. 네트워크는 상품 정보를 유통해 소비를 촉진하는 연결망이라고 할 수 있습니다. 외부효과는 많은 사람이 사용할수록 그 상품의 가치가 증가하거나 감소하는 현상을 말합니다. 이

때 상품을 소비할수록 그 가치가 증가하는 긍정적 영향을 '양(+)의 외부효과positive externality', 상품을 소비할수록 그 가치가 감소하는 부정적 영향을 '음(-)의 외부효과negative externality'라고 합니다.

네트워크의 외부효과는 미디어 상품과 같은 정보재information goods에 적용되는 특성으로, 이용자 수가 많으면 상품의 수요가 더욱 늘어나는 반면 이용자 수가 적으면 상품의 수요가 더욱 줄어드는 현상을 말합니다. 엔터테인먼트 상품은 특정 사회와 정치적·경제적 과정에서 중심 역할을 수행하기 때문에 이용자가 늘수록 유행과 소비 트렌드가 형성됩니다. 그렇게 되면 상품이나 서비스의 만족도, 즉 효용을 증가시키고 새로운 이용자들을 끌어들이는 효과가 나타납니다.

로버트 멧커프Robert Metcalfe라는 학자는 「멧커프의 법칙: 네트워크의 가치는 이용자가 많을수록 커진다Metcalfe's Law: Network Becomes More Valuable as it Reaches More Users」(1995)에서 "특정 상품이나 서비스를 가치 있게 만드는 특성이 네트워크의 외부효과"라고 강조했습니다. 그는 일정 규모 이상 팔리는 상품은 임계치critical mass를 돌파한 뒤부터는 판매가 폭증해 상당한 수준의 외부효과를 누리며, 반복 사용을 통해 상품에 익숙해진 소비자들은 다른 제품을 쉽게 사지 않는 경향을 보인다고 발표했습니다. 이런 특징을 '경로의존성path dependency'이라고 합니다. 경로 의존성 때문에 네트워크의 외부효과가 나타나면 시장을 선점하는 사업자의 시장 독식이라는 부작용이 생길 수 있습니다.

일곱째, 창구효과가 적용됩니다. 창구효과는 하나의 상품이 특정 영역에서 창조된 후 부분적인 기술 변환과 응용을 거쳐 같은 영역이나 다른 영역으로 활용이 확산되면서 그 가치가 계속적으로 증대되는 현상을 말합니다. 유통 창구를 확대하면서 나타나는 '눈덩이 효과snowballing effect'처럼 부가가치가 지속적으로 확대되는 구조를 갖습니다. 일본에서 많이 쓰는 '원 소스 멀티 유즈'와 미국에서 많이 쓰는 'COPE Create Once Publish Everywhere'와 같은 의미입니다. 요즘 널리 회자되는 **엔스크린** N-Screen **전략**의 목적과도 같습니다. 모두 하나의 콘텐츠를 다양한 유통망에 선보임으로써 수익을 극대화하는 전략입니다.

영화제작과 유통 체계를
알고 싶은데요, 어떤가요?

영화제작은 프리 프로덕션 → 프로덕션 → 포스트 프로덕션 순

영화제작 과정은 연극·뮤지컬과 마찬가지로 프리 프로덕션, 프로덕션, 포스트 프로덕션으로 구분할 수 있습니다. 첫째, 프리 프로덕션은 제작 전 단계입니다. 시나리오 작성, 투자, 예산 계획, 캐스팅, 콘티 작성, 장면 분석, 각색을 하는 과정입니다. 이를 통해 영화의 스케일과 구도를 확정합니다. 영화의 흥행 여부는 프리 프로덕션 과정에서 결정된다고 해도 과언이 아니기 때문에 영화 제작사의 프로듀서나 영화감독은 준비에 심혈을 기울입니다. 특히 투자와 캐스팅이 가장 중요하다고 할 수 있습니다.

둘째, 프로덕션은 본격적인 제작 과정입니다. 연출부와 제작부, 마케팅부가 혼연일체를 이뤄야 하는 과정입니다. 다시 말해 감독, 조감독, 촬영감독, 프로듀서, 아트디렉터, 녹음기사, 붐맨(영화제작 현장에서 붐 마이크를 드는 작업을 하는 사람) 등이 혼연일체를 이뤄 촬영을 하고 마케팅과 홍보를 담당하는 스탭들은 상영에 대비해 본격적인 마케팅을 준비하는 과정입니다. 마지막으로 포스트 프로덕션은 제작 후 후반 작업 과정입니다. 현상, 편집, 특수 효과, 광학, 음악, 색 보정, 프린트, 등급 심의, 기술 시사 등을 포함합니다. 배급과 상영에 앞서 좀 더 완결성 높은 작품을 만들기 위해 최종적으로 수정·보완하는 과정입니다.

영화 유통은 대기업 중심의 제작 → 배급 → 상영 체계

영화의 유통 체계는 제작production, 배급distribution, 상영exhibition으로 구분됩니다. 그러나 씨제이이앤엠, 롯데엔터테인먼트 등 몇몇 대기업이 제작·배급·상영 과정을 수직적으로 통합해 자사의 수익률을 높이고 있습니다. 일부 기업들이 한편으로는 독과점적 지위를 활용해 자사가 제작·배급한 영화로 스크린의 대부분을 채우고, 다른 한편으로는 자사 관련 음식점, 할인점 등의 업체에서 제작비를 집행하도록 하는 등 전횡을 행사하는 일이 종종 나타납니다.

영화의 제작은 씨제이이앤엠, 롯데엔터테인먼트, 명필름, 봄, 비단길 등과 같은 영화사가 맡습니다. 제작사는 매력적인 시나리오를 토대로 투자자들, 주역으로 캐스팅될 배우들을 우선 설득해 밑그림을 그린 다음 제작을 결정합니다. 배급은 씨제이이앤엠, 롯데엔터테인먼트, 시네마서비스, 뉴NEW: Next Entertainment World Co., Ltd 등의 배급사가 제작된 영화를 상영관에 유통하는 행위를 말합니다. 상영은 씨제이씨지브이, 롯데시네마, 메가박스 등의 영화관(극장) 업체가 영화를 상영하는 것을 가리킵니다. 요즘 상영 업체는 대부분 한 극장에서 복수의 스크린을 운용하는 멀티플렉스 형태입니다.

영화의 배급은 직접성 여부에 따라 '직접 배급'과 '간접 배급'으로 나뉩니다. 상영권의 패키징 여부에 따라 영화사가 특정 기간에 제작하는 자사 영화 여러 개를 한데 묶어 일괄적으로 독점 배급하는 '블록 부킹block booking', 영화의 상품성과 교섭력을 따져 자유롭게 배급을 결정하는 '프리 부킹free booking'으로 구분합니다. 제작사의 최저 수입을 보장해주는 '네거티브 픽업negative pick up' 방식도 있는데, 이는 제작사가 자본조달의 주체가 되며, 배급사는 배급권을 확보하는 대가로 선급금을 제공하고 영화 완성 후 배급과 마케팅 비용을 책임지는 방식입니다. 배급사는 제작사의 작품을 배급하기로 계약하지만 영화의 순 제작비를 투자하지는 않는 것이 네거티브 픽업의 특징이라 할 수 있습니다.

영화의 상영은 관객 조사, 경쟁 영화 개봉 전략 분석(대진 운 등), 홍보 전략을 종합적으로 고려해 시기와 방법을 결정합니다. 영화 개봉release 의 형태는 광역 개봉wide release, 플랫폼 개봉platform release, 제한 개봉limited release 이 있습니다. 첫째, 광역 개봉은 전국에 동시 개봉하는 방법으로 단기에 투자금을 회수할 수 있는 이점이 있지만 홍보 비용이 많이 든다는 것이 단점입니다. 둘째, 플랫폼 개봉은 대도시에 먼저 개봉한 뒤 점차 중소 도시로 확대하는 전략입니다. 지역 간에 시차를 두고 개봉이 이뤄지므로 영화 소개 기사나 평론의 영향을 누리고, 일찍 영화를 본 관객들이 전파하는 입소문 효과를 기대할 수 있습니다. 셋째, 제한 개봉은 소수의 개봉관에서 시작해 점차 개봉관 수를 늘려가는 방법입니다. 이 방식은 홍보비와 리스크를 줄일 수 있으나 현재와 같은 배급·상영의 독과점獨寡占, monopoly and oligopoly 구조에서 그리 권장할 만한 방식이 아닙니다. 처음에 스코어(흥행 실적 수치)가 밀리면 끝까지 외면당하기 쉬운 전략이니 신중해야 합니다.

관객이 지불한 영화 관람료는 영화 유통 체계에 따라 어떻게 배분되나요?

관람료 8000원 중 극장 3492원, 투자 · 제작사 3143원, 배급사 349원 몫

영화진흥위원회가 2015년에 집계한 2014년 국내 상영관 평균 관람 요금은 7738원으로 8000원에 약간 못 미칩니다. 마케팅 확대 전략인 할인 요금 등이 적용되기 때문에 나타나는 현상입니다. 상영관 평균 관람 요금은 2005년 6172원, 2006년 6034원, 2007년 6247원, 2008년 6494원, 2009년 6970원, 2010년 7834원, 2011년 7737원, 2012년 7466원, 2013년 7271원으로 지금까지 2010년이 가장 높았습니다.

이런 통계에 따라 관객이 상영관에서 8000원에 영화 한 편을 봤다고 가정해보겠습니다. 관객이 8000원을 지불하면 상영 업체인 영화관은 영화발전기금 3%(240원)와 부가가치세 10%(776원)를 원천 공제합니다. 영화관은 남은 6984원 가운데 50%인 3492원(50%는 무조건 보전)을 가져갑니다. 영화관은 임대비, 시설비, 직원 임금, 유지관리비 등과 세금을 제하고 순익을 확보하게 됩니다.

배급은 남은 3492원 가운데 10%(349원)에 해당하는 배급 수수료를 취합니다. 배급 수수료를 빼면 이제 투자·제작사의 수입은 남은 3143원인데, 어디까지나 프리 프로덕션 과정에서 확정된 투자자의 지분율에 따라 이를 배분합니다. 만약 영화가 흥행에 실패한다면 3143원 전액이 투자사(투자자)의 손실로 처리되어 제작사의 몫은 전혀 확보하지 못하게 됩니다. 영화가 흥행할 경우, 투자사(투자자)는 투자금을 회수하고 남은 돈 가운데 최대 40% 정도를 제작사 수익으로 배분하고, 그래도 돈이 남을 경우 투자사에게 수익으로 추가 배분합니다.

IPTV, VOD의 1만 원짜리 영화는 플랫폼 사업자의 몫이 4000~6000원

그러나 IPTV, 온라인 VOD, 모바일 등 디지털·온라인 매체의 상영 관람료 분배 구조는 좀 더 단순합니다. 시장의 관행대로 영화 한 편을 볼 때 1만 원을 내고 결제했다면 IPTV 사업자와 같은 플랫폼 사업자Service Provider: SP는 1만 원의 40~60%에 해당하는 4000~6000원을 가져갑니다. 영화 온라인 유통사MCP는 남은 돈 5000원 가운데 10~30%에 해당하는 500~1500원을 수익으로 확보합니다. 여기에는 자사의 영업이익, 네트워크 사용료, 플랫폼 탑재료, 저작물 소스의 인코딩 등에 소요되는 기술적인 변환료가 포함되어 있습니다. 이렇게 되면 최초 영화 제공자Contents Producer: CP의 수입은 남은 3500~4500원인데 이를 고스란히 가져가는 게 아니라 제작사와 배급자의 계약 비율에 따라 수익을 나눕니다. 제작사와 배급자의 계약 비율은 영화 및 제작·배급 업체에 따라 조금씩 다를 수 있습니다.

영화의 마케팅은
어떻게 하나요?

언론 홍보, 퍼블리시티, 리서치와 광고, 프로모션으로 구분

영화의 마케팅 방법은 일반적으로 언론 홍보와 퍼블리시티publicity, 리서치와 광고advertising, 프로모션promotion 등이 있습니다. 영화 마케팅은 관객에게 영화 정보를 충분히 제공해 흥행으로 이끌기 위한 총체적 과정입니다. 관객에게 정보를 충분히 제공하려면 신문·방송과 같은 전통 미디어와 인터넷·스마트폰과 같은 신생 미디어를 잘 활용해야 합니다. 영화의 마케팅은 대부분 퍼블리시티, 리서치와 광고, 프로모션으로 이루어진다고 보시면 됩니다. 배우가 영화에 출연해 개봉을 앞두고 있다면 이 중 어떤 과정, 어떤 행사에 참여해야 하는지 정확히 알고 그에 대해 각각의 준비를 해야 합니다. 모든 준비는 마케팅 부서와 협의하고 그들과 조화를 이뤄야 합니다.

첫째, 언론 홍보와 퍼블리시티는 가장 먼저 프리 프로덕션, 프로덕션, 포스트 프로덕션 등 영화제작 단계별로 영화제작 정보를 상세히 알리는 것부터 시작합니다. 인터넷 검색을 통해 충분히 정보 이용이 가능하도록 구성해야 합니다. 영화 담당 기자들과 유연하게 접촉해 작품 제작 준비 과정과 제작 현장 취재, 그리고 영화 자체에 대한 소개 기사가 나가도록 합니다. 제작사의 마케팅 부서 또는 홍보 대행 업무를 수주한 영화 홍보 전문 회사는 영화 개봉 직전에 시사회를 열어 기자와 평론가, 열성 관객들을 초청해 영화평이 각 매체에 게재되도록 하고 초기 수용자의 정보가 블로그나 카페에 우호적으로 실리도록 합니다.

영화 담당 기자나 영화 평론가들을 비롯한 평단의 영화평은 특정한 경향성을 나타냅니다. 이들은 해당 분야의 전문가답게 자신의 권위와 자존심을 반영해서 영화가 내포한 '오락성'이나 '상업성'보다는 '예술성'이나 '작품성'에 더 무게를 두고 작품을 평가합니다. 결국 평단은 특정 영화를 평가할 때 예술성과 작품성을 중시하는 경향을 보인다는 뜻입니다. 이들은 제작비가 많이 투입되고 톱스타들이 많이 나오는 대작이라고 해서 무조건 후한 점수를 주지 않습니다. 오히려 예술영화에 더 높은 점수를 줄 수도 있습니다.

예술성·작품성을 중시하는 평단과 일반 관객의 평가는 다른 편

그러나 팬들은 대개 영화를 예술보다 오락으로 인식하는 경우가 많아 대중성이나 통속성에 이끌릴 때가 많습니다. 따라서 관객은 일반적으로 세간의 관심을 많이 끌거나 재미 또는 스릴이 넘치는 영화를 더 많이 보게 됩니다. 작품성과 흥행이 반드시 비례하지는 않습니다. 그래서 평단이 높은 점수를 준 영화라 하더라도 관객으로부터 많은 사랑을 받는다는 보장이 없습니다. 반대로 평단이 낮은 점수를 준 영화가 흥행하는 경우도 많습니다.

언론 홍보와 퍼블리시티에서 중요한 작업은 제작 발표회나 기자회견을 갖고 보도 자료, 영화 예고편과 메이킹 필름making film 등 피처렛featurette을 제공하는 것입니다. 피처렛은 영화제작 과정, 즉 영화의 제작 비화나 촬영 현장의 여러 모습을 담은 단편영화를 말하는데, 보통 작품 선전이나 광고를 위해 TV 등을 통해 관객들에게 사전 공개됩니다. 제작 발표회나 기자회견에는 주요 배역, 영화감독, 제작사 대표 등이 참석해 영화의 마케팅 포인트에 대해 설명하고 기자들의 질문에 답합니다. 일반적으로 주요 배역을 맡은 톱스타와 영화감독에게 많은 스포트라이트가 비춰집니다.

둘째, 리서치와 광고는 사전에 영화 콘셉트와 주요 타깃 관객층, 출연 배우의 이미지, 광고 문안 등에 대해 관객 반응과 기호를 체계적으로 조사·분석해서 마케팅에 반영하는 작업부터 시작합니다. 이 과정은 프리 프로덕션에서부터 정교하게 연계·준비해야 합니다. 특히 주요 타깃 관객층을 제대로 파악하고 설정하는 것이 중요합니다.

조사를 해보면 연령, 계층, 직업 등 인구학적 특징이 뚜렷하게 나타나므로 마케팅의 밑그림을 그리기가 한결 쉬워집니다. 이런 조사 결과를 토대로 각 매체에 대한 광고 계획을 세워 집행합니다. 일반적으로 영화는 방송, 신문, 잡지, 인터넷, 입간판 등 옥외 매체, 지하철·버스 등 대중교통에 광고를 집행하는 경우가 많습니다. 최근에는 스마트폰 시대가 고착되면서 주목도가 높은 인터넷 포털에 광고를 집행하는 사례가 늘고 있습니다.

기자 시사회와 일반 시사회를 통해 프로모션 본격화

셋째, 프로모션은 기자 시사회나 일반 시사회를 통해 작품을 직접적으로 어필하는 과정입니다. **스닉 리뷰**sneak review를 하는 경우도 있습니다. 기자

> **■ ■ ■ 스닉 리뷰**
>
> 영화 개봉 직전 일반 공개에 앞서 관객의 반응을 조사하기 위해 실시하는 시사회 또는 대중에게 선전할 목적으로 제목 등 영화 정보를 일체 알리지 않거나 영화에 우호적인 인사를 배제하고 예고 없이 벌이는 영화 시사회를 말합니다. '스닉(sneak)'이라는 단어는 '살금살금 들어오다'라는 뜻입니다.

시사회는 영화 담당 기자들을 대상으로 하는 제작 시사회이며, 일반 시사회는 일반 관객들에게 시험 상영해 마케팅 전략을 명확히 정하는 과정입니다. 일반 시사회의 경우 영화의 주요 팬층인 20대 여성들을 겨냥해서 여자대학교 등을 기습 방문해 실시하는 경우도 많습니다. 스닉 리뷰는 영화를 개봉하기 전에 객관적이고 냉정하게 평가를 받은 뒤 마케팅 전략을 구체화하거나 수정하기 위한 목적으로 진행합니다.

기자 시사회와 일반 시사회 등 공개 시사회는 후반 작업을 모두 마친 다음에 진행하지만 후반 작업의 진행 과정에서 하는 내부 시사회도 있습니다. '데일리'와 '기술 시사'가 바로 그것입니다. 외부에 공개되지 않기 때문에 직접적인 마케팅 과정이라고 볼 수는 없습니다. 데일리는 '러쉬'라고도 하는데, 제작된 필름을 현상한 후 촬영감독, 조감독, 현상 기사, 색 보정 기사 등이 모여 소리 없이 편집된 영상만을 확인하는 과정입니다. 기술 시사는 색 보정과 소리 믹싱을 마친 후에 'A 프린트' 또는 '앤서 프린트answer print'가 완성되면 제작진만 모여 최종 프린트를 검토하는 과정입니다. 기술 시사를 마치고 'B 프린트'나 'C 프린트'가 완성되면 최종적으로 '상영용 프린트(릴리스 프린트)'를 확정해 마케팅을 위한 공개 시사회를 열게 됩니다.

개봉한 영화의 마케팅이 성공해 관객 1000만 명을 넘겨 '흥행 성공 신화'를 이룬 작품들은 다음과 같습니다. 2015년 12월 영화진흥위원회 및 각 영

표 5 관객 1000만 명을 넘겨 '흥행 성공 신화'를 이룬 작품들

순위	영화명	심의 등급	개봉일	매출액(억 원)	관람객(명)
1	명량	12세 이상	2014. 07. 30	1357	17,613,682
2	국제시장	15세 이상	2014. 12. 17	1109	14,257,115
3	아바타(미국)	12세 이상	2009. 12. 17	1284	13,624,328
4	베테랑	15세 이상	2015. 08. 05	1038	13,239,448
5	괴물	12세 이상	2006. 07. 27	667	13,019,740
6	도둑들	15세 이상	2012. 07. 25	937	12,983,330
7	7번방의 선물	15세 이상	2013. 01. 23	914	12,811,206
8	암살	15세 이상	2015. 07. 22	984	12,698,366
9	광해, 왕이 된 남자	15세 이상	2012. 09. 13	889	12,319,542
10	왕의 남자	15세 이상	2005. 12. 29	660	12,302,831
11	태극기 휘날리며	15세 이상	2004. 02. 05	157	11,746,135
12	해운대	12세 이상	2009. 07. 22	810	11,453,338
13	변호인	15세 이상	2013. 12. 18	829	11,374,610
14	실미도	15세 이상	2003. 12. 24	109	11,081,000
15	어벤져스: 에이지 오브 울트론(미국)	12세 이상	2015. 04. 23	886	10,494,499
16	겨울왕국(미국)	전체 관람가	2014. 01. 16	825	10,296,101
17	인터스텔라(미국)	12세 이상	2014. 11. 06	823	10,275,484

자료: 영화진흥위원회 및 각 영화사(2016년 2월 기준).

화사의 집계에 따르면 모두 17편입니다. 그 가운데 국산 영화는 〈명량〉, 〈국제 시장〉, 〈베테랑〉, 〈괴물〉, 〈도둑들〉, 〈7번방의 선물〉, 〈암살〉, 〈광해, 왕이 된 남자〉, 〈태극기 휘날리며〉, 〈변호인〉 등 13편, 외화는 〈아바타Avatar〉, 〈어벤 져스: 에이지 오브 울트론The Avengers: Age of Ultron〉, 〈겨울왕국Frozen〉, 〈인터 스텔라Interstellar〉 등 4편입니다. 외화는 모두 미국 할리우드 영화입니다. 등

급별로는 '15세 이상 관람가'가 10편, '12세 이상 관람가'가 6편이며, '전체 관람가'는 1편입니다. '청소년 관람불가'는 1편도 없는 것이 특징입니다. 매출액은 〈명량〉과 〈아바타〉가 각각 1위와 2위를 차지했습니다.

영화제작 시
영상의 기본 구성 요소는
무엇이 있나요?

영상의 단위는 작은 것부터 큰 것 순으로 나열하면 숏 → 신 → 시퀀스

영상의 기본 구성 요소는 배우가 영화와 영화제작 메커니즘을 이해하기 위해 기본적으로 알아야 할 사항입니다. 영상의 기본 구성 요소는 '숏shot', '신scene', '시퀀스sequence'입니다. 숏은 한 번의 연속촬영으로 찍은 장면을 지칭합니다. '컷cut'과 같은 뜻입니다. 신은 우리말로 '장면'이라고 풀이할 수 있는데, 같은 장소·시간 내에서 이루어진 일련의 행동이나 대사로 표현된 부분을 뜻합니다. 숏이 모여 신을 구성하기 때문에 신은 숏의 집합체라 할 수 있습니다. 시퀀스는 하나의 이야기가 시작되어 끝나는 독립적인 구성단위입니다. 시퀀스는 극에서 장소·행동·시간의 연속성을 가진 몇 개의 장면이 모여 이뤄집니다. 시퀀스는 신의 집합체입니다. 따라서 영상의 단위를 작은 것부터 큰 것 순으로 나열하면 숏, 신, 시퀀스입니다.

참고로 '테이크take'는 영화에서 카메라를 중단하지 않고 한 번에 연속적으로 찍는 장면이나 부분을 뜻합니다. 영화제작 현장에서는 카메라 스위치를 한 번 켜서 작동시킨 뒤 스위치를 끌 때까지 촬영한 화면을 말합니다. 촬영 카메라로 중단 없이 한 번에 연속적으로 촬영한 단위인 것입니다. 보통 배우들은 컨디션이 좋을 경우 '촬영이 원 테이크에 끝났다'라는 말을 많이 하는데, 이 말은 사전에 연습이 충분하고 현장에서도 집중이 잘되어 한 번의 촬영으로 틀리지 않고 원하는 연기가 구현되었다는 것을 뜻합니다.

영화감독은 자신이 지휘해 촬영한 영상이 마음에 들지 않으면 반복 촬영을 하게 됩니다. 이렇게 찍은 테이크 가운데 사용 가능한 것은 '굿good', 사용이 어려운 상태의 테이크는 '노 굿no good: NG'이라고 합니다. 테이크를 길게 지속해 긴 숏을 만들었을 경우 이를 '롱 테이크long take'라 하고 테이크를 짧게 지속해 짧은 숏를 만들었을 경우는 '쇼트 테이크short take'라고 합니다.

촬영 시 필름 대신 디지털 저장 장치를 사용하면서 테이크의 제약 사라져

과거에는 필름을 사용해 영화를 촬영했으므로 제작진이 비싼 필름 비용을 절약하기 위해 테이크를 여러 차례 반복하지 않으려 했습니다. 그래서 엔지NG에 더욱 민감했습니다. 그러나 요즘에는 디지털 시대를 맞아 영화를 촬영할 때 디지털 저장 장치(메모리 카드)를 사용하면서 그런 제약이 크게 사라졌습니다. 디지털 촬영 시스템의 적용으로 같은 장면을 찍을 때 여러 차례 테이크를 추가해도 비용이 많이 들지 않기 때문에 원하는 숏과 신이 나올 때까지 많은 회차를 찍는 경향을 보입니다.

따라서 디지털 시대에는 영화제작 문법도 바뀌고 있습니다. 영화감독들은 원하는 구도나 그림을 먼저 완벽에 가깝게 구상한 뒤 경제적으로 촬영해 편집하거나, 같은 장면에 대해 가급적 매우 많은 테이크를 촬영한 다음 포스트 프로덕션 단계에서 가장 좋은 것을 골라 편집하는 부류로 나뉩니다. 영화계에서는 〈설국열차〉, 〈마더〉 등을 연출한 봉준호 감독 등이 전자의 사례에 가깝고, 〈암살〉, 〈도둑들〉 등을 연출한 최동훈 감독 등이 후자의 사례에 가깝다고 평가됩니다.

내레이션, 몽타주, 나라타주란 무엇인가요?

내레이션은 설명 넣기, 몽타주는 편집, 나라타주는 이 둘의 결합

'내레이션narration', '몽타주montage', '나라타주narratage'는 주로 영화에서 자주 사용되는 용어입니다. 특히 영화 비평가들이 영화를 명쾌하고 유려하게 분석할 때 아이스크림 위의 토핑처럼 맛깔스럽게 덧붙여 사용하는 전문용어라 할 수 있습니다. 내레이션은 구체적으로 '영화, 다큐멘터리와 드라마 등 텔레비전, 연극 등의 장르에서 화면이나 무대 장면에 설명을 넣는 기법'을 말합니다. 시나리오 용어로는 장면 밖에서 들려오는 목소리를 뜻하기도 합니다. 내레이션은 특히 드라마에서 사용되면 좀 더 적확하게 심리묘사를 할 수 있습니다. 내레이션 역할을 사람이 할 경우 '내레이터narrator'라고 합니다.

몽타주는 영화의 편집 기법을 말합니다. 영화 내부의 각 컷들을 유기적으로 연결해 또 다른 메시지를 전달하는 영화의 기법입니다. 더 구체적으로 설명하면 '영화 필름을 단순하게 편집하거나 일련의 짧은 장면을 극적인 효과나 인상적인 효과를 거두기 위해서 병치 배열로 연결해 편집하는 기법'을 의미합니다. '조립하다' 또는 '집합시키다'는 뜻의 프랑스어 '몽테르monter'에서 파생된 용어입니다. 세르게이 미하일로비치 예이젠시테인Cергéй Михайлович Эйзенштейн, 프세볼로트 일라리오노비치 푸돕킨Bcéвoлoд Илларио́нович Пудо́вк ин 등 1920년대 옛 소련에서 활약한 영화인들이 영화를 제작하면서 몽타주의 중요성을 본격적으로 제기했습니다.

예이젠시테인은 몽타주 기법의 선구자로 각광

몽타주 기법의 선구자인 예이젠시테인은 몽타주 기법을 적용해 영화 〈전함 포템킨The Battleship Potemkin〉(1925)을 제작했습니다. 오데사 계단 장면이 대표적입니다. 푸돕킨도 같은 기법을 활용해 영화 〈어머니Mother〉(1926)를 연출했습니다. 이들은 몽타주 이론을 실천하기 위해 주로 '컷'을 이용했습니다. 한 번의 연속촬영으로 찍은 장면인 컷을 접합해 신을 만드는 편집 방식으로 점차 영화를 완성해나간 것입니다.

프랑스의 학자 레브 쿨레쇼프Lev Kuleshov는 몽타주의 기본 개념을 확립하기 위해 배우의 무표정한 얼굴을 한 컷 촬영한 다음 그 앞에 아기의 관, 여자, 음식을 각각 편집해서 붙여넣고 관객들에게 보여주는 실험을 했습니다. 각각의 장면을 본 관객들은 아기의 관과 붙였을 때는 무표정한 얼굴을 한 사람이 슬퍼 보인다고 답했습니다. 여자와 붙였을 때는 기뻐 보인다고 평가했습니다. 마지막으로 음식과 붙였을 때는 배고파 보인다고 응답했습니다. 두 개 이상의 컷이 편집으로 연결되었을 때는 각 컷이 서로에게 영향을 주기 때문에 관객은 배우의 감정 상태를 앞의 컷에 맞춰 각각 달리 해석한다는 것을 발견한 것입니다. 이를 '쿨레쇼프 효과'라고 부릅니다.

나라타주는 '내레이션'과 '몽타주'의 합성 조어입니다. 영화에서 주인공이 과거를 회상하는 형식으로 이야기를 전개할 때, 과거의 사건을 이야기하게 하면서 장면을 이끌어가듯 내레이션을 화면에 덧붙일 뿐만 아니라 내레이션에 맞춰 화면의 시간, 장소 등을 자유로이 전환해 줄거리를 구성하는 기법을 말합니다. 나라타주 기법은 프레스턴 스터지스Preston Sturges가 1933년에 영화 〈권력과 영광The Power and the Glory〉에서 처음 사용한 것으로 알려져 있습니다.

영화에서 '미장센'이란 무엇을 말하나요?

모든 시각적인 대상을 배열·배치하고 조직하는 연출 기법

'미장센mise-en-scène'은 원래 연극 무대에서 쓰던 용어입니다. 연극을 공연할 때 대본에는 등장인물의 동작·무대장치·조명 등에 관한 지시가 상세하게 나오지 않으므로 연출자가 연극의 서사적 효과를 전달하기 위해 무대 위의 모든 시각적 대상을 배열·조직하는 연출 기법을 뜻합니다. 프랑스에서는 '연출'과 같은 의미로 사용되고 있습니다. '무대 위에 배치한다Putting on Stage'가 원뜻입니다. 영화에서는 한 프레임 내에서 배우와 세트 디자인의 고정된 배열을 뜻합니다. 카메라의 위치, 움직임, 편집과는 별개로 독립적으로 존재하는 모든 영화 이미지라고 정의할 수 있습니다.

미장센 기법은 스토리 위주의 영화보다는 주로 예술영화에서 많이 사용하는데, 영화의 미학적 요소를 부각시키기 위해서입니다. 특히 프랑스의 영화 비평가 앙드레 바쟁Andre Bazin이 미장센 기법을 사용한 예술영화에 대해 호평했습니다. 영화 촬영을 할 때 카메라 앞에 있는 요소는 배우뿐만이 아닙니다. 미장센의 구성 요소는 배우의 연기 수준, 카메라의 각도, 분장, 무대장치, 의상, 조명, 소품, 그 밖의 피사체 등 모든 것이 해당됩니다. 연출가는 '화면 내에서 모든 것이 어우러져 연기한다'는 관점에 따라 이들 요소들 간의 이상적인 조화를 추구해 영화적 미학을 극대화하고자 합니다. 미장센은 이렇게 모든 사물을 조화시킨 공간 연출인 것입니다.

단일한 숏에 담긴 이미지를 재구성, 영화의 주제를 뒷받침

미장센과 몽타주를 비교했을 때 몽타주가 여러 장면이 촬영된 여러 개의 숏을 편집해 영화의 주제를 드러낸다면, 미장센은 단일한 숏에 담긴 이미지들을 재구성해 영화의 주제를 뒷받침합니다. 미장센 기법을 강조하거나 좋아하는 영화감독들은 특정 장면을 긴 호흡으로 보여주는 '롱 테이크'나 광각 렌즈를 사용해 한 화면 속에서 일어나는 상황이나 배치된 물건들을 선명하게 보여주는 '딥 포커스deep focus' 등의 촬영 기법을 많이 적용하곤 합니다.

미장센 기법이 담긴 장면을 몇 가지 영화에서 살펴보겠습니다. 하정우가 출연한 영화 〈더 테러 라이브〉에서는 마포대교, 방송사, 생방송 뉴스룸, 여의도 등 관객과 친숙한 장소를 배치함으로써 몰입감을 극대화하려는 의도가 엿보였습니다. 영화 〈올드보이〉에서는 주인공(배우 최민식)이 15년간 갇혀 있던 쪽방의 벽지 문양이 격자형입니다. 그 방의 평수는 8평인 데 비해 적대적 인물인 이우진(배우 유지태)의 방은 108평으로 설정함으로써 극명한 대조 효과를 느끼게 합니다. 영화 〈살인의 추억〉에서는 초반부에 형사 박두만(배우 송강호)이 살인 사건 현장에 도착해서 반장에게 이야기를 듣고 현장 보존을 방해하는 경운기가 도착할 때까지 굳이 컷을 나누지 않고 롱 테이크 기법으로 전개합니다. 이는 시골의 어수선한 살인 현장 풍경과 어리숙한 초동수사의 모습을 사실적으로 보여주는 미장센으로 평가됩니다.

영화 〈홀리데이〉에서 경찰관(배우 최민수)은 금니를 박은 치아에 목발을 짚는 모습으로 나타나는데, 이는 악랄함과 집요함을 강조하기 위한 미장센으로 보입니다. 또한 감옥에서 탈주한 지강헌(배우 이성재)이 일행과 함께 인질의 집에서 이야기를 하다가 담배를 짓이기며 불을 끌 때 재떨이는 잠실 종합운동장 모양입니다. 이것은 독재에 대한 저항을 회피하고자 '3S(스포츠, 섹스, 스크린) 정책'의 일환으로 '86 아시안게임' 등을 유치한 신군부 정권을 조롱하려는 미장센으로 해석됩니다. 쿠엔틴 타란티노Quentin Tarantino 감독은 영화 〈펄프 픽션Pulp Fiction〉에서 미디엄 숏이나 클로즈업 숏을 집중적으로 사용하는 미장센 기법을 통해 관객들과 거리를 두는 효과를 구현하고자 한 듯합니다. 이 경우 관객은 극 중 인물인 두 남녀 건달(배우 팀 로스Tim Roth와 어맨다 플러머Amanda Plummer) 등의 이야기를 듣는 제3자로 참여하는 느낌을 갖게 됩니다.

맥거핀이란
무엇인가요?

영화에서 관객을 의도적으로 속이는 장치로 사건 · 상황 · 인물 · 소품

'맥거핀macguffin'은 원래 '속임수', '미끼'라는 뜻을 가진 어휘입니다. 영화에서는 줄거리의 전개를 추진하는 플롯의 한 장치를 말합니다. 작품 전체의 줄거리에는 영향을 주지 않지만 관객의 시선을 의도적으로 묶어둠으로써 공포감이나 의문을 자아내게 만들거나 중요하지 않은 것을 마치 중요한 것처럼 위장해 관객의 주의를 끄는 영화 구성상 속임수를 지칭합니다.

즉, 맥거핀은 관객의 호기심을 자극하며 관객을 의문에 빠트리거나 긴장감을 느낄 수 있게 만드는 사건 · 상황 · 인물 · 소품입니다. 맥거핀으로 쓰이는 소재를 보여주고 관객의 자발적 추리 행태를 통해 서스펜스를 유도하는 것입니다. 또한 맥거핀을 적용하면 관객의 예측을 어긋나게 하거나 관심을 다른 데로 돌리는 효과를 거둘 수 있습니다. 영화에서 이런 효과를 거둔 경우 이를 '맥거핀 효과macGuffin effect'라고 부릅니다.

맥거핀은 공포 영화의 제작자이자 서스펜스의 거장으로 불리는 영국의 영화감독 앨프리드 히치콕Alfred Hitchcock이 처음 이런 기법을 많이 사용한 데서 유래되었습니다. 보통 범죄물과 같은 미스터리 영화에서 플롯의 시작 무렵에 극적 호기심을 야기하는 인물이나 사물을 잠시 선보이는 경우가 있는데, 이런 기법이 바로 맥거핀입니다. 관객을 속이거나 원래 전개될 내용을 잠시 감추기 위해 관객의 관심을 전혀 다른 방향으로 돌림으로써 극적 서스펜스와 스릴을 극대화하려는 연출 의도입니다.

　맥거핀은 극의 초반부에서 무엇인가를 암시하듯 중요한 것처럼 등장했다가 곧 사라져버리는 일종의 '헛물 켜기' 장치입니다. 관객들의 일반적인 기대 심리를 배반하고 극적인 반전 효과를 줌으로써 영화가 전개되는 내내 긴장감을 유지하려는 기법입니다. 히치콕은 맥거핀에 대해 '영화에서 극적인 줄거리를 역동적으로 전개시키기 위해 사용하는 것으로 관객이 줄거리를 따라잡지 못하게 하는 속임수 장치'라고 규정했습니다. 이러한 정의는 프랑스의 영화감독 프랑수아 트뤼포François Truffaut가 그의 저서 『히치콕과의 대화Hitchcock』에서 소개한 내용입니다.

영화 촬영에 사용하는 특수 장비들의 용도는 무엇인가요?

스테디캠은 뛰면서 촬영이 가능한 진동 흡수장치 부착형 촬영 장비

배우들이 영화나 드라마를 촬영할 때 반드시 알아둬야 할 특수한 촬영 장비로 '스테디캠steadycam', '헬리캠helicam', '달리dolly', '크레인crane', '지미집 jimmy jib' 등이 있습니다. 모두 고가의 촬영 장비입니다. 배우가 이런 장비에 대해 기본 지식을 갖고 그 용처를 알아둔다면 영화제작 과정이 잘 파악되어 자신이 맡은 배역을 연기하는 데 한결 편리합니다. 이런 장비를 통해 어떤 효과를 그려낼 수 있는지, 이런 장비를 사용할 때 배우는 어떤 자세로 임해야 하는지 정확히 알고 있기 때문입니다.

스테디캠은 촬영기사가 직접 카메라를 메고 뛰거나 움직이면서 촬영할 수 있도록 고안된 진동 흡수장치 부착형 촬영 장비를 말합니다. 여기에 부착된 진동 흡수장치는 진동 완충기와 수평 유지대입니다. 즉, 카메라를 삼각대에 고정하지 않은 채 들고 촬영할handheld 때 카메라의 흔들림을 방지해주는 신체 부착용 특수 받침대를 붙인 촬영 장비가 스테디캠입니다. 진동과 흔들림 없이 촬영할 수 있도록 하는 것이 이 장비의 용도이자 목적입니다. 크레인을 사용하지 못하는 환경, 즉 좁은 골목, 계단, 복도, 많은 인파 속 추적 장면 등에서 일반 카메라와 달리 이동 숏을 매끄럽게 촬영할 수 있습니다.

헬리캠은 기술적·경제적 측면에서 영화나 드라마 촬영에 혁명적인 전환을 가져다준 장비입니다. 지상에서 원격 조정을 통해 바다, 계곡, 고봉준령, 전투 장면, 위험지역 등 사람이 접근하기 어려운 곳을 촬영할 때 사용합니다. 고공비행과 저공비행이 모두 가능해 다양한 지역에서 다양한 각도에 따라 원하는 장면을 촬영할 수 있어 매우 유용합니다. 과거에는 항공기나 헬리콥터를 가동하려면 많은 비용이 들고, 또 많은 사고가 나기도 했습니다. 이런 어려움을 극복하게 한 장비가 바로 헬리캠입니다. 최근에는 이런 수요를 반영해 헬리캠 대여 업체들이 많이 생겨났습니다.

'달리'는 카메라를 설치할 수 있는 플랫폼에 바퀴를 달아 이동이 가능하도록 한 장비입니다. 카메라를 장착한 채 이동하면서 찍을 수 있도록 설계된 이동차라 할 수 있습니다. 레일을 깔고 이동하는 레일식과 고무바퀴를 부착한 바퀴식이 있습니다. 경우에 따라 촬영기사나 영화감독이 올라탈 수도 있고 조명 장비를 올리는 경우도 있습니다. 영화에서 달리는 장면을 촬영할 때 피사체가 가까이 오거나 멀어지는 효과를 거두기 위해 사용합니다.

이 장비와 연관이 깊은 촬영 용어도 있습니다. '달리 인dolly in'은 카메라가 피사체를 향해 가까이 가는 기법이자 지시어를 말합니다. '달리 아웃dolly out'은 피사체로부터 멀어지도록 촬영하는 기법이자 지시어를 말합니다. 달리 인과 달리 아웃은 원근감이 밀집되어 왜곡 현상이 나타나는 '줌 인zoom in'이나 '줌 아웃zoom out'보다 원근감이 자연스럽게 표현되는 기법입니다. 달리는 카메라 헤드가 위로 움직이는 '틸 업tilt up'과 아래로 움직이는 '틸 다운 tilt down' 기능도 수행합니다.

최근에는 첨단 기능이 대폭 추가된 '테크노 달리techno dolly'가 나왔습니다. 이 장비는 집jib의 움직임에 대한 아크arc의 보정과 복잡한 촬영의 반복적 모션 컨트롤이 가능합니다. 아울러 포커스 조작·확대·축소, 망원 속도 조절의 컨트롤, 카메라 상하 조작과 기울이는 동작 등을 특수 수동 장치를 통해 1인이 운용할 수 있습니다. 테크노 달리의 집은 알루미늄 압출 성형 기술이 사용되어 무게가 60kg으로 상대적으로 가볍고 강도도 안정적입니다.

부감촬영 때는 지미집, 캠메이트, 테크노 크레인 사용

크레인은 건설 중장비인 크레인처럼 카메라를 달고 촬영기사나 촬영감독이 조수와 함께 올라타 축의 높낮이를 조절하면서 촬영할 수 있는 장비입니다. 전체적인 전경이나 부감촬영俯瞰撮影을 위해 사용하며 다양한 종류가 있습니다. 따라서 '크레인 숏crane shot'은 촬영기와 촬영기사를 높이 들어 올릴 수 있는 기중기를 이용해 촬영한 장면, 카메라를 크레인에 설치해 상하·전후·좌우로 자유롭고도 유연하게 움직이면서 촬영한 이동 화면, 기타 크레인의 효과를 낼 수 있는 촬영 장면을 뜻합니다.

크레인의 주요 기능인 '부감high angle'은 새로운 이미지를 구현하거나 전

> **■ ■ ■ 지미집**
>
> '지미(jimmy)'는 원래 '조립식 쇠지렛대(jemmy)'를, '집(jib)'은 '기중기에서 물건을 들어 올리는 팔과 같은 부분' 또는 '뱃머리의 큰 돛 앞에 다는 작은 돛'을 뜻하는 단어입니다. 촬영 분야에서 집은 '한쪽 끝부분에 카메라를 부착한 촬영 장비'를 총칭합니다.

체적 상황이나 좌표를 전달하려는 목적으로 피사체를 높은 곳에서 내려다보며 촬영하는 것을 말합니다. 인물을 찍을 경우 인물에 대한 위압감과 인물의 열등한 상황을 나타낼 수 있습니다. 그 반대의 촬영 방법, 즉 저지대에서 고지대로 올려다보거나 바닥에 엎드려서 위로 올려다보는 각도로 촬영하는 앵글 숏은 '앙각촬영仰角撮影, low angle'이라 칭합니다. 장엄함, 두려움, 강인함 같은 효과가 부각될 수 있는 기법입니다. 특히 인물을 앙각촬영하면 인물의 가치를 높이면서 인물에게 일종의 '아우라'를 부여합니다.

크레인 중에는 무선 조정이 가능한 제품들이 있는데, 지미집, 캠메이트 cammate, 테크노 크레인techno crane이 바로 그것입니다. 이 가운데 가장 많이 사용되는 **지미집**은 카메라를 축에 매달아 촬영감독이 올라타지 않고 지상에서 원격 조정해 촬영하는 장비입니다.

지미집은 크레인 같은 구조의 끝에 카메라를 설치한 뒤 촬영기사가 아래에서 리모컨으로 촬영을 조정할 수 있는, 무인 카메라가 부착된 크레인을 말합니다. 가요 프로그램에서 역동적인 장면을 찍을 때, 와이어 장치에 의존한 무협 신을 촬영할 때, 무대 아래에 밀집한 관객이나 군중 신 등 수평적·수직적으로 거리가 있는 곳을 부감촬영 할 때 주로 사용합니다.

클랩보드는
무엇인가요?

장면 촬영의 시작을 알리는 한 쌍의 판으로 각종 정보 기록

   '클랩보드clap board'는 장면 촬영의 시작을 알리는 한 쌍의 판을 말합니다. 영화를 상징하는 마크나 심벌로 많이 알려져 있습니다. 점판암이나 나무판 모양을 지녔다고 해 '슬레이트slate'라고도 합니다. 이 장비를 가동할 때나는 소리 때문에 우리말로는 '딱따기' 또는 '딱따기판'이라고 합니다. 클랩보드는 편집 작업을 할 때 영상과 영상, 영상과 음향을 일치시킬 목적으로 사용합니다. 클랩보드는 영어로 된 것과 우리말로 된 것이 있습니다.

   클랩보드를 살펴보면 각 란에 '신scene', '테이크take', '컷cut', '롤roll', '디렉터DIR.', '촬영 날짜date' 등의 표시가 되어 있습니다. 그래서 각 장면의 촬영 직전에 각 란에 해당되는 숫자나 이름을 기입하게 되어 있습니다. 클랩보드를 담당하는 스탭은 해당 신의 촬영에 앞서 각 란에 정보를 기록한 다음 촬영에 들어가기 직전에 두 짝을 부딪쳐 소리를 냅니다. 클랩보드에 적힌 여러 정보들은 신의 첫머리에 고스란히 촬영되어 나중에 촬영을 모두 마치고 편집할 때 해당 장면을 정확히 찾을 수 있게 하며, 유사한 장면이 있어도 뒤섞이지 않게 해주는 기능을 합니다.

'신'은 장소와 시간별로 전체를 나눠둔 장면의 구분 체계입니다. '테이크'는 영화에서 카메라를 중단시키지 않고 한꺼번에 찍는 장면이나 부분을 말합니다. 장면이 마음에 들지 않거나 엔지가 나면 같은 장면을 여러 차례 찍을 수 있는데, 몇 번째 찍고 있는지를 기록한 것입니다. 따라서 배우가 엔지를 내거나 촬영 실수가 있다면 같은 장면을 다시 찍게 되어 테이크 수가 늘어납니다.

'컷'은 카메라 녹화(액션)를 시작해서 정지(컷)할 때까지의 단위입니다. '롤'은 카메라에 넣고 찍은 필름 번호입니다. 디지털 시대에는 대부분 메모리 카드를 기록 장치로 하는 디지털카메라를 사용하기 때문에 '롤' 란에는 메모리 카드 번호를 기록하면 됩니다. '디렉터'를 가리키는 'DIR'은 'Director'의 준말로 영화감독의 이름을 쓰는 자리입니다.

영화 프로듀서와 영화감독의
차이는 무엇인가요?

영화 프로듀서는 영화 기획과 제작의 총괄 집행자

'영화 프로듀서'는 영화 기획과 제작의 총책임자, '영화감독'은 영화 촬영을 비롯한 영화 연출의 총책임자로 구분할 수 있습니다. 양자는 위계적인 관계가 아니기 때문에 서로 독립적이면서도 협조적인 관계에서 의사소통을 합니다. 드라마 등의 프로그램을 만드는 방송사에서 통용되는 '프로듀서PD'는 영화감독과 역할·기능이 같은 연출자를 지칭합니다. 영화 프로듀서의 기능 가운데 기획·투자·계약 등의 주요 업무를 방송사에서는 책임 프로듀서CP나 담당 국장이, 그 밖의 업무는 프로듀서를 보좌하는 조연출이 수행하는 경우가 많습니다. 이렇게 큰 차이가 있기 때문에 작품 제작 경험이 부족한 배우들은 혼동할 수 있습니다.

영화 프로듀서의 경우 프리 프로덕션 단계에서는 영화 기획 아이디어를 발굴하고 기획서와 예산안을 작성합니다. 아울러 투자자로부터 자금을 확보하고 캐스팅과 계약을 합니다. 스태프를 구성해 그들과 계약하는 일, 로케이선 장소를 섭외하는 일도 합니다. 프로덕션 단계에서는 각종 공정 포맷 작성, 촬영 예산 집행, 스케줄 운영·변경을 도맡아 합니다. 포스트 프로덕션의 단계에서는 후반 작업, 프린트 완성, 배급사와 개봉 시기 결정, 시장분석과 홍보 전략 수립, 작품 발표회와 시사회 진행 등의 업무를 합니다.

영화는 매우 복잡한 공정을 거치기 때문에 영화 프로듀서의 세계는 조직과 위계를 갖추고 있습니다. 영화 프로듀서는 위상과 권한에 따라 보통 총괄 프로듀서, 프로듀서, 라인 프로듀서, 프로덕션 매니저로 구성됩니다. 이런 배역의 역순은 영화 프로듀서가 경험을 축적해 성장하는 단계이기도 합니다. 총괄 프로듀서는 제작을 총괄 지휘하고 투자 유치, 배급 계약을 전담합니다. 프로듀서는 영화제작의 모든 과정에 관여하는데, 주로 감독·제작사·배우·스태프를 선정하는 역할을 합니다. 라인 프로듀서는 프로듀서의 지휘를 받아 계획된 예산과 스케줄에 맞춰 제작을 진행합니다. 프로덕션 매니저는 예산과 스케줄 계획, 지출 승인, 일일 정산, 제작 관련 사항의 관리·감독 업무를 합니다. 감독과 프로듀서의 지시를 현장에 전달하는 역할도 합니다.

영화감독은 영화 촬영을 비롯한 영화 연출의 총책임자

영화감독은 배우·스탭과 조화를 이뤄 촬영부터 편집까지 제작을 총괄하는 자리입니다. 대부분의 영화감독은 시나리오를 직접 쓰고 각색도 합니다. 그러나 프로듀서와 소통하면서 정해진 예산과 기한 내에 배우에 대한 연출지시와 교감, 카메라와 조명에 대한 통제 등을 통해 완성도 높은 영화를 만드는 것이 본연의 역할입니다.

특히 출연 배우들과 교감을 완벽하게 이뤄내 좋은 분위기 속에서 영화를 완성하는 것이 중요합니다. 서로 이른바 '케미'가 맞아야 합니다. 따라서 영화감독은 캐스팅 단계부터 배우들과 자주 만나 소통하면서 호흡을 맞추려 합니다. 영화감독은 일반적으로 감독, 제1 조감독, 제2 조감독, 보조 연출가로 구성되어 있습니다. 영화감독은 봉준호, 장윤환, 조범구, 이용주 감독 등의 사례처럼 이전에 연출부나 조감독을 거치는 경우가 많습니다.

영화감독은 말 그대로 제작 과정에서 영화 연출과 완성을 총괄하며 주연급 배우를 캐스팅하는 데 권한과 영향력을 발휘합니다. 제1 조감독은 프로덕션 매니저와 긴밀히 연계하면서 연출부 전체를 통솔합니다. 아울러 조연과 단역의 캐스팅을 돕고 제작 관련 사무를 처리하며 특수 효과를 지휘합니다. 제2 조감독은 제1 조감독을 보좌하며 엑스트라 지휘 등 낮은 단계의 연출을 소화합니다.

보조 연출가는 특정한 각 부문의 연출을 지원하는 전문가로서 대사 연출가, 액팅 디렉터, 캐스팅 디렉터, 스크립 클럭 등이 있습니다. 대사 연출가는 특정 직군의 언어와 표현, 사투리 표현을 숙달시킵니다. 액팅 디렉터는 신인 연기자의 출연과 연기 적응을 지원합니다. 캐스팅 디렉터는 조연과 단역의 출연 및 연기 적응을 지원합니다. 스크립 클럭은 스크립터로서 작품의 일관성을 유지하는 데 역량을 발휘합니다.

영화 관객 집계는
어떻게 하나요?

영화관입장권 통합전산망을 통해 영화진흥위원회가 집계

　한국에서 영화 관객은 문화체육관광부 산하 영화진흥위원회가 운용하는 '영화관입장권 통합전산망(www.kobis.or.kr)'을 통해 집계됩니다. 영화관입장권 통합전산망은 전산망에 가입한 영화관들이 현장에서 발권하는 입장권 정보를 온라인으로 연결해 실시간으로 처리·집계하는 시스템입니다. 이 사이트에는 전국 영화관의 티켓 발권 정보가 실시간으로 집계되므로 사이트 내의 '박스오피스' 코너에서 원하는 통계를 시시각각 살펴볼 수 있습니다. 구체적으로 일별·주간별·월별·연도별·역대·기간별 박스오피스 현황과 해외 박스오피스, 실시간 예매율, 일별·주간별·기간별 좌석점유율과 상영점유율, 영화관 체인별 상영 현황 등을 제공합니다.

　유목별 데이터인 '테마통계'를 통해 통합전산망 출범 이후의 영화 산업 현황도 폭넓게 살펴볼 수 있습니다. 테마통계에서는 구체적으로 연도별·월별·요일별·일별 총관객 수와 매출액, 국적별 점유율, 지역별 점유율, 상영 타입별 점유율, 심의 등급별 점유율, 최신 영화 통계 등을 확인할 수 있습니다.

영화관입장권 통합전산망은 '영화 및 비디오물의 진흥에 관한 법률'이 국회를 통과함에 따라 2010년 9월부터는 영화관이라면 의무적으로 가입해야 하는 합법적인 통계 시스템입니다. 이 법률에 따르면 영화관은 입장객 판매 정보 등 영화 산업의 진흥에 필요한 자료를 전용회선으로 실시간 집계해야 하고, 이러한 실시간 집계를 위해 메인 서버를 설치해야 합니다. 집계된 자료는 메인 서버 내의 데이터베이스DB에 저장되며, 영화관은 이를 영화진흥위원회가 운영하는 영화관입장권 통합전산망에 연동되도록 해야 합니다.

과거에는 발권 현황을 배급사나 영화관이 주말 서울 시내 극장을 기준으로 각각 개별적으로 집계했습니다. 그렇다 보니 영화관 업주들이 탈세 또는 무자료 거래를 하면서 경영이 투명하지 못한 경우가 많았습니다. 이렇게 되면 정확한 통계가 잡히지 않기 때문에 시장 상황을 파악할 수 없어 적절한 영화 진흥 정책을 세우기가 어렵습니다. 또한 세수가 제대로 걷히지 않는 문제가 있습니다. 극장이 수익을 속임에 따라 제작사와 배급사가 손해를 보는 일도 많았습니다.

따라서 문화체육관광부는 정확한 한국 영화 산업의 통계자료를 확보하고 극장에 투명 경영 시스템을 정착시키기 위해 통합전산망 구축에 나선 것입니다. 영화 시장의 유통 구조를 개선하려는 목적도 있었습니다. 이에 따라 2004년 5월부터 영화진흥위원회에서 영화관입장권 통합전산망을 가동해 관람객 현황인 '박스오피스'를 실시간으로 집계해 발표하고 있습니다.

영화진흥위원회가 집계한 국내 전체 극장의 영화관입장권 통합전산망 가입률(전국 연말 기준)은 전산망 구축 원년인 2004년에 68%를 나타낸 이래로 2005년 83%, 2006년 91%, 2007년 97%, 2009년 99.81%를 기록했습니다. 영화관의 영화관입장권 통합전산망 가입이 법제화된 원년인 2010년에는 전국의 2204개 극장 가운데 2202개가 가입해 99.9%의 높은 가입률을 기록했습니다. 서울 지역은 2009년에 이미 100%를 달성했는데, 2010년의 경우 서울 지역 전체 극장 수는 488개였습니다.

395개 영화관이 2364개 스크린 보유, 좌석 수는 38만 9202석

영화진흥위원회의 통계를 인용하면 2014년 12월 말 현재 356개 영화관에서 2281개의 스크린을 가동해 영업하고 있습니다. 총좌석 수는 37만 2361석입니다. 2015년 3월 말 현재 전국의 영화관 현황은 395개 영화관에서 2364개의 스크린을 운용하고 있는데, 총좌석 수는 38만 9202석입니다. 3월을 기준으로 동일 시간에 전국의 극장이 모두 만석일 경우 39만 명이 동시에 영화를 보는 것입니다. 상영 타입별 점유율은 디지털 2D 필름이 월등하게 높고, 그다음은 디지털 3D 필름, 일반 필름, 디지털 4D 필름, 디지털 아이맥스IMAX 필름 순입니다.

문화체육관광부는 영화 분야의 통합전산망 구축을 계기로 영화뿐만 아니라 연극, 뮤지컬, 오페라, 무용 공연, 퍼포먼스, 음악회, 콘서트 등 공연 예술 분야 전체의 경영 투명성 향상과 시장 규모 확대를 위해 2015년부터 본격적으로 '공연예술통합전산망KOPIS'의 구축을 추진하고 있습니다. 2016년에 1단계 사업이 끝날 예정입니다. 지금까지는 각 공연 및 극장별로 티켓 예매율과 판매율 정보 취합 기준이 달라 정확한 매출 통계를 산출하는 데 어려움을 겪었기 때문에 이를 개선하기 위해 추진되고 있습니다.

현재 한국의 공연 예매 시스템은 대기업 중심의 배급사가 배급을 총괄하는 영화계와는 다릅니다. 인터파크, 티켓링크 등 몇몇의 티켓 판매사가 유통을 담당하고, 공연 제작은 공연 기획사에서, 무대 상연은 공연장이 주관합니다. 그러다 보니 다양한 이해관계자의 요구를 충족할 매표 정보의 통합이 어려운 실정이었습니다. 따라서 이런 부분에 대한 문제의식을 느꼈던 뮤지컬계와 한국공연프로듀서협회 등을 주축으로 공연 예술 분야 통합전산망 구축의 필요성이 제기되면서 2011년부터 사업에 대한 논의가 시작되었습니다. 공연예술통합전산망 구축 사업은 문화체육관광부 공연전통예술과가 총괄하고 예술경영지원센터가 주관해 진행합니다.

한국의 영화 심의 규정은 어떠한가요?

제작사가 신청한 등급에 대해 영등위가 적격성 심의

한국에서 영화 심의는 문화체육관광부 산하 공공 기관인 영상물등급위원회가 합니다. '영화 및 비디오물의 진흥에 관한 법률'에 따른 것입니다. 제작자가 관련 서류를 준비해 심사용 프린트와 함께 원하는 등급을 표시해 제출하면 영등위 위원들이 회의를 열어 등급 적격성 여부를 심의합니다. 신청한 영화의 등급에 대해 적격성 여부를 판정하는 위원들의 역할은 매우 중요합니다. 영화 심의 결과는 그 나라 국민의 인식과 문화적 수준을 가늠하는 지표가 되기 때문입니다. 영화는 사회의 반영이기도 합니다. 사회를 그대로 비추는 거울이라는 뜻입니다. 따라서 영등위 위원들을 구성할 때는 연령별·세대별·성별·직업별 안배뿐 아니라 진보와 보수 같은 정치적 스펙트럼의 안배도 철저히 해야 합니다. 그래야 보편적인 영화 관객들의 인식·가치관과 유리된 심의를 하지 않습니다.

영화 포스터, 예고편, 개봉용 영화를 각각 개별 신청해 심의

영화를 제작해 후반 작업을 마친 후 심의를 요청할 때는 영화 포스터, 예고편, 개봉용 작품을 한꺼번에 일괄 심의해달라고 요청하는 것이 아니라 영화 포스터, 예고편, 개봉용 영화를 각각 따로 신청해 심의를 받아야 합니다. 심의 결과, 신청한 등급을 받지 못할 경우 심사본을 해당 등급에 맞게 재편집해 심의를 재신청할 수 있습니다. 심의 과정과 절차는 영상물등급위원회 홈페이지(www.kmrb.or.kr)에 상세히 안내되어 있습니다. 관련 서류의 서식도 덧붙여져 있어서 언제든지 내려받아 활용할 수 있습니다.

영등위는 '영화 및 비디오물의 진흥에 관한 법률'에 따라 공익성, 윤리성, 공정성 등의 기준을 준수해 영화(국내외 영화의 등급 분류), 영상 콘텐츠(비디오물), 공연물(외국인의 국내 공연 추천 및 청소년 유해 여부 결정), 광고 선전물(영화, 비디오 등의 광고·선전물 연소자 유해 여부 결정)의 등급을 결정합니다. 영등위는 1966년 1월 한국예술문화윤리위원회로 창립되어 한국공연윤리위원회, 공연윤리위원회 등을 거쳐 현재의 영상물등급위원회로 정착되었습니다. 조직은 위원장 1인과 부위원장 1인을 포함한 9인 이내의 위원으로 구성되는데, 임기는 3년입니다. 국고보조금과 심의 수수료 등으로 운영되는 기관입니다.

'영화 및 비디오물의 진흥에 관한 법률'에 따르면 영화 및 비디오물 등급을 심의할 때 고려하는 사항은 다음과 같습니다. 심의 등급은 주제, 선정성, 폭력성, 대사, 공포, 약물, 모방 위험 등 일곱 가지 요소를 검토해 종합적으로 판단합니다. 선정성, 폭력성이 심하지 않아 '15세 이상 관람가'로 심의를 신청했는데도 원하는 심의 등급을 통과하지 못했다면 공포, 약물, 모방 위험 등 다른 요소에서 해당 등급에 적합하지 않은 내용이 있는 것입니다.

표 6 영화 심의 등급 분류 시 고려 사항

주제	해당 연령층의 정서·가치관·인격 형성 등에 끼칠 영향 또는 그 이해 및 수용 정도
선정성	신체의 노출 정도 및 애무, 정사 장면 등 성적 행위의 표현 정도
폭력성	고문·혈투로 인한 신체 손괴 및 억압, 고통 표현, 굴욕·성폭력 등의 표현 정도
대사	저속한 언어, 비속어 등의 빈도와 표현 정도
공포	긴장감 및 그 자극과 위협으로 인한 정신적 충격 유발 정도
약물	소재나 수단으로 다루어진 약물 등의 표현 정도
모방 위험	살인, 마약, 자살, 학교 내에서의 폭력·따돌림, 무기류 사용 등에 대한 모방 심리 고무·자극 여부

자료: 영상물등급위원회.

등급은 '전체 관람가', '12세 이상 관람가', '15세 이상 관람가', '청소년 관람불가', '제한 상영가' 등 다섯 가지입니다. 첫째, 전체 관람가는 모든 연령의 관객이 관람할 수 있는 영화입니다. 일곱 가지 요소를 고려했을 때 가장 건전하고 무난한 내용을 갖추고 있는 작품입니다. 둘째, 12세 이상 관람가는 만 12세 이상의 관객이 관람할 수 있는 영화입니다. 다만 해당 영화를 관람할 수 있는 연령에 도달하지 않은 자가 부모 등 보호자를 동반할 경우에는 관람이 허용됩니다. 셋째, 15세 이상 관람가는 만 15세 이상의 관객이 관람할 수 있는 영화입니다. 역시 해당 영화를 관람할 수 있는 연령에 도달하지 않은 사람은 부모 등 보호자를 동반해 관람하는 것이 허용됩니다.

제한 상영가 등급은 현재 제한 상영관이 없어 유명무실

넷째, 청소년 관람불가는 청소년, 그러니까 만 19세 미만인 사람은 볼 수 없는 영화입니다. '초·중등교육법' 제2조의 규정에 따라 고등학교에 재학 중인 학생은 청소년에 해당되어 관람이 불가능합니다. 현행 민법상 청소년, 즉 미성년자의 기준은 만 19세 미만입니다. 다섯째, 제한 상영가는 선정성, 폭력성, 사회적 행위 등의 표현이 과도해 인간의 보편적 존엄, 사회적 가치, 선량한 풍속 또는 국민 정서를 현저하게 해칠 우려가 있어 상영 및 광고·선전에 제한이 필요한 영화입니다. 역시 '초·중등교육법' 제2조의 규정에 따라 고등학교에 재학 중인 학생은 관람이 불가능합니다.

제한 상영가는 제한 상영 전용관에서 상영하도록 되어 있습니다. 그런데 현재 국내에는 제한 상영관制限上映館이 없기 때문에 이 등급을 받으면 사실상 상영이 불가능합니다. 그럴 경우 일부 장면의 삭제와 순화 등 재편집을 통해 바로 아래 등급인 청소년 관람불가 등급으로 다시 신청해 등급 심의를 받아야 합니다.

제한 상영관은 일종의 성인영화 전용관인데 성적 표현이나 폭력의 정도가 강해 일반 극장에서는 틀 수 없는 하드고어hard gore나 하드코어hard core 영화를 상영하는 극장입니다. 프랑스 등 유럽에서는 종종 눈에 띕니다. 국내에서는 2004년 5월 14일 대구광역시 동성로의 레드시네마(150석)와 동성아트홀(200석)이 처음 제한 상영관으로 새 단장해 문을 연 후 제한 상영가 등급을 받은 영화 〈로망스Romance X〉와 〈애나벨 청 스토리Sex: The Annabel Chong Story〉 등을 개봉했습니다.

그러나 이들 극장은 관객이 드물어 결국 문을 닫았습니다. 스크린을 한 개만 갖고 있는 단관 극장들이 멀티플렉스 극장과의 경쟁에 밀려 생존을 위해 변신을 시도했지만 예상과 달리 성공을 거두지 못한 것입니다. 따라서 국내 영화계에서는 현실성이 없는 제한 상영가 등급을 폐지해야 한다는 목소리가 높아지고 있습니다. 이제 그런 등급을 받아도 상영관이 없어 상영이 불가능하기 때문입니다.

미국의 영화 심의 및 심의 등급 체제는 우리와 어떻게 다른가요?

미국은 한국과 달리 민간 기구인 미국영화협회가 심의

미국은 영화 심의를 민간 기구인 미국영화협회Motion Picture Association of America: MPAA가 하고 있습니다. 협회가 기준을 마련한 이후 1968년 11월 1일부터 실시했습니다. 미국영화협회에는 미국 영화계를 주도하는 대기업 계열의 영화 스튜디오인 월트디즈니(월트디즈니 모션픽처스그룹), 콜럼비아픽처스(소니), 파라마운트 픽처스(비아컴), 20세기 폭스(뉴스코퍼레이션), 유니버설 스튜디오(NBC 유니버설), 워너브라더스(타임워너) 등이 회원사로 가입되어 있습니다. 영화를 만드는 제작업자들이 자체적으로 협회를 구성해 자율적으로 심의하고 있는 것입니다.

미국에서 영화의 등급 심사는 의무가 아니기 때문에 심의를 받지 않아도 작품을 개봉할 수 있습니다. 그러나 영화의 본고장인 미국 사회에서 이미 미국영화협회에 대한 공신력이 생긴 데다 영화 관람은 자녀 교육에 민감한 사안이기 때문에 'MPAA 심의필'을 거치지 않으면 관객들이 기피하는 경우가 많습니다. 심의를 받지 않은 영화는 영화관이나 비디오숍에서 유통을 꺼리기 때문에 제작자들은 자신이 만든 영화를 대부분 심의받으려 합니다.

반면 한국은 국가기관인 영상물등급위원회가 영화에 대한 등급 심의를 하고 있으며 영화 심의도 모두 의무입니다. 우리도 창작과 표현의 자유를 더욱 확대하고 영화업계 스스로 업계를 자율적으로 규율하는 힘을 강화해 심의를 조만간 민간의 영역으로 가져와야 할 필요성이 있습니다. 국가가 국가 주도의 심의를 통해 민간 예술인의 창작과 표현의 자유를 제한하는 것은 선진국 국가에서 찾아보기 어렵습니다.

욕설 남발, 약물복용, 흡연 장면의 규제를 엄격히 적용해 심의

미국영화협회는 G General Audience, PG Parental Guidence Suggested, PG-13 Parent Strongly Cautioned, R Restricted, NC-17 No One 17 and Under Admitted 등 다섯 개 등급으로 심의를 합니다. 심의 과정은 우리와 유사합니다. 미국에서는 심의할 때 욕설의 남발, 약물복용, 흡연 장면에 대한 규제를 엄격하게 적용해 등급에 반영합니다. 첫째, G 등급은 사소한 폭력적 장면, 성적인 내용 및 언어가 포함되어 있지 않은 영화이므로 자녀가 보지 못하게 통제할 필요가 없습니다.

둘째, PG 등급은 사소한 폭력적 내용과 성적인 풍자나 언어를 포함하므로 9세 이하의 어린이는 부모의 통제를 받아야 합니다. 이 등급은 1968~1970년에는 'M 등급'으로, 1970~1971년에는 'GP 등급'으로 불렸습니다.

셋째, PG-13 등급은 약간의 피가 나는 폭력적 장면이 있거나 약간의 성적인 내용을 포함하고 있습니다. 부분적으로 벗은 몸이 등장하고 약물에 대해 언급하거나 종종 거친 언어적 표현을 포함합니다. 따라서 13세 이하의 어린 이가 이런 등급의 영화를 볼 경우 부모의 통제를 받도록 권장합니다.

넷째, R 등급은 유혈을 비롯한 강한 폭력성과 거친 언어, 약물 사용, 선정적 내용을 담고 있으며 완전히 벗은 몸을 포함할 수도 있습니다. 이 영화를 관람할 경우 17세 이하 청소년들은 부모나 보호자를 동반해야 합니다.

다섯째, NC-17 등급은 17세 이하 청소년들이 절대 볼 수 없는 영화입니다. 이 등급의 영화는 심각한 폭력성과 유혈 장면, 명백한 선정적 내용과 표현, 격한 언어와 노골적인 약물 사용을 포함하고 있습니다. 이 등급은 1990년대까지 'X 등급'으로 불렸습니다.

'청소년 관람불가'와 '제한 상영가' 등급 영화의 수준은 각각 어떤가요?

폭력성 · 선정성 외에 약물 사용, 범죄 모방 농후 시 '청소년 관람불가'

'청소년 관람불가'와 '제한 상영가' 등급의 영화는 둘 다 민법상 성인(만 19세 이상)부터 관람할 수 있기 때문에 내용의 수준과 표현 수위가 비슷할 것 같지만 사실은 차이가 많이 납니다. 현행 심의 규정을 살펴보면 그것을 가르는 기준은 우리 사회가 용인할 수준인가의 여부입니다. 쉽게 설명하면 우리 사회가 일반적으로 수용할 수 있는 보편적 정서와 가치관, 윤리 등을 어느 정도만 넘어선 표현이 있다면 '청소년 관람불가' 수준이 될 것이며, 이를 심각하게 훼손하는 과도한 내용과 표현이 포함되어 있다면 '제한 상영가' 등급에 해당될 것입니다.

먼저 '청소년 관람불가' 등급을 받는 경우는 첫째, 주제 면에서 청소년의 일반적 지식과 경험으로는 수용하기 어려워 건전한 인격체로 성장하는 것을 저해하는 내용을 포함한 경우입니다. 둘째, 선정성 면에서 성적 내용이나 신체 노출과 같은 선정성의 요소가 지나치게 구체적이고 직접적이며 노골적인 내용을 담고 있는 경우입니다. 셋째, 폭력성 면에서도 폭력성의 요소가 지나치게 구체적이고 직접적이며 노골적인 것을 포함한 경우입니다. 넷째, 대사의 측면에서도 자극적이고 혐오스러운 성적 표현과 정서적·인격적 모욕감이나 수치심을 유발하는 수준의 저속한 언어, 비속어, 욕설 등이 반복적·지속적으로 사용된 경우입니다.

다섯째, 공포의 측면에서 공포의 요소가 지나치게 구체적이고 직접적이며 노골적인 경우입니다. 여섯째, 약물 면에서 음주, 마약, 최음제, 본드 흡입을 포함한 약물의 사용이 지나치게 구체적이고 직접적이며 노골적인 경우입니다. 모방 위험의 측면에서는 자살, 자해, 무기 및 흉기 사용, 범죄 행위 등에 대한 모방 위험이 지나치게 구체적이고 직접적이며 노골적인 경우입니다. 그 밖에 특정 사상·종교·풍속·인종·민족 등에 대한 묘사가 청소년이 관람하기에 부적절할 경우도 고려됩니다. 이상의 기준을 종합적으로 판단해 등급의 적격성을 판정합니다.

'청소년 관람불가' 수준보다 표현이 과도한 경우 '제한 상영가'

이에 비해 '제한 상영가' 등급을 받는 경우는 첫째, 주제 및 내용이 민주적 기본 질서를 부정해 국가 정체성을 현저히 훼손하거나 범죄, 성폭력, 패륜적 폭행 등 반인간이나 반사회적 행위를 미화·조장해 사회질서를 심각하게 문란하게 하는 내용을 포함한 경우입니다. 둘째, 선정성과 폭력성, 공포, 약물 사용, 모방 위험 등의 요소가 과도해 인간의 존엄과 가치를 훼손하거나 왜곡하고 성욕만을 자극해 사회의 선량한 풍속, 국민의 정서를 현저히 손상하는 경우도 해당됩니다.

구체적으로 수간zoophilia, 시간necrophilia, 소아성애pedophilia, 배설물과 도구를 이용한 페티시fetish 등 혐오스러운 성적 행위가 구체적으로 묘사된 것, 성기 등을 구체적 또는 지속적으로 노출하거나 실제 성행위 장면이 있는 것, 아동과 청소년이 성적 대상으로서 자극적으로 묘사된 것, 성매매·근친상간·혼음 등 일반적인 사회윤리에 어긋나는 성 관련 행위 내용이 과도하게 묘사된 것, 인간 등 생명체에 대한 극도의 폭력 및 신체 손괴가 사실적 또는 직접적으로 표현되어 생명의 존엄성을 훼손하는 것, 불법 약물의 제조와 이용 방법 등이 자세히 묘사·미화되는 것, 약물중독과 환각 상태에서 폭력과 강간 등 반인간적·반사회적 행위가 잔혹하게 표현된 것 등이 해당됩니다.

셋째, 대사의 표현이 장애인 등 특정 계층에 대한 경멸적 또는 모욕적 언어를 과도하게 사용해 인간의 보편적 존엄과 가치를 현저하게 손상하는 경우입니다. 그 밖에 특정 사상·종교·풍속·인종·민족 등에 관한 묘사의 반사회성 정도가 극히 심해 예술적·문학적·교육적·과학적·사회적·인간적 가치 등이 현저히 훼손된다고 인정되는 경우가 해당됩니다. 제한 상영가 등급도 심의 위원들이 이상의 여러 가지 기준을 고려해 종합적으로 판정하게 됩니다.

세계 3대 영화제와
세계 4대 영화제는
무엇인가요?

세계 3대 영화제는 베니스 영화제, 베를린 영화제, 칸 영화제

일반적으로 베니스 영화제, 베를린 영화제, 칸 영화제를 세계 3대 영화제라 합니다. 여기에 토론토 국제영화제를 덧붙여 세계 4대 영화제라고 부릅니다. 베니스 영화제(http://www.labiennale.org)는 구체적으로 표기하면 베니스 국제영화제Venice International Film Festival라고도 하는데요, 매년 9월에 2주간의 일정으로 이탈리아 베니스에서 개최되며 경쟁, 비경쟁, 초청 부문으로 나뉘어 열리는 영화제입니다. 1932년에 시작된 이후 국제영화제로서 가장 오래된 역사와 전통을 갖고 있으며, 심사에서는 예술성과 작품성이 뛰어난 영화들을 높이 평가하는 특성이 있습니다. 2015년에 제72회 영화제를 열었습니다. 출품작은 예심을 통과해 영화제 기간에 상영되며, 심사위원들이 각 수상작과 수상자를 결정하고 각국의 배우, 영화감독, 프로듀서, 기자 등 영화계 관계자들이 리셉션과 기자회견 등을 통해 소통과 교류를 합니다.

베니스 영화제에서 가장 스포트라이트를 받는 영예의 최우수작품상(그랑

프리)은 황금사자상Golden Lion, Leone d'Oro 입니다. 이 밖에 은사자상, 심사위원 대상, 혁신 은사자상, 볼피컵 남우주연상, 볼피컵 여우주연상, 골든오셀라 각본상, 특별사자상, 개인공로상, 명예황금사자상, 아탈리아 평론가상 등의 수상자를 결정합니다. 로고는 베니스를 상징하는 동물인 '날개가 달린 사자'입니다. 이 사자는 '성 마르코의 사자Leone di San Marco'라는 이야기에서 유래했습니다. 성경에서 성 마르코를 상징하는 동물은 날개 달린 사자인데, 베니스 사람들이 이 사자가 베니스를 지켜주는 수호신이라고 믿으면서 시의 상징물이 되었습니다.

베니스 영화제는 운영상의 문제점과 운영 주체 간의 갈등으로 1969년부터 1972년까지 비경쟁으로 진행되었습니다. 1973년과 1978년에는 행사가 중단되었다가 1979년부터 경쟁 영화제로 재정비되었습니다. 1987년 제44회 영화제에서는 배우 강수연이 임권택 감독의 영화 〈씨받이〉로 여우주연상을 받았습니다. 2002년 제59회 영화제에서는 영화 〈오아시스〉로 주연배우 문소리가 신인배우상을, 연출자인 이창동 감독이 특별감독상을 수상했습니다. 2012년 제69회 영화제에서는 김기덕 감독의 영화 〈피에타〉가 황금사자상을 받았습니다.

베를린 영화제(http://www.berlinale.de)는 1951년 독일의 통일을 기원하기 위한 취지에서 국영 베를린영화사의 주관으로 마련되었습니다. 공식 명칭은 베를린 국제영화제Berlin International Film Festival 입니다. 매년 2월의 시작과 함께 10일 일정으로 독일 베를린에서 열리는데, 주요 행사는 경쟁 부문 장편·단편 작품에 대한 상영과 심사 평가, 영화 세미나 관련 심포지엄 등입니다. 비평가와 감독 위주의 영화제로서 영화 비평가들에게 높이 평가받는 작품이 주요 수상작으로 선정되는 경향이 있습니다. 2015년 제65회를 맞이했습니다.

로고는 베를린을 상징하는 동물인 '곰'입니다. 베를린 곰은 빨간 혀와 발톱을 가지고 있으며, 황금 잎사귀 무늬가 새겨진 방패를 들고 서 있습니다. 10여 명의 심사위원이 심혈을 기울여 선정하는 최우수작품상의 이름은 황금곰상Golden Berlin Bear입니다. 황금곰상 단편영화상, 황금곰상 다큐멘터리상, 은곰상, 은곰상 감독상, 은곰상 남자연기상, 은곰상 여자연기상, 은곰상 단편영화상, 은곰상 다큐멘터리상, 은곰상 심사위원 대상, 은곰상 영화음악상 등 각 부문의 수상자 및 수상작을 선정해 시상합니다.

한국에서는 1961년 강대진 감독의 영화 〈마부〉가 특별 은곰상을 받았습니다. 이어 1962년에는 영화 〈이 생명 다하도록〉에 출연한 아역 배우 전영선이 아동특별연기상을 수상했습니다. 장선우 감독은 1994년 영화 〈화엄경〉으로 특별상인 알프레드 바우어상을 받았습니다. 특히 김기덕 감독은 2000년 영화 〈섬〉, 2001년 영화 〈수취인 불명〉에 이어 2002년 영화 〈나쁜 남자〉와 〈KT〉를 연속 출품했습니다.

프랑스의 칸 영화제Cannes Film Festival(http://www.festival-cannes.com)는 1946년 9월 20일에 시작된 경쟁 영화제입니다. 이탈리아의 베니스 영화제가 자극제가 되어 마련된 프랑스 국제영화제로, 예술성과 대중성의 조화를 추구하는 경향을 보입니다. 매년 5월 중순 2주간의 일정으로 지중해 연안에 있는 프랑스 남부의 박람회 도시 칸에서 개최됩니다. 영화제와 동시에 영화 작품을 거래하는 영화 마켓이 펼쳐집니다. 2015년에는 제68회 영화제가 열렸습니다. 칸은 영화제가 가장 유명하지만 연중 각 부문의 상품 박람회를 개최해 비즈니스 출장객과 관광객이 몰려들고 있습니다.

칸 영화제의 로고는 칸을 상징하는 '종려나무의 잎사귀'입니다. 종려나무는 중국과 동남아시아가 원산지인 야자수과의 상록 관엽식물입니다. 그래서 1955년 영화제부터는 대상의 명칭이 황금종려상Golden Palm으로 바뀌었습

니다. 타원형 중심에 종려나무가 그려져 있는 문양의 로고는 프랑스의 영화
감독이자 시인인 장 콕토가 디자인했다고 합니다. 로고 문양 하단에는
'FESTIVAL DE CANNES'이라는 글씨가 반드시 들어갑니다. 황금종려상, 심
사위원 대상, 감독상, 남우주연상, 여우주연상, 남우조연상, 심사위원상, 단
편영화상, 황금종려상(단편), 대상(주목할 만한 시선), 감독상(주목할 만한 시
선) 등을 시상합니다.

한국에서는 이두용 감독이 1984년 영화 〈물레야 물레야〉로 특별부문상
을 받았습니다. 이어 송일곤 감독은 1999년 단편영화 〈소풍〉으로 칸 영화제
에서 국내 최초로 단편 부문 심사위원상을 받았습니다. 임권택 감독은 2002
년 영화 〈취화선〉으로 감독상을, 박찬욱 감독은 2004년 영화 〈올드 보이〉
로 심사위원 대상을 수상했습니다. 배우 전도연은 2007년 영화 〈밀양〉으로
영예의 여우주연상을 받았습니다. 2009년에는 박찬욱 감독이 영화 〈박쥐〉
로 심사위원상을 받았습니다. 2010년에는 문화부 장관을 지낸 이창동 감독
(영화 〈시〉 연출)과 홍상수 감독(영화 〈하하하〉 연출)이 각각 각본상과 주목할
만한 시선 부문 대상을 받았습니다. 2011년에는 김기덕 감독이 영화 〈아리
랑〉으로 주목할 만한 시선 부문 대상을 수상했습니다.

토론토 국제영화제를 더해 세계 4대 영화제로 지칭

토론토 국제 영화제Toronto International Film Festival (http://tiff.net)는 다른
영화제에 출품된 우수작들을 모아 상영하는 콘셉트를 가진 영화제로 1976
년에 출발했습니다. 관객들의 시선과 평가를 중시하는 영화제로 통합니다.
매년 9월 중순에 10일간 일정으로 캐나다 온타리오 주 토론토 시에서 열립

니다. 2015년에 제40회를 맞이했습니다. 캐나다, 미국, 유럽, 아프리카 등에서 출품된 300여 편 이상의 영화를 상영하며 캐나다 영화 마켓의 역할도 수행합니다. 이 영화제는 영화제 기간 중 작품을 감상한 관객들의 선택으로 관객상People's Choice Award을 받은 작품이 주목을 받습니다. 이 상을 받은 작품들이 나중에 흥행하는 경향을 보이기 때문입니다.

영화제의 로고는 행사의 영문 명칭인 'Toronto International Film Festival'을 형상화해 만들어졌다고 합니다. 토론토 영화제에서는 스와로브스키 문화혁신상SWAROVSKI Cultural Innovation Award, 관객상, 다큐멘터리 관객상, 미드나잇 매드니스 관객상, 시티City TV상, 토론토시티상, 캐나다 장편영화상, 캐나다 단편영화상, 국제 단편영화상, 디스커버리상, 예술 혁신상 등을 선정해 시상합니다.

국내 주요 영화제는
어떤 것들이 있나요?

대종상영화제, 백상예술대상, 청룡영화상, 춘사대상영화제 등 즐비

국내에서 한 해 영화계를 결산하는 시상식 중심 영화제는 역사가 오래된 순으로 대종상영화제, 백상예술대상, 청룡영화상, 춘사대상영화제, 들꽃영화상 등입니다. 비경쟁 중심의 영화 축제로는 부산국제영화제, 전주국제영화제, 부천국제판타스틱영화제, DMZ국제다큐영화제 등이 있습니다.

시상식 중심의 경쟁 영화제들은 저마다의 특색을 갖추고 있습니다. 먼저 시상식 날짜가 다르다 보니 심사 대상 작품의 상영 기간이 각각 다릅니다. 대종상영화제는 시상식 전년도 봄부터 당해 봄 무렵까지 제작된 영화들을 후보작으로 삼고 있지만 청룡영화상은 시상식 전해 11월부터 당해 11월까지 개봉한 영화들을 대상으로 한정합니다. 백상예술대상은 시상식 전년도 봄부터 그해 1월까지의 개봉작들을 심사 대상으로 삼고 있습니다.

작품의 개봉 여부도 영화제마다 다릅니다. 청룡영화상과 백상예술대상은 반드시 극장의 스크린을 통해 개봉한 작품이어야 심사 대상이 됩니다. 그러나 대종상은 제작을 모두 마치고 후반 작업을 거쳐 등급 심사용 프린트를 납본해 영상물등급위원회의 등급을 받은 작품이라면 시상식 때까지 개봉하지 않더라도 심사 대상이 되어 후보에 오를 수 있습니다.

그렇다면 지금부터 각 영화상과 영화제에 대해 상세히 설명드리겠습니다. 먼저, 대종상영화제는 한국 영화의 질적 향상을 도모하기 위해 설치된 영화예술상입니다. 대종상영화제는 대종상영화제 조직위원회(http://www. daejongfilmaward.org)가 주관하고 사단법인 한국영화인총연합회(http://www. koreamovie.or.kr)가 주최합니다. 매년 11월 중순에 서울 세종문화회관 등 대형 공연장에서 열립니다. 2015년에 제52회를 맞이했습니다.

대종상영화제의 트로피는 대종大鐘, 즉 큰 종을 두 사람이 떠받치고 있는 모습입니다. 신라 상원사 동종(8세기 초 제작)에 이어 한국에서 두 번째 오래된 종으로서 국립경주박물관에 보관된 신라 성덕대왕 신종(국보 제29호)인 '에밀레종'을 형상화해 제작했다고 전해집니다. 대종상영화제에서는 최우수 작품상, 감독상, 시나리오상, 남우주연상, 여우주연상, 남우조연상, 여우조연상, 신인남자배우상, 신인여자배우상, 신인감독상, 촬영상, 편집상, 조명상, 음악상, 미술상, 의상상, 기술상, 기획상 등을 선정해 시상합니다.

갈등을 극복하고 거듭나야 할 과제를 안고 있는 대종상영화제

역사를 살펴보면 대종상영화제는 정부가 마련해 관 주도로 운영되다가 민간으로 이양되었습니다. 따라서 수상 작품 선정이나 운영 면에서 전통적으로 다소 보수성을 나타냅니다. 그만큼 영화계 원로들이 많이 참여합니다. 1958년 문교부가 국산 영화의 보호와 육성을 위해 실시한 '우수 국산 영화 시상제'가 이 영화제의 기원입니다. 1961년에는 공보부가 영화 정책을 맡으면서 '우수영화상'으로, 1962년에는 문공부가 다시 관련 업무를 맡으면서 '대종상'으로 바뀌었습니다.

대종상영화제로 이름이 정착한 것은 1997년부터입니다. 처음에는 문화 공보 정책을 담당하는 부처와 영화진흥공사가 공동 또는 단독으로 주최하다가, 1986년에는 영화인협회가 참여해 영화진흥공사와 함께 주최했습니다. 민주화가 이뤄진 1987년부터는 정부 주도의 문화 예술 행사가 민간으로 이양되면서 한국영화인협회가 주축이 되어 영화진흥공사와 정부의 후원을 받아 행사를 진행했습니다.

1999년에 영화인들의 단체인 한국영화인협회와 새롭게 출범한 영화인회의가 갈등을 겪으면서 영화제가 무산 위기에 처하기도 했습니다. 그러다가 2001년 제38회 대종상영화제는 영화인협회와 영화인회의가 함께 주최했습니다. 2002년부터는 영화인협회가 맡았으며 현재는 영화인협회에서 이름을 바꾼 한국영화인총연합회가 주최하고 있습니다. 한국영화인총연합회는 한국영화감독협회, 시나리오작가협회, 한국영화촬영감독협회, 기술협회, 한국영화기획협회, 배우협회, 음악작곡가협회, 조명감독협회 등 여덟 개 단체의 연합체입니다. 사무실은 서울시 종로구 동숭동 1-117 예총회관 402호에 있습니다. 2015년 행사는 파행을 겪어 아쉬움을 남겼습니다.

영화와 TV 분야만을 심사하는 것으로 특화한 백상예술대상

백상예술대상(http://isplus.live.joins.com/100sang)은 원래 연극, 영화, TV 등 무대예술과 영상 예술의 중흥을 위해 1964년 ≪한국일보≫가 제정한 국내 유일의 종합 예술상입니다. ≪한국일보≫와 한국일보 자매지인 ≪일간스포츠≫가 공동으로 운영하다가 2005년 ≪일간스포츠≫가 ≪중앙일보≫에 인수된 이후 운영 주체가 달라졌습니다. 따라서 지금은 중앙일보미디어네트워크 산하의 중앙일보 자회사인 ≪일간스포츠≫(법인명 아이에스플러스코퍼레이션)가 주최하고 중앙일보 문화사업국이 주관하며, 중앙일보가 후원하고 중앙일보의 계열사인 JTBC가 시상식 장면을 생방송합니다.

이 시상식은 1983년 제19회 행사까지는 '한국 연극영화 예술상', 이후 1985년 제21회 행사까지는 '한국 연극영화TV 예술상', 1986년 제22회 행사 때는 '한국 백상예술대상'이라는 명칭을 사용했습니다. 그러다가 1987년 제23회 행사부터는 '백상예술대상'으로 이름을 바꾸어 자리 잡았습니다.

백상예술대상은 2002년부터 연극 부문을 제외하고 영화와 TV만을 대상으로 수상작을 선정·시상하고 있습니다. 2015년에 제51회 행사를 맞이했습니다. 매년 5월에 서울 경희대학교 평화의전당 등 넓은 장소를 선정해 개최하며, 후보작의 범위는 시상식이 열리는 전년도 3월 1일부터 그해 2월 말까지 국내에서 공연된 영화와 TV 프로그램입니다. 영화 부문은 대상, 최우수상, 작품상, 감독상, 남자최우수연기상, 여자최우수연기상, 남자조연상, 여자조연상, 남자신인연기상, 여자신인연기상, 신인연기상, 신임감독상, 시나리오상, 주제가상, 음악상, 기술상, 문화영화상, 특별상, 남자인기상, 여자인기상, 인기상 등을 선정해 시상합니다. TV 부문에서는 대상, 작품상(드라마, 예능, 교양으로 나누어 시상), 연출상, 남자최우수연기상, 여자최우수연기상, 남자신인연기상, 여자신인연기상, 신인연기상, 남자예능상, 여자예능상, 신인연출상, 극본상, 특별상, 한류특별상, 남자인기상, 여자인기상, OST상, 공로상, 사회공헌상 등을 시상합니다. 백상예술대상의 로고와 트로피에는 하회탈 문양과 '百想藝術大常'이라는 글귀가 새겨져 있습니다.

최근 들어 다양성 존중과 투명한 심사가 돋보이는 청룡영화상

청룡영화상(http://www.blueaward.co.kr/awards)은 한국 영화의 질적 향상과 국내 영화 산업의 진흥 및 발전을 돕기 위해 1963년 ≪조선일보≫의 주최로 제정·운용되었습니다. 1974년 한국 영화 산업의 침체를 이유로 시상식이 중단된 이후 1990년에 ≪스포츠조선≫의 주최로 부활해 청룡영화상 집행위원회가 주관하고 있습니다. 매년 12월 중 서울 세종문화회관 등지에서 열립니다.

청룡영화상은 2015년에 제36회 행사를 맞이했습니다. 이 영화상은 영화적 예술성·완성도가 뛰어난 우수 작품과 이를 위해 혼신을 다한 영화인을 수상작으로 선정하는 경향성을 보입니다. 최우수 작품상, 감독상, 남우주연상, 여우주연상, 남우조연상, 여우조연상, 촬영상, 조명상, 각본상, 기술상, 미술상, 음악상, 신인감독상, 신인남우상, 신인여우상, 인기스타상, 한국영화 최다관객상 등 총 18개 부문에 걸쳐 수상작과 수상자를 선정해 시상합니다.

청룡영화상은 한 해 동안 국내에서 개봉된 한국 영화를 대상으로 네티즌 투표와 영화 전문가들의 의견을 종합해 후보작과 후보자를 선정한 다음, 청룡영화상 집행위원회의 추천을 받아 구성된 심사위원회에서 심사해 최종 수상작과 수상자를 가려냅니다. 그 결과는 시상식 발표 직전까지 비공개이며 심사위원들의 심사 결과와 심사의 진행 과정을 신문을 통해 모두 공개하며 공신력과 권위를 높이려 노력하고 있습니다. 따라서 주최 측은 시상식 무대 뒤에서 시상식 도중에 각 부문의 트로피에 수상자 이름을 새기는 모습을 생방송으로 보여주기도 합니다.

2014년 제35회 행사에서는 독립 영화 〈한공주〉에 출연한 배우 천우희와 연출자인 이수진 감독이 각각 여우주연상과 신인감독상 수상자로, 독립 영화 〈도희야〉에 출연한 청소년 배우 김새론이 신인여우상 수상자로 선정되었습니다. 최근 들어 영화 전문가들 사이에서는 청룡영화상이 대작과 중소작품, 상업 영화와 독립 영화를 안배하려는 모습을 보여준다는 호평이 나오고 있습니다.

한국 영화의 선구자 나운규를 기리는 춘사대상영화제

춘사대상영화제는 영화 〈아리랑〉 등을 통해 항일 민족혼을 일깨우고 한국 영화의 선구자 역할을 한 춘사春史 나운규羅雲奎(1902~1937)의 영화 열정과 삶의 투혼을 기리고자 1990년에 제정되었습니다. 나운규는 함경북도 회령 출신으로 영화배우, 감독, 시나리오작가인 동시에 항일 독립투사로 일하다가 30대 중반의 나이에 안타깝게 세상을 떠났습니다. 1990년 제1회 행사는 '춘사나운규영화예술제'로 출발했습니다. 2006년부터는 '춘사대상영화제'로 명칭을 바꾸고 영화제 운용에 관심이 많았던 경기도 이천시와 인연이 닿아 이천 설봉공원 등지에서 개최되었습니다. 보통 9월에 열리는데, 2015년

제20회 행사는 3월 초 서울 프레스센터에서 개최되었습니다. 사단법인 한국 영화감독협회가 경기 이천시와 공동 주최하고 춘사대상영화제 집행위원회가 주관하고 있습니다.

이 영화제는 상대적으로 규모가 작지만 비영리 경쟁 영화제로서 춘사의 영화 정신인 창의성·예술성·민족성을 수상작 선정의 핵심 기준으로 삼아 한국 영화의 미래를 여는 젊은 영화제로 자리매김하려 노력하고 있습니다. 춘사영화제 집행위원회는 "다른 경쟁 영화제의 공정성 시비와 상업주의적 경향을 극복하고 공정성과 신의를 확보함으로써, 모든 분야의 영화인들과 관객이 함께하는 화합과 대중적인 축제의 장이 되는 것을 목표로 한다"고 밝히고 있습니다. 영화제에서는 심사위원특별상, 감독상, 각본상, 우수연기상(남녀), 기술상, 신인감독상 등 일곱 개 부문을 선정해 시상합니다.

2000년에 들어 한국 영화의 황금시대가 다시 찾아오자 문화방송MBC은 2002년 'MBC 영화상'을 새롭게 제정해 매년 11월 시상식을 열고 이를 생중계했습니다. 한국 영화 발전에 공헌한 영화인들을 시상·격려하는 영화상을 통해 한국 영화의 창의적·산업적 발전을 도모하고 전 국민의 문화적 향수를 풍요롭게 하자는 취지에서 마련된 것입니다. 영화제는 2003년에 '대한민국 영화대상'으로 이름을 바꾸었습니다. 그러나 후원사와 제작비를 구하지 못해 2009년 중단되었으며, 같은 재정 문제로 2010년 제8회 행사를 끝으로 폐지되었습니다.

저예산 독립 영화를 집중 육성하기 위해 마련된 들꽃영화상

들꽃영화상은 한국의 저예산 독립 영화를 육성하고 관련 분야의 업적을 기리고자 마련되었습니다. 미국인 영화 평론가 달시 파켓Darcy Paquet이 제안하고 영화인들의 적극적인 후원을 받아 제정되어 2014년부터 매년 4월 초 서울에서 열립니다. 파켓은 한국 영화를 소개하는 사이트를 운영하고 많은 작품을 직접 영문으로 번역하거나 감수하는 등 한국 영화를 세계에 알리는 데 앞장서왔습니다. 2015년에 제2회 행사를 맞이했습니다. 들꽃영화상이라는 이름은 혹독한 환경에서 뿌리내리고 번성하는 들꽃 같은 독립 영화의 창조적 풍요로움과 다양성을 상징합니다.

들꽃영화상은 영화 전문가의 의견보다 관객의 시각과 목소리가 반영된다는 점을 특징으로 내세우고 있습니다. 따라서 영화상 심사위원을 일반 관람객인 독립 영화 애호가 20명과 몇몇 영화 전문가들로 구성한다고 합니다. 최우수작품상, 극영화 감독상, 최우수 다큐멘터리상, 다큐멘터리 감독상, 다큐멘터리 심사위원장상, 남우주연상, 여우주연상, 신인감독상, 시나리오상, 신인남우상, 신인여우상, 촬영상 등을 선정해 시상합니다. 심사 대상은 전년도 개봉 영화 가운데 순 제작비 10억 원 미만의 저예산 독립 영화입니다.

아시아를 대표하는 영화제로 자리 잡은 부산국제영화제

지금부터는 축제 형식의 영화제를 소개하겠습니다. 먼저 아시아의 대표적인 영화제로 자리 잡은 부산국제영화제Busan International Film Festival: BIFF (http://www.biff.kr)에 관한 이야기를 하겠습니다. 이 영화제는 일부를 제외하면 전체적으로 비경쟁 성격의 영화 축제입니다. 한국 영화의 발상지로 평가되는 부산을 영화의 메카로 발전시키고자 1996년에 마련된 영화제로, 매년 10월 부산 해운대 일원에서 열립니다. 2015년에 제20회를 맞이했는데,

아시아를 넘어 국제적으로 주목을 받고 있습니다.

부산국제영화제 조직위원회는 영화제를 통해 영상 문화의 중앙 집중에서 벗어나 부산을 지방자치 시대에 걸맞는 영상 문화 도시로 설계하고자 노력하고 있는데, 부산시 등이 매년 예산을 지원합니다. 최근에는 세월호 사고를 다룬 다큐영화 〈다이빙 벨〉 상영 문제로 주최 측과 부산시가 갈등을 겪었습니다. 영화제 기간에 국내는 물론 해외의 많은 영화인이 부산에 모여 영화인 및 관객과 소통·교류하고 관광객이 몰려들어 상영 영화와 해변의 정취를 즐깁니다.

행사 프로그램은 일곱 개로 '아시아 영화의 창', '새로운 물결', '한국영화 파노라마', '월드 시네마', '와이드 앵글', '오픈 시네마', '특별기획 프로그램' 등입니다. 그러나 '새로운 물결' 부문과 '최우수 아시아 신인작가상'은 경쟁 심사로 진행합니다. 영화제 기간 중 선재상, 운파상, 공로상, 국제영화평론가협회상, 아시아영화 진흥기구상, KNN 관객상 등도 선정해 시상합니다.

전주국제영화제Jeonju International Film Festival: JIFF(www.jiff.or.kr)는 주류 영화들과 다른 새로운 대안적 영화와 디지털 영화를 소개하는 국제영화제로서, 부분 경쟁을 도입한 비경쟁 영화제입니다. 전주시가 주최하고 전주국제영화제 조직위원회가 주관하며, 2000년에 처음 시작되어 매년 4월 말부터 5월 초까지 전주시 일원에서 열립니다. 2015년에 제16회를 맞이했습니다. 국내는 물론 영미·유럽·러시아·오스트레일리아·아시아 등지의 영화가 대상입니다. 심벌마크는 전주의 영문 이니셜인 'J'를 디지털적인 콘셉트로 형상화한 것입니다. 우석상(인디 비전), 디지털 제이제이스타상(디지털 스펙트럼 부문), JIFF 최고인기상(관객 투표), 관객평론가상, CGV 한국장편영화 개봉지원상 등을 선정해 시상합니다.

부천국제판타스틱영화제와 DMZ국제다큐영화제도 차별화에 성과

부천국제판타스틱영화제Bucheon International Fantastic Film Festival: BiFan (www.bifan.kr)는 우리 영화를 세계에 알리고 저예산 및 독립 영화의 국제적 메카를 지향하며 시민이 중심이 되는 수도권 축제의 이미지를 완성하려는 목적으로 마련되었습니다. 1997년부터 부천시가 주최하고 부천국제영화제 조직위원회가 주관하고 있습니다. 2015년에 제20회를 맞이했습니다. 판타스틱 호러, 공상 과학, 스릴러 등 다양한 세부 장르를 선보입니다. 일반 관객과 감독, 그리고 출연진이 모여 강연과 자유로운 토론을 진행합니다.

DMZ국제다큐영화제DMZ International Documentary Festival (http://dmzdocs. com)는 비무장지대DMZ를 배경으로 국내외 다양한 다큐멘터리를 한자리에서 만날 수 있는 다큐 축제입니다. DMZ에 새겨진 시·공간적 기록을 통해 평화·소통·생명의 새로운 의미를 재창조하려는 뜻을 담았습니다. 경기도, 고양시, 파주시, DMZ국제다큐영화제 조직위원회(위원장 경기도지사)가 주최하고 DMZ국제다큐영화제 집행위원회가 주관해 1999년부터 열렸습니다. 매년 9월 중순에 8일간의 일정으로 도라산역을 비롯한 비무장지대 인근과 고양시, 파주시 일대에서 행사가 개최됩니다. 2015년에 제7회 행사를 열었습니다.

집행위원회에 따르면 영화제는 분단과 분쟁의 현장이 소통과 만남, 화해의 공간으로 재탄생하고자 하는 의미를 실현하려 노력하고 있습니다. 비무장지대를 찾아오는 희귀 철새인 흰기러기에 페도라와 외알 안경을 씌워 유유자적 방랑하는 신사로 그려낸 '백로기' 로고는 특히 인상적입니다. 영화제를 통해 어렵게 느껴지는 다큐를 대중에게 좀 더 쉽고 친근한 이미지로 다가서게 하려는 의미를 담았다고 합니다. 국제 경쟁, 아시아 경쟁, 국내 경쟁, 청소년 경쟁 부문에서 각각 출품작을 받아 심사해 시상합니다.

한국에서 '영화의 날'은
어떻게 제정되었나요?

김도산의 〈의리적 구토〉가 단성사에서 상영된 날로 정해

'영화의 날'은 10월 27일입니다. 이날은 한국 영화의 효시를 이룬 최초의 연쇄극(연쇄활동 사진극)인 김도산의 〈의리적 구토義理的 仇討〉가 서울 종로 단성사에서 상영된 날(1919년 10월 27일)입니다. 바로 이날을 기념해 영화의 날을 제정하고 1963년부터 매년 행사를 개최하고 있습니다. 특히 영화인협회는 1963년부터 매년 영화의 날을 맞이해 기념과 자축의 자리를 마련합니다. 이 자리에서 영화 발전에 공적이 큰 영화인을 선정해 표창하고 다양한 기념행사를 열고 있습니다.

영화인 김도산은 당시 영화 〈의리적 구토〉의 극본·연출·주연을 맡았습니다. 한국인에 의해 만들어진 최초의 영화인데, 무대 위의 실연과 활동사진인 영화 영상을 혼합한 연쇄극 형식입니다. 영화를 섞은 연극인 셈입니다. 이런 형식을 키노드라마라고 합니다. 무대에서 표현하기 어려운 야외 장면이나 활극 장면을 영화로 찍은 뒤 연극을 할 때 무대 위 스크린에 삽입한 것

> **■ ■ ■ 의리적 구토**
>
> 영화 제목인 〈의리적 구토〉는 '의리를 다해 복수한다'는 뜻입니다. '구토(仇討,
> あだうち)'는 일본어 어휘로 '복수', '앙갚음'이라는 의미를 갖고 있습니다.

을 말합니다. 그래서 영화라기보다 연극에 가깝다고 보는 평론가들도 있습니다. 이 영화는 한국 배우가 출연한 최초의 영화인 동시에 흥행을 목적으로 만들어진 최초의 한국 영화입니다.

당시 〈의리적 구토〉의 영화 광고와 관련 기사를 살펴보면 그 내용은 다음과 같습니다. 마쓰야마松山는 간악한 계모(여장 남자 배우) 밑에서 불우하게 자랐습니다. 마쓰야마는 오로지 가문의 체통을 위해 갖은 수모를 참아왔습니다. 마쓰야마가 아버지의 재산을 가로채고 가문을 더럽히려는 계모 일파의 모의와 흉계가 가시화되자 울적한 마음에 술타령으로 세월을 보내다가 의형제를 맺은 다케야마竹山, 우메쿠사梅草와 함께 복수하기로 하고 인과응보의 칼을 뽑습니다. 이렇게 복잡한 가족사를 토대로 권선징악적인 주제를 담고 있습니다.

'실리우드'와 '볼리우드'는 무엇인가요?

실리우드는 3D 등 컴퓨터 기술을 접목해 영화를 만드는 실리콘밸리

실리우드Siliwood와 볼리우드Bollywood는 세계 영화제작 시장의 미래를 일구어가고 있는 양대 산맥을 지칭하는 말입니다. 실리우드는 3차원3D 컴퓨터 그래픽 영화를 비롯해 영화제작 기법에서 선두적 위치를 점하고 있으며, 볼리우드는 인도의 두터운 소비 시장을 바탕으로 자국의 제작자와 할리우드 등에서 진출한 제작자들이 각축을 벌이는 가운데 가장 많은 제작 편수를 기록 중인 신흥 영화 시장입니다. 볼리우드의 경우 영화의 수준은 아직 할리우드나 한국의 수준에 이르지 못했다는 평가가 많습니다. 그러나 인도인들의 영화에 대한 열정과 성장 속도는 놀라울 정도라서 미래를 가늠하기 어렵다고 합니다. 국내에도 인도 영화들이 조금씩 소개되고 있어 그 흐름을 읽을 수 있을 것입니다.

실리우드는 할리우드와 협업해 디지털과 컴퓨터 그래픽 등 첨단 기술을 적용한 영화를 만들어내는 미국의 실리콘밸리를 지칭하는 말입니다. 실리콘

Sillicon과 할리우드Hollywood의 합성어입니다. 3차원 컴퓨터 그래픽의 도움으로 영화를 만드는 것을 일컫는 용어이기도 합니다. 스티븐 스필버그Steven Spielberg 감독의 〈쥬라기 공원Jurassic Park〉, 사이먼 웨스트Simon West 감독의 〈툼 레이더Lara Croft: Tomb Raider〉, 그리고 〈아바타〉, 〈베오울프Beowulf〉, 〈잭과 콩나무Jack And The Beanstalk〉, 〈트랜스포머Transformers〉 시리즈, 〈마션The Martian〉, 〈인터스텔라〉, 〈노아: 40일간의 기적40 Days and Nights〉, 〈어벤져스〉 시리즈 등 최근 많은 미국계 영화들이 3차원 그래픽과 첨단 디지털 기술의 도움을 받아 제작되는 것을 비유해 생겨난 말입니다. 공상 과학 영화나 판타지 영화는 이런 기술의 도움 없이는 제작이 불가능합니다.

볼리우드는 급속도로 성장 중인 인도 뭄바이의 영화 산업을 지칭

볼리우드는 붐을 이루고 있는 인도의 영화 산업을 상징하는 말입니다. 인도 뭄바이의 옛 이름 봄베이Bombay와 할리우드Hollywood의 합성어입니다. 볼리우드 영화는 남녀 간의 애절하고 격정적인 사랑이 주조를 이룹니다. 나쁜 사람에 대한 철저한 보복과 응징, 주인공이 갖은 어려움을 극복하고 성공하는 해피엔딩 등의 스토리 구조가 대부분입니다. 뮤지컬 형식의 영화도 많습니다. 내국인에 의해 제작되는 영화도 대폭 늘고 있습니다.

할리우드 영화사들도 상대적으로 값이 싼 인도의 노동력을 활용하기 위해 인구가 많은 영화 시장인 볼리우드에 속속 진출하고 있습니다. 토착화 전략을 통해 인구 12억 4000만 명에 이르는 인도의 영화 소비 시장을 차근차근 공략하기 위한 것입니다. 그렇다 보니 영화제작 편수에서는 볼리우드가 할리우드를 추월하고 있는 것입니다. 인도 영화인들의 영화적 열정이 돋보이는 가운데 점차 할리우드의 앞선 기술과 결합하는 볼리우드의 영화 산업을 앞으로 눈여겨봐야 할 것 같습니다.

단편영화·중편영화·장편영화, 독립 영화·상업 영화의 차이는 무엇입니까?

통상 40분 미만 '단편', 40~70분 '중편', 70분 이상 '장편' 구분

영화에는 여러 가지 분류 방식이 있습니다. 먼저 단편영화, 중편영화, 장편영화는 영화의 길이에 따른 구분입니다. 독립 영화와 상업 영화는 영화를 만드는 1차적 목표가 이윤 추구인지 창작성의 구현인지 여부, 주류적인 주제·내용·방식을 채택하고 있는지 여부에 따른 구분입니다.

단편영화, 중편영화, 장편영화의 길이 구분이 명확하게 법으로 규정되어 있지는 않습니다. 영화계의 제작 관행과 학계의 구분 등을 고려할 때 한국 영화계에서 보통 단편영화는 40분 미만의 비교적 짧은 분량을 말합니다. 중편영화는 보통 40~70분, 장편영화는 보통 70분 이상을 말합니다. 그러나 한국에서 제작되는 장편영화는 통계적으로 1시간 40분(100분)에서 2시간(120분) 정도의 영화가 가장 많습니다. 이런 구분은 모두 학계·영화계에서 통용되는 관행에 따른 것이므로 단편영화, 중편영화, 장편영화라 하더라도 각각 앞에서 제시한 기준에 다소 미달하거나 초과하는 작품이 있을 수 있습니다.

독립 영화는 이윤 확보보다 창작자의 의도, 즉 예술성의 구현을 우선적인 목표로 하는 영화를 말합니다. 외국에서는 '인디즈indies'라고도 부르는데요, 여기에서 '독립'이란 주류 상업자본과 배급망으로부터의 독립을 의미합니다. 따라서 독립 영화는 주제·형식·제작 방식의 측면에서 주류 영화인 상업 영화와 큰 차별성을 나타내며, 내용 면에서도 폭넓은 다양성을 보입니다. 상업자본에 의존하지 않은 채 독자적인 배급망을 받고 아예 소수 관객을 타깃으로 삼거나, 극장 개봉이 여의치 않을 경우 온라인 상영을 하기도 합니다. 보통 몇 분에서 1시간 이내의 단편이 많습니다. 1920년대는 전위 영화, 실험 영화, 지하 영화 등을 총망라해 독립 영화라고 불렀습니다. 그러나 최근에는 영화인들이 자유롭게 창작하고 개봉 스케줄에 구애받지 않으며 소규모로 만들거나 개인 또는 동호인들의 후원을 통해 제작되는 모든 영화를 지칭합니다.

예술성과 자본 독립 대신 흥행과 이윤에 치중하면 상업 영화

상업 영화는 대중적인 흥행과 이윤 확보를 우선시하는 영화입니다. 그래서 처음부터 수익 극대화에 초점을 두고 시나리오, 캐스팅, 제작비 투자 유치 등을 진행합니다. 제작비 면에서 10~50억 원 정도가 투입되는 중소 규모의 영화부터 수백억 원이 투입되는 블록버스터까지 다양합니다. 주제와 형식, 제작 방식의 측면에서 독립 영화보다 통속적이고 보편적인 특징을 나타냅니다. 흥행에 초점을 맞추기 때문에 시나리오를 자주 각색하고 출연 배우의 면면에 신경을 많이 씁니다. 마케팅 비용을 적잖이 책정해 영화 홍보에도 심혈을 기울입니다. DVD, VOD 등 2차 시장도 중요한 타깃으로 삼습니다.

따라서 영화의 기획 단계부터 가치 사슬에 따른 '엔스크린 전략'을 가동해 수익을 최대한 많이 확보하려 합니다.

그러나 최근에는 독립 영화가 상업 영화를 닮아가고, 상업 영화가 독립 영화의 요소를 반영하는 경우도 많습니다. 양자의 경계가 점차 모호해지고 있다는 뜻입니다. 특히 상업 영화를 통해 성공한 감독으로 인정받는 영화감독들도 알고 보면 대부분 영화 입문 초기에 독립 영화 연출 경험을 갖고 있습니다. 전혀 별개의 영역이 아닙니다. 특히 박찬욱, 홍상수, 송일곤, 김기덕 등 작가주의적 경향을 나타내는 감독들은 자신이 만드는 상업 영화에 단편 영화적인 설정과 예술성을 섬세하게 반영하기도 합니다. 작가주의란 영화감독이 동시에 시나리오작가가 됨으로써 만든 사람의 철학·가치관·개성을 강하게 드러내는 영화제작 경향을 지칭합니다. 각 대학원의 연출 전공 석·박사 과정과 한국영화아카데미 같은 교육기관에서는 예비 영화감독들이 기획자, 시나리오작가, 감독 등 1인 3역이 되어 많은 단편영화를 습작합니다.

우리 영화 산업에 나타난 수직적 · 수평적 계열화란 무엇인가요?

제작 · 배급 · 상영 회사를 모두 소유할 경우 수직적 계열화

국내 영화 산업에 나타난 수직적 · 수평적 계열화의 현황을 파악하려면 먼저 용어부터 이해해야 합니다. 경영학에서 수직적 계열화vertical integration와 수평적 계열화horizontal integration는 수익을 높이려는 다각화diversification 전략 가운데 하나입니다. 수직적 계열화는 특정 기업이 자사가 생산하는 제품의 원료 산출, 생산, 유통, 광고, 판매 등 전체 과정에 관련된 기업들로 계열사를 이루는 것을 말합니다. 기업이 회사의 상부 공급자upstream supplier와 하부 구매자downstream buyer 간의 가치 사슬을 모두 소유하는 것입니다. 기업이 시장에서 경쟁사보다 우위에 서기 위해 가격차별화나 비가격차별화를 통해 채택하는 경쟁 전략 가운데 하나입니다. 수직적 계열화는 한 회사 안에서 이루어지기도 하고 계열사나 협력 회사를 통해서도 이뤄집니다.

수직적 계열화의 한 가지 사례는 자동차를 만드는 회사가 철강 회사, 엔진 개발 회사, 배터리 제조사, 부품 회사, 자동차 운송 회사, 자동차 판매 회사 등을 모조리 거느리고 있는 경우입니다. 휴대전화를 만드는 삼성전자도 수직적 계열화 체제를 잘 활용하고 있습니다. 경쟁사인 애플이 외주 업체를 통해 주요 부품을 조달하는 것과 달리 삼성전자는 화면을 만드는 디스플레이 패널(삼성디스플레이), 핵심 부품인 배터리(삼성SDI), 선명한 화소를 구현하는 데 필요한 카메라(삼성테크윈), 무선 네트워크를 구축하는 데 쓰이는 모바일 부품(삼성전자 모바일 사업부) 등 부품 조달 대부분을 계열사에 의존합니다.

이와 관련지어 생산공정상 관계가 있는 이종 기업이 비용의 절약과 경영 합리화를 위해 결합하는 종단적 결합을 '수직적 통합vertical combination'이라고 합니다. 트러스트, 산업용 콘체른 등이 수직적 통합의 대표적인 사례입니다. 수직적 계열화를 구축하면 기본적으로 자금 조달과 생산계획을 원활하게 이행할 수 있으며 상품 공급원과 유통망을 동시에 가지고 있어서 시장지배력을 높이는 데 유리합니다.

아울러 원료 가공부터 제품 생산까지 기술적 일관성을 유지하면서 공정 관리가 가능하기 때문에 기술 경쟁력을 키우는 데 유리하고, 자체적으로 개발·축적한 기술과 노하우를 경쟁사로부터 보호할 수 있습니다. 그러나 수직적 계열화 체제의 기업에서 제품에 들어가는 주요 원료와 부품의 공급을 외주 업체에 맡기지 않고 내부 계열사를 통해 조달할 경우 제품 개발, 품질 향상, 단가 인하 등 생존을 위한 노력을 잘 하지 않는다는 단점이 있습니다. 굳이 힘을 들여 그런 노력을 하지 않아도 안정적인 공급 루트가 있으므로 혁신을 게을리한다는 것인데, 이런 고질적 부작용을 '대리인 문제agency problem'라고 합니다.

각 단계에서 동종 분야 복수의 회사를 소유하면 수평적 계열화

수평적 계열화는 특정 기업이 계열사를 구성할 경우 그 기업이 주로 생산하는 제품의 생산·판매 과정과 별다른 관계가 없는 기업을 계열사로 두는 것을 말합니다. 전자제품을 만드는 회사가 식품 회사나 보험 회사를 보유하는 경우가 그 예입니다. 이와 관련해 동종 또는 유사 기업이 경쟁을 제한하면서 시장지배를 위해 생산량·판매량·판매가격 등에 관해 협정하거나 합병하는 횡단적 결합을 수평적 통합horizontal combination이라고도 합니다. 카르텔이 수평적 통합의 대표적인 사례입니다.

한국의 영화 산업도 현재 대기업을 중심으로 사업 영역별 결합과 사업자 간 결합을 통한 수직적 계열화와 수평적 계열화가 고착되어 있습니다. 둘 다 기업의 자원을 효율적으로 활용하고 자사의 핵심 자원인 콘텐츠를 다양하게 유통함으로써 수익을 극대화하려는 목적입니다. 해당 기업은 이런 구조를 활용해 많은 투자와 제작비의 조달이 가능하기 때문에 대형 블록버스터 영화도 만들고 공격적 마케팅을 전개해 흥행을 유도하며 비약적인 성장을 도모할 수 있습니다.

그러나 이런 기업들의 공격적인 경영은 영화제작, 배급, 상영 시장에서 자본력이 약한 약자가 점차 살아남을 수 없는 환경을 만들고 있습니다. 다시 말해 이런 대기업들이 국내 영화 생태계에서 모든 가치 사슬을 점유함으로써 작은 기업들에게 횡포를 부리거나 스크린 독과점 등의 행위를 통해 문화 다양성의 축소 같은 문제를 야기하고 있다는 것입니다.

대기업 씨제이와 롯데가 모두 수직적·수평적 통합 구축

대기업인 씨제이와 롯데는 각각 영화 산업에서 투자, 제작, 배급, 상영 등 가치 사슬의 전 과정을 수직적으로 통합해 운용하고 있습니다. 씨제이의 경우 투자는 씨제이창투, 투자·제작·배급은 씨제이이앤엠, 상영은 씨제이씨지브이가 맡고 있습니다. 아울러 2004년 투자 배급업과 상영업인 멀티플렉스 체인 프리머스시네마를 운용해온 시네마서비스를 인수(지분 40%)함으로써 수평적 계열화를 구축했습니다. 롯데의 경우 투자는 롯데쇼핑과 롯데엔터테인먼트, 제작과 배급은 롯데엔터테인먼트, 상영은 롯데시네마가 맡고 있습니다. 오리온도 2007년 이전까지 영화 부문의 자회사인 쇼박스 ㈜미디어플렉스와 메가박스 씨네플렉스를 통해 투자·배급·상영의 전 과정에서 수직적 계열화를 구축했습니다.

오리온은 2007년 멀티플렉스 체인인 메가박스 씨네플렉스를 오스트레일리아의 자본인 맥쿼리펀드에 매각해 수직 통합 기업에서 전문적인 투자 및 배급사로 전환했습니다. 이후 메가박스 씨네플렉스는 2010년 ≪중앙일보≫ 산하 기업으로서 ≪일간스포츠≫ 등을 운영하는 제이콘텐트리가 소유하고 있던 극장 체인인 씨너스에 합병되었습니다. 그래서 오리온은 메가박스 씨네플렉스 대주주의 지위를 잃고, 제이콘텐트리(2015년 기준 지분 46.3%)가 경

표 7 **한국 영화 기업의 수직적·수평적 통합 실태**

구분	씨제이그룹	롯데그룹
제작(기획, 투자, 제작)	씨제이이앤엠, 씨제이창투	롯데엔터테인먼트, 롯데쇼핑
배급(유통)	씨제이이앤엠, 시네마서비스	롯데엔터테인먼트
상영(극장)	씨제이씨지브이, 프리머스시네마	롯데시네마

자료: 각 기업 자료 종합.

영권을 행사하게 되었습니다. 씨너스는 대기업 체제의 멀티플렉스에 대항해 생존하고자 여러 개의 중소 극장들이 모여 브랜드를 구축한 영화관 체인망이었습니다. 오리온은 2015년 현재 57.5%의 쇼박스 지분을 보유하고 있습니다. 참고로 '쇼박스'는 브랜드명, '미디어플렉스'는 기업명(법인명)인데 회사 측은 이를 같이 붙여서 표기합니다.

한국 영화 시장에서
'스크린 독과점' 문제를
해결할 방안이 있나요?

배급·상영 업체의 수익 극대화 전략에 따라 심화되는 스크린 독과점

'스크린 다양성'은 산업이 아닌 문화로서 영화를 바라볼 때 매우 중요한 개념입니다. 스크린 다양성을 훼손하는 '스크린 독과점'은 특정 영화가 개봉될 때 특정 상영관의 전체 스크린에서, 또는 국내 상영관 전체 스크린에서 과도하게 많은 점유율로 중소 규모의 영화 등 다른 영화의 상영 기회를 봉쇄하는 현상을 말합니다.

영화 관련 대기업들이 제작 투자비가 수백억 원 이상 들어간 대작을 내놓을 때 표면화되는 현상인데, 실제 한국 영화 시장에서 스크린 독과점 문제는 갈수록 심화되고 있습니다. 영화 시장의 경쟁이 갈수록 치열해지는 상황에서 영화 관련 기업들은 해마다 목표로 정해둔 성장률을 달성하는 것이 경영 목표이기 때문에 영화계와 언론의 비판이 있더라도 사활을 걸고 이런 전략에 나서는 것입니다. 앞에서 설명한 대로 스크린 독과점 현상이 발생하는 이유는 그것을 가능케 하는 한국의 영화 정책과 영화 시장의 맹점에 있습니다.

한국의 영화 정책은 제작·배급·상영이라는 가치 사슬의 전 과정을 하나의 기업이 영위하는 데 대해 아무런 규제를 두고 있지 않습니다. 물론 과거의 사례처럼 공정거래위원회가 일반 기업에 적용하는 '독점규제 및 공정거래에 관한 법률'에 따른 독과점 기준을 적용해 단속할 수는 있지만, 영화 산업의 특수성을 고려한 특화된 기준은 별도로 마련되어 있지 않습니다. 기업들도 이런 무규제 정책을 이용해 제작·배급·상영 부문에서 수직적 계열화를 구축했습니다. 특히 씨제이, 롯데와 같은 대기업들이 풍부한 자본력을 무기로 이런 체제를 구축해 시장의 가치 사슬 전 과정에서 지배력을 행사하고 있습니다. 나아가 비즈니스를 할 때도 매우 우월한 '슈퍼 갑'의 지위를 행사하고 있습니다.

대기업 세 곳의 복합 상영관 점유율이 전체 상영관의 92%로 쏠림 심각

한국영화진흥위원회가 집계한 2014년 12월 31일 기준 전국의 영화관 현황(**표 8** 참조)을 보면 대기업들이 마음만 먹으면 지배 구조를 통해 자사가 제작·배급한 특정 영화의 스크린 독과점을 손쉽게 행할 수 있다는 것을 알 수 있습니다. 스크린 수를 기준으로 대기업 계열의 세 멀티플렉스 점유율은 전

표 8 **전국 영화관 현황(2014년 12월 31일 기준)**

구분		극장 수	직영 극장 수(직영률)	스크린 수	좌석 수
대기업 계열 멀티플 렉스	씨지 브이	126 (3사 소계 대비 43.8%)	78 (62%)	948 (45.2%)	154,839 (45.2%)
	롯데 시네마	100 (3사 소계 대비 34.7%)	73 (73%)	698 (33.3%)	116,684 (34.0%)
	메가 박스	62 (3사 소계 대비 21.5%)	23 (37%)	452 (21.5%)	71,374 (20.8%)
	소계	288 (총계 대비 80.9%)	174 (60%)	2,098 (92.0%)	342,897 (92.1%)
기타 멀티플렉스		7 (총계 대비 2.0%)	-	66 (2.9%)	11,901 (3.2%)
비(非)멀티플렉스		61 (총계 대비 17.1%)	-	117 (5.1%)	17,563 (4.7%)

자료: 한국영화진흥위원회.

체 극장의 스크린 수 총계(2281개) 대비 92%(2098개)를 차지하고 있습니다. 좌석 수 기준으로는 전체 극장의 좌석 수 총계(37만 2361개) 대비 92.1%(34만 2897개)를 차지하고 있습니다.

공정거래위원회가 적용하는 '독과점(시장지배적 사업자) 기준'은 일정한 거래 분야에서 연간 매출액이나 구매액이 40억 원을 초과하는 사업자를 대상으로 한 특정 시장의 시장점유율인데, 한 사업자의 시장점유율이 50% 이상이거나 두 사업자(시장점유율이 10% 미만인 사업자는 제외)의 시장점유율 합계가 75% 이상인 경우 독과점으로 분류됩니다. 특정 시장에서 기업 한 곳의 시장점유율이 50%를 넘으면 독과점 기업으로 규제 또는 시정 조치를 받는다는 뜻이며, 기업 한 곳이 50%를 넘지 않더라도 상위 기업 두 곳의 합산 시장점유율이 75%를 넘으면 두 기업 모두 독과점 기업으로 규정되어 같은 규제와 조치를 받게 된다는 뜻입니다. 이처럼 시장지배적 사업자로 판명이 나면 가격의 인하, 당해 행위의 중지, 시정명령을 받은 사실의 공표, 기타 시정을 위한 필요한 조치를 명하고 남용 행위를 했을 경우 과징금을 부과할 수 있습니다. 과징금 수준은 매출액을 추산할 수 있는 기업의 경우 당해 매출액의 30% 이내, 추산할 수 없는 기업의 경우 10억 원 이하이므로 매우 미약한 편입니다.

해당 기업의 입장에서는 이러한 지배력 행사가 수익을 극대화하려는 노력의 일환이라 볼 수 있습니다. 그러나 다른 작은 기업이나 제작자들은 큰 공룡에 휘둘려야 하는 처지에 있으니 어려운 일을 많이 겪게 됩니다. 가령 지금 상태라면 국내 영화계에서는 씨제이, 롯데와 좋은 관계를 맺지 않고서는 투자받기 어려울 뿐만 아니라 제작비가 많이 드는 영화를 만들 수가 없습니다. 아울러 이들 기업과 연계해 제작하지 않는다면 국내 영화관에 영화가 걸리는 것을 담보할 수 없습니다. 따라서 힘이 약한 기업들이나 영화인들은 열패감과 무력감을 느낄 수밖에 없습니다.

문화 다양성 축소와 인위적인 1000만 명 돌파 작품 만들기, 규제 강구해야

스크린 독과점은 문화적으로 다양성의 축소를 야기합니다. 문화 다양성의 축소는 매우 심각한 문제입니다. 유네스코가 강조한 것처럼 한 사회에는 다양한 문화가 존재해야 바람직합니다. 그런 다양한 문화가 소통됨으로써 공론의 장이 활성화되고 다양한 견해와 의견이 전달되어 민주주의가 발전하는 것입니다. 문화 다양성은 예술가에게 창작의 자유를 보장하고 문화의 획일화를 경계하는 동시에, 그러한 예술적 산물이 수용자에게 여과 없이 전달되도록 자유로운 유통 경로 역할을 하는 중요한 개념입니다.

　대기업에서 만든 영화는 기업의 생리상 시장과 자본의 논리를 따라가기 때문에 독립 영화 제작자가 만든 영화보다 수익성을 더 고려할 수밖에 없습니다. 기업은 본질적으로 성장이 우선 목표이기 때문에 만약 손실을 보면 담당 부서 내에서 누군가가 책임을 져야 하는 문제가 생기므로 조직원들은 다양한 실험을 하는 데 주저합니다. 예술의 다양성 확대나 사회적 책임 활동의 구현은 부차적일 수밖에 없을 것입니다. 그래서 스크린 독과점은 국회와 정부의 정책적 노력이 없으면 사라지기 어렵습니다. 상업성과 예술성이 조화된 영화, 상업 영화와 예술영화의 공존, 그리고 장편영화와 단편영화의 공생을 가능하게 하려면 새로운 정책을 마련해야 합니다.

　스크린 독과점은 산업적으로 공정 경쟁을 해치는 행위로서, 일반 기업의 독과점 행위와 마찬가지로 무거운 처벌이나 규제를 받아야 합니다. 스크린 독과점은 제작-배급-상영 과정의 수직계열화, 제작 규모의 확대, 해외시장 공략의 부진 등이 원인이 되어 복합적으로 나타나고 있습니다. 대기업들은 중국, 인도, 일본, 미국 등에 비해 상대적으로 협소한 국내 영화 시장에 지나치게 집중하고 있습니다. 수직적 계열화를 구축해 관련 네트워크를 풀가동함으로써 한 해에 '관객 1000만 돌파' 영화를 몇 편씩 만들어내는 위력을 과시합니다.

　그 목적은 수익을 높이는 것에 집중되어 있습니다. 스크린점유율과 좌석점유율이 반드시 비례하지 않는데도 '몰빵 개봉'을 합니다. 자사가 투자해 만든 영화를 무조건 성공시켜야 하기 때문에 제작비가 많이 든 영화일수록 공격적인 마케팅과 배급 전략을 구사하며 스크린의 대부분을 점유하려고 합니다. 심지어 '1000만 영화'를 만들기 위해 그룹의 모든 계열사 직원을 관람객으로 동원하거나 영화표를 대폭 할인된 가격 또는 심지어 흥행몰이 차원에서 무료로 나눠줍니다. 시중보다 몇 배 비싼 팝콘을 팔아 돈을 벌기도 합니다.

국내 영화 시장에서는 이런 전략과 관객의 선호가 복합되어 2014년에 개봉한 영화 가운데 1000만 관객을 돌파한 작품이 〈변호인〉, 〈겨울왕국〉, 〈명량〉, 〈인터스텔라〉 등 4편이나 등장했습니다. 전무후무한 기록입니다. 어떤 사람들은 대박 영화 만들기 전략과 이에 부수하는 현상이 한국 영화의 경쟁력이라며 긍정적으로 평가하기도 합니다. 일부 영화감독들도 이런 구조에 편승해 대기업들과 좋은 관계를 맺어 1000만 관객을 불러 모으는 '대박 감독'의 꿈을 꾸고 있는 것이 사실입니다. 뉴와 같은 신생 배급사들이 등장하면서 개선이 될까 기대하는 분들도 있지만 문제 해결이 쉽지 않습니다.

궁극적으로 대기업의 영화 시장 수직적·수평적 계열화 해체해야

그러나 이러한 스크린 독과점 구조가 무제한 허용된다면 첫째, 작은 기업들은 살아남기 힘들 것입니다. 둘째, 각 부문의 영화인들도 결국 자본에 예속되어 예술인으로서 자존감과 의욕을 상실해 영화계 전체가 위축되는 결과를 가져올 것입니다. 셋째, 영화의 흥행 공식에만 맞춘 영화가 주로 제작되면서 획일화와 질적인 하락도 우려됩니다. 그러나 현재 스크린 독과점과 관련해 아무런 정책과 규제가 없다는 데 문제가 있습니다.

미국도 할리우드 스튜디오의 황금기였던 1920~1940년대에는 제작·배급·상영이 수직적으로 통합된 채 운영되었습니다. 한 기업이 모든 부문을 소유·운영하면서 수익을 극대화하고자 한 것입니다. 그러나 한국 영화 시장의 현재 모습처럼 거래 제한과 독점 구축 시도 등의 부작용이 커졌습니다.

그러자 1948년 미국 대법원이 이런 체제가 연방법인 '독점금지법(셔먼법)'에 위배된다면서 동일 자본이 배급과 상영을 겸하지 못하도록 판결했습니다.

결국 파라마운트, 로우스(MGM), RKO, 20세기 폭스, 워너브라더스 등 메이저 영화사 다섯 곳과 컬럼비아, 유니버설, UA United Artists 등 마이너 영화사 세 곳은 영화관(극장)을 매각하고 투자와 배급 중심의 사업 구조로 재편했습니다. 투자사와 제작사를 겸하기도 하는 배급 업체와 상영 업체가 완전하게 분리된 것입니다. 이 판결을 소송 당사자인 회사 여덟 곳과 대표 자격이었던 파라마운트사의 이름을 따 '파라마운트 판결Paramount Case'이라고 합니다.

미국에서는 이 판결 이후 영화계에서 특정 기업의 수직적 계열화 체제가 해소되었습니다. 아울러 제작 단계부터 관심을 끌었던 블록버스터일지라도 특정 영화가 차지하는 스크린 수가 전체의 30%를 넘지 않는 관행이 영화관에서도 지켜지고 있습니다. 문화 다양성 정책을 잘 구축해 문화 선진국으로 불리는 프랑스에서는 멀티플렉스 극장에서 특정 영화를 2개 관 이상 상영하는 것을 금지하며, 전체 상영 시장(스크린) 점유율에서도 30% 이하를 유지하도록 법으로 정하고 있습니다. 우리도 미국과 프랑스의 사례를 참조해 제도 개선책을 마련해야 합니다. 현재로서는 특정 영화의 스크린점유율에 상한선을 두는 방안, 배급업을 상영업과 분리해 수직적 계열화 구조를 사실상 해체하는 방안 등이 국회와 영화 산업 전문가들을 중심으로 논의되고 있습니다. 더 이상 공정거래위원회의 소극적인 단속에만 의존하지 말고 하루 빨리 적합한 기준을 마련해 입법해야 합니다.

'스크린쿼터'란 무엇인가요?

연간 국산 영화 의무상영 할당 일수로 국내 영화 시장 보호 장치

'스크린쿼터Screen Quota'는 국산 영화 의무상영제도 실시에 따른 연간 국산 영화 의무상영 할당 일수를 말합니다. '영화'를 뜻하는 '스크린'과 '할당량'을 뜻하는 '쿼터'를 합친 용어입니다. 극장의 연간 상영 일수 가운데 일정 일수는 반드시 국산 영화를 상영하도록 한 것입니다. 국산 영화 의무상영 일수는 2006년 7월 1일부터 1년 365일의 20%에 해당하는 73일을 적용받고 있습니다. 영상물 교역에 관한 이해가 첨예하게 맞섰던 한미 자유무역협정에서도 73일로 정해졌습니다. 이 제도는 기본적으로 각국의 입장에서 자국의 '문화 주권'을 보호하기 위한 장치이자 영화 진흥을 위한 실천적 방법입니다. 구체적으로는 외국 영화의 지나친 시장 잠식 방지, 자국 영화의 시장 확보, 자국 영화의 보호와 육성 등을 유도하기 위한 제도입니다.

이 제도는 1966년 8월 3일에 국내 영화 산업 보호를 위한 취지로 이뤄진 '영화법' 제2차 개정에서 도입되었습니다. 당시 제도는 1967년부터 영화관의 연간 90일 국산 영화의 상영을 의무화하는 것이었습니다. 일제 강점기인 1934년에 조선총독부령 제82호로 제정된 '활동사진영화취체규칙'에 "1935년부터 1937년까지 외국 영화의 극장 상영 비율은 4분의 3, 3분의 2, 2분의 1 이내로 낮춰야 한다"라고 규정되어 있는 점을 들어 이 규칙을 스크린쿼터의 한국적 기원으로 보는 사람도 있습니다. 스크린쿼터는 1995년에 '영화법'이 '영화진흥법'으로 바뀐 이후에도 유지되었습니다.

그러나 미국의 통상 압력과 극장업주들의 반대로 대폭 축소 또는 백지화될 위기도 많았습니다. 미국 할리우드의 직접 배급 영화가 맹위를 떨칠 때 국산 영화의 보호와 육성을 위해 누군가가 목소리를 내야 했습니다. 그럴 때마다 발 벗고 나서 이를 지켜낸 주체들은 영화인들입니다. 영화계의 원로들과 안성기, 최민식, 김혜수 등 톱스타급 영화배우들을 비롯한 각 부문의 영화인들이 일치단결해서 '스크린쿼터 축소 반대운동'을 전개해 여론의 지지를 얻어낸 것입니다. 미국의 통상 압력에도 불구하고 정치권은 영화인들의 요구를 받아들일 수밖에 없었습니다. 그러나 갈수록 그 기준이 축소되어 현재 73일로 고착되어 있습니다. 한미 자유무역협정 체결 과정에서는 나중에 논의할 수 있다는 의미의 '미래 유보'로 타결을 지어 현행 73일을 유지하게 되었으나 영화 시장의 상황과 미국의 추가 압력 여부에 따라 변동이 있을 수 있습니다.

그간 국내 배급사를 거치지 않고 미국 영화를 직접 들여와 국내에 배급하는 미국의 배급 업체들은 이 제도의 도입을 반대하거나 쿼터의 축소를 요구했습니다. 국내 영화계에서도 특히 영화관을 운용하는 상영업자들이 스크린쿼터의 좋은 취지에도 불구하고 이 제도가 자사의 수익 증대에 도움이 되지 않는다는 등의 이유로 도입에 반대하기도 했습니다. 영화관의 입장에서는 국산물이든 수입물이든 흥행을 이끄는 작품 위주로 상영하는 것이 경영에 더 유리하기 때문입니다. 제작 편수의 감소, 홍행적 가치의 하락 등 좋지 않은 결과도 이들이 주장한 도입 반대 논리였습니다. 정부가 스크린쿼터제의 시행을 영화관에 강제적으로 적용하면서도 그에 따른 대안이 될 만한 보상 정책을 영화관에 제시하지 못했기 때문입니다.

영국에서 처음 도입, 유럽과 남미 일부 국가에서 채택 중

스크린쿼터제는 영국에서 처음 실시되었습니다. 이후 프랑스·이탈리아 등 유럽 일부 국가와 브라질 등 남아메리카, 파키스탄 등 아시아 국가 일부에서 시행되고 있습니다. 한국에서는 1966년에 마련되어 이듬해인 1967년부터 실시되었습니다. 역사적인 변천 과정은 5단계로 나누어볼 수 있습니다. 첫째, 1967년부터는 '연간 6편 이상의 한국 영화 상영과 연간 90일 이상의 상영 일수 준수'로 규정되었습니다. 둘째, 1970년에는 '연간 3편 이상, 총 상영 일수의 30일 이상'으로 바뀌었습니다. 셋째, 1973년에는 '연간 상영 일수의 3분의 1이상'으로 개정되었습니다. 넷째, 1985년에는 '연간 상영 일수의 5분의 2이상 의무화'와 '인구 30만 명 이상의 시 지역은 한국 영화와 외국 영화의 교호 상영 의무화'로 바뀌었습니다. 다섯째, 2006년에는 '영화 및 비디오물의 진흥에 관한 법률 시행령'을 개정해 연간 의무상영 일수를 '연간 상영일의 5분의 1(73일)'로 축소했습니다.

일부에서는 한국 영화가 질적·양적으로 경쟁력을 확보한 오늘날에도 스크린쿼터제가 과연 필요한지에 대해 의문을 제기하기도 합니다. 국내 영화 시장에서 국산 영화가 미국 할리우드의 직배 영화에 밀려 고전을 면치 못했을 뿐 아니라 자생력을 확보하지 못했던 시절의 산물이기 때문입니다. 이제

영화관을 찾는 관람객 수는 2014년에 2억 1500만 명으로, 매출이 2조 원에 달했으며, 이 가운데 한국 영화를 본 관람객만 1억 700만 명이나 될 정도로 성장했습니다.

아울러 국제 통상의 관점에서 이제는 불공정한 제도가 아니냐는 문제 제기를 하기도 합니다. 그러나 이 제도는 미국보다 문화 산업의 크기가 상대적으로 작은 한국의 입장에서 보았을 때 큰 틀에서는 문화 주권을 지키고, 작은 틀에서는 국내 영화 산업과 영화인들을 보호·육성하는 효과를 발휘하는 장치로 기능한다고 평가할 수 있습니다. 그래서 반드시 유지되어야 합니다. 맑은 하늘과 검은 구름이 낀 하늘이 수시로 교차하듯이 국내 영화 시장의 현황과 구조가 어떻게 변할지 모르는 까닭입니다.

영화에서 카메오,
우정 출연, 특별 출연의
차이는 무엇입니까?

출연자 직업, 제작진과의 친분, 영화계 위상에 따라 각각 명명

영화의 초반부 타이틀 자막이나 엔딩 크레디트를 보면 흔히 카메오cameo, 우정 출연, 특별 출연이라는 표현이 눈에 들어옵니다. 배우로서는 매우 흥미로운 출연 방식인데요, 각각 어떤 차이가 있는지 구체적으로 살펴보겠습니다. 카메오, 우정 출연, 특별 출연은 각각 출연하는 사람의 직업(배우 또는 비배우), 출연자와 제작진 및 동료 배우의 친분 관계, 출연자의 영화계 위상 등을 기준으로 구분하는데, 연출자인 감독과 제작사가 협의해 합당한 이름을 붙입니다.

'카메오'란 '관객의 시선을 단번에 끌 수 있는 단역 출연자'를 의미합니다. 원래는 양각으로 조각한 모조 보석(큐빅)이나 연체동물의 껍데기 안에 들어 있는 단단한 보석을 뜻하는 용어입니다. 영화나 방송 드라마에서 원래 나오는 연기자가 아닌 유명 인사가 잠시 특정 역할을 맡아 얼굴을 비추거나, 배우가 평소 자신의 이미지와 다른 단역을 잠시 맡는 것 또는 그 역할을 의미합니다. 카메오의 원조는 서스펜스 영화의 거장으로 불리는 히치콕 감독입니다.

이런 특별한 배우의 출연료 지급 여부는 작품마다 각각 달라

'우정 출연'은 특정 영화를 제작하는 감독이나 그 영화에 출연하는 배우와 친분 관계가 두터워 해당 영화의 제작을 돕거나 제작에 기여할 목적으로 자진 출연을 신청하거나, 요청에 의해 해당 영화의 몇 개 신에 제한적으로 출연하는 것을 말합니다. 보통 영화계에서 절친한 친구 사이나 나이 차이가 많이 나지 않는 선후배 사이에서 이런 협업이 흔합니다. 이 경우 우정 출연을 하는 배우의 의사에 따라 출연료를 받을 수도 있고, 받지 않을 수도 있습니다. 물론 제작사가 배우의 의사와 무관하게 충분히 배려를 하는 경우도 있습니다.

'특별 출연'은 영화 내 여러 배역 가운데 어울리는 특정 역할에 출연할 경우 예술적인 완성도나 마케팅 효과 면에서 눈에 띄는 효과를 발휘할 것으로 기대될 때, 제작진의 요청에 따라 출연하게 되는 경우를 말합니다. 흔히 우정 출연의 대상보다 격과 예우의 수준을 높여야 하는 경우 이런 방식을 택합니다. 해당 영화의 주연으로 캐스팅되지 않은 톱스타들이나 영화계에서 상징성이 있는 원로 배우들이 이런 방식으로 출연하는 경우가 많습니다. 장면의 전개상 개그맨의 역할이 필요하다면 당대에 인기를 한 몸에 받고 있는 스타급 개그맨이, 아이돌의 역할이 필요하다면 아이돌 가수가 특별 출연의 형식으로 출연하는 경우도 있습니다.

영화나 영화제 등에서 등장하는 '오마주'란 무슨 뜻인가요?

경의와 헌사의 뜻으로 기존 작품의 특정 장면·표현을 모방하는 일

'오마주hommage'란 영화에서 특정 영화감독 등의 제작자가 다른 작가나 감독의 업적·재능에 대한 경의와 헌사의 뜻을 담아 특정 장면이나 대사, 표현 방식과 스타일 등을 모방하는 것을 뜻합니다. 오마주는 프랑스어로 '감사', '경의', '존경'을 뜻하는 말인데요, 존경하는 사람의 업적과 재능에 대한 경배를 뜻하는 말로 널리 쓰이고 있습니다.

오마주는 기존의 영화를 모방한다는 점에서 패러디parody와 비슷한 점이 있습니다. 그러나 패러디가 풍자를 위한 것이라면, 오마주는 영화계에서 자신이 흠모하는 대상, 스승, 선배 등 특정인에 대한 헌사dedication가 목적입니다. 대표적 사례는 영화 〈킬 빌Kill Bill〉 시리즈, 〈황혼에서 새벽까지From Dusk Till Dawn〉, 〈펄프 픽션〉, 〈장고: 분노의 추적자Django Unchained〉, 〈포 룸 Four Rooms〉, TV 드라마 〈CSI 라스베이거스 시즌 5〉 등을 만든 쿠엔틴 타란티노 감독의 경우입니다.

쿠엔틴 타란티노는 할리우드에서 활동하는 홍콩의 영화감독 우위썬吳宇森의 작품을 보고 영화감독의 꿈을 가지게 되었다면서 자신의 작품인 〈저수지의 개들Reservoir Dogs〉(1992)에 우위썬의 〈첩혈쌍웅膿血雙雄〉(1989) 등에 나오는 권총 액션 장면 등을 각색해 삽입했다고 합니다. 봉준호 감독은 〈설국열차〉(2013)를 만들 때 반란군을 진압하려는 도끼 부대의 등장 장면을 10년 전 박찬욱 감독이 만든 〈올드보이〉(2003)에 나오는 장도리 신을 오마주해 삽입했다고 합니다.

오마주는 원작자에 대한 진심 어린 흠모와 존경심을 담아 제작에 반영하는 행위이므로 그 뜻을 충분히 살리기 위해서는 반드시 그런 의도를 제작 전에 언급하거나 알려야 합니다. 가능하다면 엔딩 크레디트 등에 오마주 사실을 표기하는 것이 좋습니다. 미리 허락을 받는 것도 좋습니다. 이렇게 '사전 조치'를 강구하지 않으면 원작자에 대한 결례를 범하는 동시에 표절 논란에 휩싸여 법적으로 피소당할 수도 있습니다. 이런 행동 원칙은 영화뿐만이 아니라 드라마, 뮤지컬, 연극, 음악(작사와 작곡) 등 연관 예술 장르에서도 꼭 지켜져야 합니다.

오마주에 대해 표절 시비가 잦은 것은 표절과 오마주를 구별하는 법적 기준과 근거가 애매하기 때문입니다. 영화감독이나 창작자가 원작의 장면이나 대사를 그대로 인용한 경우, 본인은 인용 의도가 오마주였다고 주장해도 '표현의 유사성'이 있다면 저작권 침해로 볼 수 있기 때문입니다. 아울러 오마주는 '모티브motive, motif'와도 구분되도록 사용에 신중을 기해야 합니다.

모티브는 '창작의 동인動因' 또는 '창작의 영감이나 동기를 제공하는 것'을 뜻하는 말인데, 법률가들은 원저작물에서 영감과 힌트를 얻어 작품을 쓰는 경우에만 저작권 침해 행위가 아닌 것으로 보고 있습니다. 아예 원작을 기반으로 시나리오, 대본 등을 쓴다면 저작권 침해 행위라 판단할 수 있습니다.

'저작권법'은 창작의 아이디어를 보호하는 것이 아니라 표현을 보호하는 데 중점을 두고 있습니다. 창작자는 이 점을 잊어서는 안 될 것입니다.

주제, 대상 등 특징별로 영화를 칭하는 용어는 어떤 것들이 있나요?

버디무비, 컬트 무비, 필름 느와르, 누벨바그 등 이해해야

배우라면 '버디무비buddy movie, buddy films', '퀴어 시네마queer cinema', '인터액티브 시네마interactive cinema', '컬트 무비cult movie', '오컬트 무비occult movie', '필름 느와르film noir', '누벨바그nouvelle vague', '하드고어', '스플래터splatter', '슬래셔slasher', '하드코어' 등의 개념을 정확하게 이해해야 합니다. 먼저 **버디무비**는 '남자 배우 두 사람이 콤비를 이루어 출연하는 영화' 또는 '두 남자의 우정과 인간관계 등을 다룬 영화'란 뜻입니다. 조지 로이 힐George

> ■ ■ ■ **버디무비**
> 버디무비에서 '버디(buddy)'란 '동료', '형제', '친구'란 뜻입니다. 형제, 전우, 부자, 급우, 친구, 동료 등 두 남자의 갈등과 갈등의 극복을 통한 화해의 추구, 두 남자의 공동 대응을 통해 위기를 극복하고 우정을 재확인 하는 것 등이 이런 영화의 흔한 주제입니다.

Roy Hill 감독의 〈내일을 향해 쏴라Butch Cassidy And The Sundance Kid〉, 배리 레빈슨Barry Levinson 감독의 〈레인 맨Rain Man〉, 앨런 파커Alan Parker 감독의 〈버디Birdy〉 등이 버디무비에 해당됩니다.

퀴어 시네마는 동성애나 동성애자를 다룬 영화를 말하는데, 구체적으로는 성적 소수집단에 대한 영화로서 동성애자의 욕망과 에로티시즘, 인종, 성, 계급 차이의 사회학이나 정치학을 다룹니다. 퀴어 시네마라는 말이 처음 쓰인 곳은 1992년 9월 영국영화협회British Film Institute: BFI의 영화 월간지인 ≪사이트 앤 사운드Sight & Sound≫에 실린 루비 리치Ruby Rich의 "뉴 퀴어 시네마: 감독들에 대한 개관과 전망New Queer Cinema: The Directors cut"이라는 칼럼입니다. 이후 퀴어 시네마라는 단어가 널리 통용되면서 동성애자의 권익을 보호하거나 동성애를 주제로 다룬 영화를 지칭하는 용어로 자리 잡기 시작했습니다.

인터액티브 시네마는 말 그대로 '쌍방향 영화'를 지칭합니다. 즉, 스토리가 일방적으로 정해져 있는 것이 아니라 관객이 전개의 중요한 순간마다 어떻게 진행시킬지 스스로 선택해나가면서 감상할 수 있는 영화를 말합니다. 극장용으로 첫선을 보인 것은 미국의 〈미스터 페이백Mr. Payback〉(1995)입니다. 관객이 영화를 볼 때 리모컨으로 선택하면서 주인공의 연기를 마음대로 연출할 수 있는 것이 특징입니다.

먼저, 스크린에 자막으로 선택 항목이 나타나면 관객은 이 가운데 자신이 원하는 항목의 번호 키를 누릅니다. 관객들은 약 90초에 한 번꼴로 스토리의 분기점에서 자신이 원하는 한 가지를 선택합니다. 결과가 컴퓨터로 집계되면 관객이 가장 많이 선택한 방향으로 스토리가 진행되고 그 방향에 맞춰 감상하게 됩니다. 결국 매 회마다 내용이 달라지는 것을 볼 수 있습니다.

컬트 무비는 '숭배를 받는 영화'라는 뜻인데, 일반적으로 '젊은이들에게 종교적인 숭배에 가까운 열광적 지지나 뜨거운 인기를 얻는 영화'를 지칭합니다. 오컬트 무비는 미국 영화 〈엑소시스트Exorcist〉의 대히트 이후 크게 각광을 받고 있는 영화로서 주로 마술, 텔레파시, 미래 예지, 점, 사후 세계, 영혼과의 교신 등 신비의 세계를 다룬 영화를 지칭합니다. '오컬트'란 원래 '신비적인', '초자연적인'이라는 뜻의 단어입니다. 〈엑소시스트〉 외에 〈오멘Omen〉, 〈고스트 버스터Ghost Buster〉, 〈사랑과 영혼Ghost〉 등이 이런 영화의 대표적 사례입니다.

필름 느와르는 범죄, 폭력 조직 등 암흑가를 다룬 범죄 영화

필름 느와르는 1940~1960년대에 만들어진 프랑스 암흑가를 다룬 범죄 영화를 지칭합니다. 프랑스어 '느와르'는 '검은'이라는 뜻입니다. 당시 사회에 만연한 범죄와 폭력의 세계, 즉 검은 흑막의 세계를 다룬 '검은 영화'라는 뜻입니다. 그 시기에 프랑스에서 이런 장르에 속하는 영화가 많이 만들어졌기 때문에 이런 명칭이 생겨났던 것입니다.

누벨바그는 '새로운 물결'이라는 어의가 함의하듯이 1958년경부터 프랑스 영화계에서 일어난 새로운 영화 풍조를 가리키는 용어입니다. 넓게 보면 당시 프랑스 영화계의 새로운 풍조 전체를 지칭하지만, 좁은 의미로는 영화 평론지 ≪카이에 뒤 시네마Cahiers du Cinéma≫를 주축으로 활동하던 신인 비평가들의 작품 활동을 지칭합니다. 이들은 당시 침체기에 빠져 있던 프랑스 영화계에 새롭고 참신한 발상과 표현법을 도입해 설파함으로써 새로운 영화들을 선보이도록 유도했습니다. 이는 1960년 이후에 프랑스 영화의 주류를 형성하게 됩니다. 〈400번의 구타Les quatre cents coups〉(1959)와 〈쥘과 짐Jules Et Jim〉(1961)의 프랑수아 트뤼포François Truffaut, 〈네 멋대로 해라A Bout De Souffle〉(1959)의 장뤼크 고다르Jean-Luc Godard, 〈사형대의 엘리베이터Ascenseur Pour L'echafaud〉(1957)의 루이 말Louis Malle 등이 대표적인 누벨바그 작가들입니다.

하드고어는 피로 범벅된 잔인한 영화, 하드코어는 포르노물

하드고어는 '사지 절단이나 터진 내장이 다 노출되는 등 잔인함의 정도가 강해 관객이 공포감을 느끼도록 만드는 호러horror 영화'를 말합니다. '하드고어'라는 단어가 원래 '진한 선지피'라는 뜻이니 진한 피가 튀기는 무서운 영화입니다. 보통 전기톱이나 잔디 깎는 기계로 사람을 절단한다거나, 피가 사방팔방으로 튀고, 배에서 창자 등 내장이 튀어나오는 장면들이 나옵니다. 영화 〈데드 얼라이브Dead Alive〉와 〈텍사스 전기톱 연쇄살인사건The Texas Chainsaw Massacre〉이 대표적인 작품입니다.

하드고어에는 '스플래터'와 '슬래셔'가 있습니다. 스플래터는 단어 자체가 '튀기다', '적시다'라는 뜻을 지녔듯이 '피가 튀기는 호러 영화'를 지칭합니다. 슬래셔는 '정체를 알 수 없는 살인마들이 칼이나 도끼로 많은 사람을 난도질

해서 죽이는 잔혹한 영화'를 지칭합니다. 영화 〈할로윈Halloween〉, 〈13일의 금
요일Friday The 13th〉 등이 대표적인 작품입니다. '슬래셔'는 '자르거나 베는
기계', '깎는 사람', 또는 '목재를 가공하고 남은 부스러기나 잔재를 연료재,
펄프재 등으로 추가 가공하기 위해 균일한 재장으로 절단하는 기계'를 뜻하
는 단어입니다.

하드코어는 '하드코어 포르노Hard core porno'의 약자로서 노골적인 신체의
노출, 즉 성기 노출 장면이 나오는 포르노 영화를 말합니다. 이런 영화는 국
내에서 '제한 상영가' 등급을 받을 수밖에 없어 일반적인 상영관에서는 개봉
이 불가능합니다. 유럽에는 이런 영화를 볼 수 있는 영화관이 있습니다. 그
러나 국내에는 '제한 상영가' 등급 전용관이 없기 때문에 사실상 영화관에서
이런 영화를 볼 수 없습니다.

제 *4* 장

방송에 대한 상담

배우가 자주 만날
방송사 프로듀서의 직제는
어떻게 되나요?

보통 AD(조연출) → PD(연출) → CP(차·부장) → 부국장→ 국장 순

2014년 11월에 방송통신위원회와 미래창조과학부가 발간한「2014년 방송산업실태조사보고서」(2013년 통계 기준)에 따르면, 한국의 방송 산업은 지상파방송 4조 4738억 원, 방송 채널 13조 9690억 원(홈쇼핑 채널 4조 5608억원 포함) 등을 망라해 23조 6183억 원의 매출을 기록했습니다. 방송 사업자수는 지상파방송 53개, 방송채널사용사업자PP 188개(홈쇼핑 채널 6개 포함), 지상파이동멀티미디어방송DMB 19개, 종합유선방송사업자SO 92개, 인터넷프로토콜TVIPTV 3개 등 총 425개입니다. 방송 산업 종사자수는 지상파방송1만 4000명, 방송 채널 1만 4000명 등을 포함해 총 3만 5000명 정도입니다. 방송사에는 경영직, 제작 관련직, 연구직, 영업직 등 다양한 직종이 있습니다.

방송사의 제작 관련 직종 가운데 프로듀서의 직급 체계를 상위에서 하위 순으로 나열하면 제작본부장, 국장, 부국장, CP Chief Producer(차·부장), PD Producer 또는 Program Director(연출), AD Assistant Director(조연출)가 일반적입니다. 조직이 큰 KBS에는 드라마 부국장과 CP 사이에 'EPExecutive Producer'라는 직책이 있습니다. 본부장, 국장, 부국장은 관리·기획 업무를 도맡아 하고 제작 일선에서 CP, PD, AD가 유기적 조화를 이뤄 작품을 제작합니다.

'언론 고시'라 불릴 정도로 바늘구멍인 언론사 입사 시험에 합격해서 방송사에 프로듀서 직군 직원으로 입사하면 수습사원 교육을 거쳐 조연출인 AD(입사 직후~프로그램 입문 전 평PD)→PD(프로그램 입문 후 평PD)→CP(부장·차장급 이상)→부국장→국장(드라마국장, 예능국장, 시사교양국장, 라디오국장)→제작본부장(제작 담당 이사)의 단계로 올라갑니다. 물론 CP 이상의 간부는 조직 내부에서 능력과 신뢰를 인정받아야 임명될 수 있습니다.

KBS에는 다른 방송사에는 없는 EP 직제 존재

KBS에만 있는 EP는 '총괄 프로듀서'라고 부릅니다. 특정한 장르나 몇 개의 프로그램을 총괄 관리합니다. 다른 방송사에서는 부장~부국장급이라 할 수 있습니다. EP라는 직제를 만든 이유는 KBS의 조직이 다른 방송사에 비해 방대하기 때문에 그로 인한 인사 적체를 해소하려는 방안에서 비롯된 것으로 평가됩니다. 다른 방송사보다 더 복잡한 다단계의 직제를 만들어야 조직을 체계적으로 이끄는 동시에 인사 적체도 해소할 수 있을 것입니다.

CP는 '책임 프로듀서'라고 부릅니다. 몇 개의 프로그램이나 창사 특집, 빅쇼big show, 초대형 행사나 캠페인 프로그램, 대작 드라마 등 대형 프로젝트를 기획·총괄하는 역할을 하는 간부급 PD를 말합니다. 평PD를 한 지 최소 10년 이상이 지나야 맡을 수 있는 자리입니다. 드라마국, 시사교양국, 예능국 등의 부서에서 부장급이나 선임 차장급이 주로 CP를 맡습니다. 그러나 부국장, 국장급이 맡는 경우도 적지 않습니다. CP는 자신에게 할당된 여러 프로그램이나 대형 프로젝트를 총괄 기획하면서 각각의 프로그램을 담당하는 PD들을 조율·관리합니다. 독자적인 연출이 아닐 경우, 방송 프로그램의 서두에 '기획'으로 이들의 이름을 표시하곤 합니다.

PD는 AD, 작가, FD 등의 스탭을 이끌며 프로그램을 기획·구성·섭외·제작·편집하는 일을 총괄하는 제작 일선의 프로듀서입니다. 바로 위인 CP의 관리·감독을 받지만 제작 실무에서 총지휘자 역할을 하는 매력적인 직책입니다. 강한 체력과 리더십, 책임감, 추진력, 창의력이 필요하고 인간관계도 조화롭게 이끌 수 있는 '그릇'을 가져야 합니다. 엄밀히 말하면 독자적으로 프로그램을 제작하는 프로그램 입문(단독 연출을 일본식 조어로 '입봉'이라고 합니다) 단계에서 CP가 되기 전까지의 평PD를 지칭합니다. 그러나 프로듀서 직군으로 입사한 모든 직급을 포괄하는 일반적 의미로도 사용됩니다. 그러나 방송 프로듀서와 달리 '영화 프로듀서'는 영화감독과 보조를 맞춰 제작 예산을 집행·관리하며 제작 일정과 살림살이를 총괄하는 사람을 지칭합니다. 직무와 직업적 정체성에 관해 혼동하지 않아야 결례를 범하지 않을 것입니다.

AD는 PD 직군의 일부로서 '조연출'을 지칭합니다. 독자적으로 프로그램 제작이 가능한 PD가 되기 전의 초보 단계로서 선배 PD로부터 도제식으로 연출 능력을 익히며 선배 PD를 보조하는 역할을 합니다. 이들이 하는 일은 연출 지원, 출연자 섭외, 작가와 소통, 스탭 섭외, 장소 섭외, 촬영 및 종합 편집 스케줄 설정, 제작비 관리와 정산 등 매우 다양합니다.

AD의 하루 일과는 매우 불규칙합니다. 프로그램 준비로 며칠씩 밤을 새는 경우도 있습니다. 대형 기획의 경우 복잡한 과정이 매우 많기 때문에 여러 명의 AD가 배속되어 이러한 일들을 분담합니다. 이들이 몇 년 후 PD가

되어 프로그램을 맡게 되므로 배우들은 미리 좋은 관계를 맺어 두는 것이 좋습니다.

단독 연출 맡기 전까지 조연출로 고된 수련 기간 거쳐야

방송사의 공채 입사 시험을 통과해 프로듀서로 입사하면 사내 연수 후에 보통 드라마는 5년, 교양은 3년, 쇼·오락은 2~3년 정도의 AD(조연출) 생활을 거치게 됩니다. 인사 발령이 날 때마다 순환하면서 각기 다른 프로그램을 맡은 선배 밑에 배치되어 여러 가지 스타일과 포맷의 프로그램 연출을 학습합니다. 그 후 근무 연차가 어느 정도 쌓이면 소원수리를 반영한 인사 발령이 이뤄집니다.

이때 가급적이면 자신이 하고 싶은 프로그램을 맡아 독립적으로 프로그램을 연출합니다. 바로 그날을 위해 선배들 밑에서 갖은 고생을 하며 배우고 혼나면서 다양한 습작을 하는 것입니다. 그러나 최근에는 방송사 공채 출신 외에 다른 방송사나 기관에서 교육을 받고 경력을 인정받은 외부 조연출을 계약직으로 채용해 공채 출신과 함께 운용하기도 합니다.

FD Floor Director는 AD를 지원하고 보조하는 '무대감독'을 말합니다. 한국 방송계에서는 이 직종을 공채로 선발하지 않기 때문에 PD 사원의 영역에 포함되지 않습니다. 1990년대부터 국내에 도입되었으며, 프로그램 제작이 원활하게 진행되도록 출연자와 연계해 세트나 무대를 관리하는 역할을 담당하며 인력을 모두 외부에서 조달합니다. 연극, 뮤지컬 등 공연 예술과 시상식 등에서도 제작이 원활하게 진행되도록 돕는 역할을 수행하는 사람을 FD라고 합니다.

방송사의 PD들은 한번 특정한 FD와 인연이 맺어지면 제작의 편의성을 유지하기 위해 계속 함께 작업하는 경우가 많습니다. FD도 방송에 대한 열정이 깊어 제작 현장에 뛰어든 매우 소중한 존재들입니다. FD 출신의 PD와 배우가 있듯이 성장을 위한 초기 단계의 발판으로 삼는 경우가 대부분입니다. 개그맨 이휘재와 김한석, 탤런트 홍학표 등은 FD 출신, 배우 배용준과 탁재훈은 영화 연출부 출신으로 알려져 있습니다.

　　참고로 MBC와 KBS에서는 2015~2016년에 직종(PD, 기자, 아나운서, 행정, 기술 등) 구분을 없애려는 시도를 하고 있는데, 이는 경쟁력 강화보다 경영진의 조직 통제를 위해 자유롭게 인사 발령을 하려는 목적이 강했습니다. 따라서 회사 측의 시도가 실현된다 하더라도 전문성에 따른 분업이 강조되는 방송사 제작 업무의 특성상 추후 다시 환원될 가능성이 높습니다.

영화와 드라마 제작 과정의
차이는 무엇입니까?

영화는 대부분 감독이 작품 집필, 시간적 여유를 갖고 제작 가능

영화와 드라마는 프리 프로덕션, 프로덕션, 포스트 프로덕션으로 이어지는 제작 과정 자체가 거의 같습니다. 드라마도 기획·투자·캐스팅·제작(촬영)·편집(후반 작업)이라는 일련의 과정을 거친다는 뜻입니다. 다만 영화가 좀 더 충분한 준비 과정을 거쳐 비교적 여유롭게 제작된다면, 드라마는 방송사의 편성 스케줄에 쫓겨 상대적으로 급박하게 제작이 진행되는 경우가 많습니다. 요즘의 영화는 과거와 달리 영화감독이 시나리오 집필을 겸하는 경우가 보편화되어 있지만, 드라마는 연출자가 대본을 쓰는 일이 거의 없습니다. 드라마 대본은 작가가 전담하기 때문에 대본 집필과 연출이 철저히 분업화되어 있습니다. 작가는 기획 의도에 따라 대본을 짜임새 있게 쓰면 되고 연출자는 대본의 콘셉트를 공유하면서 좋은 드라마를 만들기 위한 자원의 조달과 연출에 고심합니다.

영화는 영화감독과 제작사, 투자자 등이 서로 충분히, 그리고 긴밀하게 소통하면서 출연 배우를 캐스팅하지만, 드라마는 작가와 PD가 협의해 캐스팅을 확정 짓습니다. 엄격하게 말하면, 드라마와 마찬가지로 영화에서도 캐스팅은 감독의 고유 권한입니다. 그러나 영화의 산업화 시대를 맞아 흥행과 손실의 갈림길에서 고심할 수밖에 없는 투자자 등의 의견을 영화제작 전 캐스팅 과정에 반영하지 않을 수 없게 되었습니다. 특히 최근 드라마 분야에서는 대본을 쓰는 작가들이 캐스팅 과정에 점점 더 많은 영향력을 행사하고 있습니다.

원래 드라마의 캐스팅 권한은 연출권에 속하는 범주로서 전적으로 드라마 감독, 즉 PD에게 있습니다. 그런데 '한류 열풍'으로 작가 파워가 점차 커지면서 작가가 캐스팅에 영향력을 행사하는 현상이 나타나기 시작했습니다. 이런 경향은 스타급 작가에서 더욱 두드러집니다. 캐스팅 개입은 작가가 특정 배우를 염두에 두고 대본을 집필함으로써 예술성과 창작성을 제대로 구현하는 긍정적 기능도 합니다. 그러나 이는 본래의 연출권을 침해하는 행위로서 제작 규범에 맞지 않기 때문에 온당치 않습니다. 따라서 작가는 PD에게 특정 배우에 관한 추천권을 행사하는 선에서 그치는 것이 합리적입니다.

제작 시스템에서도 영화는 영화사가 영화감독을 선정하고 투자사나 투자자들로 투자를 받아 제작하는 게 일반적이지만, 드라마는 방송사가 외주제작사에 의뢰해 제작하는 경우가 대부분입니다. 이 경우 방송사는 편성권(방송권)을 확보하고 방송사로부터 수주한 외주제작사는 판권(저작권)을 갖는 것이 정상적 관계입니다. 그러나 과거에는 방송사가 외주제작사의 불리한 지위를 역이용해서 판권과 저작권을 독식해 불공정 거래의 문제를 야기함으로써 큰 비판을 받았습니다. 그러나 외주제작사들의 반발과 관계의 정상화를 바라는 언론 및 관련 전문가들의 비판으로 인해 방송사와 외주제작사 간의 합리적 관계가 점차 정착되어가는 추세입니다.

현재 국내 방송사는 자체 제작하는 드라마가 거의 없는 실정입니다. 극히 소수입니다. 편성 규정상 전체 드라마 가운데 약 40% 이상은 외주제작물을 방송해야 하지만 방송사의 제작비 부담 때문에 한류 열풍 이후 외주화가 급격히 정착되었습니다. 이럴 경우 방송사 내부의 드라마 PD들은 외주제작사와 작가를 연결해주거나 물색하고, 투자를 모색하는 '기획'에만 치중해야 해서 본업인 연출을 하지 못합니다. 이런 문제점을 해소하기 위해 간부급 PD들은 주로 작품의 기획을 맡고, 평PD들은 '파견'이라는 형식을 통해 외주제작사가 방송사의 편성권을 얻어 제작하는 작품의 연출을 맡고 있습니다. 방송사의 제작 문법을 일관되게 유지한다는 명분이지만 갑의 지위를 활용한 편법 행위라고 할 수 있습니다. 외주제작물이라면 외주사의 PD나 자유직업인 상태의 프리랜서 PD가 하는 것이 맞습니다.

드라마는 연출과 작가 철저 분리, 비교적 급박하게 제작

배우의 입장에서도 드라마는 영화보다 더 까다롭고 어렵습니다. 드라마는 편성이 확정되면 매일 밤샘을 하면서 야외촬영장과 스튜디오를 오가며 촬영합니다. 촬영 당일에 편집본을 편성팀에 넘기는 경우도 허다합니다. 한국 실정에서 드라마는 방송사가 시청률을 견인하는 가장 강력한 수단입니다. 그래서 미니시리즈 등을 만들 때는 작가가 일일 반응을 체크하면서 조금이라도 시청률을 끌어올리려고 대본을 수정하는 경우가 많아 배우들이 연기를 연습하고 연기에 집중하는 데 애를 먹습니다. 급하게 써서 넘겨주는 대본을 의미하는 '쪽대본', '회치기 대본'이라는 말이 방송가에 회자되는 이유입니다. 그럴 경우 배우들은 연기 연습을 충분히 할 겨를이 없습니다. 이 때문에 특히 감정 몰입이 어려운 신인 배우들은 고전을 겪는 경우가 많으며, 반대로 노련하고 기민한 배우들은 기분이 나빠 의욕 상실을 경험합니다.

실제 촬영을 할 때 영화는 드라마보다 더 많이 찍어보며 '베스트 컷'을 찾기 때문에 연기적인 표현에서 안정감이 높습니다. 영화감독 등 제작진이 배우와 여유 있게 호흡하면서 배우의 특성에 맞게 캐릭터나 연기를 잘 만들어 줄 수도 있습니다. 그러니 신인 배우라도 상대적으로 걱정이 덜합니다. 드라마는 갖춰진 연기 실력이 가감 없이 그대로 노출되는 민감한 매체입니다. 캐릭터나 연기를 잘 만들어주는 데 영화보다 한계가 큽니다. 연습이나 준비가 제대로 안 된 상태에서 촬영장에 나타났다간 낭패를 보기 쉽습니다. 배우는 얼굴이나 신체가 잘 관리되지 않은 상태로 TV에 출연하면 안 됩니다. 최악의 상태가 거의 그대로 노출되기 때문에 시청자로부터 냉혹한 평가를 받을 수 있습니다. 정말 주의해야 합니다.

배우에게 드라마의 매력은 무엇보다도 수용자가 극장이나 영화관으로 나오는 수고를 요구하지 않고도 자신을 가장 손쉽게 어필할 수 있다는 점입니다. TV를 켜기만 하면 별도의 관람료를 내지 않고도 가족 단위로 볼 수 있기 때문에 프로그램이나 그 프로그램에 출연하는 배우에 대한 평가가 좋으면 '입소문 효과'가 전방위적으로 확산될 수 있습니다. 시청자로부터 시시각각 좋은 반응을 얻게 되면 기자 등 평단이 가세하고, 해당 방송사가 나서서 자사의 다른 프로그램과 체력을 활용해 집중 조명을 해줍니다. 그렇게 '신드롬'이 형성되고 일약 스타덤에 올라 자신의 신세가 바뀝니다. 정말 꿈만 같은 인생의 반전이 이뤄집니다.

방송 드라마를 촬영할 때 연기 리허설은 어떤 단계로 하나요?

일반적으로 리딩 리허설 → 드라이 리허설 → 카메라 리허설 순

방송사에서 드라마를 제작할 때 연기 연습rehearsal은 일반적으로 리딩 리허설reading rehearsal, 드라이 리허설dry rehearsal, 카메라 리허설camera rehearsal의 순서로 진행합니다. 그러나 리딩 리허설을 마친 뒤 드라이 리허설과 카메라 리허설을 생략하고 바로 촬영에 들어가는 경우도 있습니다. 제작 계획과 캐스팅이 확정되면 배우와 연출자, 스탭이 모여 여러 차례 연기 연습을 하면서 등장인물 간의 호흡과 극적인 완성도를 높여나가게 됩니다.

'리딩 리허설'은 연출자와 스탭, 그리고 나머지 다른 연기자가 참여한 가운데 청바지와 티셔츠 차림 등 가벼운 평상복장으로 대본을 읽으며 서로 배역을 맞춰보는 연습을 말합니다. 이를 우리말로 '독회讀會'라고 합니다. 리딩 리허설의 경우 보통 방송사의 큰 회의실에 모여 연습합니다. 이어 연출자, 스탭, 카메라 없이 연기자들만 모여 대사와 동선blocking line을 맞춰보는 연습을 하는데 이를 '드라이 리허설'이라고 합니다. 마지막으로 복장을 제대로 갖추고 카메라를 가동하면서 찍는 연습을 하는데, 이를 '카메라 리허설'이라 합니다. 카메라 리허설이 끝나면 바로 본 촬영에 들어갑니다.

같은 작품 출연진이라면 조속히 친해져야 연습 때부터 시너지 발휘

배우는 이렇게 여러 차례의 연습을 거쳐 호흡과 감정, 음성 톤을 맞추고 동선을 조율해야 하기 때문에 인간관계가 매우 중요합니다. 따라서 작품을 하기 전에 인간적인 친분부터 잘 쌓는 것이 좋습니다. 이런 과정에서 배우와 배우, 배우와 스탭 간의 인간관계가 흐트러지고 호흡이 맞지 않으면 결국 잦은 엔지로 이어져 짜증이 나면서 촬영 시간이 길어지게 됩니다. 특히 배우와 배우, 배우와 연출자 간에 이런 프로페셔널답지 않은 기억이 많아지면 서로가 기피하는 일이 벌어집니다.

무대 공연인 연극에서는 대본을 선택·해석한 다음, 배역 선정casting을 마무리하면 곧바로 연출자와 출연 배우가 모여 연습에 들어갑니다. 상업적인 공연을 하려면 보통 한 달 정도는 연습해야 합니다. 수용자인 관객의 만족을 고려해 '대본 리딩', 각 배역 간 감정선을 맞춰보는 '이모션 리딩emotion reading', 제작 여건을 고려해 행하는 '동선 긋고 맞춰보기blocking', 극장 조건에 적용하기 위한 과정인 '기억력 훈련memory rehearsal', 작품성을 구현하고 통일성을 유지하기 위한 '일관성 훈련running rehearsal', 드러난 문제점과 미비점을 반영하기 위한 '보완 훈련polishing rehearsal', 분장을 하고 연습해보는 '메이크업 리허설make up rehearsal', 무대장치와 조명을 완비하고 공연 전체를 점검해보는 '스테이지 라이트닝 리허설stage lighting rehearsal', 공연을 앞둔 마지막 점검 단계인 '총연습dress rehearsal' 순으로 연습을 진행합니다.

방송 프로그램의
'장르'와 '포맷'은
어떤 차이가 있나요?

프로그램의 형식과 체제는 '포맷', 주제나 분야는 '장르'

프로그램을 분류할 때 일반적으로 주제나 내용에 관련해서는 '장르genre', 형식과 체제를 지칭할 때는 '포맷format'이라는 말을 씁니다. 장르보다 더 세분화한 프로그램 속성을 반영한 것은 '유형類型'이라 칭합니다. 이런 분류는 모두 TV 프로그램의 다양성을 측정하는 적절한 수단 가운데 하나로 기능합니다. 장르, 포맷, 유형은 서로 연관성이 높고 구분이 모호해 분류가 쉽지 않습니다. 프로그램은 본질적으로 여러 형식적·내용적 요소들이 혼합되어 있기 때문에 더욱 분류가 어렵습니다.

장르, 포맷, 유형 등의 분류는 무한수로 할 수 있습니다. 기준도 다양하고 시대에 따라 그 기준이 변하기도 합니다. 여러 가지가 뒤섞이는 혼종화混種化 경향을 나타내기도 합니다. 분류하는 사람의 자의성이 많이 나타날 수도 있습니다. 그래서 분류할 때는 구체적으로 기존의 개념을 참조해 조작적 정의를 하고 모든 대상은 특정 분석 유목 가운데 반드시 하나에만 포함되도록 해야 합니다. '상호 독립성'과 '배타성'이 적용되어야 한다는 뜻입니다.

첫째, 프로그램 분류 기준 가운데 '장르'는 주제나 영역에 따라 보도, 시사, 교양, 오락, 코미디, 쇼, 스포츠, 영화, 드라마 등으로 나누는 것을 말합니다. 배우들에게 가장 익숙한 프로그램 분류 방식입니다. 문학에서 장르는 '문예 양식의 갈래'를 뜻합니다. 서정, 서사, 극 또는 시, 소설, 희곡, 수필, 평론 따위로 나눈 분야나 갈래를 의미합니다.

브라이언 G. 로즈Brian G. Rose라는 미디어 학자는 『TV 장르TV Genre』(1985)에서 TV 프로그램 장르를 경찰 드라마, 서부극horse opera, 의학 드라마, 공상 과학 드라마, 시트콤, 소프 오페라soap opera, 텔레비전 영화, 다큐드라마, 뉴스, 다큐멘터리, 게임쇼, 버라이어티쇼, 광고로 구분했습니다. 이어 레아 R. 반데 베르그Leah R. Vande Berg와 로런스 A. 웨너Lawrence A. Wenner, 그리고 브루스 E. 그론벡Bruce E. Gronbeck은 『텔레비전에 대한 비판적 접근 Critical Approaches to Television』(1998)에서 코미디, 액션-모험 드라마, 멜로드라마, 소프 오페라, 어린이 프로그램, 광고, 음악, 뉴스, 스포츠, 토크쇼, 게임쇼로 세분화했습니다. 미국의 방송 규제 기관인 방송통신위원회FCC는 프로그램 장르를 뉴스, 사설, 시사(다큐멘터리), 정치, 교육기관 프로그램, 학습, 종교, 농사, 오락, 스포츠, 어린이, 기타 등 12가지로 분류하고 있습니다.

박소라는 「경쟁 도입이 텔레비전 프로그램 장르 다양성에 미치는 영향에 대한 연구: 1989년 이후 지상파 방송 편성표 분석을 통하여」(2003)에서 뉴스, 시사, 다큐멘터리, 교육, 교양·정보, 드라마, 연예·오락, 시트콤, 스포츠, 영화, 음악, 인포테인먼트infotainment, 만화, 어린이, 게임 등으로 구분했습니다. 이어 주창윤은 「텔레비전 프로그램 장르 분류기준에 관한 연구」(2004)에서 방송법 편성 규제, 프로그램 변화 등을 고려해 TV 장르를 뉴스, 시사 보도, 다큐멘터리, 생활 정보, 토론, 교육과 문화 예술, 어린이, 드라마,

버라이어티쇼, 음악쇼, 퀴즈와 게임쇼, 인포테인먼트, 영화, 코미디, 스포츠, 광고 등 16가지로 폭넓게 구분했습니다. 방송사들의 장르 구분은 조금씩 다릅니다. KBS는 뉴스·시사교양·드라마·연예오락·스포츠로, MBC는 뉴스·시사교양·드라마·연예오락·보도로, SBS는 뉴스, 교양·정보, 드라마, 예능, 애니메이션으로 구분합니다.

국내 시청자 5대 인기 장르는 영화, 드라마, 오락, 스포츠, 보도

방송통신위원회는 기능에 따라 보도, 교양, 오락으로 대분류한 뒤 다시 중분류를 하고 있습니다. 교양과 오락을 구분할 목적으로 오락 프로그램 장르를 구체화하고 있는 것이 특징입니다. 많은 방송사가 오락을 교양으로 분류해 편성 비율을 채우려 하기 때문입니다. 오락은 교양보다 상대적으로 시청 점유율이 더 높아 광고를 더 많이 유인하기 때문에 이런 편법을 쓰는 흐름이 나타나고 있습니다.

여러 장르 가운데 영화, 드라마, 오락, 스포츠, 보도는 한국과 미국 시청자가 가장 많이 보는 '5대 인기 장르'입니다. 방송사는 당연하게 이 5대 인기 장르에 치중해 방송을 제작하고 마케팅 합니다. 그중에서도 시청자 선호도와 광고 수입 증대의 효과가 높은 드라마와 영화, 오락에 더욱 집중합니다.

특히 국내 방송사에서 드라마는 인기가 가장 높은 주력 상품이라 할 수 있습니다. 그래서 편성을 할 때 월·화, 수·목, 주말 등에 드라마 띠를 만들어 세계에서 유래가 없을 정도로 많은 드라마를 방송하고 있습니다. 아침 드라마 1편, 저녁 드라마 2편 등 하루에 보통 3편을 방송합니다. 프로그램의 장르는 그 형식과 내용이 고정되어 있는 것이 아니라 방송 산업의 구조, 시청자들의 욕구, 제작자들의 제작 트렌드, 장르 자체의 혼종화 현상 등에 따라서 끊임없이 변화하고 있습니다.

포맷 수출 시 포맷 바이블 만들어 거래, 현지에서 유료 제작 지도

둘째, 프로그램 분류 유형 가운데 '포맷'은 프로그램의 형식을 규정하는 창의적 요소입니다. 한국 방송사들도 시청자의 취향이 변하고 경쟁이 더욱 치열해진 2000년대 이후 포맷의 혁신을 다양하게 시도하고 있습니다. '리얼 버라이어티 포맷'과 '오디션 포맷'의 도입이 대표적인 경우입니다. '리얼 버라이어티'의 대표적 사례는 MBC 〈일밤: 진짜 사나이〉와 〈일밤: 아빠! 어디 가?〉, tvN 〈삼시세끼〉입니다. '오디션 포맷'의 대표적인 사례는 SBS 〈K팝스타〉, Mnet 〈슈퍼스타 K〉 시리즈와 Jtbc 〈히든싱어〉 등입니다.

이렇게 국내에서 인기를 끈 예능 프로그램들이 최근 중국 등으로 많이 수출되고 있는데, 바로 이러한 독창적 요소인 '포맷'이 수출되는 것입니다. 독창적인 프로그램 포맷은 프로그램 포맷 산업을 규율하는 국제기구인 '포맷 등록 및 보호협회Format Recognition and Protection Association: FRAPA'(www. frapa. org)에 등록할 경우 그 저작권을 인정받습니다. 따라서 방송사들은 프로그램의 포맷을 수출할 때 **포맷 바이블**format bible 을 만들어 거래하고 현지에서 제작을 유료 지도하는 것을 부대조건으로 추가하기도 합니다.

이러한 포맷을 분류할 때는 일반적으로 프로그램의 장르적 속성과 형식적·내용적 요소를 함께 반영해야 한다는 게 학자들의 주장입니다. 세계적으로 가장 널리 통용되는 포맷 분류법은 에드워드 스타셰프Edward Stasheff와 루디 브레츠Rudy Bretz가 『텔레비전 프로그램: 그것의 연출과 제작The Television Program: Its Direction and Production』(1968)에서 제시한 방식입니다. 이들은 먼저 프로그램 구조에 따라 크게 비드라마Non-Dramatic와 드라마Dramatic 프로그램으로 대분류를 하고, 대분류 아래 장르·내용·대상·기능 등의 기준을 혼합해 소분류를 했습니다. 이어서 비드라마를 뉴스·인터뷰·토론·경쟁·여성·어린이·청소년·교육·정보·종교·버라이어티·음악 포맷으로, 드라마는 연속극soap opera, 시추에이션 코미디situation comedy: sitcom, 서부극, 탐정극, 문예물anthology series, 특집 드라마 포맷으로 각각 구분했습니다.

김정섭·박주연은 「지상파 TV 주시청시간대 프로그램의 포맷 다양성 변화 연구: 2000년, 2005년, 2010년 가을시즌 편성비교를 중심으로」(2012)에서 프로그램을 구성하고 이끌어가는 주제와 내용의 허구성·사실성을 기준으로 픽션포맷fiction format, 논픽션포맷non-fiction format, 하이브리드포맷hybrid format 등 세 가지로 먼저 대분류를 했습니다. 그 뒤 픽션포맷은 단막극, 일일극, 미니시리즈극, 복합코미디극, 상영·상연극 포맷으로, 논픽션 포맷은 뉴스, 토론·대담, 생활·정보, 스페셜(특집), 시청자 참여 포맷으로, 하이브리드포맷은 리얼리티쇼, 버라이어티쇼, 공연·콘서트, 게임·퀴즈, 매거진쇼로 각각 세분화했습니다.

세계적으로 포맷을 유통하는 기업인 엔데몰Endemol은 프로그램의 소재와 형식을 기준으로 프로그램 포맷을 리얼리티, 게임쇼, 엔터테인먼트, 라이프스타일 등으로 나누어 구분합니다. 미디어 전문 리서치 업체인 스크린다이제스트Screen Digest는 차트chart, 클립clip, 데이트, 엔터테인먼트, 게임쇼, 집 고치기home improvement, 매거진, 메이크오버makeover, 리얼리티, 버라이어티, 대본 프로그램scripted program으로 분류했습니다.

제임스 프리드먼James Friedman은『리얼리티 제곱: 실제적 텔레비전 담론Reality Squared: Televisual Discourse on the Real』(2002)을 통해 프로그램에 나타나는 현장감을 기준으로 다큐멘터리, 리얼리티 게임쇼, 뉴스매거진, 실화 근거 드라마 등으로 나누었습니다. 마이클 A. 킨Michael A. Keane과 앨버트 모런Albert Moran은 「텔레비전의 새 엔진Television's New Engine」(2008)에서 프로그램 포맷에 흥미와 재미를 유도하는 장치의 유형을 기준으로 큰 보상, 팀플레이, 탈락과 교환, 경쟁과 생존, 수용자 투표, 갈등, 장소의 이국성 또는 친밀성, 변신, 패자부활, 연예인 등 열 가지로 포맷을 분류했습니다.

로리 올렛Laurie Ouellette과 수전 머리Susan Murray는『리얼리티 TV: 텔레비전 문화 비평Reality TV: Remaking Television Culture』(2004)에서 포맷이 채택하고 있는 형식과 소재를 기준으로 게임다큐, 데이팅, 메이크오버 및 라이프스타일, 다큐드라마, 법정 프로그램, 리얼리티 시트콤 등으로 세분화했습니다. 국내에서는 정윤경·전경란이 「프로그램 포맷의 절합과 변형: 해외 오락 포맷의 분석을 중심으로」(2010)를 통해 프로그램의 소재와 전개 방식을 기준으로 게임, 리얼리티, 개선, 토크쇼, 엔터테인먼트, 매거진, 기타로 분류했습니다. 김예란·박주연은 「TV 리얼리티 프로그램의 이론과 실제」(2006)를 통해 시청자의 참여 형식을 기준으로 재연, 기념식, 비구조화된 이벤트, 미대본 이벤트 등으로 포맷을 나누었습니다.

배우가 방송을 할 때 지켜야 할 준법 및 윤리적 기준은 무엇인가요?

사생활 보호, 명예훼손 금지, 판결 전 확정적 · 단정적 표현 금지 등

배우가 라디오 DJ, 예능, 교양 등의 방송을 할 경우에는 특히 개인의 사생활 보호, 명예훼손 금지, 인권침해 금지, 개인 신상의 무단 공개 금지, 판결 전에 확정적 · 단정적 표현 금지 등의 심의 규정을 지켜야 합니다. 방송통신심의위원회의 '방송심의에 관한 규정'(2015.10.15 시행)은 타인의 권리 침해와 관련해 금지 사항을 명확히 규정하고 있습니다.

첫째, 사생활 보호 조항입니다. 방송은 개인 사생활의 비밀과 자유를 침해해서는 안 되며, 사적인 전화나 통신 등의 내용을 당사자의 동의 없이 방송해서는 안 됩니다. 부당하게 개인의 초상권을 침해하거나, 흥미를 목적으로 특정인의 사생활을 본인이 인지하지 못한 상태에서 녹음 또는 촬영해 당사자의 동의 없이 방송하는 등의 방법으로 개인의 인격권을 부당하게 침해해서는 안 됩니다.

둘째, 명예훼손 금지 규정입니다. 방송은 타인(자연인과 법인, 기타 단체 포함)의 명예를 훼손해서는 안 됩니다. 아울러 사자死者, 즉 죽은 사람의 명예에도 존중해야 합니다. 다만 이러한 내용이 진실한 사실로서 오로지 공공의 이익에 관한 때는 예외로 할 수 있습니다. 방송 프로그램은 그 특성상 남에 대한 이야기를 많이 하거나 특정인을 비판하는 경우가 많아 명예훼손에 노출될 가능성이 높기 때문에 출연자는 항상 발언에 신중을 기해야 합니다.

셋째, 인권침해의 제한에 관한 조항입니다. 방송은 사회 고발성 내용을 다룰 때 부당하게 인권 등을 침해하지 않도록 해야 합니다. 아울러 심신장애인 또는 사회적으로 소외받는 사람들을 다룰 때는 특히 인권이 최대한 보호되도록 신중을 기해야 합니다. 정신적·신체적 차이를 조롱의 대상으로 취급해서는 안 되며, 부정적이거나 열등한 대상으로 다루어서는 안 됩니다. 방송은 공공의 이익을 위해 반드시 필요한 경우를 제외하고는 공개적 방법으로 취재하는 것을 원칙으로 하며, 강제 취재·답변 강요·유도신문 등을 해서는 안 됩니다.

범죄 사건 관련자의 인적 사항 공개에도 신중을 기해야

넷째, 개인 신상의 무단 공개 금지에 관한 규정입니다. 방송은 범죄 사건 관련자의 인적 사항 공개에 신중을 기해야 하며 다음의 사항을 공개해서는 안 됩니다. 먼저 피고인이나 피의자 또는 혐의자가 청소년인 경우 이름·주소·얼굴·기타 본인임을 알 수 있는 내용, 성폭력 범죄 피해자의 이름·주소·얼굴·기타 본인임을 알 수 있는 내용, 범죄 사건에 직접 관계되지 않은 개인 또는 단체의 이름(명칭)·주소·얼굴·기타 본인(단체)임을 알 수 있는 내용입니다.

아울러 피고인이나 피의자 또는 혐의자의 보호자 및 친·인척의 이름, 주소, 얼굴, 기타 본인임을 알 수 있는 내용 등도 공개 금지 대상입니다. 방송은 범죄 사건의 제보자·신고자·고소인·고발인·참고인 및 증인 등의 이름, 주소, 얼굴 등 본인임을 알 수 있는 내용을 본인의 동의 없이 다루어서는 안 됩니다. 다만 이런 경우라도 그 내용이 공공의 이익을 위해 필요하다고 인정될 때는 예외로 할 수 있습니다.

다섯째, 범죄 사건 보도 등에서 판결 전에는 확정적·단정적 표현을 금지해야 한다는 규정입니다. 방송은 피고인 또는 피의자에 대해 법원의 확정판결(최종심의 판결)이 있기까지는 범인으로 단정하는 표현을 해서는 안 됩니다. 또 형의 집행이 종료되거나 시효가 만료된 범죄 사건을 다룰 때는 당사자의 사회 활동에 지장을 주지 않도록 유의해야 합니다.

특히 방송이 피고인 또는 피의자에 대해 보도할 때는 수갑 등에 묶이거나 수의복 등을 입은 상태를 정면에서 근접 촬영한 장면으로 피고인 또는 피의자의 인격을 지나치게 침해하지 않도록 유의해야 합니다. 피고인·피의자·혐의자에 관한 내용을 다룰 때는 범죄행위가 과장되거나 정당화되지 않도록 유의해야 합니다. 이런 규정을 지키지 않을 경우 심의 대상 여부를 떠나 방송인의 품격 상실 논란과 법적 소송을 피할 수 없습니다.

살인, 고문, 사형, 자살 등 인명 경시 행위의 긍정적 표현 금지

방송과 방송 출연자는 아울러 윤리적 수준을 유지하기 위해 노력해야 합니다. 첫째, 윤리적 측면에서 방송은 국민의 올바른 가치관과 규범의 정립, 사회윤리 및 공중도덕의 신장에 이바지해야 합니다. 가족공동체의 가치를 존중하며, 가족 내 평등하고 민주적인 관계에 이바지하고, 민족의 존엄성과 긍지를 손상하지 않도록 해야 합니다. 둘째, 생명 존중 차원에서 방송은 살인, 고문, 사형私刑, 자살 등 인명을 경시하는 행위에 대해 긍정적으로 다루어서는 안 됩니다. 인신매매, 유괴, 성매매, 성폭력, 노인 및 어린이 학대 등 비인간적인 행위를 묘사할 때는 신중을 기해야 하며, 내용 전개상 필요한 경우라 하더라도 동물을 학대하거나 살상하는 장면을 다룰 때는 그 표현에 신중을 기해야 합니다.

셋째, 품위 유지와 건전한 생활 기풍 조성의 관점에서 방송은 품위를 유지해야 하며, 시청자에게 예의를 지켜야 합니다. 저속한 표현 등으로 시청자에게 혐오감을 주어서도 안 됩니다. 아울러 방송은 건전한 시민 정신과 생활 기풍의 조성에 힘써야 합니다. 따라서 음란, 퇴폐, 마약, 음주, 흡연, 미신, 사행 행위, 허례허식, 사치 및 낭비 풍조 등의 내용을 다룰 때는 신중을 기해야 합니다.

넷째, 사회 통합과 양성평등의 관점에서 방송은 지역 간, 성별 간, 세대 간, 계층 간, 인종 간, 종교 간 차별과 갈등을 조장해서는 안 됩니다. 방송은 양성을 균형 있고 평등하게 묘사해야 합니다. 아울러 특정한 성性을 부정적·희화적으로 묘사하거나 왜곡해서는 안 됩니다. 특히 성차별적인 표현을 하거나 성별 역할에 대한 고정관념을 조장해서는 안 됩니다.

다섯째, 문화의 다양성과 신앙의 자유 존중의 차원에서 방송은 인류의 보편적 가치와 인류 문화의 다양성을 존중함으로써 특정 인종·민족·국가 등에 관한 편견을 조장해서는 안 됩니다. 특히 타민족이나 타문화 등을 모독하거나 조롱하는 내용을 다루어서는 안 됩니다. 방송은 신앙의 자유를 존중해야 하며 특정 종교·종파를 비방하거나 종교의식을 조롱 또는 모독해서는 안 됩니다.

여섯째, 준법정신의 고취와 표절 금지의 차원에서 방송은 제작·편성을 할 때 관계 법령을 준수해야 합니다. 아울러 시청자의 준법정신을 고취하며 위법행위를 고무 또는 방조해서는 안 됩니다. 아울러 국내외의 다른 작품을 표절해서는 안 됩니다.

성 표현, 폭력과 약물 흡입 묘사 등 방송 소재와 표현 기법도 주의해야

방송 소재와 표현 기법에 대해서도 주의해야 할 점이 많습니다. 첫째, 성 표현과 관련해 방송은 부도덕하거나 건전치 못한 남녀 관계를 주된 내용으로 다루어서는 안 되며, 내용 전개상 불가피한 경우에도 그 표현에 신중을 기해야 합니다. 성과 관련된 내용을 지나치게 선정적으로 묘사해서는 안 되며 성을 상품화하는 표현을 해서도 안 됩니다.

특히 기성·괴성을 수반한 과도한 음란성 음향 및 지나친 성적 율동 등을 포함한 원색적이고 직접적인 성애 장면, 성도착·혼음·근친상간·사체 강간·시신 앞에서의 성행위와 변태적 형태의 과도한 정사 장면, 유아를 포함한 남녀 성기 및 음모의 노출이나 성기 애무 장면, 폭력적인 행위 및 언어를 동반한 강간·윤간·성폭행 등의 묘사 장면, 어린이·청소년을 성폭력·유희의 대상으로 한 묘사 장면을 방송할 수 없습니다. 다만 내용 전개상 불가피한 경우에만 극히 제한적으로 허용할 수 있습니다.

둘째, 폭력 묘사에 관해 방송은 과도한 폭력을 다뤄서는 안 됩니다. 내용 전개상 불가피하게 폭력을 묘사할 때도 그 표현에 신중을 기해야 합니다. 또한 스포츠·게임 프로그램 등에서 지나치게 폭력적인 내용을 방송해서는 안 됩니다. 지나치게 가학적이거나 피학적인 내용으로 프로그램을 구성해서도 안 됩니다.

셋째, 충격·혐오감과 관련해 방송은 시청자에게 지나친 충격이나 불안감, 혐오감을 줄 수 있는 참수·교수 및 지체 절단 등의 잔인한 묘사, 자살 장면에 대한 직접적 묘사나 자살 방법을 암시하는 표현, 총기·도검·살상 도구 등을 이용한 잔학한 살상 장면이나 직접적인 신체 훼손 묘사, 훼손된 시신·신체 장면, 잔인하고 비참한 동물 살상 장면이 포함된 내용은 방송할 수 없습니다. 단, 내용 전개상 불가피한 경우에는 극히 제한적으로 허용할 수 있으나 이 경우에도 표현에 신중을 기해야 합니다.

넷째, 범죄 및 약물 묘사와 관련해 방송은 범죄에 관한 내용을 다룰 때 불가피한 경우를 제외하고는 폭력, 살인, 자살 등이 직접 묘사된 자료 화면을 이용할 수 없습니다. 관련 범죄 내용을 지나치게 상세히 묘사해서도 안 됩니다. 또 범죄의 수단과 흉기의 사용 방법 또는 약물 사용의 묘사에 신중을 기해야 하며, 이 같은 방법이 모방되거나 동기가 유발되지 않도록 해야 합니다. 방송은 마약류의 사용 및 이로 인한 환각 상태 등을 구체적으로 묘사해서는 안 됩니다.

다섯째, 재연 기법의 사용과 관련해 방송이 불가피하게 범죄, 자살 또는 선정적 내용을 재연 기법으로 다룰 때 지나치게 구체적이거나 자극적으로 묘사해서는 안 됩니다. 특히 이런 장면에 어린이를 출연시켜서는 안 됩니다. 재연 기법을 사용할 때는 재연 상황이 실제 상황으로 오인되지 않도록 해야 합니다.

여섯째, 성기, 성병 등의 표현과 관련해 방송은 성기, 성병, 피임 또는 성상담 등에 관한 내용을 다룰 때 저속한 표현 등으로 혐오감을 주어서는 안 됩니다. 일곱째, 비과학적 내용과 관련해 방송은 미신 또는 비과학적 생활 태도를 조장해서는 안 되며 사주, 점술, 관상, 수상 등을 다룰 때는 이것이 인생을 예측하는 보편적인 방법으로 인식되지 않도록 해야 합니다.

여덟째, 의료 행위와 관련해 방송이 의료 행위나 약품에 관한 방송을 할 때는 과학적 근거를 가지고 다뤄야 하며, 의료 목적으로 다룰 때도 환각제, 각성제, 마약 등의 사용은 그 표현에 신중을 기해야 합니다. 방송이 편지, 엽서, 전화 등의 방법으로 의학 상담을 할 때는 시청자가 증상에 대해 오해하지 않도록 해야 합니다. 의료 행위나 약품 등과 관련한 사항을 다룰 때는 시청자를 불안하게 하거나 과신하게 하는 단정적 표현을 써서는 안 됩니다. 특히 식품을 다룰 때는 의약품과 혼동되지 않도록 그 효능·효과의 표현에 신중을 기해야 합니다.

배우가 알아야 할
방송의 공적 책임, 공정성,
객관성에 관한 규정은?

국민 화합, 조화로운 국가 발전, 민주적 여론 형성에 이바지해야

배우는 방송에 출연할 때 방송의 공적 책임公的 責任, 공익성公益性과 객관성客觀性에 대한 법적 규정을 명확히 숙지하고 언행에 신중해야 합니다. 배우는 드라마에만 출연하는 것이 아니며 인기 등을 바탕으로 예능, 교양 등 다양한 장르에 출연할 수 있으므로 이에 대한 관심을 회피하면 안 됩니다.

현행 '방송법'에 규정된 '방송의 공적 책임'(제5조)은 다음과 같습니다. 먼저, 방송은 인간의 존엄과 가치 및 민주적 기본 질서를 존중해야 하며, 국민의 화합과 조화로운 국가의 발전 및 민주적 여론 형성에 이바지해야 합니다. 지역 간, 세대 간, 계층 간, 성별 간의 갈등을 조장해서도 안 됩니다. 또한 방송은 타인의 명예를 훼손하거나 권리를 침해해서는 안 되며, 범죄 및 부도덕한 행위나 사행심을 조장해서는 안 됩니다. 아울러 방송은 건전한 가정생활과 아동 및 청소년의 선도에 나쁜 영향을 끼치는 음란·퇴폐 또는 폭력을 조장해서는 안 됩니다.

특히 지상파방송은 의무적으로 사회 통합의 실현에 기여해야 합니다. 국민에게 보편적 접근권을 허용하고 보편적 서비스를 제공해야 합니다. 특히 가족시청시간대에는 가족 구성원 모두의 정서와 윤리 수준에 적합한 내용을 방송해야 합니다.

프로그램 심의의 기준이 되는 현행 방송통신심의위원회 '방송심의에 관한 규정'에 명시된 방송의 '공적 책임'은 다음과 같습니다. 먼저, 방송은 국민이 필요로 하고 관심을 갖는 내용을 다룸으로써 공적 매체로서의 본분을 다해야 합니다. 방송은 국민의 윤리 의식과 건전한 정서를 해치지 않도록 해야 하며, 인간의 존엄과 가치를 존중하고 자유민주주의의 신장 및 민주적 기본 질서를 유지하는 데 이바지해야 합니다.

또 방송은 국민의 화합과 민주적 여론 형성에 이바지해야 하며 민족의 주체성을 함양하고 민족문화의 창조와 계승, 발전에 이바지해야 합니다. 방송은 인류 보편적 가치와 인류 문화의 다양성을 존중해야 합니다. 또 국제 친선과 이해의 증진, 조화로운 국가의 발전 및 지역사회의 균형 있는 발전에 이바지해야 합니다.

소수자와 사회적 약자의 의견과 이익을 충실히 반영해야

또 방송은 상대적으로 소수이거나 이익 추구의 실현에 불리한 집단이나 계층이 있을 경우 이들의 이익을 충실하게 반영해야 합니다. 사회적으로 유익한 정보를 제공하고 국민 문화생활의 질을 높이는 데에도 이바지해야 합니다. 방송은 다양한 의견과 사상을 적극적으로 다루어 사회의 다원화에 기여해야 하며 국민의 알 권리 right to know 와 표현의 자유 freedom of expression

를 존중해야 합니다.

아울러 방송은 환경보호에 힘써야 하고 자연보호 의식을 고취해야 합니다. 나아가 방송은 노동의 가치와 직업의 존귀함을 존중해야 합니다. 재해 또는 재난에 관한 사실을 신속·정확하며 객관적 방법으로 다루어 국민의 생명·재산 보호에 힘쓰고 남북한 통일과 문화 교류에 이바지해야 합니다.

'방송법'에 명시된 '방송의 공정성과 공익성'(제6조)에 관한 조항은 다음과 같습니다. 먼저 방송 보도는 공정하고 객관적이어야 합니다. 또 방송은 성별·연령·직업·종교·신념·계층·지역·인종 등을 이유로 방송편성에 차별을 두어서는 안 됩니다. 단, 종교의 선교宣敎에 관한 전문 편성을 행하는 방송 사업자가 그 방송 분야의 범위 안에서 방송하는 경우는 예외입니다. 또한 방송은 국민의 윤리적·정서적 감정을 존중해야 하며, 국민의 기본권基本權 옹호 및 국제 친선의 증진에 이바지해야 하며 국민의 알 권리와 표현의 자유를 보호·신장해야 합니다.

방송은 상대적으로 소수이거나 이익 추구의 실현에 불리한 집단이나 계층의 이익을 충실하게 반영하도록 노력해야 합니다. 아울러 지역사회의 균형 있는 발전과 민족문화의 창달에 이바지해야 합니다. 방송은 사회교육 기능을 신장하고, 유익한 생활 정보를 확산·보급하며, 국민의 문화생활의 질적 향상에 이바지해야 합니다. 방송은 표준말의 보급에 이바지해야 하며 언어 순화에도 힘써야 합니다. 방송은 정부나 특정 집단의 정책 등을 공표할 때 의견이 다른 집단에게 균등한 기회가 제공되도록 노력해야 하고, 또한 각 정치적 이해 당사자에 관한 방송 프로그램을 편성하는 데 균형성이 유지되도록 해야 합니다.

방송통신심의위원회에서는 '방송심의에 관한 규정'을 마련해 방송의 '공정성'과 '객관성' 준수를 의무로 실천하도록 규정하고 있습니다. 역시 모든 프로그램을 심의할 때 적용되는 기준이니 관심 있게 살펴봐야 합니다. 첫째, 공정성에 관해서는 방송은 진실을 왜곡하지 않고 객관적으로 다루어야 한다고 규정하고 있습니다. 또 방송은 사회적 쟁점이나 이해관계가 첨예하게 대립된 사안을 다룰 때 공정성과 균형성을 유지해야 하고 관련 당사자의 의견을 균형 있게 반영해야 하며, 제작 기술 또는 편집 기술 등을 이용하는 방법으로 대립되는 사안에 대해 특정인이나 특정 단체에 유리하게 하거나 사실을 오인하게 해서는 안 된다고 규정했습니다.

공정성 준수를 위해 사실 보도와 해설·논평 등을 반드시 구별해야

방송은 또 당해 사업자 또는 그 종사자가 직접적인 이해당사자가 되는 사안에 대해 일방의 주장을 전달함으로써 시청자를 오도해서는 안 되며, 종교의 선교 전문 방송을 제외한 모든 방송은 성별·연령·직업·종교·신념·계층·지역·인종 등을 이유로 방송편성에 차별을 둬서는 안 됩니다. 공정성의 준수를 위해 방송은 사실 보도와 해설·논평 등을 구별해야 합니다. 해설이나 논평 등에서도 사실의 설명과 개인의 견해를 명백히 구분하고 해설자 또는 논평자의 이름을 밝혀야 합니다.

재판이 계속 중인 사건을 다룰 때는 결과를 단정하거나 객관적 근거 없이 미리 판단하는 내용, 이해 당사자의 의견을 균형 있게 반영하지 않은 내용, 사실관계를 왜곡하는 내용, 재판의 결과에 영향을 줄 수 있는 내용 등을 방송해서는 안 됩니다. 이와 관련된 심층 취재는 공공의 이익을 해치지 않도록 해야 합니다. 방송은 정치와 공직 선거에 관한 문제를 다룰 때 공정성과 형평성에 대해 주의를 기울여야 하는데, 정치 문제를 다룰 때는 특정 정당이나 정파의 이익 또는 입장에 편향되어서는 안 됩니다. 방송은 '공직선거법'의 규정에 따른 선거에서 선출된 자와 '정당법'에 의한 정당 간부를 출연시킬 때 '공정성의 원칙'에 따라 균형을 유지해야 합니다.

아울러 '공직선거법'의 규정에 따른 선거에서 선출된 자와 국무위원, '정당법'에 의한 정당 간부는 보도 프로그램이나 토론 프로그램의 진행자 또는 연속되는 프로그램의 '고정 진행자'로 출연시켜서는 안 됩니다. 특히 공론의 장인 토론 프로그램은 그 진행에서 형평성·균형성·공정성을 유지해야 합니다. 이를 위해 출연자를 선정할 때 대립되는 견해를 가진 개인과 단체의 참여를 합리적으로 보장해야 합니다. 토론의 결론을 미리 예정해 암시하거나 토론의 결과를 의도적으로 유도해서도 안 됩니다. 토론 프로그램에서 사전 예고된 토론자가 불참했을 경우에는 반드시 그 사유를 방송을 통해 밝혀야 합니다.

둘째, 객관성에 관해서 방송은 사실을 정확하고 객관적인 방법으로 다뤄야 하며, 불명확한 내용을 사실인 것으로 방송해 시청자를 혼동케 해서는 안 된다고 규정하고 있습니다. 또 방송은 직접 취재하지 않은 사실 또는 다른 매체의 보도를 인용하거나 자료를 사용할 때 그 출처를 명시해야 합니다. 보도 내용의 설명을 위해 보관 자료를 사용할 때는 보관 자료('자료 화면' 등의 방식으로)임을 명시해야 합니다. 다만 시청자가 일반적으로 보관 자료라는 사실을 알 수 있는 경우에는 예외로 할 수 있습니다.

통계·여론조사 보도 시 의뢰·조사 기관, 조사 방법·기간, 오차 한계 꼭 밝혀야

방송이 통계조사 및 여론조사 결과를 인용 보도할 때와, 사회적 쟁점이나 이해관계가 대립된 사안에 대한 국민들의 의견을 망라해 모든 여론 관련 사안에 대해 조사할 때는 의뢰 기관, 조사 기관, 조사 방법, 응답률, 질문지 내용, 조사 기간, 오차 한계 등을 반드시 자막과 음성으로 명확하게 밝혀야 합니다. 다만 여론의 형성과 직접적 관련이 없는 경우에는 예외로 합니다. 보도한 내용이 오보로 판명되었거나 오보라는 사실을 알았을 때는 지체 없이 정정 방송을 해야 합니다. 또 방송이 극 중 효과를 위해 뉴스, 공지 사항, 일기예보 등을 발표하는 형식을 사용할 때는 보도 방송으로 오인되거나 실제 상황으로 혼동되지 않도록 신중을 기해야 합니다.

KBS는 2015년 3월 2일 창사 42주년을 맞아 방통통신심의위원의의 '방송심의에 관한 규정'과 별도로 '공정성 가이드라인'을 만들어 발표했습니다. KBS의 보도·시사·교양 프로그램에 대한 일부 공정성 논란을 불식하고, 공영방송의 핵심 가치인 공정성을 지키기 위해 제작자들이 현장에서 직접 활용할 수 있는 구체적 실천 방안을 담은 것인데요, 총 113쪽 분량입니다. 공정성 가이드라인은 공정성·정확성·다양성의 원칙을 3대 준칙으로 설정해 제작자들이 현장에서 자주 맞닥뜨리는 분야를 공직자 검증, 선거, 여론조사, 공공 정책, 사회 갈등, 역사, 재난·재해 등 일곱 개로 나눈 뒤 실무에서 적용할 수 있도록 그 아래 49개의 제작 세칙을 규정했습니다. 가이드라인에서 '공정성'은 "비례적이거나 산술적인 균형 또는 외견상의 중립성에 의해 확보할 수 있는 것이 아니며, 이는 정의를 추구하는 윤리적 자세로 접근할 때 확보할 수 있다"고 규정했습니다.

방송에는 '주시청시간대'와
'청소년보호시간대'가 있다는데요?

주시청시간대는 시청자가 몰리는 평일 오후 7~11시 지칭

주시청시간대는 시청률이나 청취율이 가장 높아 광고비도 가장 비싼 방송 시간대(블록)를 가리킵니다. 기업에 비유하면 가장 경쟁력 있는 상품을 전시하는 공간이라고 보시면 됩니다. 영어로 '**프라임 타임** prime time'이라 합니다. 방송사에서는 이 시간대에 프로그램의 시청률 경쟁에서 우위를 점하기 위해 편성 전략에 사활을 걸고 있습니다. 현행 '방송법'에서 주시청시간대는 평일의 경우 오후 7~11시까지입니다. 그러나 토요일·일요일·공휴일에는 오후 6~11시까지로 규정되어 있습니다. 주말과 공휴일은 1시간이 더

> ■ ■ ■ **프라임 타임**
> 과거에는 흔히 '황금시간대(golden hour)'로 불렸지만 정확한 표현이 아니라는 지적이 많아 영어로는 '프라임 타임(prime time)', 우리말로는 '주시청시간대'로 쓰고 있습니다.

당겨져 1시간이 더 늘어나는 것이 특징입니다.

청소년보호시간대는 방송 시간 가운데 평일 오전 7~9시와 오후 1~10시, 토요일, 공휴일, 여성가족부 장관이 고시하는 초등학교·중학교·고등학교의 방학 기간의 오전 7시~오후 10시의 시간대를 말합니다. 그러나 케이블 TV, IPTV, 위성 TV 등 유료 채널의 경우에는 오후 6~10시를 지칭합니다. 이는 방송통신심의위원회가 심의 근거로 삼는 '방송심의에 관한 규정'에 나와 있습니다.

청소년보호시간대에는 시청 대상자의 정서 발달 과정을 고려해 청소년 교육의 목적과 보호의 필요에 부합하는 프로그램을 방송해야 합니다. 미성년자가 봐서는 안 되는 노출, 폭력, 약품 등이 포함된 성인물(19세 이상 시청가)은 방송할 수 없으며, 특히 '청소년 유해 매체물'로 결정된 방송 프로그램을 청소년보호시간대에 방송하는 것은 금지되어 있습니다.

이 밖에 가족시청시간대는 평일의 경우 오후 7~10시, 토요일·공휴일의 경우 오후 6~10시를 말합니다. 현행 방송 법규상 가족시청시간대에 지상파 방송은 의무적으로 가족 구성원 모두의 정서와 윤리 수준에 적합한 내용을 방송해야 합니다. 이 시간에도 '19세 이상 시청가' 등급의 방송 프로그램이나 영화를 방송할 수 없다는 뜻입니다. '19세 이상 시청가' 등급의 작품은 오후 10시 이후 심야 시간대에 방송이 가능합니다.

'방송심의에 관한 규정'에 어린이와 청소년 보호 조항 명문화

'방송심의에 관한 규정'에는 어린이와 청소년 보호 조항이 명확히 규정되어 있습니다. 첫째, 어린이 및 청소년의 정서 함양과 관련해 방송은 어린이와 청소년이 좋은 품성을 지니고 건전한 인격을 형성하도록 힘써야 합니다. 또 어린이와 청소년의 균형 있는 성장을 해치는 환경으로부터 그들을 보호하고 그들에게 유익한 환경을 조성해주기 위해 노력해야 합니다. 또한 방송은 어린이와 청소년에 대한 사회의 관심과 이해의 폭을 넓히는 데 이바지해야 합니다. 특히 경제적·사회적·문화적·정신적·신체적으로 어려운 처지의 어린이와 청소년에 대해 지속적인 관심을 갖도록 노력해야 합니다.

둘째, 어린이와 청소년의 수용 수준을 고려해 방송은 초인적인 행위, 심령술, 위험한 행위 등 어린이와 청소년이 모방할 우려가 있는 내용을 다룰 때 신중을 기해야 합니다. 아울러 이들의 주의를 환기시킬 수 있는 적절한 조치를 사전에 취해야 합니다. 어린이 및 청소년보호시간대에는 시청 대상자의 정서 발달 과정을 고려해야 합니다. 어린이의 교육적 효과를 위한 방송에서는 진행자의 전문성을 고려해야 하며, 어린이와 청소년에게 경품이나 상품을 주게 될 때는 사행심이 조장되지 않도록 해야 합니다.

셋째, 어린이와 청소년의 출연에서 방송은 어린이와 청소년을 그들의 품성과 정서를 해치는 배역에 출연시켜서는 안 됩니다. 어린이와 청소년을 성인 대상 프로그램의 방청인으로 동원해서도 안 됩니다. 하물며 어린이와 청소년이 그들의 신분에 부적합한 장소를 출입하는 것에 대해 긍정적으로 묘사해서는 안 됩니다. 어린이와 청소년이 흡연·음주하는 장면을 묘사해서는 안 되며, 내용 전개상 불가피한 경우에도 그 표현에 신중을 기해야 합니다.

범죄 피해를 당한 어린이와 청소년을 인터뷰할 때는 보호자, 법정대리인 또는 친권자의 동의를 받거나 입회하에 이루어지도록 유의해야 합니다. 신체가 과도하게 노출되는 복장으로 어린이와 청소년을 출연시키거나 어린이와 청소년이 지나치게 선정적인 장면을 연출하도록 하는 것도 금지 사항입니다.

배우가 알아야 할
방송 광고 규정은?

60분짜리 드라마의 광고는 프로그램 방송 시간의 10%인 6분

배우는 방송 광고 규정도 알고 있어야 자신이 출연하는 프로그램이 어떤 구도와 좌표 속에서 기획·제작·방송되는지 입체적으로 파악할 수 있습니다. 프로그램에 따라 의상, 소품, 언행 등도 제한을 받을 수 있으니 반드시 알고 있는 것이 좋습니다. 따라서 '방송법 시행령'에 명시된 방송 광고 규정을 알아보겠습니다. 먼저 비상업적 공익광고, 가상 광고 및 간접광고를 제외한 방송 광고의 허용 범위·시간·횟수 또는 방법 등은 다음과 같습니다.

첫째, 지상파이동멀티미디어방송DMB 사업자를 제외한 지상파방송사, 공동체 라디오 방송 등 TV와 라디오 방송의 경우입니다. 먼저, 이들 방송에서는 광고 시간이 프로그램 안내광고 시간을 포함한 방송 프로그램 시간의 10%를 초과할 수 없습니다. 60분짜리 드라마일 경우 6분, 70분짜리 드라마라면 7분 이내로 광고를 해야 한다는 뜻입니다. 원칙적으로 중간광고는 금지되어 있지만 운동경기, 문화·예술 행사 등의 중간에 휴식 또는 준비 시간이 있는 방송 프로그램을 방송할 경우는 예외입니다. 프로야구 중계를 하다가 공수가 바뀌거나 투수가 교체되면 그사이 중간광고를 하는 경우를 쉽게 볼 수 있습니다.

토막광고의 횟수는 라디오 방송의 경우 매시간 4회 이내, TV 방송은 매시간 2회 이내로 제한됩니다. 매회 광고 시간은 라디오의 경우 1분 20초 이내, TV는 1분 30초 이내입니다. 특히 라디오의 매시간 총광고 시간은 5분을 초과할 수 없습니다. 자막광고는 방송사의 명칭을 고지하거나 또는 프로그램 안내를 할 때에 한해 실시합니다. 그 횟수는 매시간 4회 이내, 매회 10초 이내로 하며, 자막의 크기는 화면의 4분의 1을 초과할 수 없습니다. 방송사의 명칭이나 프로그램, 방송통신위원회가 고시하는 공익적 목적의 정보를 안내 또는 고지하는 것은 자막광고로 보지 않습니다. 시간을 알리면서 광고하는 시보광고의 횟수는 매시간 2회 이내, 매회 10초 이내로 규정되어 있습니다. 다만 지상파 TV의 경우에는 매시간 2회 이내, 매회 10초 이내, 매일 10회 이내로 합니다.

둘째, 케이블 TV 시스템의 종합유선방송사업자와 각 채널PP, 위성방송의 경우입니다. 이들 방송에서 채널별 전체 광고 시간은 프로그램 광고, 중간광고, 토막광고, 자막광고, 시보광고 시간을 포함해 시간당 평균 10분을 초과할 수 없으며 매시간 12분(방송 시간이 120분 이상인 프로그램이 편성될 경우 프로그램 시간의 15%를 초과하지 않는 경우에는 매시간 15분)을 초과할 수 없습니다. 중간광고의 횟수는 45분 이상 60분 미만인 프로그램은 1회 이내, 60분 이상 90분 미만인 프로그램은 2회 이내, 90분 이상 120분 미만인 프로그램은 3회 이내, 120분 이상 150분 미만인 프로그램은 4회 이내, 150분 이상 180분 미만인 프로그램은 5회 이내, 180분 이상인 프로그램은 6회 이내로 하되, 매회의 광고 시간은 1분 이내로 합니다.

다만 운동경기, 문화·예술 행사 등에서 그 중간에 휴식 또는 준비 시간이 있는 프로그램을 방송할 경우, 휴식 또는 준비 시간에 한해 중간광고를 할 수 있습니다. 이 경우 중간광고의 횟수 및 매회 광고 시간에 제한을 두지 않습니다. 토막광고의 횟수는 매시간 2회 이내로 하되, 매회의 광고 시간은 1분 40초를 초과할 수 없습니다. 자막광고는 방송사의 명칭을 알리거나 프로그램 안내를 할 경우에 한하며, 그 횟수는 매시간 6회 이내, 매회 10초 이내로 하고, 자막의 크기는 화면의 4분의 1을 초과할 수 없습니다.

가상광고·광고총량제 도입으로 방송사마다 광고 형식과 편성 변화 예고

가상광고는 운동경기, 즉 스포츠를 중계하는 프로그램에 한정해 방송이 가능한데, 시청을 방해하고 오해를 야기할 수 있으므로 경기 장소 등에 있는 선수나 심판, 관중 위에 가상광고를 노출해서는 안 됩니다. 방송 광고가 금지되거나 방송 광고의 허용 시간을 제한받는 상품('Question 93'에서 광고 금지 품목 상세 소개) 등은 가상광고를 할 수 없습니다. 가상광고를 하려는 경우 방송사는 해당 경기의 주관 단체 또는 중계방송권을 보유한 자 등의 이해관계자와 사전에 협의해야 합니다.

가상광고는 원칙적으로 해당 프로그램 시간의 5%를 초과할 수 없습니다. 그러나 경기장에 설치된 광고판을 대체하는 방식의 가상광고는 시간제한을 받지 않습니다. 가상광고의 노출 크기는 DMB 방송의 경우 화면의 3분의 1을, 지상파 등 나머지 방송은 화면의 4분의 1을 각각 초과할 수 없습니다. 가상광고가 포함된 경우 방송사는 해당 프로그램 방송 전에 가상광고가 포함된 사실을 자막으로 표기해 시청자가 알 수 있도록 해야 합니다.

그러나 2015년부터는 방송 광고 제도가 크게 변경되어 지상파방송과 케이블 TV에서 광고의 시간과 장르가 늘어납니다. 방송통신위원회는 2015년부터 적용될 '방송법 시행령' 개정을 입법 예고하고 같은 해에 적용하기로 했습니다. 이에 따라 지상파방송사에 적용했던 방송 프로그램, 토막·자막·시보 광고에 대한 개별 규제를 폐지하고, '방송 프로그램 편성시간당 광고총량제'를 도입하기로 했습니다. 가상광고 장르 확대 등도 추진하기로 했습니다.

개정된 '방송법 시행령'이 발효되면 지상파방송사들은 프로그램 편성시간당 평균 15% 이내, 최대 18%의 범위 내에서 자율적으로 광고 편성을 할 수 있게 됩니다. 케이블 TV와 IPTV 등 유료 방송의 토막·자막광고 규제도 폐지되고 '방송프로그램 편성시간당 광고총량제'(시간당 평균 10분, 최대 12분)를 적용받게 됩니다. 따라서 방송 프로그램 편성시간당 평균 17% 이내, 20% 범위 내에서 자율적인 광고 편성을 보장받게 됩니다.

방통위는 그간 스포츠 경기에 국한된 가상광고를 교양, 오락, 스포츠 보도에 관한 프로그램에도 가능하도록 했습니다. 그동안 경기 장소 등에 있는 선수, 심판, 관중 위에 가상광고를 노출할 수 없었지만, 이제는 경기 흐름 및 시청에 불편을 초래하지 않는 경우 관중 위에 가상광고 노출을 허용하기로 했습니다. 다만 어린이를 주시청대상으로 하는 프로그램과 보도·시사·논평·토론 등 객관성과 공정성이 요구되는 방송 프로그램에는 여전히 가상광고를 허용하지 않기로 했습니다.

배우가 유의해야 할
간접광고 규정을
알고 싶은데요?

간접광고는 '오락'과 '교양'에서만 허용되고 나머지 장르는 불가

배우는 드라마 등 방송 프로그램에 출연할 때 간접광고product placement: PPL와 협찬 고지 규정에 위배되지 않도록 의상, 액세서리, 소품, 자동차 등에서 적지 않은 신경을 써야 합니다. 로고를 가린 티셔츠나 운동복, 또는 마크를 흐리게 편집한 의상들을 많이 보셨을 것입니다. 모두 규정 위배 때문에 적법하게 영상물을 편집한 것입니다. 현행 '방송법 시행령'에 따르면 방송 분야 가운데 간접광고가 허용되는 장르는 '오락'과 '교양'뿐입니다. 가수 재원을 발굴하는 〈슈퍼스타 K〉 같은 프로그램에서 심사위원 자리에 특정 회사의 음료를 배치하는 것도 오락에서 간접광고를 허용하기에 가능합니다. 오락이나 교양이더라도 어린이를 주시청대상으로 하는 프로그램의 경우 이런 상품의 배치가 불가능합니다. 보도·시사·논평·토론 등 객관성과 공정성이 요구되는 방송 프로그램의 경우에도 간접광고는 금지되어 있습니다.

간접광고는 방송 프로그램의 내용이나 구성에 영향을 미치거나 방송 사업자가 지닌 편성의 독립성을 저해해서는 안 됩니다. 간접광고를 포함한 프로그램에서는 해당 상품을 언급하거나 구매 또는 이용을 권유하는 내용을 방송할 수 없습니다. 방송 광고가 금지되거나 방송 광고의 허용 시간을 제한받는 상품 등은 간접광고를 할 수 없습니다. 간접광고를 통해 상표, 로고 등 상품을 알 수 있는 표시를 노출하는 시간은 해당 프로그램 시간의 5%를 초과할 수 없습니다. 다만 프로그램 제작상 불가피한 자연스러운 노출의 경우는 예외로 합니다.

PPL을 하더라도 상표·로고·상품 표시는 화면의 4분의 1 초과 금지

그렇다고 드라마 등의 프로그램에서 협찬주의 상호명, 상품명, 상표(로고) 등을 유사하게 변형해 반복적으로 노출하는 것도 가능하지 않습니다. 크기도 정해져 있는데요, 상표·로고 등 상품을 알 수 있는 간접광고의 표시 크기는 화면의 4분의 1을 초과할 수 없습니다. DMB 방송의 경우에는 화면의 3분의 1을 초과할 수 없습니다. 프로그램에 간접광고가 포함될 경우 방송사는 해당 프로그램 방송 전에 간접광고가 포함되어 있음을 자막으로 표기해 시청자가 명확히 알 수 있도록 해야 합니다.

배우는 협찬을 알리는 메시지를 담은 '협찬 고지'에 관한 규정도 잘 알고 있어야 합니다. 현행 '방송법 시행령'에 따르면 방송사가 TV와 라디오 채널에서 방송 사업자가 행하는 공익성 캠페인을 협찬하는 경우와, 방송사가 주최·주관 또는 후원하는 문화 예술·스포츠 등 공익 행사를 협찬하는 경우에 한해 협찬을 받을 수 있으며, 그 내용을 고지할 수 있습니다. 그러나 정당과 그 밖의 정치적 이해관계를 대변하는 단체가 협찬하는 경우, 법령 또는 방송통신위원회규칙에 의해 방송 광고가 금지된 상품이나 용역을 제조·판매 또는 제공하는 자가 협찬할 때는 협찬 고지를 할 수 없습니다.

구체적으로 드라마 등 방송 프로그램을 제작할 때 방송 광고가 금지된 항목은 다음과 같습니다. 2015년 10월에 개정된 내용을 포함한 '방송광고 심의에 관한 규정'에 따르면 첫 번째 광고 금지 대상은 지방자치단체에 단란주점 영업 및 유흥주점으로 등록된 업소의 영업입니다. 이런 접객업소에 대한 국민적 정서를 고려해 광고를 금지한 것입니다. 두 번째는 사설 비밀 조사업 및 사설탐정, 세 번째는 혼인 매개 및 이성 교제 소개업입니다. 그러나 동종 업체라 하더라도 '결혼 중개업의 관리에 관한 법률'에 따라 신고한 국내 결혼 중개업은 금지 대상에서 제외됩니다. 네 번째는 점술, 심령술, 사주, 관상 등의 감정 및 미신과 관련된 내용입니다. 다섯 번째는 사회적으로 범죄에 이용될 가능성이 높은 무기, 폭약류 및 이와 식별이 어려운 모조품입니다. 여섯 번째는 한탕주의 편승이나 경제적 파탄을 야기할 수 있는 도박 및 이와 유사한 사행 행위입니다. 카지노, 경마, 경륜 등이 모두 해당됩니다.

담배, 조제분유, 알코올 17도 이상의 주류 광고는 방송 금지

일곱 번째는 세계적인 금연 정책에 따라 갈수록 설 자리를 잃어가는 담배 및 흡연과 관련된 광고, 여덟 번째는 모유 수유를 권장하는 것이 국가의 기본 방침이라는 이유로 선정된 조제분유, 조제 우유, 젖병, 젖꼭지 제품입니다. 아홉 번째는 음란한 내용의 간행물, 영상 제작물, 공연물, 전기통신을 통한 음성·영상·문자 정보입니다. 아울러 성적 만족감 충족을 목적으로 제작·사용되는 도구를 뜻하는 성 기구와 청소년에게 음란한 행위를 조장하는 모

표 9 현재 방송 광고가 금지 · 제한된 상품과 용역

금지 대상	
1	'식품위생법 시행령'에 따른 단란주점 영업 및 유흥주점 영업
2	사설 비밀 조사업 및 사설탐정
3	혼인 매개 및 이성교제 소개업(단, '결혼중개업의 관리에 관한 법률'에 따라 신고한 국내 결혼 중개업은 제외)
4	점술, 심령술, 사주, 관상 등의 감정 및 미신과 관련된 내용
5	무기, 폭약류 및 이와 식별이 어려운 모조품
6	도박 및 이와 유사한 사행 행위
7	담배 및 흡연과 관련된 광고
8	조제분유, 조제 우유, 젖병, 젖꼭지 제품
9	음란한 내용의 간행물, 영상 제작물, 공연물, 전기통신을 통한 음성 · 영상 · 문자 정보, 성기구(성적 만족감 충족을 목적으로 제작 · 사용되는 도구) 및 그 밖에 청소년에게 음란한 행위를 조장하는 성 관련 용품
10	금융 관련 법령에 의해 인허가를 받지 않았거나 등록하지 않은 금융업
11	안마 시술소
12	알코올 성분 17도 이상의 주류(술)

제한 대상	
1	주류 광고 또는 대부업 광고는 아래 해당 시간에는 광고가 불가능함 ① 주류 TV 방송 광고 : 07:00~22:00 / 라디오 방송 광고 : 17:00~다음날 08:00 (단, 08:00~17:00의 시간대라도 어린이 · 청소년 대상 방송 프로그램인 경우 그 프로그램 전후에는 방송 광고를 할 수 없음) ② 대부업 평일 : 07:00~09:00, 13:00~22:00 / 토요일과 공휴일 : 07:00~22:00
2	청소년 유해 매체물(영화, 음반, 비디오, 간행물 등을 포함)의 방송 광고는 어린이 · 청소년을 대상으로 하는 방송 프로그램의 광고 시간 또는 전후 토막광고 시간에 편성 · 방송 금지
3	어린이 의약품의 방송 광고 및 유료 전화 정보 서비스의 방송 광고는 어린이를 주시청대상으로 하는 방송 프로그램의 광고 시간 또는 전후 토막광고 시간에 편성 · 방송 금지

자료: '방송광고 심의에 관한 규정' 제43조(2015년 10월 개정).

든 성 관련 용품도 금지 대상입니다. 열 번째는 금융 관련 법령에 의해 인허가를 받지 않았거나 등록하지 않은 금융업입니다. 리드코프, 산와머니, 러시앤캐시와 같은 대부업체는 설립 인허가를 받았기에 방송 광고가 가능합니다. 그러나 지상파방송사들은 대부업에 대한 국민 정서를 반영해서 자율 협약을 통해 2007년부터 광고를 자체 금지했기에 대부업체 광고는 현재 케이블 TV나 종합편성채널 등에서만 볼 수 있습니다. 열한 번째는 안마 시술소입니다. 열두 번째는 알코올 성분 17도(%) 이상의 주류입니다. 특히 주류 광고와 대부업 광고는 적격한 기준을 갖췄어도 특정 시간에는 방송 광고가 불가능합니다. 방송 광고가 제한되는 시간은 앞에 나온 자료를 참조하시면 좋을 것 같습니다(표 9 참조).

아울러 지상파방송의 시사·보도·논평 또는 시사 토론 프로그램(특별시를 방송 구역으로 하는 지상파방송이 외국을 취재 대상으로 해 외국에서 제작한 라디오 프로그램, 특별시를 방송 구역으로 하지 않는 지상파방송 사업자가 외국을 취재 대상으로 해 외국에서 제작한 프로그램은 제외한다)을 협찬하는 경우도 협찬 고지를 할 수 없습니다. 다만 한국마사회가 공익성 캠페인을 지원할 때 협찬주 이름은 알릴 수 있습니다.

그러나 방송통신위원회는 '방송법 시행령'을 바꾸어 현재 해당 방송 프로그램 시간의 5%로 제한되어 있는 간접광고 시간을 2015년부터는 지상파방송을 제외한 IPTV, 케이블 TV, 종합편성채널, 보도채널 등에서 7%로 늘려주기로 했습니다. 또한 방송 광고가 금지된 상품이나 용역을 제공하는 기업주가 방송 금지 품목에 해당되지 않는 복수 상품을 제조할 경우 협찬 고지는 허용키로 했습니다. 따라서 담배와 인삼을 함께 제조하는 케이티앤지의 경우 담배에 대해서는 지금처럼 협찬 고지를 금지하고 홍삼에 대해서는 협찬 고지를 할 수 있도록 했습니다.

배우가 알아야 할
여러 가지 프로그램 용어는?

배우라면 파일럿 프로그램, 스핀오프, 모큐멘터리 등 모두 이해해야

배우라면 프로그램을 지칭하는 용어 가운데 '파일럿 프로그램pilot program', '스핀오프spin-off', '소프 오페라soap opera', '홀스 오페라horse opera', '시트콤 sitcom', '다큐멘터리documentary', '모큐멘터리mockumentary', '페이크 다큐멘터 리fake documentary', '리얼리티 프로그램reality program' 등은 반드시 알아둬야 합니다. 각 프로그램의 포맷 및 장르의 특성을 이해하면 제작 전에 마음의 준비를 하는 데 큰 도움이 될 것입니다.

파일럿 프로그램은 편성이 확정되기 전에 견본용으로 만든 시작품試作品을 말합니다. 미국의 경우 처음부터 정규 편성을 겨냥해 파일럿 프로그램을 만들어 1~3회 방송하다가 반응이 좋으면 계속 제작·방송하고, 반대로 반응이 좋지 않으면 종료하기 때문에 한국과는 개념이 조금 다릅니다. 우리나라에서는 본방의 정규 편성을 겨냥하지 않고 시험 삼아 제작해 반응을 떠보려하거나 자회사 케이블 채널용으로 제작하는 경우가 흔합니다. 그러나 2015

년에 시도된 MBC 〈복면가왕〉의 사례처럼 종종 반응이 좋아 정규 편성으로 곧장 격상되는 경우도 있습니다.

스핀오프는 라디오나 텔레비전, 영화에서 많은 인기를 끌어 성공을 거뒀던 스토리나 등장인물을 토대로 새롭게 만들어내는 속편續篇 프로그램을 지칭합니다. 케이블 채널 tvN의 드라마 〈응답하라〉 시리즈나 미국 CBS의 수사 드라마 〈CSI〉 시리즈가 대표적인 사례입니다. 문학 장르에서는 이전에 출간된 책의 등장인물이나 상황에 기초하는 소설을 지칭하기도 합니다.

소프 오페라는 여성, 특히 주부들을 시청 대상으로 삼아 제작·방송하는 가벼운 홈드라마 형식의 주간 연속극daytime serial을 지칭합니다. 여성 시청자가 많다고 해서 '위민스 시리얼women's serial'이라고도 부릅니다. 소프 오페라는 원래 낮에 방송되는 라디오 연속극을 가리키는 말이었으나, TV 시대가 정착하면서 주간 드라마를 지칭하게 되었습니다. 1920~1930년에 생겨나 인기를 끌었던 이 프로그램 형식은 아침부터 낮까지 집에 있는 주부·가정부를 대상으로 만든 연속극으로서 비누를 제조·판매하는 회사가 광고 스폰서를 하는 경우가 많아 소프 오페라, 즉 '비누 드라마'라는 이름이 붙게 되었습니다.

홀스 오페라는 말과 목장, 카우보이가 등장하는 미국의 전통적인 서부 영화나 드라마를 지칭하는 속어입니다. '마극馬劇'이라고도 합니다. 요즘은 잘 만들지 않지만 도피적·오락적 성격을 갖고 있습니다. 시트콤은 여러 가지 극적 '상황'을 기초로 해 이야기가 펼쳐지는 형식의 극을 말합니다. '시추에이션 코미디'의 줄임말입니다. 고정된 등장인물과 동일한 배경을 바탕으로 한 에피소드 중심의 코미디 드라마가 많습니다.

'모큐멘터리'는 가상의 사건이나 상황을 기반으로 만든 다큐멘터리

다큐멘터리는 영화, TV, 라디오, 책 등의 장르에서 사실, 즉 실제로 있었던 특정 사건이나 상황을 극적 허구성 없이 그 전개에 따라 사실적으로 그린 것을 말합니다. 이 경우 극적인 구성 효과를 높이기 위한 가상적 요소의 첨삭이 허용되지 않습니다. 모큐멘터리는 가상의 세계, 즉 소설 속의 인물이나 단체, 또는 소설적 사건이나 상황을 기반으로 만들어진 다큐멘터리를 지칭합니다. 다큐멘터리 형식을 빌려 전개하기 때문에 허구의 상황을 실제처럼 보이게 만드는 효과가 있습니다. 'mockery(조롱, 엉터리, 흉내에 불과한 것)'와 'documentary'의 합성어입니다. 다른 말로 '페이크 다큐멘터리' 또는 약칭 '페이크 다큐fake docu'라 부릅니다. 여기에서 'fake'는 '가짜'라는 뜻입니다.

MBC 스페셜 〈여자는 무엇으로 사는가〉(2012)와 케이블 TV 채널뷰의 〈진짜 사랑〉(2013), 〈진짜 사랑 시즌 2〉(2013)가 모큐멘터리의 대표적인 사례입니다. 지상파방송 최초의 모큐멘터리는 MBC에서 50주년 특별기획 다큐로 만들어진 〈타임-제2편 '돈'〉(2011)이었습니다. 외국의 경우 영화 〈포가튼 실버Forgotten Silver〉(1995), 〈대통령의 죽음Death Of A President〉(2006), 〈보랏Borat〉(2006) 등이 있습니다.

리얼리티 프로그램은 사실성에 기반을 두고 제작해 시청자들의 흥미와 현실감을 동시에 유발하는 프로그램입니다. 그러나 한국 방송사의 예능 프로그램에서 말하는 리얼리티 프로그램은 가상의 이야기를 사실처럼 보이도록 사실적 형식미와 장치를 갖춰 오락성과 흥미를 유발하는 프로그램을 지칭합니다. 리얼리티 포맷만을 덧붙인 가상극이라 보시면 됩니다.

드라마 등 프로그램의 시청률은 어떻게 산정하나요?

전문 조사 기관이 전국의 3000~4000가구를 패널로 확보해 매일 측정

배우에게 **시청률**rating은 매우 민감한 지표입니다. 배우로서 앞날을 가늠할 수 있는 지표로, 시청자의 환호 또는 냉정한 평가의 상징이기 때문입니다. 방송사 경영진, 국장, 프로듀서, 작가 등 방송 관계자들도 겉으로는 시청률에 목숨 걸지 말자거나 일희일비하지 말자면서도 매일 순간순간 시청률 집계표를 보고 목이 타듯 속앓이를 합니다. 동일 시간대에 경쟁사를 제압하지 못하면 실패한 것이기 때문입니다. 실제 방송사 경영진이나 간부, 프로듀서의 책상 위에는 사업 계약을 맺은 시청률 조사 기관이 보내온 시청률 집계표가 선명하게 붙어 있습니다.

그러나 시청률과 **시청점유율**share of audience을 혼동하는 사람들이 많습니다. 두 개념을 혼용하는 경우도 흔합니다. 배우들도 마찬가지입니다. "어떤 드라마가 시청률 30%가 나와 대박을 기록했다"는 기사 문장이 의도한 뜻은 TV를 가진 전국의 가정 중에서 TV를 켜놓은 가정 가운데 30%가 해당 시

표 10 시청률과 시청점유율의 차이

시청률	(특정 시간에 채널 구분 없이 TV를 시청하고 있는 가구나 개인 수 / TV 보유 가구나 개인 수) × 100
시청점유율	(특정 시간에 특정 채널의 프로그램을 시청하고 있는 가구 수 / TV를 켜놓은 총 가구 수) × 100

간에 그 드라마를 봤다는 것입니다. 따라서 정확한 표현은 '시청률'이 아닌 '시청점유율'이라고 써야 옳습니다. 시청점유율이라는 말이 어렵고 딱딱하니 그냥 습관적으로 시청률이라고 쓰는 경우가 많습니다. 그러나 엄연히 다른 뜻을 지닌 용어입니다. 이제부터는 바르게 사용하셔야 합니다.

먼저 '시청률'은 주어진 특정 시간 동안 모집단 전체(TV를 보유한 전국의 가구 수)에서 TV를 시청하는 가구나 사람들을 백분율로 나타낸 것을 말합니다. 즉, TV를 가지고 있는 가구 가운데 단순히 TV를 켜놓고 어떤 프로그램이든지 보고 있는 가구의 비율입니다. 따라서 시청률을 산정할 때 무슨 프로그램을 보고 있는지는 고려 사항이 아닙니다. 이는 보통 가구 시청률과 개인 시청률로 나누어 측정할 수 있습니다.

반면 '시청점유율'은 특정 시간 내에 TV를 시청하는 모든 시청자(가구) 중에서 특정 방송사의 프로그램을 시청한 사람 수(가구 수)를 백분율로 나타낸 것을 뜻합니다. 특정 프로그램을 평균적으로 얼마나 많이 보았는지 측정하는 지표인 것입니다. 이것이 우리가 말하면서 가장 흔하게 써온 시청률 관련 지표입니다.

따라서 TV 수상기를 가진 전국의 가구 수를 1000이라 가정하고, 1000가구 중 현재 600가구가 TV를 켜서 보고 있으며, 그 가운데 300가구가 A 프로그램을 보고 있다고 가정하면, A 프로그램의 시청률은 30%(300/1000), 시청점유율은 50%(300/600)가 됩니다. 이제 혼동하는 일이 없을 것입니다.

그렇다면 한국 방송사의 시청률과 시청점유율은 누가 어떻게 조사할까요? 그 답을 들어보겠습니다. 먼저 한국의 시청률 조사 기관은 미국계 기업인 'AGB닐슨미디어리서치'와 국내업체인 'TNmS'가 있습니다. AGB닐슨미디어리서치는 줄여서 'AGB'로 부르기도 합니다. TNmS는 'TNS미디어코리아'가 2009년 브랜드 이미지 제고 차원에서 이름을 바꾼 것입니다. 두 회사의 조사 방식은 각각 다릅니다. 보통 조사 회사는 조사 대상으로 선정한 가구의 TV 수상기에 '피플미터'라는 데이터 수집 장치를 부착한 뒤 시청자들의 시청 행동을 매일 24시간 관찰·기록해서 그 데이터를 자사의 컴퓨터로 집계해 통계를 냅니다.

AGB는 1992년부터 시청 채널에서 발생하는 주파수를 탐지해 어떤 채널을 시청했는지 측정하는 주파수 탐지 방식frequency detection system의 피플미터를 적용하고 있습니다. 반면 TNmS는 시청자가 보는 채널의 영상 정보를 시청률 조사 기관의 시스템 서버로 전송해 실제 방송 프로그램들의 그림과 일치하는지 여부로 시청률을 조사하는 화면 일치 방식Picture Matching System의 피플미터를 채택하고 있습니다.

그러면 조사 기관들은 얼마나 많은 가구를 대상으로 시청률을 조사할까요? 기존에는 두 회사 모두 2000여 가구를 대상으로 조사했습니다. 고비용 등의 문제 때문에 시청률을 조사하기 위해 선정하는 패널 가구 수가 많지 않았습니다. 그러다 보니 패널 가구의 선정, 분포, 대표성 등의 측면에서 조사의 신뢰성에 의문을 제기하는 목소리도 있었습니다. 그래서 조사의 정밀성과 과학성을 높이기 위해 2010년 12월부터 AGB는 4300가구로, TNmS는 3491가구로 패널 가구 수를 대폭 확대했습니다.

디지털 환경 반영해 '다시 보기'까지 포함한 통합 시청률 제도로 변경

그렇다면 현재 수준에서 어떤 방송사들까지 시청률 조사가 가능할까요? 현재 두 조사 기관에서는 지상파 TV, DMB, 케이블 TV, 스카이라이프, 종합편성채널, VOD(2014년 개시)에 대해서만 시청률 조사를 실시하고 있습니다. 인터넷 프로토콜 TV IPTV는 쌍방향 체제이므로 시청 정보가 각각 방송사 겸 통신사인 케이티, 에스케이텔레콤, 엘지유플러스의 중앙 컴퓨터에 모두 집계됩니다. 따라서 쌍방향 체제의 방송사는 외부 기관에 의뢰해 별도로 시청률 조사를 실시할 필요가 없습니다. 그러다 보니 기존의 시청률 조사가 모든 매체에 적용되지 못하고 다시 보기, 휴대전화 시청 같은 틈새적인 시청 통계를 반영하지 못한다는 한계점이 있었습니다.

따라서 2015년부터는 새로운 방식의 시청률 조사와 통계 기법을 적용하기로 했습니다. 바로 '통합 시청률' 제도입니다. 방송통신위원회는 2015년부터 시청률 조사 방식을 변경해 통합 시청률을 적용하기로 결정했습니다. 통합 시청률은 기존 조사 방식인 일반적 TV 시청률에다가 스마트폰·PC·태블릿 PC 등 엔스크린(기술 발달로 태동한, 방송 시청이 가능한 무한수의 스크린) 시청률을 더한 수치를 말합니다.

통합 시청률 조사 방식이 시행되면 패널을 면접 조사로 선정해서 케이블 방송이나 IPTV를 통해 시청하는 VOD(다시 보기) 데이터, 스마트폰으로 시청하는 데이터도 집계할 수 있습니다. 기존 TV 시청률은 패널 선정에 앞서 유선전화로만 기초 조사를 실시하다 보니 낮 시간대 재택률이 높은 노년층이 패널의 상당수를 차지한 반면, 젊은 층은 소외되는 문제가 발생해 이런 문제까지 개선하고자 한 것입니다.

광고에서 중시하는 '도달률'과 '총시청률'은 무엇인가요?

'도달률'은 특정 시간 특정 TV 채널을 1분 이상 시청한 가구 수 비율

시청률 관련 통계 지표는 방송 프로그램에 덧붙이는 광고에서도 지극히 민감한 사항입니다. 광고주가 비싼 돈을 내고 광고를 집행하므로 효과가 좋아야 하는 것은 당연한 이치입니다. 따라서 광고주, 광고주의 수주를 받아 광고를 제작하는 광고 대행사, 광고 시간대를 잡아 광고를 집행하는 한국방송광고진흥공사Korea Broadcasting Advertising Corporation: KOBACO (공영 및 종교방송 담당)와 미디어크리에이트Mediacreate (상업방송 담당) 등의 미디어렙media representative: media rep 회사들은 전략 분석에 사활을 겁니다. 배우의 입장에서도 자신이 출연한 CF의 시청률이 높게 나와야 가치를 제대로 인정받는 일일 것입니다.

광고계에서는 시청률 관련 통계 지표 가운데 시청점유율보다 도달률reach과 총시청률Gross Rating Point: GRP 을 더 중시합니다. 특히 도달률을 가장 유의미한 지표로 반영하고 있습니다. 도달률은 해당 기간 중 특정 채널을 일정 시간(1분 또는 5분) 이상 시청한 가구나 개인이 모집단에서 차지하는 비율을 의미합니다. 1분 단위를 더 많이 선호합니다.

즉, 도달률은 TV 보유 총가구 수 가운데 특정 시간에 특정 TV 채널을 1분 이상 시청한 가구 수의 비율이라고 정리할 수 있습니다. 해당 프로그램이 얼마나 많이 '중복되지 않게 많은 사람'에 노출되었는지를 나타내는 지표인 것입니다. 이 지표는 결국 누적 수용자cumulative audience estimate를 나타내기 때문에 광고주가 광고를 집행할 때 유의미하게 참고할 수밖에 없습니다.

'총시청률'은 특정 시간대 특정 방송사의 시청률을 모두 합한 것

총시청률은 특정 시간대의 특정 방송사 시청률 전체를, 또는 특정 시간대에 특정 방송 프로그램의 방송 광고 시청률을 모두 합산한 것입니다. '누적 시청률' 또는 '총도달 빈도'라고도 부릅니다. 잠정적 소비자의 크기를 추정할 수 있는 총시청자의 크기를 나타내기 때문에 상품이나 서비스 광고를 하는 데 유의미하게 활용됩니다. 예를 들어 3개월간 특집 기획물인 대하 사극 드라마에 광고를 집행할 경우 해당 시간 광고 시청률을 모두 더한 것이 해당 광고의 총시청률입니다. 총시청률은 방송된 모든 광고의 시청률을 합한 것으로, 광고 횟수가 늘어날수록 높아집니다.

요즘 많이 광고하는 'UHDTV'와 '풀HDTV'는 어떻게 다른가요?

'UHDTV'는 화질이 HDTV의 16배 수준인 초고화질 TV

요즘 삼성전자, 엘지전자 등 가전제품을 생산하는 회사들끼리 '풀HDTV' 에 이어 'UHDTV'의 판매 공세가 치열합니다. 심지어 가전 시장에서는 '평면 TV'를 넘어 '곡면 TV' 공세까지 이어지면서 기술의 진보가 매우 급속하게 느껴질 정도입니다. 풀HD와 UHD는 모두 화질, 즉 화소의 선명도에 관한 용어인데요, 배우들에게도 매우 민감한 요소입니다. 솔직히 말해 배우들은 화질 선명도에 관한 기술이 발달할수록 괴롭다고 합니다. 얼굴이 너무 선명하게 나오기 때문에 뭔가 도무지 감출 수 없어 '발가벗겨진 느낌'이라고 합니다. 방송에 출연하려면 미모, 분장, 피부 관리 등에 지나치게 많은 신경을 써야 하는 시대가 되었기 때문입니다.

먼저 최첨단 기술인 UHDTV는 'Ultra HDTV Ultra High Definition Television' 의 약어로 보통 국내에서는 '초고화질 TV'라고 부릅니다. 가정에서 70mm 영화보다 좋은 화질과 음질을 제공하는 최신 방송 규격입니다. 일본에서는 이런 수준의 기술 규격을 '슈퍼하이비전SHV'이라고 칭합니다. 초고화질 TV는 기존의 HDTV보다 16배 높은 화소 수(7680×4320)와 10 또는 12비트로 색상을 표현합니다. 컬러 포맷도 4:2:2 이상으로, 큰 화면에서 더욱 섬세하고 자연스러운 영상 표현이 가능합니다.

'풀HDTV'는 화질이 HDTV의 두 배 수준인 초고선명 TV

UHDTV 직전 단계인 풀HDTV는 'Full High Definition Television'의 약어로 '초고선명 TV'라 부릅니다. SDTV Standard Definition Television(표준화질 TV)에 비해서는 네 배, HDTV(고선명 화질 TV)에 비해서는 두 배의 화질을 구현하는 첨단 TV 시스템입니다. 즉, 화면의 화소 수가 1920×1080 이상인 화질로 1초 동안 60프레임을 재생합니다. 국내에서는 2013년부터 양산되었습니다. 참고로 풀HDTV 단계에서부터 화면 빛의 발산 기술을 혁신해 'LED Light Emitting Diodes TV'에 이어 'OLED Organic Light Emitting Diodes TV'가 출연했습니다. OLED TV는 스스로 빛을 내는 성질을 지닌 소자인 유기발광다이오드 OLED를 이용해 절전형으로 개발된 화면을 담은 것입니다. 형광성 또는 인광성 유기화합물에 전류가 흐르면 빛을 내는 유기발광다이오드의 전계발광 현상을 이용한 것으로 화면이 선명하고 절전이 되는 이점이 있습니다.

풀HDTV의 직전 단계 기술 규격인 HDTV High Definition Television는 보통 '고선명 TV'라 부릅니다. 주사선의 수에서 기존의 SDTV보다 두 배 이상 많은 1050~1250선을 갖춰 화면의 선명도가 월등하게 향상된 텔레비전 기술입니다. 규격도 5:3.3으로 SDTV와 다릅니다. 디지털 시대를 맞아 SDTV의 한계를 극복하기 위해 방송사마다 이 규격을 채택하고 기술 설비와 제작 시스템도 대폭 혁신했습니다. 아름답고 선명한 원색의 컬러를 그대로 구현하면서 시장에서 폭발적인 TV 수상기 교체 수요를 불러일으켰습니다. 배우들도 자신의 매력과 아름다움을 제대로 전달할 기회를 갖게 되었습니다.

가장 기초적 단계인 SDTV는 '표준화질 TV'라고 부릅니다. HDTV에 비해 한 단계 낮은 해상도를 지원하는 TV입니다. 아날로그 방송 시스템과 동일하거나 그와 비슷한 수준의 해상도로 전송되는 디지털 TV 방송에서 사용했습니다. SDTV는 가로와 세로의 비율이 16:9이고 해상도가 704×480인 형식입니다. 고스트 현상ghosting, 스노 노이즈snow noise, 고정 노이즈static noise 등은 없지만 신호 세기가 약할 때는 블로킹이나 깨짐 현상 등이 발생할 우려가 있는 것이 흠입니다.

해상도 단위인 '1K'는 TV 발전 단계로 보면 풀HD급

화소의 **해상도**resolution를 나타내는 '1K', '2K', '4K', '8K'와 같은 용어도 드라마와 영화 촬영 현장에서 많이 쓰이고 있습니다. 특히 카메라 등 방송 장비의 규격을 지칭할 때 많이 쓰입니다. 1K는 컴퓨터 구조상 2의 10제곱인 1024가 대략 1000에 가까우므로 대략 1000픽셀pixel 정도의 해상도를 지칭합니다. TV 기술 규격과 연계하며 살펴보면 풀HD급이 1K라고 보시면 됩니다. 따라서 4K는 풀HD보다 해상도와 화소가 네 배 높은 차세대 고화질 해상도입니다. 기존 풀HD가 가로 1920, 세로 1080개의 점으로 영상을 표현했다면, 4K는 가로 4096개, 세로 2160개의 점으로 영상을 더욱 미세하게 표현합니다. 풀HD의 해상도보다 가로와 세로가 각각 두 배 정도씩 확장된 픽셀로 영상을 구현합니다.

아직 기술 표준이 확립되지 않아 세계시장에서는 4096×2160와 3840×2160 등 두 가지 제품이 함께 출시된다고 합니다. 세계 최초로 4K 해상도를 완벽하게 구현한 작품은 2007년에 제작된 리들리 스콧Ridley Scott 감독의 영화 〈블레이드 러너: 파이널 컷Blade Runner: The Final Cut〉입니다. 1982년 작품을 새롭게 4K 화질로 다듬어 재탄생시킨 작품인데, 이후부터 각 상영관이 디지털화되면서 4K급 상영관이 많이 생겨나기 시작했습니다.

방송 산업은 일반 산업과 무엇이 크게 다른가요?

시청자에게는 프로그램을, 광고주에게는 시청자를 파는 이중상품 시장

방송 산업은 일반적인 산업이나 업태와 다른 독특한 특징을 지닙니다. 방송이라는 매체의 본질과 특수성, 방송 산업의 구조적 특징에서 비롯된 현상이라고 할 수 있습니다.

방송은 첫째, '프로그램'이라는 상품과 '광고'를 소비자에게 순차적으로 판매하는 독특한 구조를 갖추고 있습니다. 먼저 방송사는 소비자인 시청자에게 팔 프로그램을 생산합니다. 광고주는 방송사로부터 방송 시간과 프로그램으로 유입된 시청자를 사서 그 시청자를 상대로 광고를 통해 광고주의 제품을 팝니다. 시청자들은 프로그램을 통해 만족을 얻으며 광고를 통해 상품 정보 등을 얻습니다. 이런 특성을 '이중상품 시장'이라 합니다. 즉, 방송 산업은 일반 산업과 달리 수용자에게 콘텐츠를 팔고 그 수용자를 광고주에게 파는 이중적 구조입니다. 아울러 상품 시장의 경계를 정확히 나누는 데도 어려움이 있습니다.

둘째, 방송이 생산하는 상품(프로그램)과 서비스는 일반 기업이 생산하는 그것과는 차원이 다릅니다. 일반 기업들은 말 그대로 소비자들이 사용할 상품과 서비스를 생산·관리합니다. 그러나 방송은 경제적 상품과 서비스인 동시에 문화적·정치적 상품과 서비스를 생산합니다. 방송은 단지 상품의 기능에 그치지 않고 정치적·사회적·문화적 기능을 다양하게 수행한다는 뜻입니다. 다시 말해 시민들의 '공공 자원'으로서 문화적·정치적 상품과 서비스를 생산하는 역할을 합니다. 특정인이 독점하지 못하며 시민들이 방해받지 않고 써야 할 공공재라는 뜻입니다. 방송의 상품과 서비스는 단지 상품으로만 소비되지 않고 문화적·정치적 상품들을 생산해 시민들의 사회적·정치적 행위와 교육을 돕고 민주적 의사소통을 촉진합니다.

상품의 위상을 넘어 민주주의의 도구로서 '공론장' 형성

셋째, 방송은 일반적인 상품의 가치를 초월해 법적 보호를 받는 민주주의의 도구로 기능합니다. 정치적 소통의 역할이 크다는 뜻입니다. 위르겐 하버마스Jürgen Habermas가 말한 '공론장public sphere'은 개인들이 사회적·공적 문제를 합리적·비판적으로 토론해 정치적·문화적 여론을 형성하는 영역을 의미하는데요, 방송은 신문 등과 마찬가지로 공론장 기능을 하는 민주주의의 도구이자 민의의 전달 경로입니다.

아울러 방송은 국민들의 정신문화를 풍요롭게 하고, 한 사회의 문화를 형성하거나 발전시키는 데 기여하는 '문화적 상품'이며, 그 자체로 '문화'이자 문화의 기능을 수행합니다. 이렇듯 민주주의에서 방송은 정치적·경제적·사회적·문화적 역할을 입체적으로 수행합니다. 따라서 이런 역할을 원활하게 수행할 수 있도록 그 역할을 법적으로 보호하고 있습니다.

앞서 방송 산업이 이중상품 시장이라는 구조적 특성을 나타낸다고 했습니다. 여기서 광고의 유통을 담당하는 회사를 방송 광고 판매 대행회사, 즉 '미디어렙'이라고 합니다. '매체'를 뜻하는 'media'와 대표자를 의미하는 'representative'의 합성어입니다. 이런 회사들은 방송사를 대신해 방송 광고 영업을 해주고 방송 광고 판매액의 13~16% 정도를 수탁 수수료로 취합니다.

현재 우리나라의 미디어렙은 공영방송과 보도채널, 종교 방송의 광고 영업을 대행하는 '코바코KOBACO'와 상업방송의 광고 영업을 대행하는 '미디어크리에이트'가 있습니다. 종합편성채널의 경우 2015년부터 방송사가 직접 광고 영업을 하지 못하며, 자체적으로 출자·설립한 미디어렙이 광고 영업을 대행합니다. 특히 코바코는 매년 수만 명의 국민을 상대로 배우 등 연예인과 관련해 누가 가장 뛰어난 광고효과를 나타내는지 조사하는 '국민이 가장 선호하는 광고 모델 조사'를 실시하고 있습니다. 미디어렙 제도를 마련한 이유는 방송사가 직접 광고 영업을 하면 광고료가 급등하거나 프로그램에 대한 광고주의 간섭이나 압력이 있을 수 있기 때문에 이런 폐해를 막기 위한 것입니다.

방송통신심의위원회, 방송통신위원회, 미래창조과학부는 무엇이 다른가요?

방송통신심의위원회는 민간 기구로 방송·통신의 콘텐츠 심의 담당

국내 방송·통신의 정책·규제 기관 가운데 배우가 방송 활동을 하면서 가장 많이 관련될 수 있는 곳은 방송통신심의위원회Korea Communication Standards Commission: KOCSC 입니다. 방송 프로그램 심의는 보통 방송사의 자체 심의를 거치는 것으로 마무리됩니다. '방송심의에 관한 규정'에는 방송 사업자가 자체 심의 기구를 두고 프로그램(보도에 관한 방송 프로그램은 제외)을 방송하기 전에 규정된 사항을 심의해야 한다고 되어 있기 때문입니다.

하지만 방송 후 심의 신청을 통해 타당성 있는 불만 사항이나 문제점이 제기되면 방송통신심의위원회가 판단해 행정기관의 관점에서 심의합니다. 특정 방송 프로그램에 대해 민원이 제기되거나 개선할 점이 발견되어 심의 대상이 된 경우 해당 프로그램은 내용의 적절성에 관해 심의를 받습니다.

심의를 받게 될 경우 가령 드라마의 내용과 표현 방법에 문제가 있다면 작가, 제작진 등이 가장 많은 영향을 받습니다. 그러나 배우가 출연한 예능,

교양, 라디오 프로그램 등에서 진행이나 발언에 문제가 있다면 배우에게도 직접적 영향이 있기 때문에 심의기관의 특성과 심의 절차를 잘 알아둬야 합니다.

방송·통신 관련 규제 기관들의 특성을 먼저 살펴보겠습니다. 방송통신위원회Korea Communications Commission: KCC와 미래창조과학부는 공통적으로 방송과 통신 등 커뮤니케이션 정책과 규제를 담당하는 기관입니다. 방송통신위원회는 위원장을 포함한 5인의 상임위원(임기 각각 3년)이 합의를 통해 정책을 결정하는 대통령 직속 합의제 기관입니다. 미래창조과학부는 장관이 혼자 주도적으로 정책 결정을 하면서 업무를 이끌어가는 독임제 정부 기관입니다. 미래창조과학부는 박근혜 정부에서 새로 출범한 정보통신기술Information and Communications Technologies: ICT과 과학 분야의 정책·규제·진흥을 담당하는 부처입니다. 방송·통신의 내용 심의 등 모든 콘텐츠 규제는 방송통신심의위원회가 맡고 있습니다.

그렇다면 각 기관의 업무를 상세하게 살펴보겠습니다. 먼저 프로그램에 출연하는 배우와 가장 관련성이 깊은 방송통신심의위원회는 앞서 강조했듯이 방송·통신의 내용을 심의하고 규제하는 기관입니다. 이 기관은 방송통신위원회에서 분리되어 민간 독립 기구의 성격으로 운용됩니다. 방송·통신 내용의 공공성과 공정성을 보장하고 정보 통신의 건전한 문화를 창달하며 올바른 이용 환경을 조성하고자 출범했습니다.

한마디로 사회적 통념이나 보편적 가치, 윤리 등에서 크게 벗어나는 내용이나 표현을 담은 프로그램이 방송되었거나 인터넷 공간, 휴대전화 등에 게시된 콘텐츠에 문제가 있을 경우 이 기관에서 심의해 징계 여부를 결정합니다. 심의위원회의 회의는 재적 위원 과반수의 출석과 출석 위원 과반수의 찬성으로 의결합니다.

심의 위원은 임기가 3년이며 9인으로 구성되는데, 추천 주체는 대통령이 3인, 국회가 6인(여야 각 3인)입니다. 이 가운데 위원장과 부위원장만 상임위원(상근직)이며 나머지는 비상임위원입니다. 그러나 이 기구는 실제 설치 근거법, 예산 수급 등을 고려할 때 행정기관인 방송통신위원회에 예속된 측면이 있습니다.

정파적 위원 임명으로 심의기관으로서의 공정성과 권위 상실 논란

아울러 방송통신심의위원회는 그간 여야 정당과 깊은 연계가 있으면서 정치적 스펙트럼이 명확한 인사들이 심의 위원으로 대거 임명되어 심의기관으로서 신뢰를 잃고 정치적 이해를 대리하는 정파적 심의기관으로 운용되었다는 비판을 받았습니다. 그러나 앞으로는 기관의 정체성을 회복할 수 있도록 정치와 무관한 인사들을 심의 위원으로 임명해 정치적 심의를 철저히 배제하고 심의 본연의 업무에 충실해야 하겠습니다.

방송통신심의위원회의 업무는 구체적으로 방송의 공정성과 공공성 유지를 위한 업무, 공적 책임 준수 여부에 대한 심의, 심의 규정 등을 위반한 방송 사업자 등에 대한 제재 조치 심의 및 의결입니다. 아울러 인터넷 등을 비롯한 정보통신망에 불법 정보가 유통되는 것에 대한 심의, 명예훼손 분쟁 조정, 이용자에 대한 정보 제공 청구 심사, 선정성과 폭력성 등이 도드라진 청소년 보호 유해물 결정, 선거방송심의위원회 구성 및 운영 등입니다.

프로그램 심의는 방송통신심의위원회가 하지만 심의 결과에 따른 제재조치 등의 명령은 정부기관인 방송통신위원회가 내립니다. 방송통신심의위원회는 민간 기구라서 심의 결정권만 있고 행정명령권이 없기 때문입니다.

방송심의의 기본 원칙은 먼저 방송 매체와 방송 채널별 창의성·자율성·독립성을 존중하는 것입니다. 아울러 방송 매체와 방송 채널별 전문성·다양성 차이를 고려해야 하며, 심의 규정을 해석·적용할 때는 사회 통념을 존중해야 합니다. 심의 절차는 심의 안건 접수, 소위원회 심의, 당사자등의 의견 진술, 심의 확정(재심 청구 시 재심), 방송통신위원회에 제재 조치 요청, 해당 사업자의 제재 조치 명령 이행, 해당 사업자의 명령 이행 결과 방송통신위원회 통보 순입니다.

심의·조치가 부당할 경우 30일 이내 방통위에 재심 청구 가능

방송통신심의위원회는 연속 프로그램이나 주제의 동일성이 인정되는 여러 차례의 방송 프로그램 전체를 대상으로 심의할 수 있습니다. 필요한 자료의 제출도 방송 사업자에게 요구할 수 있습니다. 그러나 방송 사업자가 제재 조치 명령이 부당하다고 판단하면 해당 명령을 받은 날부터 30일 이내에 방송통신위원회에 재심을 청구할 수 있습니다. 방송심의를 통해 제재 조치를 정할 때는 당사자 또는 그 대리인에게 의견 진술의 기회를 주어야 합니다.

이 경우 의견 진술일 7일 전에 서면(전자 문서 포함)으로 당사자 등에게 위반 사실, 의견 진술 일시, 의견 진술 장소 등을 통지해야 합니다. 부득이한 사유로 출석하지 못할 경우에는 그 지정일 전 1회에 한해 서면으로 지정일 변경을 요청할 수 있습니다. 당사자 등이 정당한 사유 없이 이에 응하지 않았을 때는 의견 진술의 기회를 포기한 것으로 봅니다.

방송 프로그램은 심의 대상이 될 경우 최종 심의를 해 '시청자에 대한 사과', '해당 방송 프로그램의 정정·수정 또는 중지', '방송편성 책임자와 해당 방송 프로그램 관계자에 대한 징계, 주의 또는 경고' 등의 제재 조치를 받습니다. 그러나 심의 규정 등의 위반 정도가 경미해 제재 조치를 명할 정도에 이르지 않은 경우에는 해당 사업자 또는 해당 방송 프로그램의 책임자나 관계자에 대해 '권고' 또는 '의견 제시'를 할 수 있습니다.

방송통신심의위원회의 심의 결과, 특정 방송의 내용이 심의 규정에 위반된다고 판단한 경우에는 위반 일시, 위반 사실, 제재 조치의 종류 등을 포함해 방송통신위원회에 지체 없이 제재 조치를 취하도록 요청해야 합니다. 방송 사업자가 방송통신위원회로부터 제재 조치를 받았을 경우 위원회의 심의 결정에 따른 제재 조치 명령을 준수해야 하며, 위반 사실에 대해서도 합당한 조치를 취한 후 방송해야 합니다.

제재 조치를 받은 사업자 이외의 사업자가 동일한 내용을 방송하는 경우도 마찬가지입니다. 따라서 방송 사업자는 제재 조치 명령을 받게 되면 지체 없이 그 명령 내용에 관한 방송통신위원회의 결정 사항 전문을 방송해야 합니다. 특히 해당 사업자는 명령을 받은 날부터 7일 이내에 그 명령을 이행한 후 결과를 방송통신위원회에 보고해야 합니다.

방송통신위원회는 방송 정책·광고, 지상파·종편·보도채널 등 관장

그렇다면 방송통신위원회는 어떤 기관일까요? 방송통신위원회는 방송 정책과 방송 광고, 지상파·종합편성채널(종편)·보도채널 등에 대한 인허가권을 행사하는 합의제 정부기관입니다. 방송용 주파수, 이용자 보호, 방송·통신 시장에 관한 조사 기능, 시청자 권익 증진 정책을 주관하고 네트워크 정책 가운데 개인정보 보호 윤리 정책 등을 담당합니다.

위원은 위원장 1인을 포함한 5인의 상임위원(임기 3년)으로 구성됩니다. 5인 중에 2인을 대통령이 임명하는데, 그중 1인을 위원장으로 합니다. 나머지 위원 3인은 국회에서 추천하는데, 대통령이 소속되거나 소속되었던 정당의 교섭단체가 1인을, 그 외 교섭단체들이 2인을 추천해 대통령이 각각 임명합니다. 부위원장은 위원장을 제외한 양측 추천 위원이 1년 반씩 교대로 맡습니다.

한국의 방송통신위원회와 기능이 같은 다른 나라의 기관으로는 일본의 총무성総務省, Ministry of Internal Affairs and Communications, 미국의 연방통신위원회Federal Communication Commission: FCC, '오프콤'으로 불리는 영국의 방송통신위원회Office of Communications: Ofcom, '아우토리타'로 불리는 이탈리아의 커뮤니케이션의 보장을 위한 위원회Autorita per legaranzie nelle communicazione: Autorita, 프랑스의 시청각위원회Conseil Supérieur de l'Audiovisuel: CSA, 캐나다의 방송위원회Canadian Radio-television and Telecommunications Commission: CRTC, 오스트레일리아의 정보통신문화부Department of Communications, Information Technology and the Arts: DOCITA 등이 있습니다.

미래창조과학부는 ICT와 케이블 SO, IPTV, 위성 TV 정책 관장

미래창조과학부는 정부 부처 가운데 하나로서 ICTInformation and Communications Technologies의 핵심인 콘텐츠·플랫폼·네트워크·디바이스 육성 업무, 방송·통신 정책, 방송·통신 융합 정책(규제권 포함), 전파·주파수와 네트워크·통신망 관리 정책을 전담합니다. 정보 보호, 네트워크, 문화 정보 정책도 다룹니다. 아울러 통신용 주파수 인허가권 및 규제권을 행사합니다.

또한 미래창조과학부는 방송 분야에서 종합유선방송, IPTV, 위성 TV 정책 등을 관장하지만, 이러한 뉴미디어 사업의 허가 또는 재허가와 관련된 법령의 제·개정 시에는 반드시 방송통신위원회의 사전 동의를 받아야 합니다. 그러나 방송통신발전기금의 관리와 편성권은 방송통신위원회와 미래창조과학부가 공동으로 행사합니다. 총리실에서는 신규나 회수 주파수 분배를 심의합니다. 이는 국무조정실장을 위원장으로 하는 '주파수심의위원회'에서 결정합니다.

방송에서 배우들이 자주 틀리는 언어 표현은 어떤 것들이 있나요?

배우는 비드라마에서 비속어, 사투리, 은어, 반말 등 사용 금해야

'방송심의에 관한 규정'에 따르면 '방송언어'에서 주의해야 할 사항은 다음과 같습니다. 먼저, 방송을 할 때는 바른말을 사용해 국민의 바른 언어생활에 이바지해야 합니다. 방송언어는 원칙적으로 '표준어'를 사용해야 합니다. 특히 고정 진행자는 표준어를 사용해야 하며, 어린이·청소년을 주시청대상으로 하는 방송 프로그램에서는 바른 표기법을 사용해야 합니다.

또 방송은 올바른 언어생활을 해치는 억양, 어조 및 비속어, 은어, 유행어, 조어, 반말 등을 사용해서는 안 됩니다. 외국어를 사용할 때는 국어순화의 차원에서 신중해야 하며, 사투리를 사용할 때는 인물의 고정 유형을 조성해서는 안 됩니다. 예외적으로 표준어를 쓰지 않는 것은 사투리, 속어, 은어 등의 사용이 설정된 드라마 같은 극에 한정합니다.

기본적으로 배우가 방송에 출연할 때는 반드시 표준어를 사용하고 외국어를 남발해서는 안 됩니다. 사투리나 비속어를 쓰는 것으로 배역이 설정된 극에 출연하는 것이 아닌 이상 이런 원칙은 철저히 준수되어야 합니다. 그러나 배우는 표준어를 체계적으로 배울 별도의 기회가 거의 없습니다. 스스로 학습하지 않는다면 더욱 익히기 어렵습니다. 표준어나 옳은 표현에 대한 학습을 경시하면 연기 등 연예 활동을 할 때 자신도 모르게 틀린 표현을 자주 쓰게 됩니다. 드라마나 예능 작가들도 표준어 교육을 받지 않거나 별도로 학습하지 않은 분들이 많습니다.

이러한 경우, 대본에 틀린 표현이 종종 기술되고 그 대본의 대사를 그대로 익혀 표현한 배우들이 '양식이 없는 사람'으로 인식되는 등 이미지 훼손의 피해를 보는 경우가 있습니다. 배우는 '디테일(세부적인 묘사)'에 강해야 하기에, 작가들이 써준 대본이라 할지라도 그대로 믿지 말고 상세하게 점검해봐야 합니다. 배역을 통해 표현하는 순간 자신의 고유한 표현이 되고, 이것은 자신의 이미지와 품격에 영향을 주기 때문입니다.

대사로 자주 등장하는 말의 표기와 뜻을 정확히 알아야

일례로 사극에서 가장 많이 틀리는 말은 '성은聖恩'과 '승은承恩'입니다. '임금의 큰 은혜'를 뜻하는 경우 "전하, 성은이 망극하옵니다"라고 해야 옳습니다. 그러나 '신하가 임금에게서 특별한 은혜를 받음' 또는 '여자가 임금의 총애寵愛를 받아 임금을 밤에 모심'이라는 뜻일 경우에는 "저 궁녀가 임금의 승은을 입어 왕자를 낳았사옵니다"처럼 써야 바른 표현입니다.

왕이 죄인에게 내리는 사약은 한자로 '死藥'이 아니라 '賜藥'입니다. 따라서 "저 대역 죄인에게 어서 사약을 내려라"와 같은 대사에서는 주의해서 한자를 써야 하고, '왕이 친히 내리는 약'이라는 느낌으로 대사를 치면서 연기해야 합니다. 원래 사약은 죽이는 독약이 아닌 '임금이 내린 약'이라는 의미로 쓰기 때문입니다. 당시는 '신체발부 수지부모身體髮膚 受之父母'라는 말처럼 유교 사회의 효와 범절이 강조되던 사회였으므로 신체를 훼손해 죽게 하는 형벌보다는 약으로 목숨을 끊게 하는 것이 임금의 더욱 큰 배려에 따른 하사형 형벌로 인식되었기 때문입니다.

'웃전'과 '윗전'도 자주 틀리는 말입니다. 사극 대사에서 "네 이년! 내 웃전에 고해 국문을 열게 하리라"라는 표현이 있다면 "네 이년! 내 윗전에 고해 국문을 열게 하리라"로 고쳐 써야 옳습니다. '혼구멍'과 '혼꾸멍'도 자주 틀리는 표현인데, "다시 이런 일을 했다가는 혼구멍을 내주겠다"라는 대사를 "다시 이런 일을 했다가는 혼꾸멍을 내주겠다"로 고쳐 써야 합니다.

바른 언어 예절을 몸에 배게 해 품격성과 세련미를 높여야

배우는 어휘의 정확한 뜻과 바른 언어 예절을 몸에 배게 해 언어 표현에서 품격성과 세련미가 우러나와야 합니다. 그렇지 않으면 시청자들의 눈살을 찌푸리게 하는 것은 물론 배우의 이미지와 품격이 손상됩니다. '명품배우' 또는 양식 있는 배우라면 작가가 쓴 대본도 한 번쯤 점검해보고 의문이 들면 확인해봐야 합니다.

드라마에 많이 등장하는 대사 중에 가장 많이 틀리는 어휘가 '홑몸'과 '홀몸'입니다. '홑몸'은 임신하지 않은 몸을 가리키며 '홀몸'은 부모가 모두 세상을 떠난 사람, 즉 '고아'를 지칭하는 말입니다. 그런데 극 중 시어머니의 대사에서 불쑥 "아가, 너 홀몸도 아닌데 그만 일하고 방에 들어가서 쉬어라"라는 말이 튀어나왔을 때, 일부러 그렇게 표현하도록 설정되지 않았다면 "아가,

너 홑몸도 아닌데 그만 일하고 방에 들어가서 쉬어라"로 고쳐서 표현해야 합니다.

'임신부'는 아이를 밴 여자, '임산부'는 임신부와 아이를 갓 낳은 여자 모두를 뜻하니 틀리지 않게 잘 사용해야 합니다. 특정 현상을 상징하는 대표적 사례일 경우에는 '방증傍證', 상대의 주장에 반박한다는 의미일 경우에는 '반증反證'이라는 말을 써야 합니다. '내노라하는 사람들'이라는 표현도 잘못 사용한 것이니 '내로라하는 사람들'로 바꿔 써야 합니다.

언어 예절을 반영해 바로잡아야 할 표현도 많습니다. 자신이나 자기 부모의 성을 지칭할 때는 '가哥', 상대방이나 제3자 등 남의 성을 지칭할 때는 '씨氏'를 씁니다. 그리고 자기 친부모의 이름을 거론할 때는 이름 뒤에 존경 어미인 '님' 자를 붙이지 않습니다. 대사에 가령 "김 대리! 자네 아버님이 김 씨인가"라고 물었다면 "아니요, 저의 아버지는 최 가입니다"라고 답해야 옳습니다.

성함을 물을 때는 성에 '자字'자를 붙여 답하지 않는 것이 언어 예절에 맞습니다. "자네 아버지 성함이 어떻게 되나?"라고 물었다면 "아버지 함자는 이자 순자 신자입니다"가 아니라 "아버지 함자는 이 순자 신자입니다"라고 해야 합니다. 자신을 소개하는 대사가 있을 경우 이름 뒤에 직위나 직함을 붙이지 않아야 합니다. 따라서 "저는 열정주식회사 김강우 부장입니다"는 "저는 열정주식회사 부장 김강우입니다"라고 바로잡아야 합니다.

사회적 약자와 소수자에 대한 차별적·비하적·폄훼적 표현이 없도록 주의

장애인disabled person 관련 표현도 예의에 어긋나니 순화된 표현으로 바로잡아 써야 합니다. 유엔에서 장애인의 개념은 "선천적이든 후천적이든 간에 신체적·정신적 결함으로 일상의 개인 혹은 사회생활에 필요한 것을 스스로 혹은 부분적으로 수행할 수 없는 사람"이라고 규정되어 있습니다. '장애인복지법' 등 국내 법률에서 사용하는 공식 용어는 '장애인'입니다.

따라서 '불구자'는 '장애인'으로, '봉사', '장님', '애꾸'는 '시각장애인'으로, '귀머거리'는 '청각장애인'으로, '절름발이'나 '앉은뱅이'는 '지체장애인'으로, '벙어리'는 '언어장애인'으로, '정신박약아'나 '저능아'는 '지적장애인'으로 써야 합니다. 장애인의 반대 개념으로 '정상인', '일반인' 등은 적합하지 않기 때문에 '비장애인'이라고 씁니다. 이렇게 순화된 표현을 방송에서 쓰지 않을 경우 장애인 비하나 폄훼 논란에 휩싸일 수 있습니다. '장애우'는 장애를 가진 친구나 지인을 친근하게 지칭하는 말인 데다 이 말을 사용하는 것에 대해 논란이 많아 잘 쓰지 않습니다.

그렇다면 배우들이 뜻을 잘 몰라서 잘못 표현하기 쉬운 어휘들을 살펴보겠습니다. 대본에 "회장님은 사회 지도층이신 만큼 금도襟度를 지키셔야 합니다"라는 표현이 나왔다면 틀린 것이니 바로잡아야 합니다. '금도'는 '금지禁止'나 '금기禁忌'의 뜻이 전혀 없습니다. 그 뜻은 '다른 사람을 포용할 만한 넓은 도량'입니다. 따라서 '금도를 지켜라', '금도를 넘어서는 안 된다'처럼 도를 넘어선 발언이나 행위를 지칭하는 뜻으로 잘못 쓰면 안 됩니다.

금도는 엄연히 '큰마음 그릇'이라는 의미로, 너그럽고 속 깊은 마음이나 아량을 내포하고 있습니다. 따라서 해당 대사는 "회장님은 사회 지도층이신 만큼 금도를 보여주셔야 합니다" 또는 "회장님은 사회 지도층이신 만큼 금도를 발휘하셔야 합니다"라고 고쳐서 표현하는 것이 옳습니다. '대단원大團圓의 막을 올리다'의 경우, '대단원'이 극에서 마지막 단계를 의미하므로 '대단원의 막을 내리다'로 바로잡아 써야 합니다.

표준어의 표기를 정확히 알지 못해 실수하는 경우도 많습니다. '너는 천상 배우다'는 '너는 천생 배우다'로 써야 옳습니다. '까탈스럽다'도 틀린 말이니 '까다롭다'로, '오뚜기'는 '오뚝이'로, '웃도리'는 '윗도리'로 바꿔 써야 합니다. '무릎팍'은 '무르팍'으로, '얼키고설킨'은 '얽히고설킨'으로, '궁시렁거리다'는 '구시렁거리다'로 고쳐 써야 합니다.

습관적으로 굳어진 잘못된 표현이 많기 때문에 반드시 학습해야

'안주 일절'은 '안주 일체'로, '모듬회'는 '모둠회'로, '아구찜'은 '아귀찜'으로, '꼼장어'는 '먹장어'로, '쭈꾸미'는 '주꾸미'로, '고동'은 '고둥'으로, '이면수어'는 '임연수어'로 '놀래미'는 '노래미'로, '간재미'나 '가재미'는 '가자미'로, '올갱이'나 '대사리'는 '다슬기'로 바로잡아 써야 합니다. 이렇듯 생선이나 물고가 관련 어휘는 습관적으로 굳어진 잘못된 표현이 많기 때문에 특히 눈여겨 살펴봐야 합니다. 또한 유행하는 표현인 '역대급 ○○○'는 '역대 최고의 ○○○', '역대 최대의 ○○○'로 바로잡아 써야 합니다.

이 밖에 자주 틀리기 쉬운 표준어는 '돌아올게', '설거지', '며칠 전', '닦달하지 마', '혈혈단신', '풍비박산', '평안 감사', '늘그막', '도떼기시장', '뒤치다꺼리', '볼썽사납다', '어수룩하다', '느지막하게', '깍쟁이', '냄비', '아지랑이', '사글세', '꼭두각시', '미장이', '수놈', '위쪽', '위층', '미루나무', '무', '수꿩', '곱빼기', '눈살', '등쌀', '안절부절못하다', '회계연도', '설레다', '머지않아', '오랫동안', '깍두기', '잗주름', '굳이', '덧저고리', '일찍이', '살코기', '닐리리', '며칠', '생각건대', '싫증', '대로大怒', '전셋집', '전세방', '자릿세', '선짓국', '곗날', '햇수', '횟수回數', '예삿일', '훗일', '모깃불', '자릿세', '쇳조각', '베갯잇', '백분율', '솔직히', '쓸쓸히', '틈틈이', '깨끗이', '가든지 오든지', '이파리', '찌개', '부침개', '끼적거리다', '으스대다', '뭉그적대다' 등입니다.

반면 표준어로 둘 다 쓸 수 있는 어휘는 '맨숭맨숭/맹숭맹숭', '자장면/짜장면', '만날/맨날', '메우다/메꾸다', '먹을거리/먹거리', '괴발개발/개발새발', '손자/손주', '연방/연신', '어수룩하다/어리숙하다', '남우세스럽다/남사스럽다', '간질이다/간지럽히다', '목물/등물', '묏자리/묫자리', '복사뼈/복숭아뼈', '세간/세간살이', '고운대/토란대', '토담/흙담', '쌈싸래하다/쌈싸름하다', '허섭스레기/허접쓰레기', '태견/택견', '오순도순/오손도손', '치근거리다/추근거리다', '두루뭉실하다/두루뭉술하다', '찌뿌듯하다/찌뿌둥하다', '끼적거리다/끄적거리다', '야멸차다/야멸치다', '바동바동/바둥바둥', '아옹다옹/아옹다웅', '새치름하다/새초롬하다' 등입니다. 두 어휘 모두 통용되니 헷갈리지 말아야 합니다.

대사 가운데 외래어 발음은 표기법에 맞게 정확히 구사해야

영화나 드라마의 대사나 다른 장르의 프로그램 대본에 자주 등장하는 외래어 표기와 발음도 마찬가지입니다. 자주 틀리는 외래어 표현의 옳은 표기는 '노블레스 오블리주', '비즈니스', '앙케트', '앰뷸런스', '알코올 거즈', '보디가드body guard', '가톨릭 대학교', '클라이맥스', '부시먼Bushman', '라이선스', '카운슬러', '바바리 맨', '바비큐 파티', '할리우드 액션', '내레이션', '새시창문틀', '캐러멜마키아토', '옐로 저널리즘', '섀도shadow', '난센스', '튤립', '레퍼토리', '러닝', '소시지', '밀크셰이크', '오디세이', '팸플릿', '심벌symbol', '워크숍', '컬로퀴엄Colloquium', '콘텐츠', '콘서트', '콘택트렌즈', '콤플렉스', '콘테스트', '콘크리트 지지율', '컨트롤', '비스킷', '테이프', '슈퍼마켓', '주스', '슈트suit',

'팡파르', '콩쿠르', '앙코르', '데뷔 무대' 등입니다.

배우라면 어휘의 의미와 사용법을 정확히 이해하고 숙지해 배우의 이미지와 품격을 드높여야 하겠습니다. 글을 전문적으로 쓰는 작가들도 실수할 수 있습니다. 바쁘다 보면 맞춤법 검사를 하지 않아 곳곳에 오·탈자가 있을 수 있습니다. 드라마나 영화의 제목부터 표기법에 어긋나게 적으면 고유명사로 굳어져 나중에 손을 대지 못하는 경우도 있습니다. 물론 이런 부분도 창작과 표현의 자유 영역에 속하는데요, 표기법은 언어생활의 질서와 안정화를 통해 국어 사용의 품격을 높이기 위한 것이니 반드시 준수하는 것이 좋습니다.

과거에 높은 시청률을 자랑했던 드라마 가운데 MBC 〈사랑이 뭐길래〉는 '사랑이 뭐기에'로, KBS 〈차칸 남자〉는 '착한 남자'로, SBS 〈싸인〉은 '사인'으로, MBC 〈신이라 불리운 사나이〉는 '신이라 불린 사나이'로 각각 고쳐 써야 우리말 표기법에 맞습니다. 한글 표기법에 따르면 영화 〈좋은 사람 있으면 소개시켜줘〉는 '좋은 사람 있으면 소개해줘'로, 〈모탈 컴뱃 Mortal Kombat〉은 '모털 컴배트'로 바꿔 써야 합니다.

미국 드라마 〈그레이 아나토미 Grey's Anatomy〉는 '그레이 애너터미'로, 영화 〈캐리비안의 해적 Pirates Of The Caribbean〉은 '캐리비언의 해적'으로, 〈쿵푸 팬더 Kung Fu Panda〉는 '쿵후 판다'로, 〈미쓰 홍당무〉는 '미스 홍당무'로, 〈Mr. 로빈 꼬시기〉는 'Mr. 미스터 로빈 꾀기'로, 〈님은 먼 곳에〉는 '임은 먼 곳에'로, 〈바람 피기 좋은 날〉은 '바람 피우기 좋은 날'로 각각 고쳐 써야 옳습니다. 대본이나 시나리오의 맞춤법 또는 어휘의 사용이 바르지 않을 경우 작가, 연출 등 제작진에게 문의를 해 바로잡아야 합니다.

참 고 문 헌

김균형. 2003. 「배우의 위상회복에 대한 고찰」. ≪한국드라마학회지≫, 23호, 107~136쪽.

김미혜. 2011. "배우의 힘, 관객의 힘." ≪웹진 아르코≫, 180호.

김예란·박주연. 2006. 「TV 리얼리티 프로그램의 이론과 실제」. ≪한국방송학보≫, 20-3호, 7~48쪽.

김요한. 2007. 『예술의 정의』. 서광사.

김정섭·박주연. 2012. 「지상파 TV 주시청시간대 프로그램의 포맷 다양성 변화 연구: 2000년, 2005년, 2010년 가을시즌 편성비교를 중심으로」. ≪한국언론학보≫, 56권 1호, 289~313쪽.

김정섭. 2014. 『케이컬처 시대의 배우-경영학: 자기경영의 과학화와 전문화가 가능한 아티스트 완성하기』. 한울.

김정섭. 2015. 「학제간 융합 연구기법을 적용한 배우 평가모델 개발」. ≪한국콘텐츠학회논문지≫, 15권 10호, 18~25쪽.

모이세예비치, 시흐마토프 레오니트(Шихматовб Леонид Моисеевич)·리보바 베라 콘스탄티노브나(Вера Константиновна Львова). 2014. 박상하 옮김. 『무대 에튜드: 배우를 위한 연기 지침서』. 한국문화사.

박소라. 2003. 「경쟁 도입이 텔레비전 프로그램 장르 다양성에 미치는 영향에 대한 연구: 1989년 이후 지상파 방송 편성표 분석을 통하여」. ≪한국언론학보≫, 47권 5호, 222~250쪽.

유수열. 2007. 『PD를 위한 텔레비전 연출강의』. 커뮤니케이션북스.

정윤경·전경란. 2010. 「프로그램 포맷의 절합과 변형: 해외 오락 포맷의 분석을 중심으로」. ≪한국방송학보≫, 24-1호, 197~232쪽.

조요한. 2003. 『예술철학』. 미술문화.

주창윤. 2004. 「텔레비전 프로그램 장르 분류기준에 관한 연구」. ≪방송통신연구≫, 59호, 105~136쪽.

홍길동·이홍식·이형국. 2008. 「배우의 공연시 각성 변화와 심리적 자기조절 분석」. ≪한국콘텐츠학회논문지≫, 8권 12호, 176~189쪽.

Cohen, Robert. 2009. *Acting Professionally: Raw Facts about Careers in Acting*. Palgrave MacMillan.

Friedman, James. 2002. *Reality Squared: Televisual Discourse on the Real*. Ruters University Press.

Hatlen, Theodore W. 1991. *Orientation to the Theater*. Allyn & Bacon.

Huizinga, Johan. 1938. *Homo Ludens: a Study of the Play-element in Culture*. Beacon Press.

Keane, Michael A. and Albert Moran. 2008. "Television's New Engine." *Television and New media*, No.16, pp.1~14.

Mann, Tomas. 1953. *The Artist and Society*. Permabooks.

Metcalfe, Robert. 1995. "Metcalfe's Law: Network Becomes More Valuable as it Reaches More Users." *InfoWorld*, No.17, pp.40~53.

Napoli, Philip M. 2001. *Foundations of Communications Policy: Principles and Process in the Regulation of Electronic Media*. Hampton Press.

Ouellette, Laurie and Susan Murray. 2004. *Reality TV: Remaking Television Culture*. New York University Press.

Pervin, Lawrence and Oliver P. John(eds). 2001. *Handbook of Personality: Theory and Research*, 2nd. Guilford Press.

Polti, Georges. 1895. *Les 36 Situations Dramatiques*. Mercure de France.

Rich, Ruby. 1992. "New Queer Cinema: The Directors cut." *Sight & Sound*, Vol.2, Issue 5.

Rose, Brian G. 1985. *TV Genre*. Greenwood Press.

Simonton, Dean K. 1999. "Creativity and Genius." in L. Pervin and O. P. John(eds.). *Handbook of Personality: Theory and Research* (2nd ed.). New York: Guilford Press.

Spencer, Lyle M. and Signe M. Spencer. 1993. *Competence at Work*. Wiley.

Stasheff, Edward and Rudy Bretz. 1968. *The Television Program: Its Direction and Production*. Hill and Wang.

Vande Berg, Leah R., Lawrence A. Wenner and Bruce E. Gronbeck. 1998. *Critical Approaches to Television*. Houghton Miffin.

Villiers, André. 1962. *L'art du Comédien*. PUF.

찾아보기

지은이

/

김정섭

성신여자대학교 미디어영상연기학과와 문화산업예술대학원 교수로서
문화의 주역인 '명품배우' 육성과 우리나라 문화 예술의 발전이 주된 관심사
다. 미디어·엔터테인먼트·아티스트 경영을 전공한 언론학 박사로서 배우
관련 융합 학문인 '배우 경영학'을 창설한 뒤 줄곧 자기 경영의 과학화와 전
문화가 가능한 스마트한 배우를 육성하기 위해 교육, 컨설팅, 연구, 제작에
매진하고 있다. 이에 앞서 ≪경향신문≫에 공채 기자로 입사해 15년간 정치·
경제·사회·문화·미디어부 등에서 활동했으며, 이때 최정상급 배우들과
소통하며 명품배우의 DNA와 숨은 노력을 간파해 체계적으로 집적했다.

배우가 처하는 모든 사항을 다루는 배우 경영 연구를 본격화하기 위해
2014년에 출간한『케이컬처 시대의 배우 경영학』은 '2015년 대한민국학
술원 우수학술도서'로 선정되었다.「학제간 융합연구 기법을 적용한 배우
평가 모델 개발」,「우리나라 청소년 연기자 보호 제도에 관한 고찰」,「뮤
지컬 스테이지 쿼터제 도입에 관한 정책 제언」,「영화계의 굿 다운로더 캠
페인에 대한 수용태도 연구」등의 논문과『한국 방송 엔터테인먼트 산업
리포트』,『언론사 패스 심층지식 1, 2』등의 저서가 있다.

저자가 창설 이래 최고의 연기예술 교육기관으로 우뚝 서도록 교수들
과 함께 열정을 쏟아온 융합문화예술대학 미디어영상연기학과는 그간 '명
품 여배우의 산실'로 떠올라 이세영, 공승연, 김지안, 김채은, 이열음 등의
스타 배우와 카라의 구하라, 씨스타의 효린, 크레용팝의 소율, 타히티의 미
소, 소나무의 수민 등의 가수를 배출했다. 특히 배우 경영, 기초·무대 연
기, 영상 연기를 결합한 입체적인 교육 시스템과 최신식 영상 제작 설비를
갖춰 학교와 예술 현장, 연기와 연기 연관 예술 분야를 섭렵하는 융합 교육
을 실시함으로써 문화 예술계의 주목을 받고 있다.

한울아카데미 1881

명품배우 만들기 스페셜 컨설팅
전문 배우와 연극영화과 전공생·입시생을 위한 100문 100답 상담록

ⓒ 김정섭, 2016

지은이 | 김정섭
펴낸이 | 김종수
펴낸곳 | 한울엠플러스(주)

편집책임 | 조인순
편집 | 정경윤

초판 1쇄 인쇄 | 2016년 2월 24일
초판 1쇄 발행 | 2016년 3월 9일

주소 | 10881 경기도 파주시 광인사길 153 한울시소빌딩 3층
전화 | 031-955-0655
팩스 | 031-955-0656
홈페이지 | www.hanulmplus.kr
등록번호 | 제406-2015-000143호

Printed in Korea.
ISBN 978-89-460-5881-1 93680(양장)
       978-89-460-6142-2 93680(학생판)

※ 책값은 겉표지에 표시되어 있습니다.
※ 이 책은 강의를 위한 학생용 교재를 따로 준비했습니다.
   강의 교재로 사용하실 때는 본사로 연락해주시기 바랍니다.